沙特阿拉伯利雅得苏欧德国王大学赞助

沙特商法实践

[美] 弗兰克 · E. 沃格尔　著
邓苏宁　译

SAUDI BUSINESS LAW IN PRACTICE

陕西师範大學出版总社　西安

图书代号　SK25N1118

图书在版编目（CIP）数据

沙特商法实践 / （美） 弗兰克·E. 沃格尔著 ; 邓苏宁译. -- 西安 : 陕西师范大学出版总社有限公司, 2025. 6. -- ISBN 978-7-5695-5537-0

Ⅰ. D938.439.9

中国国家版本馆CIP数据核字第2025QA1033号

First published in English in Great Britain under the title

Saudi business law in practice

By Vogel, Frank E.,edition: 1

合同登记号：25-2025-089

沙特商法实践

SHATE SHANGFA SHIJIAN

［美］弗兰克·E. 沃格尔　著

邓苏宁　译

出 版 人　刘东风

选题策划　陈君明

责任编辑　王西莹

责任校对　陈君明

装帧设计　张潇伊

出版发行　陕西师范大学出版总社

（西安市长安南路199号　邮编 710062）

网　　址　http: //www.snupg.com

印　　刷　西安市建明工贸有限责任公司

开　　本　720 mm × 1020 mm　1/16

印　　张　26.5

插　　页　2

字　　数　450千

版　　次　2025年6月第1版

印　　次　2025年6月第1次印刷

书　　号　ISBN 978-7-5695-5537-0

定　　价　138.00元

读者购书、书店添货或发现印装质量问题，请与本公司营销部联系、调换。

电话：（029）85307864　85303629 传真：（029）85303879

致　谢

在写这本书的六年多时间里，我对数十个机构和数百个人感激不尽。我对所有人表示感谢，感谢他们对这次冒险的兴趣，感谢他们的慷慨支持，感谢他们对我的友好和款待。我敢肯定，他们会在我的书中发现许多错误，而这些错误不是他们应该负责的；但我希望他们也能慷慨地原谅我的错误。

我首先要感谢沙特阿拉伯国王和政府，他们第一时间看到了支持局外人对沙特阿拉伯法律进行独立研究的价值。阿卜杜拉国王根据当时的司法部长阿卜杜拉·谢赫博士和其他人的建议，以国王令的形式下令进行这个研究的项目。

然而，早在政府介入之前，另一个团体也为这个研究项目提供了重要的推动力。这个团体是由我的长期导师、朋友和以前的学生组成的松散的沙特哈佛法学院校友会。他们很感兴趣地接受了我对这个项目的最初想法，帮助我向政府提出这个项目，促使它被正式采纳，并在整个过程中给予支持。他们包括穆罕默德·本·纳瓦夫大使、穆特拉卜·纳夫塞博士、阿卜杜拉赫曼·侯赛因博士、苏欧德·阿马里博士、穆萨德·艾班博士和艾尤布·贾尔布教授。如果没有他们的慷慨支持，这个研究项目就不可能进行，也不可能克服前进道路上的各种障碍。

阿卜杜拉国王发布命令，指定位于利雅得的苏欧德国王大学（KSU）为本项目的正式赞助机构。我要感谢监督本项目的两位校长阿卜杜拉·奥斯曼博士和巴德兰·欧麦尔博士，他们两人都在关键时刻介入，以解决行政管理上遇到的困难。本项目的日常实际管理工作由苏欧德国王大学的阿卜杜拉国王调查与咨询研究所承担。这是一个专门管理学术研究项目的机构。研究所的所长和工作人员尊重和支持这个项目，以正直和耐心管理它。研究所里有很多值得感谢的人，我在此仅提及前任所长穆罕默德·哈尔希博士和现任院长赛义德·赛义德博士，以及直接负责支持我的项目的两位副院长——首先是穆罕默德·阿勒杜盖什姆博士，其次是巴德尔·马吉德先生，他们确保了必要的工作得以完成。

科学委员会也是本项目的行政构成的一部分。国王下令成立该委员会以协助我的研究。该委员会由五个人组成，三名是来自苏欧德国王大学的法学教授，一名是伊斯兰教法法官，一名是来自专门法庭的法官。最终成立了两个科学委员会，第二个委员会的职能是审查完成后的手稿。至于第一委员会，由五名令人印象深刻的人担任委员，他们作为学者或法官就如何完成这项研究慷慨地提供了自己的知识和建议。来自苏欧德国王大学法律政治学院的三位教授是哈立德·阿鲁梅尔、哈立德·鲁瓦斯和拉兹格·拉耶斯。阿鲁梅尔教授特别慷慨地付出了他的时间，他作为主席主持了委员会的工作，他很了解一项良好的学术研究的各种需求，在研究过程中的许多关键阶段他都提供了帮助。该委员会的伊斯兰教法法官是艾哈迈德·欧布迪博士，他不仅是沙特商事法院和申诉委员会一位受人尊敬的法官，而且还是致力于公布法院判决的技术委员会的负责人。他本人是一名学者，当时正在完成他关于商事法院诉讼程序的博士论文。他一直是我在申诉委员会的联络人，帮助安排了多次对申诉委员会法官的拜访和采访，并努力为我取得尚未公布的判决书和其他材料。最后，商务部商业票据委员会的高级法官谢赫·阿卜杜勒克里姆·伊兹卡里代表了沙特的专门法庭。至于第二委员会，虽然它只运作了几个星期，而不是几年，但它也大大帮助了这个项目，帮助我圆满完成本项目，并提供了一些有用的建议来改进本书。委员会成员除了第一委员会的欧布迪博士和伊兹卡里博士外，还有苏欧德国王大学的三名法学教授，即阿卜杜勒阿齐兹·本·艾哈迈德·图瓦吉里教授、法赫德·本·穆罕默德·马吉德教授和阿卜杜拉提夫·本·穆罕默德·谢赫教授。

我要强调的是，即使是那些直接负责管理和协助本项目的机构——苏欧德国王大学、研究所和两个科学委员会——也不对我所写的内容、错误和一切负任何责任。他们对我的帮助自始至终都是支持性的、同僚式的，并且尊重我的学术独立性和客观性。

接下来必须感谢的两个机构是管理沙特常规法院的机构，包括普通法院和申诉委员会。在普通法院系统，我要感谢许多人，特别是要向前任和现任司法部长、最高司法委员会主席穆罕默德·伊萨博士和瓦利德·萨姆阿尼博士表示感谢，他们都对这个项目表现出极大的兴趣。通过伊萨博士，我于2014年5月安排了一次对沙特最高法院的访问。我要感谢谢赫·优素福·法拉吉的协助，他是一名法官，也曾在司法部担任许多重要职务。在申诉委员会内，我必须感谢委员会副主席阿里·哈马德博士，他以他的权威支持我在申诉委员会内的所有倡议，包括我访问该委员会在沙特各地的几个分支机构，并根据他自己作为法官的经验回答了许多问题。政府中提供宝贵支持的其他人员包括塔里克·欧麦尔博士，他也参与了判决的公布。

最后，我要感谢由艾哈迈德·亚马尼博士校长领导的苏尔坦亲王大学。我访问过该校的女子法学院，于是我找到亚马尼博士，请求他在该校法学院学生中组织一个研究小组，以协助我的研究。他立刻明白了本研究对学生的学术价值，立即请学院里一位非常能干的教授埃姆娜·奇卡瓦伊博士组建这个团队。以这样或那样的形式，通过几个班级的雄心勃勃和勤奋的法学学生，这个团队一直支持着本项目。

至于个人，有些人我甚至连名字都叫不出来，更不用说感谢了。我将提到几个人，首先是法官，然后是律师，然后是其他人，他们都慷慨地提供了他们的知识和经验。

在法官中，首先是申诉委员会，我必须首先感谢最高行政法院首席大法官、达曼行政上诉法院前院长谢赫·易卜拉欣·拉希德。他为我安排了许多次与商法法官的会面，有集体会面，也有个人会面，地点有在达曼的，也有在利雅得的。委员会内特别慷慨提供知识、咨询意见、协助的法官有穆罕默德·艾哈迈德、马吉德·穆萨哈卡、阿卜杜拉·扎赫拉尼、艾哈迈德·朱迪和布代亚·布达亚。在普通法院中，我从许多人那里得到了有用的建议，其中包括哈马德·胡代里博士、谢赫·阿卜杜拉·乌马里尼、谢赫·萨利赫·优素福、阿卜杜拉赫曼·卢海丹、阿卜杜拉赫曼·鲁梅赫和巴萨姆·努贾迪。

律师中也有很多人需要感谢，包括苏欧德·阿马里、穆罕默德·贾丹、阿卜杜拉·哈希姆、阿卜杜拉·加姆迪、阿卜杜拉提夫·卡尔尼、阿卜杜勒阿齐兹·法赫德、穆罕默德·萨利赫·祖拜尔、阿卜杜拉·侯盖勒、阿卜杜拉·哈巴尔迪和艾哈迈德·斯加赫。在部长会议专家局工作的律师班达尔·拉希德也好心地把我介绍给一些学者和法官。

在伊斯兰教法和法学教授中，我得到了巴希尔·穆夫迪和曼苏尔·沙比卜教授很大的帮助。

接下来，我要感谢许多加入我研究团队的沙特年轻人。首先是优素福·穆泽尼，他和我一起工作了三年，通常是全职的，经常在沙特代表我。我非常感谢他对这个项目的明智的帮助，他经常比我更早地预测到项目的需求，并提出合理的解决方案。他从一开始就领悟了这个项目的目的，甚至是在比较的维度上，而这些方法对他来说是全新的。事实证明，他的技能无可挑剔，提供了一个伊斯兰教法大学教育如何培养学生成为律师和法律学者的模式。他现在正在美国攻读高级法律学位。第二位要感谢的是英国法学博士艾哈迈德·哈米斯，他现在拥有自己的律师事务所，他早些时候曾以同优素福·穆泽尼的角色帮助过我，不过时间要短得多。2014年，他巧妙地利用他在司法部门的众多人脉，成功地安排了一系列与沙特各个城市的申诉委员会和普通法院的法官的访谈。在其他研究人员中，有许多人是兼职的，他们在学习或开始他们在律师事务所的职业生涯时工作。首先是苏尔坦亲王大学团队的领导人，三位非常有能力的年轻律师萨拉·阿亚夫、纳吉拉·卡迪和拉尼姆·苏海巴尼，他们都在美国获得了高级法律学位。苏尔坦亲王大学团队中非常有能力的成员包括梅·阿拉吉兰、里姆·穆萨、乔马纳·卡西里、达纳·穆哈纳、哈努夫·阿勒德里斯、杏德·巴哈布里、法赫达·阿勒谢赫、努哈·阿勒马沙尔、努拉·奥斯曼、萨巴·阿勒戈赛比、海法·哈奈法、阿拉努德·本·拉吉布和努拉·奥瓦伊达。来自沙里亚法学院和法律学院的一些年轻学生和教师也提供了协助。这些人包括沙克尔·苏夫亚尼、纳赛尔·马吉德、努拉·扎米尔、亚希尔·欧莱尼、阿卜杜勒阿齐兹·侯格巴尼和拉赞·欧塞姆。

各位同人都给了我很大的支持。我必须特别感谢佩里·比尔曼女士，她认真地通读了整本书稿，发现了许多错误（她对其他错误不承担责任），并提供了宝贵的评论和建议。

最后，我非常感谢西尼德·莫洛尼、汤姆·亚当及哈特出版公司的其他人，感谢他们在安排这本书的编辑和制作方面的周到和勤奋，但更要感谢他们承担了这样一个非常规的项目，即使面对各种复杂的管理，始终保持耐心和支持。

目　　录

contents

8 关于利润损失赔偿的案例研究 / 291

9 雇主替代责任的案例研究 / 319

1 引　言

本书旨在向不了解沙特法律体系的人解释与商业相关的沙特法律的一些基本问题，因为这些问题实际上是实用的。为了获得判例证据，本书依赖于许多来源，但主要依赖于数千份新发布的法院判决，其中包括过去二十八年商业案件的判决。本书的目标并不是再次总结关于在沙特阿拉伯“营商”的法律和规定，因为这方面的英文资料已经存在。本书有两个目标：第一，揭示那些对外行人来说沙特商法最难以识别和理解的方面；第二，由于这个话题包含甚广，而本书篇章有限，因此只涵盖了商法中那些最基本和总括的方面。

1.1　关于本书的主题

1.1.1　沙特商法与伊斯兰法律原则

考虑到上面提到的目标，本书的一个主题——伊斯兰教关于财产、侵权和合同的法律原则——显然是关注的焦点，这些原则构成了沙特所有商业法的基础。伊斯兰法，以一种至今尚未编纂的形式，从几个世纪的学术文献中提取出来，仍然是沙特的一般法律，陈述了国家的不成文宪法，并构成了其民法、商法和刑法的基础。从商业的角度来看，这一法律体系相当于民法体系中的财产、侵权和合同法，或者普通法体系中的普通法。然而，与其他国家不同的是，在沙特，修改和补充这一基本私法的法规要远少于其他国家，并且相对较弱。这是因为在沙特的宪法框架下，许多基本的伊斯兰法原则限制了立法权力。正是这些原则解释了沙特商法中几乎所有与其他国家的法律模式不同的特征。

沙特的一个奇特之处在于，法律体系中最基本、最全面的规则是最难以接触和最不为人所知的，无论是在国内还是国外，至少对于那些无法查阅从中世纪到现在的伊斯兰法律来源的人来说是如此。传统伊斯兰法律中与商业最相关的规则和原则，除了与伊斯兰金融相关的规则和原则外，还没有被广泛地用英语书写并公布。即使对于那些能够使用以阿拉伯语书写的伊斯兰法律著作的人来说，直到最近，沙特法院实际现行做法的证据几乎都是不可能收集到的。对我来说，即使拥有一项国王令来支持我的研究，在过去两年半，我多次前往沙特，也只通过官方渠道获得了总共19份未发表的法院判决。当地的学者和律师也面临着同样的困难，甚至法官们直到最近也无法方便地或大量地获取自己法院的判决。律师和诉讼当事人通过个人经验、其他诉讼当事人和律师的逸事，以及他人提供的未公开的判决书副本，了解法院的实际运作情况。一些法官收集了一些未公布的案例，并在非正式场合传阅。这种情况一直持续到2015年，也就是本研究项目时间过半的时候，当时法院开始公布成千上万份法院判决。这些持续的大量的判决，是本研究的主要来源。

由于本书的重点是一般私法，而不是沙特也拥有的许多相对临时的商业法规和条例（称为“尼扎姆”，niẓām），我选择在书名中不使用“商业法”，而是使用“商法”。在现代沙特意义上，“商业法”主要是指管理商人特定法律制度（如商业公司、商业票据和商业破产）和某些商业职能（如银行、金融证券和消费金融）的法律，所有这些都主要由特定的“尼扎姆”管理。这是因为这些商业法的规则和概念在伊斯兰法中是未知的，因此从其他法律体系引入，最初是从大陆法系（通常通过其他阿拉伯国家的法律，主要是埃及的法律）引入，现在越来越多地来自普通法体系和国际条约。无论如何，那些属于“商业法”的主题，以西方模式为基础，并在“尼扎姆”中有明确规定，对于外部人来说更容易理解，其中许多主题在英文资料中都有描述和分析。为了避免与那些法律产生混淆，我选择将本书标题定为“沙特商法”。

尽管本书的商法研究重点是伊斯兰的“普通法”或“民法”，但法规在本书中也经常出现，考虑到刚刚解释的相对优先级，我对沙特商法的“民法”方面的强调，不应让读者误解沙特法律中“商业法”组成的重要性。实际上，在日常商业活动中，“商业法”是法律中显著的部分。我希望本书能够帮助那些不了解沙特法律的人，正确理解沙特的“商业法”。这主要有两个原因：首先，由于沙特独特的宪法框架（将在第2章中介绍），商业法规在法律和司法体系中的形式和功能与其他法律体系有所不同；其次，作为这种差异的结果，即使是理解和应用商业法规，也需要一些伊斯兰法背景，因为在颁布这些法规时，立法者希望未经编纂的伊斯兰法会填补其未尽之处并指导其解释。

在本书中，我重点讨论了沙特法院在审理案件时如何应用沙特的基本或普通法。因此，我不会涉及沙特法院对外国判决和仲裁裁决的执行程度，或者对使用国内或国外仲裁来解决商业纠纷的支持程度。这些领域是通过“尼扎姆”进行调节的，而且发展迅速。这些问题通常都有英文资料进行分析和撰写。

在本书中，“商法”一词包括一些超出普通商业实践范围，但是与沙特有关的商人和法律专业人士感兴趣的主题。因此，我讨论了侵权甚至刑法问题。刑法是相关的，主要是因为伊斯兰法在处理侵权行为和犯罪方面有很大的重叠。此外，一些刑法问题直接涉及商业，例如挪用公款、欺诈、伪造和背信等犯罪行为。

1.1.2　沙特的法律和司法体系简介

在涉及商法之前，我将介绍沙特的法律和司法体系（第2章）以及沙特的司法程序（第3章）。在这两个问题上，我于2000年出版的一本书中对沙特法律体系的考察至今仍然具有相关性，因为沙特的法律体系在根本问题上没有发生变化，尽管它在同样的条件下发展了，并且有时发展得迅速而广泛。在第2章中，除了对法律体系的基本描述外，我还将过去的研究与现状进行了对比，指出了过去二十年来法律体系发生的许多重大变化，特别是关于各级法院的管辖权、法院的行政组织、审判和上诉法院的角色和责任，以及统一法院裁决的努力，包括对这些裁决进行编纂的提议。在第3章中，我将介绍我对沙特法院司法推理过程的理解，这一过程受到伊斯兰法和长期以来不断发展的沙特司法实践的影响。该章讨论了沙特法官作出裁决所依据的信息来源，以及他们如何根据这些信息来源进行推理。我还预测了当前广泛公开法院判决以及编纂伊斯兰法规则的可能性，将如何影响未来的司法实践。此外，我还简要概述了沙特法院的程序和证据，这是因为这些程序常常对案件结果产生实质性影响，并在我之后对理论的讨论中发挥一定作用，还因为这些程序呈现出了许多不为局外人熟悉的特征。

1.1.3 比较法方面

如果说这本书试图从三个维度（商业、法律和实际司法实践）来描述沙特的法律，这本身就是一个挑战，那么由于它是针对沙特法律体系的外部人士的，而且是英文的，它本质上还涉及第四个维度——与其他地方的当代理论和实践的比较。事实证明，即使花了大量的时间来研究，这本书也不可能以一种明确的方式将第四个维度纳入其中。要做到这一点，至少需要参考当今最规范的三种——法国、英国和美国法律体系，而这忽略了其他几十种有趣的法律体系，尤其是欧洲（包括欧盟本身）和阿拉伯的法律体系。因此，尽管本书主题的选择部分是由所选主题的比较意义驱动的——它们与其他当代法律和法律体系并列时的吸引力——但这种比较在很大程度上仍然是隐性的。希望依靠本书所涵盖的沙特法律细节，作为法律专业人士或比较主义者的读者能够自己进行比较。尽管比较维度是隐性的，但它将是一个持续的存在，因为出于我的目的这是不可避免的。

在我的讨论中，我通常不使用英文的法律术语来组织对沙特法律的讨论，除非是在最一般的层面上。因为我认为用英文法律术语来进行讨论是不自然和扭曲的。实际上，在很多地方，我都提倡且我相信也证明了，学会用沙特法律自身范畴来思考沙特法律和实践是非常值得去做的。沙特法律，即使是商业法律，也是以伊斯兰法为基础，这是一种具有独特特点的宗教法。在此基础上接近沙特法律可以避免无尽的惊奇和困惑。当然，我的方法可能会让一些实际上并不奇怪的东西变得奇怪或充满异国情调。但我希望我的处理方式能够表明，尽管沙特法律在现代法律中有时是反常的，但在广泛的领域中，它也是完全合理的，而不是奇怪的。事实上，这项研究的一个结论是，大部分与商业相关的伊斯兰法律都是现代的、正常的（而且是可预测的），尤其是在当代沙特阿拉伯应用这些法律的方式上。然而，虽然其判决结果在很多情况下可能与其他地方的判决相似，但实现这些结果的思维和制度过程常常是非常不同的。如果从某种人为构建的一致性出发，就不太可能预测结果，也无法解释这些结果，这在某种程度上是正确的。我相信，外界努力理解和解释沙特商业普通法的历史已经证明了这一点。这样的努力往往得出以下结论：沙特法院的判决结果是不精细的、不可预测的，而且很奇特。所以，在本书中使用沙特的法律概念范畴的一个附带好处是，它可以使读者使用共享的、更准确的参考标准，与沙特专业人士进行交流。

主要使用沙特和伊斯兰法律的概念范畴进行讨论，需要使用阿拉伯语技术术语。我通常会在使用它们的同时，将它们翻译成简短的英语。当这些法律术语在书的后文部分再次出现时，我有时会以更简短的形式重复它们的定义，以示提醒。本书末尾提供的阿拉伯语术语词汇表仅供参考。

1.1.4　本书涵盖的商法方面

再次强调，本书并不试图描述或概述所有的沙特商法。要做到这一点，即使是肤浅的方式，在本研究允许的时间内也是困难的。而且，如果试图在每个问题上确定实际实践的法律，特别是在没有成文法律的情况下（通常是在法律反映了对未编纂的伊斯兰法理的当代解释的情况下），将是不可能的。

即使将范围缩小到在沙特适用的伊斯兰合同法、侵权法和财产法以及相关法规，这个话题也太大了。因此，我们必须在讨论的主题和深度上作出取舍。考虑到在尝试验证实际实践时会面临困难，所以，我们应该在哪些主题上投入精力呢？而在原则方面，当试图揭示沙特法官和学者如何推理和决定一个问题时，我们应该达到何种细致的程度？

我决定采取的方法是以两种不同的方式描述法律。

我的第一种方法，是对广泛的法律原则提供一般性介绍。（再次强调，这些法律领域主要由伊斯兰法而不是法规所管辖，其中大部分属于其他体系中被称为“民事”或“普通”而不是“商业”的范畴。）这些对实体法的描述占据了三章：第4、6和7章。我不打算进行全面的描述，即使是在这些描述本身的范围内。这些描述的目的首先是介绍商业或经商诉讼中至关重要的法律领域，强调外部人士难以弄清的领域；其次是让读者能够理解后续更详细的研究。

在这些广泛的描述过程中，我会提到很多关于沙特实际做法的证据，这些证据是本研究收集和分析的众多证据之一，供读者参考。但我不能说这些参考资料捕捉到了沙特在这些问题上的真实实践。实际上，即使在总结中，也可能会存在很多错误或疏漏。

我的第二种方法，是案例研究。在第5、8和9章中，我进行了三个重要且详细的案例研究，每个案例都是一个独立的章节。其他一些案例研究以更简要的形式呈现，作为描述性章节的一部分。在这三个主要案例研究中，我试图尽可能全面地确定、充分解释和记录沙特的实际法律实践，充分利用我所掌握的材料来展示这种实践。我最初选择了这些案例研究的主题，是基于我之前的经验和知识，这些领域是沙特法律中存在争议、不断发展或与其他地方的法律有鲜明对比的领域。坦率地说，选择的主题是需要进行分析的复杂主题，其中教法原则的细节、法院判决结果的模式，或两者兼而有之，对大多数沙特法官和律师来说，甚至在很大程度上都是未知的。在几个案例研究中，我们可以看到法院在一些问题上采取了相互矛盾的立场，因此任何新案件的判决结果都可能是不确定的。

所有案例研究涉及的法律领域，在其他法律制度中，都是确定和常规的领域，在理论和实践上根本没有任何问题。因此，在我选择的这些案例中，沙特似乎是一个例外，这可能会造成一种错误的印象——沙特法律体系充满了其他法律体系从未关心过或早已解决了的复杂问题，沙特法律体系在寻求调和中世纪法律与现代法律的过程中处处挣扎。但这绝对不是我的意图，也不是正确的印象。我希望一般性的、描述性的章节能够对此进行反驳。在第10章的结论中，我列举了一些法律领域，其中一些在本书中有所涉及。沙特法律在这些领域已经吸收了现代化的变革，即使面对来自伊斯兰法的某些怀疑或反对，而且它相对迅速和轻易地完成了这一过程，而不像我在案例研究中所描述的那样复杂和持久。

此外，我对那些具有争议的问题的关注，可能会给人一种错误的印象，即沙特法官对法律的运用是不可预测的。我对司法推理和法院结构的描述（在第

2章和第3章中）可能进一步加深了这种印象，因为正如大家所知，沙特没有采用其他法律体系中用于确保法律统一性和稳定性的许多正式法律或结构机制。但是，出于本书通篇将要解释的原因，特别是在第3章中，这种不可预测性的印象被沙特的法律从业人员和诉讼当事人的经验所证伪，他们观察到，在我在案例研究中强调的争议领域之外，沙特法院在大多数问题上确实遵循普遍持有的稳定意见。有时，甚至在我的案例研究中也可以观察到这一点，例如在第8章对合同违约造成的利润损失的赔偿问题的案例研究中。

那么，我为什么选择以案例研究的形式详细讨论这些特定的主题呢？这是因为它们合在一起可以说明很多问题。第一，通过选择一些伊斯兰法对其的认知与国际共识相悖的主题，我希望展示沙特学者和法官如何面对这些压力，并发展他们的法律。第二，这些案例研究揭示了伊斯兰法学在沙特是一项严肃的事业，在商业事务和其他事务中都是如此——它是多么精密、复杂和有内部凝聚力，以及它如何面对新的条件，从过去中寻找发展的方法。第三，这些案例研究，特别是关于代理人建立代表其委托人权限的方法的案例研究，显示了沙特法律体系如何通过制度和行政机制来补充伊斯兰法律原则，使法律适应新的法律预期，而不改变这些原则——这是所有法律体系，包括过去的伊斯兰法律体系都在做的事情。这表明，任何人都不应该认为，一个字面听起来古怪和不切实际的理论原则，在实践中亦总是如此。第四，这些案例研究涉及在实践中经常出现的主题，对于一本关于沙特商法的书来说，分析这些主题本身就是一个有价值的任务。第五，这些案例研究展示了我在描述性章节中解释的商法理论原则的运作方式，并以此充实了这些描述的内容。最后，也许最重要的是，我希望用这样的案例能够消除一些关于沙特的伊斯兰法律是什么以及它如何在沙特的普通法院中应用的神秘感。非沙特商人及其法律顾问所认为的沙特法律的不确定性，很大程度上不仅与法律内容有关，而且与沙特阿拉伯的司法公正有关（包括过程的公正和结果的公正）。外人可能会被告知，或形成一种印象，认为沙特法院是一个不可透视的“黑匣子”，它们适用的法律是不可知和不可预测的。我希望这本书，尤其是其中的案例研究，能给他们提供足够的证据，让他们自己判断这个问题。

我自称是研究和阐释实践中的沙特法律，这需要一些说明。第一，我所说的“实践”主要是指法院处理争议时适用的法律，而不是指受法律影响的营商的其他方面，例如如何最佳地构建业务组织或关系。第二，尽管现在比几年前更容易了解沙特法院的实践，但研究者仍然面临许多观察困难，现在主要的变化是有成千上万份法院判决可供获取。第三，在任何法律体系中，已公开的判决很少能完美反映实践中的法律。从任何人类学或社会学的角度来看，书面司法意见与实际生活中的法律相去甚远。第四，也是最后，与其他法律体系相比，沙特法院判决在法律研究方面存在一些不足。与普通法国家和越来越多的大陆法国家不同，沙特法院的判决目前还不被视为法律来源。目前公开的判决并不是为了作为之后的判例被记录下来，而是为了在当事各方和上诉法院面前证明判决结果是合理的。这些判决的法律推理摘要通常很简短且非常笼统，经常省略重要事实；它们还会隐去当事人的姓名，这可能导致歧义以及重要细节的缺失。已公开的判决不是所有判决，只是由研究者筛选出来的一部分。但是在筛选过程中似乎没有使用高压手段，这也许是因为迄今为止，还没有人强烈主张将这些判决作为后续案件的先例或原则的原因。主要的选择标准可能是案件是否论证清楚，长度是否合理，是否说明了一个重要的法律问题。不止一位参与这一研究的官员向我表示，这就是他们的做法。正如案例研究所显示的那样，一些公开的判决表明，法官们持有相互矛盾的观点，犯了错误，或者没有遵循更“现代”的观点。

在沙特有传言称，法院所实践的实质性伊斯兰法的法典化编纂随时可能会开始。2014年由阿卜杜拉国王成立的学者和法官委员会，显然已经完成了一份草案。但公开的情况仍不清楚，即使这份草案被发布，它是否会提交给国家的立法机构，还是仅由司法部门发布，乃至于是否会约束法官，还是仅仅是指导他们，这些都尚不明确。当我在2000年出版关于沙特法律体系的著作时，法典化问题已经存在了七十年，而现在又过去了近二十年，问题仍然没有解决。正如第2章和第3章将讨论的那样，在这段时间内，国王至少四次提出了将法院实践的伊斯兰法原则进行法典化，包括阿卜杜勒阿齐兹国王、费萨尔国王、法赫德国王和阿卜杜拉国王。每一次，都有某种原因（可能是权威学者的反对）阻止了法典化。现在的环境不同了，现在提出法典化也没有那么雄心勃勃了，因此某种形式的法典化是可能的。到目前为止，萨勒曼・本・阿卜杜勒阿齐兹国王还没有表露他在这方面的意图。正如我们将在本书中看到的那样，萨勒曼国王继续了前任国王开启的许多发展法律体系的举措，包括公布法院判决、重组法院，以及在商业事务方面颁布许多新法规。此外，他的政府还采取了其他重大举措，尽管这些举措在本书的主题范围之外，比如提高司法系统的效率、透明度和利用现代技术，这些都是符合政府改革总体规划“2030年愿景”的措施。

如果在这本书付印的同时颁布了一部法典怎么办？如果发生这种情况，我不希望这本书成为一部法律史。鉴于迄今为止对法典化的强烈反对，任何可能出现的法典化都不会很激进，无法取代本书中法院对伊斯兰法原则的持续发展的描述。更有可能的是，该法典化（可能被称为“编纂”）将试图引导这一过程，寻求与现代期望更加符合的结果，并试图统一法院在争议点上的立场。如果该编纂不具有约束力，而只是具有咨询性质（类似于权威学术观点或上诉法院的首选观点），它将不会中断而只是指导这一过程。任何编纂，即使具有约束力，也很可能允许法官因特定的理由提出异议，上诉机构随后将对这些异议进行审查，这些异议可能通过司法先例的方式，成为对编纂本身的潜在修正或补充。我将在下一章的2.1.4.1-b部分中更详细地讨论这一潜在发展的可能性。

1.2 研究来源

1.2.1 法院系统的出版物

1.2.1.1 已公开的法院判决

除了关于伊斯兰法原则的著作外，本研究最重要的来源是沙特法院的判决。

直到最近，可获取的判决还非常有限。第2章和第3章讨论了目前公开的两个主要法院系统的数千项判决的倡议本身的意义。如第2章所述，这两个主要法院系统分别是普通法院（或沙里亚法院）和申诉委员会。

多年来，唯一公开的判决是沙特申诉委员会判决的合订本，其中6卷关于行政案件，3卷关于刑事案件，案件的时间跨度为1977年至1981年（伊历1397年至1401年），出版于1984年至1988年。此后，还出版了一些关于根据特定法律管辖的专门法庭的判决摘要。我获得了其中的两个，都是规模适中的单卷，一个是沙特商务部商业票据委员会的，另一个是沙特货币管理局银行纠纷解决委员会的。

2006年，司法部出版了3卷普通法院的判决，包含129个判决。

几年后，判决公开项目正式开启。从2012年开始缓慢进行，共出版了300个判决，到2015年加速进行，截至2018年年底，司法部和申诉委员会两大法律系统的行政机构全文发布了10196份判决书，共188卷。司法部和申诉委员会的编辑团队选择适合公开的判决，并为每个判决添加摘要，有时还附上引用的权威文件和要点。判决同时以两种方式公开——印刷成卷册并在相关司法机构的网站上发布。截至2018年年底，这些出版物涵盖了多年的判决，申诉委员会的判决涵盖了三十五年，从1981年至2015年（伊历1402年至1436年）：其中商业案件的判决涵盖了二十九年，从1987年至2015年（伊历1408年至1436年），行政案件涵盖了三十五年，从1981年至2015年（伊历1402年至1436年），刑事案件涵盖了八年，从2007年至2014年（伊历1428年至1436年）。普通法院的判决涵盖了两年，从2012年11月至2014年10月（伊历1434年至1435年）。在所有判决中，普通法院的判决有2373个，申诉委员会的判决有7823个，申诉委员会的判决中包括刑事810个、行政4323个和商业2690个庭审判决。可以预期，将定期发布更多年份的判决。事实上，司法部现在在互联网上公开了最近重组的商事法院的所有判决，因为它们在上诉中被确认或已经是最终判决。

正如我们将在第2章第2.2.4节中看到的那样，一些为适用特定法规而专门设立的法院最近开始在互联网上公开发布其判决，包括历史判决。

在本研究中，我们对上述所有年份的申诉委员会和普通法院的所有案件进行了相关性审查，然后对相关案件进行了分析，但下列案件是例外：申诉委员会在伊历1436年（2014—2015年）判决的案件（我们使用了一些零散的案件）在2018年年初才可获得相关内容；申诉委员会在伊历1435年和1436年判决的刑事案件，以及伊历1402年至1426年（1981年至2005年）的19卷行政案件，直到

2018年12月才可获得相关内容。总共审查的判决数量为8564个。我们还浏览了一些专门的法律管辖权的判决，包括劳动、银行、金融和资本市场纠纷的判决，尽管没有进行深入的研究。

为了满足读者对已公开判决的好奇，我在附录中附上了两个判决的翻译，这两个判决在本书中被多次引用。

1.2.1.2　两个主要法院系统公开的其他材料

多年来，两个主要法院系统的最高上诉机构通过行使法定权力来制定司法“一般规则”（mabādi’），以增强司法决策的可预测性和稳定性。这一做法将在第3章的3.2.6.1和3.2.7.1节中进行讨论。

在普通法院系统中，最高法院、最高司法委员会和司法部这三个机构都采取了这样的措施。最高司法委员会多年来一直在发布旨在约束法官的决定，主要是关于刑事和诉讼事项。这些决定单独发布，分发给法官。它们的非正式汇编版本存在并流传。随着2007年最高法院的创建，发布这些决定的权力转移到了最高法院的全体大会。其中一些决定对实践产生了重大影响。最高法院于2018年1月发布了一部重要出版物，以简短的格言式“司法通则”的形式重申了最高司法委员会过去的许多决定和决议。这部出版物在本书中经常被引用，并在第3章的3.2.7.1节中有进一步的解释。

组织普通法院司法系统的法律中规定的，对法官进行检查（taftīsh）的这项职能，使司法部得以发布另一部出版物，旨在指导法官。这是一份由检查员观察到的法官的各种错误的列表，检查员还附有对这些错误进行纠正的简短评论。这也被证明是一个有用的司法实践指标。

2014年，申诉委员会发布了多年来其上诉法院通过的决议，这些决议行使法律授予的权力，宣布了旨在约束审判庭的一般法律规则。这些决议以前或多或少地由个别法官或审判庭进行了临时汇集。另一部较早的出版物，是由申诉委员会的一名法官提供给我的，似乎尚未公开，其中概述和评论了委员会刑事部门的裁决。

1.2.2 未公开的法院判决

多年来，我收集了数百份不同法院未公布的判决书。其中大部分是21世纪初申诉委员会馈赠我的，由当时的主席曼苏尔·马利克提供。还有一些是我在研究过程中从沙特律师和法官那里得到的。本书中引用了很多这样的判决。

这些有用判决的一个非常重要的来源是沙特大学研究生的论文中以引文、摘要或全文的方式包含提交的判决。我的研究小组通过这种方式收集了大约300个有用的法院判决。写这些论文的学生与其他人以相同的方式获取未公开的判决，即通过向在职法官和律师提出请求索要；有时他们也会在其他论文中找到一些判决，这些判决往往是因为足够有意义才被纳入论文中。对于我们的研究尤其有用的，是那些在法院，特别是申诉委员会工作的研究生的论文，他们能够更方便地获取未公开的判决。其中两个例子：一个是沙特阿拉伯司法部长、最高司法委员会代理主席沃利德·萨马尼博士的论文中引用的，他曾是申诉委员会的法官；另一个来自前申诉委员会法官，曾任申诉委员会技术理事会主任，负责准备公开法院判决的艾哈迈德·乌布迪博士的论文。

此外，还有易卜拉欣·阿杰兰撰写的一份广为人知的关于申诉委员会商事部门判决的摘要，尽管从未正式出版，但在非正式渠道中流传。

1.2.3 访谈

在为撰写本书而进行的研究过程中，在我似乎无法获得足够的法院判决作为我的研究基础的时候，我花了几个月的时间在沙特与申诉委员会和普通法院的在职法官进行了深入的交流，询问了本书涉及的法律和实践问题。我向法官提出了假设性的案例，以便聚焦我感兴趣的法律问题。这些尽管耗时还是很有用的访谈，主要提供了有启发性的背景知识，而并不是确凿的数据。尽管这些对话者慷慨大方、知识广博，但将与法官单个的分散的访谈作为法律数据来源的缺点依然存在，读者可以轻易猜到这些缺点。在本书中，我引用这些访谈的情况相对较少，我没有透露受访者的姓名，因为引用对现任法官进行的访谈，会使研究陷入官僚主义的复杂境地。

这些访谈对了解法官在作出判决时依赖的信息来源以及司法机构内部流程

的信息更有持久的价值，这些问题主要在第2章和第3章中讨论。

1.2.4 “法特瓦”

“法特瓦”（fatwa）：以学识和敏锐而闻名的法学家的法律意见。这是沙特法官的重要法律来源，尽管根据定义，“法特瓦”不具有约束力。为了这项研究，我们收集、分类和分析了大量的“法特瓦”。其中约有200个来自以下被沙特法官认为是权威的官方“法特瓦”机构：

· 高级乌莱玛委员会（Hay’at Kibār al-`Ulamā’），由国王任命的宗教学者委员会，由宗教科学和伊夫塔[①]研究主席团组织和支持；

· 申诉委员会常务理事会，该理事会负责回应就公众提出的某问题发布“法特瓦”的要求，并根据委员会的要求进行研究；

· 穆罕默德·本·易卜拉欣、阿卜杜勒阿齐兹·本·巴兹、穆罕默德·欧塞明等学识渊博的沙特学者；

· 两个伊斯兰教法“法特瓦”学会，它们是召集成员学者发布“法特瓦”的国际机构，一个由伊斯兰合作组织组织，另一个由伊斯兰世界联盟组织。对于前一个伊斯兰教法“法特瓦”学会，我们也考察了它为发布“法特瓦”而进行的第三方研究。

1.2.5 研究生学位论文

我们收集了伊玛目穆罕默德·本·苏欧德伊斯兰大学的沙里亚法学院和司法高级学院以及沙特其他几所大学的硕士生和博士生提交的相关学位论文，根据目前的制度，我们收集了超过200篇。司法高级学院的“公共政策系”（siyāsa shar`iyya）提供的论文尤其有用，因为学生在获得学位时被要求尽可能地涉及现实中的法律实践。这些论文提供了有价值的研究成果，同时也提供了经过伊斯兰法和裁决教授审查后的有用的见解。在我的访谈中，法官们经常告诉我某个特定主题已经有人做过论文，并建议我查阅。其中许多论文已经出版，并在参考书目中列出。

---

① 伊夫塔（Ifta），意思为发布“法特瓦”。——译者注

1.2.6 其他各种已出版的研究来源

我们收集并审查了许多出版物，以寻找有用的材料，包括一些沙特法律和几乎所有学术期刊上的所有有关文章以及图书。这些出版物在沙特法律实践中所起的作用比在其他法律体系中所起的作用要小，它们主要是在理解原则方面有作用。

1.2.7 我自己之前的研究和经验

我本人近四十年来对沙特法律制度的研究和经验，构成了上述关于沙特法律实践的不连续的证据的基本背景，也是我理解沙特法律体系的意义和重要性所不可或缺的。这包括了我为博士论文进行了五年的研究（1982年至1987年），后来将其出版为一本关于沙特法律体系的书；在1985年至1987年期间在一家沙特律师事务所的实践经验；后来的多次访问，通常是为了研究撰写有关沙特法律的文章；以及在2012年至2016年这五年期间为准备本研究而零零散散在沙特居住了数月的时间。（我的有关沙特的出版物列在参考书目中）此外，我在30多个独立案件中担任沙特法律顾问和专家证人的经验也很有用，其中大多数是在美国或英国进行的诉讼。

除此之外，还有我四十年来对伊斯兰法律本身的深入研究，有对其理论和具体学说的研究，还有对两个特别相关的问题的研究和撰写。首先，伊斯兰法律体系，重点关注学者和法官的角色，无论是历史上还是在现代伊斯兰国家，尤其是在沙特；其次，合同、侵权和财产作为伊斯兰法的一个实质性领域，其中大部分是为了研究和撰写伊斯兰金融法和当代伊斯兰国家法律的相关内容。

1.3 这项研究的起因

2008年，我在参加一次海湾阿拉伯地区的会议时，与几位沙特朋友讨论了对沙特商法实践进行研究的想法。这个想法源于我过去对沙特法律体系和伊斯兰金融中适用的伊斯兰交易法律的研究。他们鼓励我向当时的司法部长阿卜杜拉·谢赫博士提出这个研究计划的建议，于是我在2008年6月提出了这个建议。令我有些惊讶的是，谢赫部长将我的建议转交给了王室办公厅。经过由几位部长组成的委员会的审查，阿卜杜拉国王同意了这个计划，并于2009年10月25日发布了一项国王令，指示苏欧德国王大学下属的阿卜杜拉国王调查与咨询研究所与我联系，安排这项研究。经过几年的函电和讨论，先是与研究所，然后是与高等教育部和财政部的讨论，本项目于2012年7月1日启动，为期四年。成立了一个由三名法学教授和两名法官组成的科学委员会，以协助我进行研究并提供建议。

在项目的第一年乃至更长时间里，我主要致力于获得主要司法机构的官方支持，收集二手资料，与法官、律师和官员进行多次接触，并组建了一个学生研究团队来帮助我整理和分析所有材料。然而，在第二年结束时，我试图努力通过两个主要法律系统获得项目的主要数据（足够数量的法院判决），却基本上没有取得成果。因此，2014年的大部分时间，也就是项目的第二年和第三年，我都在尝试通过其他途径来了解司法实践，主要是通过采访大量法官和律师，从他们那里获得未公开的判决。随着项目的进展，第三年司法系统的官员开始回应我索要法院判决的请求，并保证很快会公开大量的案例。实际上，这确实发生了，但在项目开始的第四年才开始。鉴于这些在项目开始时没有预料到的延误，我请求并从苏欧德国王大学校长巴德兰·欧麦尔博士那里获得了将我的项目延长到2018年的许可。接下来的两年，直至2018年6月，我完成了这项研究——大部分时间都花在了审查和分析已公开的案例上，其中包括在同一时期公开的成千上万个案例——并撰写了这本书。

在整个项目中，包括苏欧德国王大学、阿卜杜拉国王调查与咨询研究所和科学委员会在内的所有相关方都将这个项目视为一项纯粹独立的学术研究，并给予了尊重。2014年和2016年，我向科学委员会提供了这本书的详细大纲和部分草稿，向研究所保证工作正在进行中，但是没有任何委员会成员要求修改或提出评论。在项目结束后，当这本书提交给出版社后，阿卜杜拉国王调查与咨询研究所的所长认为应该重新组建一个科学委员会（原来的科学委员会在2016

年解散），像以前一样由三位法学教授和两位法官组成，审查这本书，以确保其中没有任何对沙特有害的虚假陈述。委员会确实进行了审查，但没有侵犯项目的独立性：他们只是要求我提供证据，或额外的证据，来支持六项可能具有负面影响的具体事实陈述，并没有要求我改变我的结论。他们还提出了一些有用的意见。在我为有关的几项陈述提供了证据，作出了澄清，并删除了一项缺乏证据的陈述后，委员会核准了我的书稿。

在理想的情况下，将这本书翻译成阿拉伯语并征求沙特高级法官和学者的意见是很好的，但这样做的工作量相当于撰写另一本书，因此我无法考虑这种选择。我没有那么雄心勃勃，我曾考虑再进行一轮访谈，把我从案例研究中得出的结论告诉一些高级法官，但即使这样做是可行的，时间也不允许。这是因为案例在项目后期才大量公开。在这一点上，我在2014年抓住机会走访了几位法官，并就我的案例研究所关注的许多问题提问，这让我感到些许安慰。但是，这仍然意味着这项研究应该被理解为最终依赖于——就细节而言——其引用的文献证据，而不是口头交流。

最后，我不能指望这项研究在我所涵盖的每个问题上都准确地捕捉到沙特的法律或实践，特别是在细节层面上，但我仍然希望我的研究的细节层面能够被认真对待，尤其是在案例研究中。这是因为，虽然这些细节可能并不总是准确的，但是它们的综合效果，而不是我对沙特教义原则或法律制度的总结，才能实现研究的总体目标，即传达对沙特商法实践的更好理解。

1.4 一些技术问题

1.4.1 术语

我在书中使用的一些术语需要解释。

1.4.1.1 传统法律

在实践中，人们需要一个术语来区分伊斯兰法学家在中东法律体系变革之前的作品。中东法律体系变革始于1839年奥斯曼法律改革“坦齐马特”（Tanzimat）。在那个时期之前，伊斯兰法学者在学术机构和法院工作，编著不同类型的书，用不同的风格写作，并采用各种方法来发展法律，尽管这些法律在几个世纪中发生了变化，但在一千年的法律发展中保持了连续性。但是，在“坦齐马特”改革之后的时代，在除了宗教仪式法之外的所有法律领域，甚至连家庭法，都出现了法典化，并在各地建立了现代化的国家结构，法学家的生活和工作方式也发生了变化，法学产出的性质也随之改变。英语写作中的作者经常区分“古典”伊斯兰法和“现代”伊斯兰法。我更倾向于使用“传统”而不是“古典”这个词，因为那些试图理解当代实践的人永远不能忽视最近的“传统”作品，没有人会将其描述为“古典”。

对于沙特而言，传统法律的最后一个重要代表是埃及学者曼苏尔·布胡提，他于1641年去世。在他之后，直至今天，许多学者都以或多或少传统的风格撰写了一些重要的作品，这些作品在实践中起到了重要的指导作用，比如易卜拉欣·杜扬（卒于1935年）、阿卜杜拉赫曼·萨迪（卒于1956年）、穆罕默德·欧塞明（卒于2001年）的作品。但是，这些较近期的作品不是在与之前相同的体系的机构和职能内产生的，因此它们不具备与前“坦齐马特”时期的作品一样的权威性，也没有像前者那样与实践中的法律相联系。诚然，与其他阿拉伯国家相比，沙特阿拉伯的这种转变没有那么剧烈，其他阿拉伯国家完全按照西方模式改造了自己的法律体系。但正如第2章第2.1节中所解释的那样，尽管沙特的宪法和法律制度从未被西方模式所取代，但在外国法律制度，特别是埃及法律制度的影响下，沙特的宪法和法律制度发生了许多根本性的变化。

我们所要讨论的传统伊斯兰法学只是伊斯兰教逊尼派的法学，而不包括伊斯兰教其他派别的法学，比如什叶派（包括伊斯玛仪派和十二伊玛目派，这两个派别在沙特都是少数派，以及也门的宰德派）和阿曼的多数派伊巴德派。对于在沙特法院中适用的商法来说，只有逊尼派法学是相关的。

1.4.1.2 普通法院

沙特最初具有一般管辖权的法院体系是适用伊斯兰教法法院的，伊斯兰教法与相关法规一起，以未编纂成法典的形式构成王国的一般法律。直到最近，这些法院被期望适用的法规仅涉及程序法和刑法。这些法院是自最早以来存在于所有穆斯林法律体系中的法院的延续。通常在英语中将它们称为“沙里亚法院”。但是使用这个术语会暗示沙特的其他法院和法庭适用的是与“沙里亚”法不同的东西，而事实上所有的法院和法庭都适用“沙里亚”法以及法规。因此，我将使用“普通法院”（al-maḥākim al-`āmma）这个术语，这是沙特现在对它们的称呼。

1.4.1.3 男性代词

在沙特，由于持续实行性别隔离，女性不会担任法官职务。直到最近，也没有女性获得律师执照，虽然有女性宗教和法学学者，但我从未在沙特法官或学者讨论法律时提到过她们。当然，女性经常作为纠纷的当事方出现，尤其在家庭法事务中非常常见；但在行政和商业案件中，她们出现的频率远低于男性。出于所有这些原因，在讨论沙特和伊斯兰法律时，我回归了现在在英语中已经过时的做法，即使用男性代词来指代两性。

1.4.2 其他技术问题

1.4.2.1 伊斯兰历日期

沙特几乎在所有场合都使用伊斯兰历（AH）作为日期计算方式。本书中引用的大量来源和事件仅以伊斯兰历标注日期。对于其他一些来源或事件，可能已知或可恢复完整日期，但要将其转换为准确的公元纪年（CE）日期将是一项烦琐的任务。因此，对于那些确切日期并不那么重要的来源或事件，我选择仅显示伊斯兰历日期。将伊斯兰历年份转换为公历年份面临的问题是，伊斯兰历和公历年份是相互交叉的。因此，除非来源还提供公历年份，我几乎总是只输入伊斯兰历年份开始时的公历年份，例如伊历1431年（2009年）。

另一种选择是伊历1431年（2009—2010年）。当我进行完整的伊斯兰历日期（年/月/日）转换时，从转换程序得到的结果可能会有误差，可能多一天或少一天，甚至可能有两天误差。这是由于不同行政辖区的伊斯兰历日期计算方式存在差异。我通常不在日期后面使用“AH”或“CE”这些标识，因为这两个系统的日期很容易区分开来。

对于阿拉伯语的作品，我在每章首次提及时会注明作者的公历死亡年份，因为读者可能会从中了解到作者属于伊斯兰法学的哪个时代。对于那些更当代的作者，我不这样做。通常，死亡的伊斯兰历月份是未知的，这导致了公历年份的不确定性（例如，1196—1197年），在这种情况下，我只输入较早的一年。

1.4.2.2　对于圣训的引用

圣训作为伊斯兰法的四大渊源中的第二大渊源，指的是先知穆罕默德的生活榜样。在伊斯兰时代的早期几个世纪中，特别是在伊斯兰历3世纪（公元9世纪），出现了一些专门收集经认证的圣训的圣训集，被后代视为权威。本书通常引用这些圣训集中的内容。其中6部最为重要，一般以作者的名字命名：布哈里（Bukhari）、穆斯林（Muslim）、艾布·达乌德（Abu Dawud）、提尔米齐（Tirmidhi）、纳萨伊（Nasa’i）和伊本·马加（Ibn Maja）。我将简单地引用这些内容，省略对任何特定版本的确切引用。我还偶尔引用其他著名的圣训集，同样以作者的名字来标识，比如伊本·罕百里（Ibn Hanbal）、哈基姆（Hakim）、拜哈基（Bayhaqi）等等。

我要指出的是，评估圣训的真实性是沙特伊斯兰法学者的主要关注点，也是他们接受严格训练的一门学科。例如，他们经常提到一个圣训作为解决法律问题的论据，相对于另一个更加有力。在本书中，我忽略了沙特法律推理中这一方面的分析，而是在公开的学者意见和实际的司法决定，以及将它们在法学上联系起来的推理或逻辑的层面上进行操作。在第2章和第3章中，我确实描述了学者们在推导伊斯兰法律意见时所依赖的权威来源和解释方法。

1.4.2.3 音译

是否引入一种表示阿拉伯语拼写的方法，即音译，始终是一个开放的问题。毕竟，懂阿拉伯语的人不需要它，而不懂阿拉伯语的人也不需要它。但是，总的来说，为了帮助那些对阿拉伯语有一定了解或试图与其他参考资料建立联系的人，以及为了一定的准确性，我决定使用音译。然而，我不使用它来表示文本中的专有名称，也不使用它来表示贯穿全书的某些单词。后者包括："尼扎姆"（经内阁和协商委员会审议后沙特国王颁布的法规），"哈迪斯"（hadith，圣训），"伊智提哈德"（ijtihād，有资格的学者或法官就伊斯兰教法对特定行为或争议的规定达成一致意见的过程），"斐格海"（fiqh，伊斯兰法学，通过伊智提哈德达成的学者意见的累积），哈乃斐、马利克、沙斐仪、罕百里（Ḥanafī、Mālikī、Shāfi`ī、Ḥanbalī，逊尼派四大教法学派）。已经进入英语中的词语，如沙里亚（Sharia）、古兰经（Quran）、逊奈（Sunna）、卡迪（qadi）[①]、法特瓦（fatwa）、穆夫提（mufti）、谢赫（shaikh）、沙特（Saudi），都不需要音译。

我的音译方法详见附录。它是美国国会图书馆系统的简化版本，与《国际中东研究杂志》的音译方法几乎相同。

1.4.2.4 省略定冠词"al-"

在正文中，我通常会省略阿拉伯语中的定冠词al-，即"al-"前缀，以便于姓氏的呈现（例如，使用Buhuti，而不是al-Buhuti）。为了书目和索引中的字母顺序，"al-"要么被忽略，要么移到条目的末尾（例如，使用Buhūtī，Manṣūr al-）。

1.4.2.5 关于各种行政法令、命令、决议、决定等的具体规定

沙特行政规定可能会区分沙特行政部门内不同类型和级别的行为，从国

---

① 卡迪，伊斯兰教教职称谓。旧译"尕最""哈的""嘎锥""卡孜"，系阿拉伯语音译，意为"教法执行官"，简称"教法官"。即依据伊斯兰法对穆斯林当事人之间的民事、商事、刑事等诉讼执行审判的官员。——译者注

王到部长会议官员再到部长和其他部长级官员。在本书中，我只观察到国王令（marsūm）和其他所有级别之间的区别。对于其他级别的行为，我倾向于使用“命令”“决定”“决议”或“规定”。

1.4.2.6 缩略语

一些经常引用的资料来源采用了缩写。资料来源的缩写通常通过使用连字符连接作者、标题和斜杠或日期来表示（例如，Ministry of Justice-Principles of Highest Courts-2016或Nizam of the Judiciary-2007）。这些缩写的列表出现在本书末尾的相关内容中。

1.4.2.7 标题

本书的章节按照层级进行组织，最多可以有六个级别。第一个数字表示章节。因此，对于第4章中关于合同解释的讨论，就是编号为4.1.1.2-d的部分。

2 沙特的法律体系：宪法、法律和法院

本章分为两个主要部分。在第2.1节中，我将介绍沙特法律体系的结构，重点是伊斯兰法学原理。这些法学原理塑造了过去的逊尼派伊斯兰国家及其法律体系，也是当代沙特阿拉伯宪法和法律体系公开承认的正当性支撑。在沙特阿拉伯，这些理论代替了宪法，并使其他国家所称的政府的三个分支（行政、立法和司法）成形。在第二个主要部分，即第2.2节中，我将对沙特的各个法院系统进行概述，解释它们的组织、性质和司法管辖权。

2.1 沙特的法律体系

2.1.1 沙特法律体系的独特性

在沙特的法律体系中，人们会遇到一个在当今世界上称得上罕见的或者可以说是独特的结构体系，尽管从历史上来看并非如此。在这个体系中，法律不是由统治者、立法机构或法院裁决制定的，而是由法律学者制定的。法律学者作为个人，而不是作为国家官员，根据他们对权威法律材料的了解和他们对这些材料的解释能力来行使权力。换句话说，这是法学家的法律，而不是成文法或司法先例的法律。除了过去的伊斯兰法律体系，历史上的其他例子还有罗马法和在独立自治时期的犹太法。在本章中，这是一个重要的观点，也是我们主

要关注的，即伊斯兰国家的法学家不仅声称可以确定实体法律，如家庭法、财产法、商业法、合同法、刑法等，还能制定这些国家的宪法。

当然，在伊斯兰法律体系中，学者们并不承认自己是制定宪法或制定法律的人；相反，他们认为真主通过《古兰经》和先知穆罕默德的榜样（被称为圣训）制定了完美的法律。这种法律统治着人类生活的方方面面，包括法律和宪法。学者的角色仅仅是从这些来源中提炼出规定个别行为的具体规定。

在伊斯兰国家中，沙特是独一无二的，因为它在一定程度上保持了这种一千五百年来关于法律和法律体系的古老观念。特别是，法学家的法律在沙特保持了与其在历史上相差无几的重要地位。当代其他穆斯林占多数的国家的宪法可能承认伊斯兰法作为法律的作用，但在其他方面是独立的。在这些国家，由宪法、立法机构和法院决定法律，包括伊斯兰法是否适用。本书总结出的一个结论是，沙特的法律体系是多么彻底和持续地坚持学者法——不仅是作为一种象征，而且是在法学原理的细节上，（甚至在与大多数人认为是与宗教的领域相去甚远的应用上，）比如宪法或商法。沙特的学者和法院继续按照伊斯兰法自身的方式来发展它，期望以此保持其作为沙特宪法和普通法的主导地位，同时应对所有当代的法律挑战。

为了解释一个法律如何从宗教信仰中产生并转化为实际法律，我需要总结一下我之前一本书里的一些发现，这本书以沙特为例，研究伊斯兰法律原理、制度和实践，这些原理、制度和实践使“斐格海”得以应用。就目前的目的而言，该书有两个主要观点，涉及历史上的伊斯兰法律体系以及沙特的法律体系。第一个观点涉及学者法的性质，展示其特殊的理想主义，以及这种理想主义如何使学者法产生的裁决最适合于管理个人行为。这一点将在下一节（第2.1.2节）中讨论，该节将描述传统伊斯兰法原理及其在沙特的应用。我之前的书的第二个重要观点是：学者法的这种理想主义和个人主义本质决定了当它被要求作为国家法律时，它的内在不完整性，因此学者们一直承认国家在维护伊斯兰法方面也扮演着至关重要甚至是独立的角色，尽管他们要求国家根据学者们自己制定的法学原理来履行这一角色。因此，第2.1.3节描述了历史上定义国家合法权威、权力和职能的学术学说。

最后，根据这两个部分中介绍的内容，我将在2.1.4节中描述沙特目前的宪法结构。

2.1.2 学者法律的性质：来源、方法和权威

在这一部分，我将解释学者法律的一些特点，无论是在历史上还是在沙特阿拉伯的法律实践中。这种介绍对于理解沙特阿拉伯如今所实践的法律，包括在商业领域所实践的法律，至关重要。

正如刚才提到的，在穆斯林的意识中，真主是立法者，祂的法律在《古兰经》这部经典的启示中得到完美的揭示，而先知穆罕默德的行为对其进行了阐述和示范。学者的角色只是通过一种被称为“伊智提哈德”（意为“付出努力”）的过程，获取《古兰经》和逊奈的知识，发掘其中适用于人类生活的法律。逊奈在一开始被认为是穆罕默德和他之后的第一代弟子所作出的生活榜样，但随着时间的推移，逐渐形成了关于穆罕默德和第一代弟子的书面记录，称为“圣训”。学者们一致认为“伊智提哈德”的“根源”或基础有四个：《古兰经》的文本、圣训的书面记录以此为基础的类比（qiyās），以及公议（ijmā`），即遵循过去学者们所达成的共识。此外，还有各种补充的解释方法，学者们对这些补充解释方法的意见并不一致。“伊智提哈德”和法律的“根源”在第3.2节有进一步描述。

虽然合格的学者通过“伊智提哈德”得出的关于真主律法的意见是行动的有效基础，但它并不被认为是肯定正确的，而是最有可能的。因此，学者的观点被称为“斐格海”，意思是“理解”。“斐格海”这个术语也用于称呼多个世纪以来积累的法律学习和解释的整个知识库，学者们至今仍在不断增加其中的内容。无论从哪种意义上讲，“斐格海”必须与伊斯兰教法“沙里亚”区分开来。“沙里亚”的意思是不可改变和完美的神圣律法，但“斐格海”代表了人类去了解神的意志的努力，它是不完美的，容许变化、错误和分歧；它对几乎所有问题都提供了多种观点。当我们使用“伊斯兰法”这个术语时，我们含糊地把“沙里亚”和“斐格海”都涵盖其中。对于那些完全信任学者的穆斯林来说，这两者之间的区别在大多数情况下并不重要，因为他们相信只有通过“斐格海”，即学者的努力，他们才能可靠地了解“沙里亚”。但即使对于他

们来说，两者之间的区别也会时不时地显现，比如当他们发现两位他们都尊敬的学者的观点之间有明显的矛盾时。我在全书中使用的这三个术语表示如下含义："沙里亚"指的是神启示的法律，"斐格海"指的是学者通过"伊智提哈德"所理解的"沙里亚"对特定行为的裁决，而"伊斯兰法"（Islamic law）则同时兼有这两种含义。

正如将在第3.2.2.1节中进一步描述的那样，穆罕默德去世几个世纪后，学者们的法律意见汇聚成了法学派别（madhhab，复数madhāhib）。这个过程一直在进行，直到只有四个学派幸存下来——哈乃斐派、马利克派、沙斐仪派和罕百里派（罕百里派是沙特阿拉伯过去和现在青睐的教法学派）。随着时间的推移，学者们越来越少地独立于任何学派之外发表意见。相反，他们运用自己的聪明才智，将已经完成的工作系统化，并在自己的学派内找到创新和调整的方法，以满足不断变化的政治和社会条件的需要。这些学派通常在任何问题上都提出几种观点，这些观点归于该学派的早期学者，但在任何时候，学派的学者都会将其中一种观点确定为主导或首选观点。他们也并没有完全放弃其他观点，以便在情况有所变化时可以回过头来使用；甚至可以通过重新解释、改变术语的含义、提出新的例外理由或结合几种观点来构思新的观点。因此，学派的观点随着时间的推移得到发展，这使得各个学派的践行者越来越需要该学派最新的编纂作品，除此之外，还要遵循其所在地区该学派当代主要学者的指导意见或"法特瓦"。在关于沙特的法律和司法推理的第3.2节中，我们将看到类似的过程在现代沙特阿拉伯也在进行，尽管现在已经超越了任何单一学派的范围，并且使用了新的法律概念、解释方法、机构和制度。就目前的目的而言，需要注意的很重要的一点是，正如现在为止所描述的那样，这种法律制定的过程完全依赖于文本、学者的解释以及学者团体内的习俗和制度，而不是依赖于国家的机构。

在我之前的著作中，我强调了关于这种学者法律的一个特点：上述学者解释的过程旨在根据其终极的理由和方法对行为作出裁决，而不仅仅是提供意见或一般规则。换句话说，它的过程旨在对特定具体行为的宗教—法律地位作出裁决，该行为可以是过去已经发生或未来可能发生的个人行为，也可以是需要法官裁决的具体争议或争论。"斐格海"还生成一般规则和原则，但在将其引入具体案件之前，这些规则和原则不被认为是最终的或具有约束力。大多数法律体系将法律理解为对所有受其最高权威约束的人具有约束力的一套一般规范，个人和民事实体将这些规范“适用”于他们的行为，而包括法院在内的执法机构在特定案件中“执行”这些规范，但在伊斯兰法中，在其纯粹的理论中，法律存在于特定的、具体的行为中。而“伊智提哈德”（上面提到的解释方法）是认可的获取指引的方法。法律价值（aḥkām）不仅仅是合法和非法或有效和无效的法律价值，它更具普遍性，包括五个类别：禁止、应谴责但有效、中立或允许、建议、义务。每个具体的行为都对应其中一个价值，可以通过“伊智提哈德”来确定。我把伊斯兰法律理论的这种特殊特征描述为“微观的法律制定”。这种理想的法律制定形式巩固了学者作为神圣法律之源的地位，使“沙里亚”法更多地成为法学家的法律。

伊斯兰法制度有没有“宏观的法律制定”——即制定一般规则来指导这个世俗集合群体或机构，包括国家法律制度？当然，伊斯兰法制度需要可预测的一般规则，以便个人、实体和国家可以根据这些规则指导自己的行为，从而可能获得宗教认可和法律效力。事实上，这些规则对于个人和机构日常事务的重要性，超过了意识形态上更为纯粹的微观的法律制定模式。学者们确保了这种形式的法律制定在意识形态上保持从属地位，并在很大程度上只是以临时的方式制度化。在受宗教法律严密管制的领域（主要是私法领域），正是通过各个教法学派的非正式裁决安排，来完成大部分宏观的法律制定工作，从而避免了国家的干预。

在历代学者撰写的无数著作中，我们都能找到那些仍停留在观点领域尚未应用于实际行动的“斐格海”。“斐格海”还可以通过发表法“特瓦来”提供行动建议。如果被认为具有权威性，就可能被付诸实施。尽管“斐格海”著作中的意见本质上就是“法特瓦”，但“法特瓦”这个术语更适用于描述当代学者或学术机构的意见。通常“法特瓦”是由信徒征询的意见，涉及一些具体的现实问题。这本书中提到的沙特高级乌莱玛委员会的“法特瓦”是对个人提出的请求作出的回应。“法特瓦”不会对任何人产生约束力，它只是提供建议，甚至连法官都会寻求它的指导。我将在接下来对沙特法律的描述和案例研究中经常引用“法特瓦”。

“伊智提哈德”的理想要求是完全合格的实践者（被称为“穆智塔希德”）在选择适用于某种情况的法律时，除了真主的命令本身，不受任何约束。他必须根据启示中的所有迹象，以自己的良心形成他对该情况的裁判的最佳意见。“伊智提哈德”只能在真主的法律还不明确的问题上实施，即在《古兰经》的明确文本、先知的经过认证的明确圣训、早期学者的明确共识（满足特定学者对共识具有约束力的要求）尚未决定的问题上。正是因为最终真理的仲裁者——启示的文本和过去学者的共识——没有解决某个问题，“伊智提哈德”才是大概率可能发生的，而不同的“穆智塔希德”可能会得出不同的结论。因此，虽然一个合格的学者可能宣称另一个合格的学者的观点是错误的，但这些分歧最终仍然是意见问题，因为两者都无法提供无可辩驳的证明对方错误的证据。鉴于该任务的困难，真主不会因为其错误的判定而惩罚任何人。有人说“每个‘穆智塔希德’都是正确的”（kull mujtahid muṣīb）——至少在这个意义上，一个合格的学者实践一个健全的方法论，就算出现错误，也是没有过错的。由于缺乏明确的证据，真理超出了人类的认知能力，所以要求人类做的是付出他们最大的努力。

尽管“伊智提哈德”仍然只是一种“意见”（ẓann），但当它被采纳并付诸行动时，这种意见就获得了确定性的地位，无可置疑地成为在这种情况下人类所能做到的最好的事情。当一个信徒选择遵循学者的“法特瓦”行事，或者当法官发布裁决强制执行一项合法的意见时，就会发生这种情况。再次强调，这只是在每个独特行为的微观层面上发生。正如一句谚语所说：“法官的裁决使分歧的意见变得确定（yaqṭa`字面意思是‘切割’）。”只要法官没有作出裁决，对一项行为的评价可能会因为几种可能的“伊智提哈德”而有所不同，但是，一旦法官采取行动，他的裁决对诉讼当事人来说就成了一种义务，就好像裁决是通过启示而确定的一样。

要使“伊智提哈德”产生这些效果，法官和个人都必须尽最大努力——对于个人来说，他们需要调查应该遵循哪位学者或“穆智塔希德”的意见，而对于法官来说，他们自己必须具备“伊智提哈德”的能力，并且要勤奋地进行“伊智提哈德”训练。四个教法学派中的三个都宣布，如果法官没有资格进行“伊智提哈德”（即不是“穆智塔希德”），那么对于他的任命无效。对“穆智塔希德”的高要求，被认为更多是理想主义，而不是实际可行的。但至少在沙特阿拉伯，这种理想得到了一定程度的保持，因为每个法官都被要求尽其所能地运用“伊智提哈德”的方法。一位法官不应该毫无思考地询问学者或其他法官的意见，然后盲目地应用；如果他确实咨询了别人，他应该至少了解关于该裁决的基础。此外，“伊智提哈德”不仅适用于确定案件的“斐格海”规则，还适用于正确运用证据的方法来正确地确定事实，然后给予这些事实适当的法律解释。

即使是普通人，更不用说法官了，也要为自己的行为负责。

还有一句谚语：“一个‘伊智提哈德’不会被另一个‘伊智提哈德’废除。”（al-ijtihād lā yunqaḍ bi-mithlih）确认了一旦通过正确的方法进行“伊智提哈德”得出决定，并且已经采取行动，无论是个体学者、法官还是其他人，都不能将其视为错误的而予以推翻。因此，如果两个当事方咨询了一个“穆夫提”（即可以发表“法特瓦”的合格法律学者），然后根据他的建议采取行动，他们的行动在之后是不能被质疑的，即使是一个不同意该“穆夫提”观点的法官也不能质疑。在传统的“斐格海”概念中，不存在上诉程序，因为没有人有权推翻有效的“伊智提哈德”。唯一能够推翻合格的法官通过诚实的“伊智提哈德”所作出的判决的理由是，尽管法官诚实并具备学识，但裁决过程或程序有明显错误。这种错误发生的概率比上述描述所显示的要高：例如法官可能误解事实，从而在错误的背景下应用正确的“伊智提哈德”；或者他可能在应用本来正确的证据形式时犯了一个实践上的错误。正如将在第3.2.6.2节中讨论的那样，尽管沙特阿拉伯现在拥有完整的上诉法院系统，但仍然可以观察到一种原则性的不愿推翻“伊智提哈德”的态度。

沙特法律意识形态中对“伊智提哈德”的重视，导致法官反对任何限制法官良心的事情，因为法官在进行解释的过程中，要推断真主对他面前具体案件的判决，无论这个过程多么容易出错。显然，服从立法机关为适用于某种类型的所有案件而确定的法规——即“宏观的立法”——不符合微观的“伊智提哈德”的理想。法官们习惯了他们在“伊智提哈德”上的自由，他们觉得法规使他们沦为一台的机器，脱离了真实案件的道德背景。随着法院的实践适应不断变化的时代和习俗，不断回归原始神圣指引的过程被中断，“斐格海”的自我演变也被中断，取而代之的是使用不同方法解释实在法的新过程。事实上，从沙特的角度来看，对国家立法的反对不止于此：将立法权力交给立法机构，即使其通过的法典把“斐格海”作为法律的来源之一，也意味着接受国家而不是真主在法律上拥有最高权威。沙特阿拉伯法律体系的前负责人穆罕默德·本·易卜拉欣（卒于1969年）把实在的、制定的法律（qānūn waḍ`ī）视为对真正信仰的否认（kufr）。正如我们将在下文第2.1.4.1-b节中看到的那样，近一个世纪以来，沙特阿拉伯的法学家一直在拒绝政府编纂法律的提议。

2.1.3 “沙里亚”和“斐格海”下的传统宪法法律

在这一部分，我将非常简要地概述我在2000年的著作中提出的第二个基本观点，即承认每个人，无论是穆斯林还是非穆斯林，对于伊斯兰法的第一反应（即通过几个世纪以来学者们从《古兰经》和圣训中所得出的累积推断，涵盖了从仪式到家庭、民事交易、犯罪、国际关系、战争等方方面面的学者裁决）只是“沙里亚”的一部分。正如学者们自己所承认的那样，“沙里亚”还包括宪法性的“斐格海”，即建立机构来确定和应用宗教法律。除了制定规则来维护和管理“伊智提哈德”作为确定法律和应用法律的方法之外，学者们还制定了规则来建立权威去规范另一种制定和应用法律，即统治者（walī al-amr, imām, sulṭān, ḥākim）和依赖于他的国家机构。这些理论通常以“西亚赛沙里亚”（siyāsa shar`iyya）的名义被集合在一起，意思是“根据伊斯兰教法进行治理”。因此，在维护“沙里亚”的宏观层面上，“斐格海”的权力通常是授予国家的。

在这一部分，我只讨论关于这一主题的传统法律理论原则，并在下面的第2.1.4节中单独讨论这些理论在沙特阿拉伯的适用情况。

“西亚赛沙里亚”理论原则体现了学者们对一个不可否认的事实的回应，即“沙里亚”不能仅通过学者的学识和信徒的良知来维护。《古兰经》和圣训的谕令也针对国家，尤其是国家的法院和行政机构，并宣布了不仅管理穆斯林私人生活，而且管理穆斯林社会的公共、社会、经济和集体层面的裁决和目标。在《古兰经》命令的指引下，先知穆罕默德本人领导着一个履行所有这些职能的国家，并通过他的生活榜样为统治者和他们的众多代理人创造了先例。

他的继任者，哈里发们，试图效仿他，并在他们所面临的不断变化的环境中按照他的方式进行统治——实际上，在很长一段时间里，正是哈里发们对新兴的伊斯兰法进行了最多的框架制定。然而，随着哈里发制度本身魅力的逐渐减弱，学者们在宗教法律问题上掌握了话语权，并说服穆斯林：对于先知和信仰虔诚的前几代穆斯林的客观记录应该是法律的标准，他们宣布的法律应该统治国家，而不是国家统治法律。最早几代的统治者的许多决策和行动都进入了圣训的主体内容，因此可以通过类推将其进一步应用，但统治者确定宗教法律的权威转移到了学者手中。

随着这一发展，伊斯兰国家中出现了一种基本的二元性——统治者在执行中行使唯一的权力和自由裁量权，而学者则代表宗教和法律的权威和合法性。统治者的权力（称为siyāsa）在公共事务中占据主导地位，而学者的权威在私人领域最为重要。即使在《古兰经》和圣训中，详细的规定也更多地集中在宗教实践的私人事务上，其次是个人道德、家庭事务和世俗的“交互”（mu`āmalat），包括合同、侵权和财产。然后，当进入国家主导而不是个人甚至社区的事务，如行政管理（包括建立法院和执行判决）、税收、战争和国际事务等方面，这些规定的密度和细节显著减少。这反映了在法律文本来源中存在的这种范围差异，也体现出学者在行使权利方面明显的无力感。这导致了一种法律权威的出现——学者的法律和他们的个人权威在私法事务的一极占主导地位，而统治者的权威在公法事务的另一极几乎不受限制。学者确实会在国家内部履行法律职能，这是由统治者任命的，最常见的是担任法官——尽管丰富的传统故事讲述了一些学者如何抵制这种任命，因为他们担心对权力的敬畏会对他们的虔诚构成威胁，并且当他们可能产生错误的意见时，强制执行这些意见可能会招致真主的愤怒。

在伊本·泰米叶（卒于1328年）的著作《伊斯兰法治理》（*Siyāsa shar`iyya*）中，他将学者和统治者之间的二元性作为伊斯兰政体的基础。伊本·泰米叶说：

> 有两种“主事人”：统治者和学者。如果他们的行为是健全的，那么人民就是健全的。他们有义务无论说什么或做什么都服从遵守经典。

伊本·泰米叶宣称这两类领导者是互补的，只有通过互相帮助才能维护“沙里亚”。伊本·泰米叶以及他的学生伊本·盖伊姆·贾兹亚（卒于1350年），极大地影响了当今沙特阿拉伯的学者以及早期沙特王国的前辈学者，特别是在他们对法律、宪法以及学者与统治者之间的特别权力方面的意识形态立场上。

伊本·泰米叶的“西亚赛沙里亚”理论，以及其前辈和后继者对其的另外命名，认可将权力委托给国家，或者具体说是统治者，以执行法律措施，包括立法；只要这些措施满足两个要求：服务于公共福利或效用（al-maṣlaḥa al-āmma），且不与伊斯兰法发生根本冲突。

上述判断标准的前半部分是肯定的，它确定了“西亚赛”（siyāsa）规制的来源，即公共福利或效用。它一再强调，这种效用不仅仅是世俗的，还包括道德和宗教层面的效益。尽管这种限制性条款在公众层面上甚至也主张宗教的价值，但事实仍然是，伊斯兰法律体系的许多日常运作根本不受“斐格海”的约束，除非涉及高度一般的原则。统治者在很大程度上可以自由行事，以促进效用。实际上，在许多私法以外的事务中，学者们期望统治者提供所有详细的规则，因为“沙里亚”在这些方面几乎没有说什么。一般原则确实适用：例如财产是神圣不可侵犯的；人被推定为无罪，直到被证明有罪；个人在家庭中的隐私受到尊重；官员应该为公众利益而不是其私人利益行事；以及其他数百个原则。但在许多其他事项中，特别是战争或和平的行为、各种各样的税收、行政结构、市场监管和公共工程等事项中，“西亚赛”占据了主导地位。

后半部分是否定的，它为前半部分设定了一个界限：它要求立法不得违反“沙里亚”。但是什么构成了对“沙里亚”的违反呢？它不能意味着不能违背任何“斐格海”观点，因为这些观点多种多样，而且经常相互矛盾。它也不能意味着统治者在任何情况下都必须像法官一样行事，根据《古兰经》和圣训的文本运用伊智提哈德来确定自己的行动方针，因为正如前面提到的，这些文本大多数不涉及“西亚赛”适用的具体问题。它所指的是作为对统治者的限制的“沙里亚”的更基本的方面，而不仅仅是“斐格海”规则。也许并不奇怪的是，学者们没有对这个判断标准给出最终的说法，而是让它保持模糊，可以根据情况进行调整。显然，这个判断标准必定包括任何与《古兰经》、经过认证的圣训或学者的一致共识中明确指令相悖的行为。除此之外，经常提到的是“沙里亚”的基本原则（即qawā`id），它们虽然不是《古兰经》和圣训的文本，却是从“斐格海”的整个体系中得出的关于“斐格海”规则的概括，因此作为个人意见的“斐格海”具有更大的权威（这些将在第3.2.2.4-a节中进一步描述）。有时学者还提到“明显的类比”（qiyās jalī），指的是从启示的文本中进行逻辑上令人信服的推论。这样的类比的一个经典例子是，真主宣布对父母说不礼貌的话是错误的，因此更不能以更糟糕的方式虐待他们。

伊斯兰刑法是这个判断标准的有用的说明。刑事问题在上面描述的范围中处于中间位置，因为“斐格海”提供了许多关于犯罪的规定和原则，但打击犯罪本质上依赖于国家拥有的强制手段。此外，“斐格海”承认，社会环境的变化应该影响对个人犯罪的惩罚，有时会加大惩罚力度以阻止类似的行为；这种关于集体效用的整体考量只有统治者才能把握。因此，刑法在历史上通常被分为两部分：一部分由“斐格海”控制，由（学者）法官组成的法院负责管理；另一部分由“西亚赛”控制，在军事或警察性质的法庭下进行裁决。第一个部分的核心管辖权涉及那些罪行及其惩罚，以及犯罪本身的大多数要素是被认为由《古兰经》和圣训的启示性文本明确确定的（ḥadd，复数ḥudūd），如盗窃、通奸、叛教等。第二个部分则是对属于“塔齐尔”（ta`zīr，字面意思为“道德谴责”）范畴的犯罪实施惩罚。“塔齐尔”被定义为所有故意违抗真主命令的行为。“斐格海”本身承认，在“塔齐尔”犯罪中，适当的惩罚在广泛的限制范围内由统治者自行决定。

在阐述了刚才所描述的“西亚赛沙里亚”的原则之后，学者们是否努力建立相应的机构或程序，以确保统治者实际上遵守这些原则，就像现代权力分立的制衡机制一样？事实上，学者们在这方面采取的行动很少。世俗权力完全掌握在统治者手中，在实际决策方面，他们的权威是不容置疑的。然而，学者们的权威虽然是无形的，但仍然是重要的，因为统治者依靠它来证明自己作为“沙里亚”的维护者的合法性。学者们选择通过他们自己领域内的非正式机构（如法学学派）来加强他们无形的权威，而不是通过积极的宪法手段与统治者竞争。通过这种方式，伊斯兰宪法中的基本二元性确实提供了一种宪法制衡的形式。

2.1.4　沙特阿拉伯宪法

1992年，法赫德国王颁布了一份涵盖了其他现代国家宪法所涉及的大部分事项的《治国基本法》（*al-niẓām al-asāsī li-al-ḥukm*）。（这里需要解释，在沙特阿拉伯，由国王颁布的法令被称为“尼扎姆”，即法规，我将使用“尼扎姆”这一阿拉伯语术语，因为我会经常提到这个概念）然而，在仔细审查之后，《治国基本法》立即显露出不及宪法的特点。首先，它仅由国王的法令颁布，可以随时由另一份法令取而代之或进行修改。其次，该法第一条中明确规定，它不是沙特阿拉伯的宪法。

> 第1条：沙特阿拉伯王国是一个主权的阿拉伯伊斯兰国家。它的宗教是伊斯兰教。它的宪法是全能的真主之书《古兰经》和先知的圣训。
>
> 第7条：沙特阿拉伯王国的政府权力源自真主之书和先知的圣训……这是统辖（ḥākimān`alā）本法和国家其他法律的最终参考来源。

把《古兰经》和圣训作为宪法是什么意思？在沙特阿拉伯，这不是任何当代统治者决定的问题，而是根据“西亚赛沙里亚”的理论原则来决定的问题。“西亚赛沙里亚”实际上是沙特阿拉伯的宪法制度。正如《治国基本法》中的规定：

> 第55条：国王应当根据“西亚赛沙里亚”的原则治理国家，以履行伊斯兰教法的规定。他应当负责监督伊斯兰“沙里亚”法的应用、法规（nizams）、国家的总体政策（siyāsa）以及国家的保护和国防。

《治国基本法》以一种看似常规的方式设立了三个政府分支：行政、司法和立法。然而，只要仔细观察的人，都会发现国王保留着对每个部门的最终决定权，无论这些部门的制度化程度多么完善。这导致大多数外界人士得出结论，沙特阿拉伯是一个独裁国家。正如《治国基本法》本身在第44条中所规定的："国王是所有三个政府分支的最终仲裁者（marji`）。"无论这个说法是否真实，当我们只考虑政府的正式结构时，我们就必须考虑沙特阿拉伯的真正宪法，即"西亚赛沙里亚"。根据这一宪法，学者仍然是政府的一个有意义的"分支"，可以制衡王权，即使通过不被国王自己的《治国基本法》所捕捉到的方式和途径。正如我们将在本书中所看到的，即使在商法问题上，学者的宪法特权也使他们能够在沙特阿拉伯王国历史上的许多问题上坚持自己的立场，与国王的权力相抗衡。

《治国基本法》中关于司法的条文确实体现了学者在无形宪法下所拥有的权力：

> 第46条：司法机构是独立的权力机构。除了伊斯兰"沙里亚"法的权威外，任何人都不得凌驾于法官的裁决之上。
>
> 第48条：法院在审理案件时应当适用"沙里亚"法规则，以及国王颁布的不与《古兰经》和圣训相矛盾的法规。
>
> 第50条：国王及其代表应当负责执行司法判决。

这些条文忠实地反映了学者们长期以来的立场，即"沙里亚"法应当通过学者的解释来确定，而国王根据"西亚赛沙里亚"颁布的法规不得"与《古兰经》和圣训相矛盾"。此外，构成司法机构的法规确实包含了许多司法独立的正式保障。

2.1.4.1 非"斐格海"事务中的立法权力："尼扎姆"

a."*尼扎姆*"

《治国基本法》关于立法权的规定遵循同样的路线，更多地反映了以现代术语表述的"西亚赛沙里亚"原则，而不是现代宪法。首先，《治国基本法》没有用现代阿拉伯语中的"立法"一词，即"塔什里伊"（tashrī`ī）来称呼立法权，而是用“坦齐米”（tanẓīmī）一词，即与制定“尼扎姆”有关。从沙特阿拉伯的角度来看，令人震惊的是，即使是完全世俗的国家，立法活动也被称为“塔什里伊”，其字面意思是制定“沙里亚”法，即神圣法（divine law）。这个术语和表示法典或成文法的术语“卡农”（qānūn）在沙特阿拉伯都被小心翼翼地避免使用。“尼扎姆”一词原意“系统”或“秩序”，指的是国王及其两个立法机构（部长会议和协商会议）在“西亚赛沙里亚”原则所允许的范围内制定的实用法规，这些法规被理解为对“沙里亚”法的补充。

对于立法机构，《治国基本法》规定如下：

> 第67条：立法机构有权根据“沙里亚”法的一般原则（qawā`id），制定法律和法规，以在国家事务中实现福利（maṣlaḥa）和避免伤害（mafsada）。

这是对上述“西亚赛沙里亚”合宪性判断标准的清楚的重新陈述。《治国基本法》第48条关于司法的规定捕捉到了沙特阿拉伯立法本质上的二元性：一方面，是未法典化的来自真主的“法律”；另一方面，是国王发布的人为“法规”，法规用于补充“斐格海”，以满足普遍效用的需要。

随着沙特阿拉伯自20世纪50年代开始的快速现代化，“尼扎姆”在许多方面变得至关重要，以规范现代才出现的法律问题及机构。数十年来，已经发布了数百个“尼扎姆”。“尼扎姆”法律体系在官员们手中得到一些系统化的改进，这些官员对阿拉伯国家受民法启发的法律体系保持警惕。政府努力规范法令（单数marsūm）、命令（单数amr）、条例（单数lā’iḥa）、决定（单数qarār）和指示（单数ta`līm）构成的复杂结构，这些文件由立法和行政部门的众多参与者发布，包括国王、部长会议、个别部长和各种行政机构。直到最近，即使对于沙特律师来说，也常常不能获取这些不同的法律文件的副本，但由于有了互联网，特别是部长会议专家局的网站，以及各部委和机构的网站，获取副本的难度已大大降低。

迄今为止所概述的内容表明，沙特阿拉伯的宪法在国王立法权问题上比实践中所证明的更为明确。虽然《治国基本法》中忠实反映的原则在理论上被法律学者接受，但在实践中，他们过于爱惜自己的特权，以至于无法完全接受20世纪50年代之后出现的一系列“尼扎姆”。对于比如政府行政、公共工程、社会服务、经济调控和各种行为的刑事定罪等事项，学者一直将主动权让给统治者，他们对此几乎没有异议。然而，当法令涉及“斐格海”处理的广泛法律领域时，问题就出现了——这些领域往往倾向于私人领域。正如学者们所熟知的那样，很难在任何这样的主题领域中立法或作出规定，无论这些规定看起来如何像是针对解决现代的新情况的，它们都不仅仅会与某些具体的“斐格海”规则相冲突，而且还会与一些更深层次的“沙里亚”原则相冲突。（在某些情况下，与“沙里亚”原则的冲突是明显的，比如在下文第2.2.4.2-a节中讨论的银行交易案例中。）学者们对这些规定的必要性存在争议，即使这些规定是必要的，他们也表示可以通过“沙里亚”的来源以“伊智提哈德”的方式发展出相关的规定，从而使“斐格海”更加与时俱进。一句经常被引用的话是：“伊斯兰教法适用于所有时代和地方。”（al-sharī`a ṣāliḥa li-kull zamān wa-makān）事实上，学者和法官对许多“尼扎姆”的强烈反对与国家实现现代化和发展的需求相冲突，这导致不得不设立专门法庭来执行这些“尼扎姆”，以绕过普通法院。这种政府司法部门的二元性，与立法中的二元性相呼应，我们将在下文第2.1.4.2节中讨论。

回顾一下已颁布的“尼扎姆”的内容就会发现，很明显学者的反对已成功限制了它们的范围。大多数“尼扎姆”都很简短，通常是初步的，涵盖各自分离且狭窄的主题。1965年颁布的《公司法》是相对复杂的一部“尼扎姆”，但也只有233条；它在2015年修订后重新颁布，有227条。1969年的《劳动法》也是一部基本的“尼扎姆”，有211条；它在2005年被一部新的“尼扎姆”取代，新法共有245条。2018年的《商业破产法》有231条。

在颁布“尼扎姆”时，国家通常会很小心谨慎，尽量避免与“沙里亚”产生冲突，当然要在“沙里亚”原则层面，甚至是在特定的“斐格海”原则层面。例如，1965年颁布的《公司法》的解释备忘录中指出：“（该法）确认真正的‘沙里亚’法规则是一个不可偏离的基本原则。”该法的主要目的是合法化和规范具有有限责任、可转让股份、无限期限等特点的现代公司形式，而这些特点在“沙里亚”法中并不存在。因此，备忘录解释道：

实际上，草案中各种类型的公司，在其类型和规则上，与过去所知的公司只有一些细节上的差异，并不触及“沙里亚”法规定的交易的一般原则，也不使合法的变为非法，或使非法的变为合法，或与任何《古兰经》文本、先知的圣训或学者的公议相矛盾。

2005年颁布的《劳动法》的第4条规定：“在执行本法的规定时，雇主和工人应当遵守‘沙里亚’法的规定。”

直到最近，沙特还没有任何“尼扎姆”类似于民法和普通法国家的综合法典。直到2001年，才最终颁布了综合的民事和刑事诉讼法典。然而，即使是这些法典也不能涵盖庞大的“斐格海”诉讼法律体系，其运作主要是为了在旧观点中支持更现代的替代方案。当它们补充旧方法时，它们似乎是在遵守“西亚赛沙里亚”的限制条件下运作的。事实上，包括备受尊敬的罕百里派学者伊本·盖伊姆·贾兹亚在内的一些中世纪学者，都支持在“西亚赛沙里亚”的基础上给予法官更大的程序灵活性。一位受人尊敬的保守派学者已经对这些法典进行了评论。即使在2013年发布的最新版本中，它们的涵盖面也不是很广泛：《一般诉讼法》有242条，《刑事诉讼法》有222条。

b. 将法院适用的规则编纂成法典的提议

除了成功地遏制了“尼扎姆”外，学者们还可以宣称取得了另一场伟大的胜利，尽管这场胜利完全在幕后发生。随着国家的现代化，学者们面临的挑战不仅仅是更多“尼扎姆”的制定，还有一系列官方项目，旨在使“沙里亚”法本身（即法院适用的伊斯兰教法规则）法典化。其他阿拉伯国家和几乎所有伊斯兰国家都采用了涵盖大部分或全部法律部门的法典。无论起草者如何宣称这些法典仍然符合“沙里亚”法，显然采用这些法典已经将“西亚赛沙里亚”的原则拉到了极限。必须指出的是，穆斯林普遍对这一主张并不信服，并继续区分神圣法和自己国家的法律，认为他们的国家法律可能受到“沙里亚”法的影响，但仍然与“沙里亚”法相去甚远，特别是在家庭法领域之外。不言而喻，沙特学者通常比其他地方的学者更保守，倾向于对这些法典的“西亚赛沙里亚”的辩解持怀疑态度。

沙特统治者多次尝试启动项目，将法院适用的“沙里亚”法规则编纂成法典。第一次尝试是由现代沙特阿拉伯的创始人阿卜杜勒阿齐兹国王（通常被称为伊本·沙特）在1926年进行的。1962年，作为王储的费萨尔在一份他意图改革政府的声明中作出了进一步的尝试，1973年，作为国王的费萨尔要求高级乌莱玛委员会（最高的“法特瓦”机构，政府本身也向该委员会寻求伊斯兰法律建议）批准这一提议。该委员会发表了一份意见，该意见显示多数委员反对编纂法典（这份意见直到1991年才公开发表）。最后，在2010年，阿卜杜拉国王从高级乌莱玛委员会那里获得了更有利的意见，但该意见尚未公开发表，只有传闻。我听说的其中一个传闻是，该委员会批准司法机构自行编制和发布一份适用于法院的裁决“汇编”（tadwīn），而不涉及立法机构。在获得这一意见几年后的2014年，阿卜杜拉国王发布了一项命令，似乎要求进行这样的汇编工作。该命令的部分内容如下：

> 我，沙特阿拉伯王国国王阿卜杜拉·本·阿卜杜勒-阿齐兹·阿勒沙特……
>
> 在审阅了高级乌莱玛委员会第236号决定后……
>
> 下令如下：
>
> 第一，组建一个“沙里亚”法委员会，就司法机构需要处理的与“沙里亚”法有关的问题编写一份“司法裁决汇编”（tadwīn al-aḥkām al-qaḍā’iyya）草案……
>
> …………
>
> 第三，该委员会应当严格遵守真正的“沙里亚”法的文本和原则（qawā`id），并采用宗教法律的方法论（al-manhaj al-`ilmī）来决定应该优先采纳哪些学者的意见。任何被列入本汇编草案的条文，必须有来自启示的“沙里亚”法文本或最具洞察力的学者的言论的支持。
>
> 第四，该委员会直接向我汇报，任何实体或个人都没有干涉其工作的权利……该委员会应在我发布命令之日起不超过180天的期限内向我提交草案……

这项命令显示了在涉及任何类似于编纂法典的事情上，对学者的敏感性的高度尊重。第一，将汇编的责任留给学者自己；第二，使用“斐格海”方法推导其规则；第三，没有明确说明一旦汇编完成后，是由国王法令发布，还是司法体系本身发布；第四，没有明确说明草案的全面程度（“司法机构需要处理的问题”）；第五，没有讨论汇编是否对法官具有约束力，以及如果有的话，以何种方式约束。在这项命令规定的极短的六个月期限内，该任务并没有完成。

根据最近几年的新闻报道，我们只能找到少数几篇呼吁完成这一倡议的观点文章。2016年，一篇反映了司法部关于这一努力的最新新闻稿，提到了一个大约有3000条的法典，按照“斐格海”书籍中的主题顺序进行组织，将作为“权威的司法来源”（marji`）。尽管在2016年之后的几年里，我向许多人询问过这个项目，但并没有了解到太多信息。一位接近汇编项目的学者在2015年6月告诉我，该项目的工作已接近尾声，但也有几位非常有影响力的学者对此表示反对。最近，有其他人告诉我，编纂工作已经完成，即将发布。它可能随时发布，也可能无限期推迟。

应该记住的是，这个编纂的工作以及相关的争议，并不仅仅涉及商法，甚至也不是主要涉及商法。它周期性地引起公众关注的原因更多是与刑法有关，特别是法官在广泛的限制范围内对任何他们认为明显违反“沙里亚”法的行为进行惩罚（ta`zīr）的权力，以及家庭法中存在一些众所周知的司法立场分歧的问题。在这些假设的3000条条款中，许多涉及婚姻、离婚、子女抚养和监护、继承及刑罚。

如前所述，即使起草了草案，它也可以采取各种形式，每种形式对法律制度都有不同的影响。在我2000年出版的关于沙特法律体系的书中，我分析了许多这样的形式。一种形式是具有约束力的全面法律，以民法司法管辖区的法典的方式覆盖整个法律领域，由国王和他的立法委员会颁布；另一种形式是最高法院或最高司法委员会的各自分离的裁决的一份纯粹的劝告性的清单。如果已经起草的汇编把法律的内容从当前的“斐格海”原则中转移出来，全面重述这些原则，或者想对下级法院具有更大的约束力，那么它将面临更强烈的反对，并且不太可能出现在公众面前。在本书的案例研究中，读者经常会看到沙特法官和学者调整“斐格海”的理论和实践，以应对当前的挑战，同时仍然保持与千年的法学思想以及几个世纪以来罕百里和沙特法律实践的联系。一个激进的法典编纂可能会打破这种连续性，使裁决固化，甚至是那些现在仍在变动的裁决，并将司法创造力转移到解释和发展（以及寻找绕过）法典的方法。

或许值得注意的是，尽管这很难说是确凿的数据，但多年来我采访了许多学者和法官，无论他们是在职级的顶端还是在更低的职位，我注意到现在对编纂法典的抵制要少得多，这种立场意味着对“尼扎姆”的抵制更是要少得多。近年来，一些普通法院的法官告诉我，他们认为编纂法典是必要的。在20世纪80年代我最初进行研究的时候，普通法院系统的几位最高法官曾明确对我说，他们强烈反对编纂法典，并阐述了原因。相比之下，穆罕默德·尔萨博士在2009年至2015年担任司法部长和2012年至2015年担任最高司法委员会主席期间，就公开支持编纂法典，以及最高法院采用具有约束力的“司法原则”，并将已公布的法院判决视为有约束力的先例。20世纪70年代，高级乌莱玛委员会完全反对编纂法典；到2010年，他们似乎认可并接受了它，至少批准将其作为司法部门作出的优选裁决的汇编。氛围确实发生了变化，但这种变化是否足以让我们迈出决定性的一步？

虽然汇编裁决的项目一直在进行，但普通法院系统已采取了其他三个重要步骤，似乎意在实现与拟议的汇编相同的目标。如第1.2.1.1节所述，到目前为止，两个主要法院系统即普通法院和申诉委员会已公布了大约1万份法院判决。第二个举措是最高法院在2017年编制和发布的“司法原则”，这是从普通法院系统中最高法院的判决中提取出的2323个简短的法律原则，它们并非具有约束力，只是用于指导法院。人们不禁想知道，这些是对刚才讨论的汇编项目的完全或部分的替代，还是仅仅是一个排练？第三个举措是试图加强一个早在1975年就由法规建立的机制，但此后至少在普通法院被忽视了。该机制使上诉法院的判决所确立的原则对该法院及其下级法院具有约束力。这三个最近的发展对于司法推理和法院判决的可预测性的细节影响和意义将在下一章中探讨。

2.1.4.2　关于非“斐格海”法律的司法权力：专门法庭

学者们成功地限制了国家创立一个在现代国家中通常会有的立法体系，

尤其是限制了对伊斯兰法本身的编纂，这是有代价的。由于普通法院法官反对“尼扎姆”并抵制其应用，必须找到其他方式来应用它们。国王解决这个问题的办法是在“斐格海-西亚赛”谱系的其他地方采取行动，他在这些地方拥有更大的宪法法律权力。历史上，统治者有权组织法院，决定它们的管辖范围，并任命其负责人。因此，沙特国王转向了这个方向，并创建了专门法庭来适用“尼扎姆”。事实上，在所有重要的“尼扎姆”中都包含了对“委员会”的规定——我将称之为“专门法庭”——以应用该“尼扎姆”。至今仍有100多个这样的法院，每一个都与整个行政部门至少27个行政实体中的一个有关；实际上，它们仍在以同样的模式被创造出来。这些将在下文的第2.2.4节中描述。

同时，还努力将所有案件从普通法院转移到这些专门法庭。正如我们将在下文第2.2节中看到的那样，这并不总是成功的，管辖权的冲突确实出现了。直到最近（如下文所述），只有学者们自己承认可能属于统治者“西亚赛沙里亚”权限范围内的“尼扎姆”，主要是行政、刑事和在某种程度上是程序性的法规才会委托给普通法院。

在深入讨论细节之前，应该意识到这一结果在比较维度上是非常奇怪的。这有点像美国法院拒绝适用除普通法外的任何法律，因此，对于几乎每一项通过的法规，美国国会都必须创建一个特殊的行政机构来适用该法规。

自第一个专门法庭成立以来的九十多年里，专门法庭一直是学者们的痛点。他们反对专门法庭的理由与他们反对“尼扎姆”作为取代“沙里亚”法的人造法律的理由有重叠之处。他们反对专门法庭，因为这些法院不仅忽视“沙里亚”法实施这些法律，而且是通过缺乏“沙里亚”法培训的法官来实施，这些法官会忽视“沙里亚”法在实质和程序上的复杂规定。专门法庭的人员主要或完全由成文法（qānūn）或被裁决的主题领域的专家组成，而不是“沙里亚”法的专家。学者们也提出了更现代的论点，即专门法庭缺乏宪法地位和独立性的结构保障。即使在受过现代和宪法法律训练的人中间，也不难发现对专门法庭的类似批评。他们指出，专门法庭缺乏司法客观性和独立性的保证，而且在许多情况下，没有向司法机构提出上诉的权利。

不可否认的是，这些专门法庭在沙特法律体系中代表了一种宪法黑洞。构成法律体系的所有“尼扎姆”都没有提到它们，包括《治国基本法》。它们不向任何实体报告，而它们的组织、程序和人员配置也不受任何共同的“尼扎姆”的管制。公允地说，它们可以被描述为临时性的。

由于所有人都意识到这一做法明显与宪法不一致，学者和统治者都赞成通过将专门法庭的管辖权合并回普通法院来消除这个问题。就像统治者一再提出将法律编纂成法典的倡议一样，相对地，学者们也提出了重新统一法院的意见。但是国王一直要求，作为这一步的条件之一，学者们必须确保普通法院的法官会使用“尼扎姆”。这一交易在1981年部长会议的一项命令中是明确的，该命令要求在普通法院中成立一个新的分支机构，审理商业、劳工和交通案件。该命令规定，该分支机构应根据“国王颁布的不与《古兰经》、逊奈、公议的任何文本相冲突的‘尼扎姆’和指示”来裁决案件。根据这项命令进行了研究，但除此之外没有任何进展。正如我们将在下面看到的，1981年未能成功执行的步骤现在已经被采取了。同样是这些法院——处理交通、劳动和商业案件的法院——现在正在合并到普通法院中。这代表了司法体系的重大改革，在学者和法官接受法规方面进入了一个全新的阶段。

2.2 沙特的法院系统

2.2.1 概述

本书的目的不要求详细描述沙特阿拉伯各个法院的过去和现在的行政结构，但是，为了评估本书中讨论的各种法院的判决，有必要对法院进行概述。

以下概述分为四个主要部分（第2.2.2—2.2.5节）。前三个部分的每个部分都涉及司法体系的三个主要分支之一，即普通法院、申诉委员会和专门法庭。在每个部分中，我首先介绍这些机构目前的组织，以及它们的一般职能和特点，其次介绍它们的具体管辖范围。

在第四部分中，我描述了2007年阿卜杜拉国王下令对法院系统进行的重大重组，其中包括颁布适用于普通法院系统和申诉委员会的新“尼扎姆”以及新的程序规定。他下令采取的一些步骤非常激进和复杂，其结果是有些步骤在十二年后仍未完成。我在前三个部分中提到了该重组的一些方面，但只在第四节中回顾了其全部意义。

2.2.2 普通法院

2.2.2.1 组织和特点

普通法院，通常被称为“沙里亚法院”，是沙特阿拉伯王国最早的法院，拥有普遍的和保留的管辖权。这些法院在《治国基本法》中被承认具有完全的宪法地位：

> 第49条：在不影响本法第53条（关于申诉委员会的规定）的情况下，法院对一切争议和犯罪拥有管辖权。

并且，正如第48条所述：

> 第48条：法院在审理案件时应当适用“沙里亚”法规则，以及国王颁布的不与《古兰经》和圣训相矛盾的法规。

普通法院系统的最高机构有两个——最高司法委员会和司法部，但它们不属于法院的层级结构之内。最高司法委员会负责法官的聘任、晋升、调动和解职，其目的是作为司法独立和免于官方的压力：

> 第51条：最高司法委员会的组成和职能由“尼扎姆”规定，法院的层级和职能也由“尼扎姆”规定。
>
> 第52条：根据最高司法委员会的提议，根据“尼扎姆”的规定，由国王令对法官进行任命和解职。

在2007年的司法重组之前，最高司法委员会还兼有最高法院的职能，但在2007年，随着最高法院的成立，这两个职能被分离开来。司法部负责在行政上支持司法系统。几十年来，沙特阿拉伯已经朝着民法模式的司法管理模式转变，迈向司法独立的国际标准。从这个角度来看，目前的安排存在的一个缺陷是：自2012年以来，一直是同一人同时担任司法部长和最高司法委员会主席。

根据1975年的旧《司法法》，法院的三个层级是初审法院、上诉法院和最高司法委员会。初审法院分为两个部门：普通法院和简易（juz'iyya）法院。在2007年颁布的新《司法法》中，初审法院的部门被划分为具有普遍管辖权的普通法院，以及家庭法院（maḥākim al-aḥwāl al-shakhṣiyya）、刑事法院（maḥākim jazā'iyya），还有两个新的部门——商事法院（maḥākim tijāriyya）和劳动法院（maḥākim `ummāliyya），这两个部门在普通法院系统中的合并直到2018年才实现，如下文第2.2.5节所述。2012年颁布了《执行法》之后，设立了特别巡回法庭并在较大的城市设立了独立法院，以执行国内或国外的判决和可执行文书，包括专门法庭的裁决。在本书中，我将主要研究普通法院的一般和刑事部门的案例。

普通法院的法官接受“沙里亚”法的培训。根据2007年的《司法法》第31条（d）款（类似于旧法的第37条），他们需要满足“沙里亚”法对法官的要求（如上文第2.1.2节所述，根据晚近代的罕百里派思想，这些要求包括在选择裁决时考虑“沙里亚”法的原始渊源的能力），并持有沙特阿拉伯王国的“沙里亚”法学院的学位，或者如果他们通过了一个特殊考试，则可以持有“任何等同学位”。第33条（旧法的第39条）进一步规定了对“沙里亚”法课程成绩的要求。第35、36和43条（旧法的第41条）规定，可以通过在沙特阿拉伯的“沙里亚”法学院或利雅得的伊玛目穆罕默德大学的高级司法研究所获得各种学位，来加速在法官职级中的晋升。第35—41条（旧法的第41—47条）将教授“沙里亚”法的年限与担任法官的经验年限等同起来。在新法中，为了强调“尼扎姆”法律体系知识的重要性，公共行政研究所的硕士学位被视为与伊斯兰法的学位等同的重要学历。公共行政研究所是一个旨在让“沙里亚”法学院的毕业生充分了解“尼扎姆”体系的项目。

由于对“尼扎姆”的执行很大程度上被转移到了专门法庭，普通法院的工作通常不需要法官了解、遵守或执行具有实质性质的“尼扎姆”。直到最近，才有人试图让在“沙里亚”法学院学习的学生更多地接触到“尼扎姆”法律体系。“沙里亚”法学院的大部分教育内容是在“斐格海”方面获得扎实的基础。这样的课程设置使学生具备了丰富的实质性知识和良好的法律技能——分析、概念化、区分、概括和类比的技能。对于许多“沙里亚”法学的学生来说，这种法律教育是建立在贯穿于他们青年时期的严肃宗教教育之上的，包括背诵《古兰经》的部分内容，接触先知的圣训、教义著作以及先知和受尊敬的前几代穆斯林的历史。

在普通法院，法官通常是独自一人（在可能判处死刑或截肢的案件中有三名法官），面对各种类型的案件，这些案件由各个阶层的人提起，往往没有专业律师代理。

2.2.2.2 管辖权

普通法院具有普遍管辖权，或者更确切地说，它们拥有保留管辖权，这意味着它们必须审理国王未指定其他管辖权的任何案件。很长一段时间以来，法院和国王都提出了一个观点，即普通法院可以审理任何案件，无论国王是否将该争议分配给其他法院管辖。正如一句谚语所说：“寻求‘沙里亚’法的人不会被拒之门外。”例如，1961年，苏欧德国王发布了一项命令，规定普通法院对提交给它们的任何民事案件都有管辖权。1975年，最高司法委员会的一项决定要求，如果一个案件同时提交给了专门法庭和普通法院，即使根据“尼扎姆”规定，普通法院没有管辖权，该案件也必须合并到普通法院进行审理。根据《劳动法》，负责处理争议的委员会指出，原则上，如果一个案件已经提交给了普通法院，它将拒绝行使管辖权。

然而，近年来，普通法院似乎已经接受了对其管辖权的限制。人们不再听说普通法院和专门法庭争夺管辖权的情况。在司法部公布的案例中，有几起显示普通法院放弃管辖权，转交给专门法庭。其中一起案件涉及银行贷款，尽管可能涉及利息，普通法院仍然放弃了管辖权。

2013年颁布的最新的《沙里亚程序法》详细规定了普通法院的民事管辖权，这是在2007年规定的所有管辖权转移完成后的管辖权范围。我将在下面的第2.2.3.2-e和2.2.5节中讨论该法对普通法院管辖权的改变。2013年的《刑事诉讼法》基本没有提及管辖权。该法第128条规定刑事法院对所有犯罪案件拥有管辖权，“但不妨碍其他法院的管辖权”。

2.2.3 申诉委员会

2.2.3.1 组织和性质

第二个主要的司法部门是申诉委员会（Dīwān al-Maẓālim），它在“沙里亚”法和《治国基本法》下也具有宪法地位。《治国基本法》的规定：

> 第53条：本法应当规定申诉委员会的层级和职能。

最初的申诉委员会起源于约公元750年的伍麦叶王朝后期或阿巴斯王朝初期，它作为原始的行政法院，是统治者本人接受来自他的臣民对国家官员不公正行为（maẓālim）的投诉的论坛。这个机构成为统治者最高权威的象征，因为它反映了他对其他人的至高无上的权力，以及他对公正（`adl）的践行。这个机构被纳入了“斐格海”宪法的经典表述中。据报道，沙特阿拉伯王国的创始人阿卜杜勒阿齐兹国王愿意听取对其政府所犯错误的指控。1955年在全国范围内进行法院重组时，以埃及国务委员会（Majlis al-Dawla）为模型的新行政法院恢复了古老的名称，而埃及国务委员会本身是以法国国务院（Conseil d’État）为模型的。申诉委员会在1982年和2007年进行了再度重组。在整个过程中，特别是在1982年的“尼扎姆”的第9条和2007年的“尼扎姆”的第14条中明确规定，申诉委员会不得对普通法院的决定提出异议。

作为审理政府渎职或申诉不当行为的法院，申诉委员会具有悠久的历史渊源。但在沙特阿拉伯，由于申诉委员会相对愿意适用“尼扎姆”法，它就兼具了专门法庭的功能，作为一个将特定类型的案件转移到普通法院之外的途径。在1982年，外国判决的执行、公务员违纪处分以及起诉贿赂和伪造，这些以前由专门法庭或临时委员会审理的案件都被转交给了申诉委员会。此后的几年里，它还获得了其他各种各样的司法管辖权，例如处理根据“尼扎姆”定义的各种罪行的起诉，以及审理来自各种专门法庭的上诉。其中管辖权扩大最大的一次发生在1987年，当时申诉委员会接管了以前由专门法庭管辖的商业管辖权，这将在本节后面的部分讨论。最后，最近一次对申诉委员会管辖权的变更（这次是缩减）是在2007年下令进行的，将商业和各种其他管辖权转移到普通法院。

申诉委员会设有独立的法官小组，审理一审和上诉级别的行政案件、直到2018年的刑事和商事案件、直到2014年的外国判决执行案件。申诉委员会的法官接受的训练和观点与普通法院的法官完全相同，包括对伊斯兰法律规则和原则的忠诚。事实上，在1982年的《申诉委员会法》第11条中，法官的资格和晋升的先决条件明确与普通法院法官的资格和晋升的先决条件相关联，只有细微的差异，而在2007年的《申诉委员会法》的第16、17条中，司法资格与新的《司法法》中规定的资格相同。申诉委员会的许多法官都不辞辛苦地通过学习现代的"制定"法和"尼扎姆"来补充他们的伊斯兰法教育，比如从公共管理学院获得硕士学位。在申诉委员会，案件通常在一审阶段由一个由三名法官组成的小组（称为"巡回法庭"）审理。他们的工作通常不涉及与各行各业的人打交道，而是与相对复杂的当事人打交道，通常由专业律师代表，争议的金额往往较大。

申诉委员会的法官与普通法院的法官有一个重要区别，他们经常被要求应用实质性的"尼扎姆"，作为一个必然结果，他们普遍更愿意应用"尼扎姆"。但是，有时也会出现对"尼扎姆"的抵制。一个例子是商事巡回法庭对1996年关于防止破产的和解的"尼扎姆"的反对。我听说过一些报告，包括来自申诉委员会法官的报告，称申诉委员会根本不适用该"尼扎姆"，因为其目的是迫使债权人接受对某个陷入困境的债务人的债务进行重新安排，这在"沙里亚"法下很难被证明是合理的。

此外，我们不应该认为申诉委员会的法官总是比普通法院的法官更开放，或者不那么严守"沙里亚"法原则。后续的案例研究中将会有一些例子。简单的个例是，曾经负责执行外国判决的申诉委员会分支机构的一项决定。沙特阿拉伯是阿拉伯联盟的成员国之一，签署了一个关于执行成员国判决的条约。有一份申请书被提交给申诉委员会，申请执行一项埃及相关机构对一家沙特公司的判决，该判决要求沙特公司支付从埃及进口的音乐唱片的费用。一个巡回法庭拒绝执行该判决，当这个结果在上诉中被撤销后，另一个巡回法庭接手了这个案件。该巡回法庭得出了同样的结果，唯一的理由是，执行该判决会违反《古兰经》和圣训以及“沙里亚”法原则，这些原则明确禁止音乐娱乐、乐器等相关事物。（被告而非法院主张，执行也违反了条约中的“公共政策和公序良俗”例外。）法院承认在学者中存在一些关于音乐的不同意见，但认为鉴于启示文本中的明确禁令，这些观点站不住脚；此外，该巡回法庭自己的“伊智提哈德”“结束了意见分歧”，上诉法院不能对其提出质疑。它广泛地引用了《治国基本法》，以说明在沙特阿拉伯，《古兰经》和圣训是所有合法性的最终判定标准。即使在沙特阿拉伯的实践与此相反，面对“沙里亚”法的禁令，这种实践也必须被无视。这个案件得到了确认，并被公开发布。

另一个例子是：申诉委员会总委员会（即全体委员会）一度决定，沙特阿拉伯不得承认包含有生物形象的商标，这是法官必须遵循的一般原则。这种禁令是一项严格但高度保守的“沙里亚”法信条，就像对音乐的禁令一样，在现今的沙特阿拉伯却普遍被忽视。1984年，另一项全体决定推翻了这个决定，该决定提供了大量论据，同时也指出了沙特阿拉伯的条约义务。

这些例子确实代表了保守派的极端观点。它们清楚地表明，不能指望对违反“沙里亚”法的判决或仲裁裁决得到执行。对于涉及利息的判决，如为提供信贷或者延迟履行债务或判决而收取利息，与“沙里亚”法原则形成了剧烈的冲突，因此被拒绝执行。

正如从业人员所证实的那样，沙特阿拉伯的申诉委员会以在外国人面前不偏袒沙特本国公民或实体而闻名。公布的案例常常也反映了这一点，比如在外国供应商和当地商业代理之间的诉讼中，根据我在阅读了许多案例后的非科学印象，在绝大多数案件中外国实体获胜。令人震惊的是，巡回法院愿意接受佛教徒外国人的宗教辩解宣誓（yamīn）作为反对穆斯林国民主张的决定性证据。

影响申诉委员会性质的另一个因素是它的主要职能。在接下来的内容中，我会经常引用申诉委员会行政巡回法庭的裁决，因为这些巡回法庭在政府合同领域发挥着至关重要的作用，而这是沙特阿拉伯最大的商业领域之一。然而，需要记住的是，行政法所遵循的规则往往只适用于行政案件，而不适用于民事案件，这些专门的规则在（主要通过埃及）塑造沙特行政法的欧洲民法体系和传统“斐格海”中都很常见。就传统“斐格海”而言，国家享有更大的法律规则灵活性，因为它拥有“西亚赛沙里亚”权威，这是其自身的、以实用为驱动的法律来源。此外，行政法领域的“斐格海”可以借鉴一些涉及国家行为的先例，这些先例通常不会推广到民事行为。

尽管如此，申诉委员会的行政法律体系还是对商事法律体系产生了重大影响。在申诉委员会成立之初，其法官自然会参考最先进的阿拉伯国家的行政法律体系，例如埃及的行政法律体系。埃及成文法的许多规范和实践逐渐融入了申诉委员会的行政法律体系。当1987年设立申诉委员会的商事管辖权时，来自行政巡回法庭的法官将其中的一些观念和习惯引入了商事巡回法庭。然而，随着时间的推移，一个分支对另一个分支的影响似乎已经减弱，因为许多刚刚接受“沙里亚”法教育的法官已经在商事巡回法庭任职了。

对于本书的目的来说，最重要的司法管辖权是申诉委员会对商业案件的管辖权，从1987年到2018年，该管辖权持续了三十一年。在我之前关于沙特阿拉伯法律的书中，我详细描述了沙特商事法院的历史，该历史始于沙特征服之前奥斯曼帝国统治下的希贾兹地区（沙特阿拉伯的西部省份，包括麦加和麦地那）。在奥斯曼时代，人们甚至并不认为将商业交易的管辖权交给应用“沙里亚”法的法庭是明智的，因为许多商业交易形式是从西方引进的，对“沙里亚”法来说是新颖的。在阿卜杜勒阿齐兹国王征服希贾兹后，他于1926年在该地区创建了一个商事法院，希贾兹一直是沙特最商业化的地区。不久之后，在1931年，他根据一项新法令（qānūn），即《商事法院法》，正式确立了这个法庭，该法令在很大程度上模仿了奥斯曼帝国的法令。这个法令的部分内容至今仍然有效。该法令规定法庭成员为七人：六名现代商法专家和一名受过“沙里亚”法培训的法学家。1955年，当希贾兹地区在法律上并入国家的其他地区时，商业管辖权在中部省份纳吉德的学者们的要求下被取消，之后商业案件就像国家其他地区一样由普通法院审理。这种情况持续了十年，直到1965年。在报告了一些裁决的困难后，费萨尔国王恢复了专门的商事管辖权，成立了两个，很快扩大到三个“商事纠纷解决委员会”（hay'āt ḥasm al-munāza`āt al-tijāriyya），隶属于商业部。这些委员会各由三名成员组成，最初有一名，很快增加到两名成员受过“沙里亚”法培训；每个主要商业城市都设有一个庭审席位。他们只在晚上开庭，以便普通法院的法官能够兼任委员会成员。当这种安排无法满足迅速增加和日益复杂的商业诉讼的压力时，在1987年找到了一种新的解决方案——法赫德国王将商业管辖权“暂时”指派给了申诉委员会。这个解决方案的优点是让一个成熟的法院系统来解决这些案件，这些法院的法官虽然受到过严格的“沙里亚”法培训并秉持“沙里亚”法的观点，但同时也愿意应用国家“尼扎姆”。人们希望，通过这个新的司法管辖权能够培养出一代法官，他们能够找到调和对“沙里亚”法的忠诚与现代商业需求的方法。这个希望即将受到考验，因为2007年的重组将商业管辖权重新转交给普通法院，现在正在生效。

随着时间的推移，申诉委员会还被指派就各种商业事务执行一系列“尼扎姆”法。其中包括《商品名称法》（1999年）、《商标法》（2002年）、《商业广告法》（2002年）、《商业记录法》（2002年）、《商业抵押法》（2004年）、《商业欺诈法》（2008年）等。这些管辖权由申诉委员会的行政部门承担，而不是商业部门，尽管这种情况似乎将随着2007年的重组而改变。期待已久的《破产法》于2018年发布，属于普通法院系统中新设立的商事法院的管辖范围，因为商人的破产从1931年的《商事法院法》开始，就属于商事法院的管辖范围。

申诉委员会在1989年制定了自己的程序法规，比2000年颁布的普通法院诉讼法规要早很多。该法规在2013年进行了更新。2018年2月，司法部长启动了一个项目，为普通法院的新的商事分支制定一项新的程序法规。

2.2.3.2 管辖权

除非另有说明，以下内容描述的是2007年重组前申诉委员会的管辖范围，而这个重组至今已经过去了十二年，仍在缓慢进行中。

a. 行政（Idārī）

行政申诉委员会的最初和持久的管辖权是政府提起的，或针对政府的案件，这在沙特阿拉伯被称为行政管辖权。

来自专门法庭的上诉

申诉委员会的行政分支，也有审理各专门法庭上诉的管辖权。例如，来自医疗专业、房地产办事处、分期销售等委员会的上诉。这些管辖权是在各个“尼扎姆”颁布时临时指派给申诉委员会的，这些“尼扎姆”提到了1982年《申诉委员会法》中的一项规定，赋予申诉委员会对法律指派给它的任何事项的管辖权。目前尚不清楚这些上诉是否会从重组中的申诉委员会转移出去，但很可能不会，因为我没有发现任何提及将其移交给普通法院的信息。

b. **外国判决的执行**

2012年，申诉委员会不再负责执行外国判决，外国判决的执行转而由普通法院系统的新执行法庭负责。从外国判决债权人的角度来看，申诉委员会在执行外国判决方面的记录不佳，因为它要对这些判决进行审查，以确保其符合“沙里亚”法的规范，例如禁止以任何形式收取利息的原则。新的《执行法》只将这一要求作为与“王国公共秩序规则”不矛盾的要求之一，但从业人员普遍将其解释为与“沙里亚”法不矛盾。该法还要求作出判决的其他国家，无论是否有适用的条约，在执行中都表现出互惠原则。该法庭的管辖权同样适用于在同样条件下执行外国仲裁裁决。

c. **刑事**（Jazā’ī）

申诉委员会的刑事管辖权涵盖伪造（包括银行票据，但除此之外仅适用于官方文件）、贿赂公职人员、挪用公款，以及由“尼扎姆”或国王令分配给委员会的其他犯罪。在2007年，这一管辖权被重新分配给普通法院，并在最近已完成转移。

d. **纪律**（Ta’dībī）

这个范畴下，包括由控制和调查局（Hay’at al-Riqāba wa-al-Taḥqīq）对政府雇员的纪律处分，该机构负责调查和起诉公共部门雇员的违法行为。

e. **商事**（Tijārī）

直到最近，也就是2018年，这一管辖权才被移交给普通法院。但由于本书描述的法律实践涉及申诉委员会之前的管辖权，因此我将其放在这里讨论，而不是放在普通法院的部分，并将讨论分为两个部分。首先是刚刚被改变的之前的管辖权，然后是在普通法院系统内为新的商事法院所定义的管辖权。我将详细介绍申诉委员会的商事管辖权，因为这解释了为什么过去某些商事案件由普通法院而不是申诉委员会审理，并使我们能够探究将所有这些案件合并到普通法院的商事法院中是如何影响未来的结果的。

重组之前

自1987年以来，商事管辖权一直是指派给申诉委员会的主要民事管辖权之一。该管辖权的范围最初由1931年的《商事法院法》确定。

就我们的目的而言，商事管辖权有两个主要分支：商人之间的商事纠纷和涉及商业公司的纠纷。第一个分支源自《商事法院法》第443条（a）款。该款规定法庭对满足两个条件的任何纠纷具有管辖权：一是“商人和与其有商业关系的人”之间的纠纷，二是“涉及纯粹商业事务引起的问题和纠纷”。“商人”一词（tājir）在该法律第1条中被定义为“从事商业交易并将其作为职业的人”。“商人”可以是个人、非法人“机构”（mu’assasa）或商业公司。

“纯粹商业事务”这一要求在2002年进行了修订，修订后还包括本身不是商业事务但与商业事务“必然相关”（bi-al-taba`iyya），或“从属于”“依赖于”商业事务的事项。最高行政法院的一位前主席对后一术语的解释是，“商人为了支持他的贸易而并非出于商业目的而进行的行为，例如购买汽车来分销他的商品等”。一篇博士论文给出了更详细的解释：

> 这些行为基本上是民事行为，但因为它们是商人出于商业目的而采取的，所以具有商业特征。将这种类型（的行为）归类为商业行为的基础是（商人）从事的职业，该职业对与之相关的行为产生影响，导致这些行为有一些特征。要被视为“必然相关”的商业行为，一个行为必须满足两个条件：（1）作出该行为的人被视为商人，（2）该行为依赖于他的商业需求或源于商人之间的义务关系。

“商业事务”一词并没有被明确定义，而是作为许多例外情况后的剩余类别。以下是被排除在“商业事务”之外的纠纷：承包商不提供材料的施工合同；土地，即使是出于投资或房地产合作的目的；生产者出售农产品；医学、建筑、工程、法律或朝觐导游等职业；为非商人提供经纪或中间人服务；广告；社交俱乐部；劳工供应；出售自己的知识产权作品；非商业目的的担保；外国公司股东之间的纠纷；属于一方当事人的建筑物的建筑工程；分配给半司法法庭（semi-judicial tribunals）的事务，如与银行交易、劳动合同、保险、资本市场交易、金融公司、商业票据、外国对沙特公司的投资等有关的纠纷。

就我们的研究目的而言，商事管辖权的第二个主要分支源于《商事法院法》第443条（e）款。该款规定商事法院被指定处理合伙关系和公司的合伙人之间的纠纷。1965年颁布的《公司法》废止了该条款，该法第232条赋予商事纠纷解决委员会在各个方面行使该法的管辖权。该法赋予这些委员会管辖权，不仅涉及根据该法设立的现代商业公司，还涉及根据传统“斐格海”形成的所有合伙关系，例如“穆达拉巴”（muḍāraba）、“伊南”（`inān）等，这将在第6.2.3.2节中讨论。这些委员会的全部管辖权于1987年转移到了申诉委员会。

重组之后

为方便起见，我将在这里，而不是在下文关于2007年重组的第2.2.5节中，讨论商事法院管辖权在移交给普通法院时发生的某些变化。由于这种转移是最近才发生的，对未来实践的唯一指导是相关的法律文本，即2013年《沙里亚程序法》第35条：

> 商事法院对以下事项拥有管辖权：
>
> （a）商人之间的所有原始和“必然相关”（bi-al-taba`iyya）的商事纠纷；
>
> （b）对商人提起的与其原始的和必然相关的商业活动有关的诉讼；
>
> （c）合伙关系（sharikāt）（包括法定的公司和传统“斐格海”规定的合伙关系）中合伙人之间的争议；
>
> （d）与商事“尼扎姆”有关的所有诉讼和违法行为，但不影响申诉委员会的管辖权；
>
> （e）破产债权申索及对破产人的禁令或解除禁令；
>
> （f）处理其他商事纠纷。

从这段文字中可以清楚地看出，之前由普通法院行使的与商业相关的管辖权正在转移到普通法院中新的商事法院。首先，商人与非商人之间的案件以前必须提交给普通法院，导致消费者与零售店或建筑公司等实体之间的案件成为普通法院案件的很大一部分。现在，这些案件跟商人之间的案件一起提交给商事法院，这似乎有可能提高效率和一致性。其次，承包商只提供劳务而不提供材料的案件现在可能会提交给商事法院。关于从申诉委员会转移到新法庭的管辖权，该条至少尚未把与可能转移的其他三个相关问题交代清楚。第一个问题涉及与商业相关的“尼扎姆”下的纠纷，如上文第2.2.3.2-a节所述，这些纠纷到目前为止都交由申诉委员会处理，并由其行政部门审理。该条（d）款的文本似乎暗示将这些责任转移到了普通法院，除了“不影响申诉委员会的管辖权”这一表述之外。第二个问题是，（f）款中的“其他商事纠纷”是否意味着将现在分配给专门委员会的许多商业管辖权转移到普通法院？正如下文所述，2007年阿卜杜拉国王宣布，他打算将除了少数专门管辖权之外的所有专门管辖权转移到普通法院。也许第（f）款只是反映了这一意图。第三个问题是新法庭是否会尊重申诉委员会过去对“商事”一词的解释，比如在上文的引用对于专业服务、社交俱乐部等的排除，也许甚至土地交易现在也应该纳入商事法院的管辖范围，特别是因为阿卜杜拉国王发起重组的命令废除了旧的《商事法院法》中排除土地交易的条款。由于实践可能很快澄清所有这些问题，我没有试图征求有关官员对这些问题的意见。

2.2.4 专门法庭

2.2.4.1 通常的组织和特征

描述第三个主要的法院部门，即专门法庭，将是一项重大任务，因为如上所述，它们有100多个，分布在至少27个行政部门中。我将只概括地描述它们，只详细介绍其中的四个。

这些机构通常被称为“委员会”（lajna）或“局”（hay’a）。作为一个集体，它们被称为“半司法”（shibh qaḍā’iyya）委员会，或者“具有司法权力的行政委员会”（lijān idāriyya li-ikhtiṣāṣ qaḍā’ī）。它们中的每一个都在一个专门的领域内裁决争端，通常是在一个特定“尼扎姆”的范围内——实际上，大多数专门法庭都是因它们被指定适用的“尼扎姆”所创建的。最初，这些法庭是作为特定部委或行政机构的一部分而组建，并向其所属实体的负责人报告，没有其他上诉途径。最近，较为重要的专门法庭已经被创建或重组成为独立的机构（意味着它们只向国王报告），并提供单一的上诉级别（如2012年创建的银行纠纷和违规上诉委员会），在这之后它们的决定被认为是最终的。对于许多委员会来说，上诉是向申诉委员会的行政部门提起的。然而，对于一些委员会，唯一的上诉途径仍然是向它们所属的行政机构的负责人或监督官员提出。

其中一些委员会——这里仅列出一些对商业活动更为重要的委员会——包括（使用它们最新的名称，并给出它们创建的年份）：银行纠纷解决委员会（1986年）、金融证券纠纷解决委员会（2011年）、金融违规和纠纷解决委员会（2012年）、劳动纠纷解决委员会（1969年）、海关委员会（1952年）、商业票据委员会（1982年，现在大部分被普通法院的执行巡回法庭所取代）、天课和税务总局内的各种上诉委员会，还有几个保险委员会。我将在下面讨论前四个委员会。

2.2.4.2 四个专门法庭的详细信息：组织和管辖权

a.银行纠纷解决委员会

组织和特征

学者们抗议某些专门的司法管辖权，不仅因为它们减损了经由受过“沙里亚”法培训的法官实施的普通司法管辖权，还因为它们使学者们认为一些违反“沙里亚”法的做法成了可能。其中，最明显的例子是抗议银行纠纷委员会的管辖权，该委员会每天都发布判决，要求支付利息。每个沙特人都知道，在沙特阿拉伯理解的“沙里亚”法下，有息贷款是被禁止的（ḥarām）。正是这种意识使得许多沙特人，即使在沙特经济开始快速发展很久之后，也避免与银行打交道，并且即便他们持有银行存款，也会放弃利息。同样的动力导致了对“伊斯兰”银行的迅速接受，甚至接受了由传统银行安排的“符合‘沙里亚’法”的银行交易，以至于该领域的专家估计，目前沙特90%的零售银行业务都是以这种方式进行的。在这些艰苦努力的过程中，沙特阿拉伯拥有了一个成功的、受良好监管的传统（和伊斯兰）银行业，这使得许多国际银行在沙特设立了子公司。

法院如何处理不符合“沙里亚”法的银行业务问题？在很长一段时间里，法院在这个问题上保持了沉默，也许是因为它只涉及那些愿意庭外和解的商人，而普通民众基本上没有银行账户。但在20世纪80年代的经济衰退中，由于陷入困境的债务人求助于法院来延迟或减少债务，商业银行长期以来的做法与法院之间的冲突爆发了。法院在处理这些案件时，要么将利息视为非法，要么将过去支付的利息计入本金，要么要求债务人将所有利息支付给公共财政。最初，1931年《商事法院法》第443条（b）款规定，涉及银行的交易属于商事管辖权范围。但有些案件最终还是被提交给了普通法院，因为当时遵守国王管辖权分配的纪律并不严格，许多人认为普通法院对提交给它们的任何案件都有管辖权。政府需要一个解决方案。1985年，商业部长将银行交易分配给其部内的一个委员会，但这一措施从未实施过。1987年进行了第二次尝试，根据国王令在沙特阿拉伯中央银行沙特阿拉伯货币局（SAMA）下创建一个专门的管辖机构，即“银行纠纷解决委员会”。该国王令的第1条成立了一个由三名专业人员组成的委员会，“研究银行与其客户之间的案件，以便解决双方之间的分歧，并根据双方签订的协议找到适当的解决方案”。这种措辞将委员会的目的描述为仅通过说服各方遵守它们最初达成的协议来解决纠纷，这是一种对原本会变得棘手的问题的临时解决办法，也只是一种委婉说法，因为同一项国王令允许委员会对拒绝接受委员会提出的“解决方案”的当事方进行行政处罚，如旅行禁令和列入黑名单。然而，这也为愿意冒这些处罚风险的诉讼当事人提供了向常规法院提起诉讼的机会。当其他法院质疑这些委员会的决定是否是值得执行的最终判决时，法赫德国王在2000年代中期发布了一系列皇家法令，确认它们是值得执行的。即使是在那之后，2011年，一项著名的申诉委员会的裁决宣布银行委员会不是法院，因此其决定不能作为判决执行（不幸的是，我没有这个裁决的副本）。据报告，这项裁决的主要依据是，委员会只负责达成和解。这个裁决被推翻了。2009年，在对一些相同的问题提起诉讼后，一项现已公布的早期判决却走了另一条路。该判决称原告对于他从未被要求同意委员会提出的“解决方案”这一点，是必须向委员会提出的问题。有观点称，鉴于银行委员会不是《治国基本法》下的法院，不得适用其既决事项，该法院注意到了这一点，但没有回应。

无论如何，现在关于银行纠纷管辖权的不确定性似乎已经消除。自委员会成立以来，这一过程已经经历近二十年，这本身就证明了这个问题的敏感性。可能是为了回应2011年申诉委员会的裁决，2012年阿卜杜拉国王发布了一项国王令，果断地支持了委员会。首先，该国王令将委员会的名称更改为“银行纠纷解决委员会”，可能是为了改变委员会只安排当事方之间和解的观念。其次，该国王令创建了一个新的上诉委员会，其决定是最终的，国王令还要求初审级的委员会中的一名成员接受过“沙里亚”法培训，并增加了该委员会使用行政处罚的执法权力。为了显得更有独立性，银行纠纷解决委员会及其相关上诉委员会现隶属于沙特货币局以外的一个名为“银行及金融纠纷及违规行为委员会”的独立组织，该组织还包括其他两个法庭，即金融违规和纠纷解决委员会以及一个监督信用报告的法庭。

管辖权

正如银行委员会自己在2006年所述，满足以下两个条件它才能行使管辖权：双方当事人之一是银行，案件与银行业务本身有关。2012年，其管辖范围扩大到包括银行交易的附属交易（bi-al-taba`iyya）。据报道，这一增加的目的之一是消除对符合“沙里亚”法的交易是否被涵盖的疑虑。

2006年，委员会出版了一卷包含其很多裁决的摘要。其中一些摘要反映了该委员会根据当事方协议，强制执行截至违约时为止的累计利息的做法。

b. 金融证券纠纷解决委员会

组织和性质

2003年颁布的《资本市场法》创建了沙特资本市场以及监督资本市场的资本市场管理局。该法的第25条还创建了金融证券纠纷解决委员会。该条规定，委员会成员应为“熟悉交易和资本市场‘斐格海’的法律（qānūniyyūn）顾问，具有商业和金融案件以及证券方面的经验”。该条还规定了一个上诉级委员会，该委员会按期于2005年成立。上诉委员会由代表财政部、工商部和部长会议专家局的三名成员组成。其决定是最终决定。

在《资本市场法》颁布之前，上市公司股票的交易通常由商业银行处理，商业银行设有交易室。因此，由银行提起或针对银行的证券交易民事纠纷，在这之前由银行纠纷解决委员会审理。

管辖权

委员会（初审和上诉）对与资本市场管理局、资本市场以及在其中进行的与证券交易有关的所有纠纷具有管辖权，无论这些纠纷是行政、刑事还是民事的。在民事权利请求的情况下，只有当其中一方是由资本市场管理局许可的经纪人时，该委员会对该案件才具有管辖权。如果纠纷涉及股份公司（sharikāt al-musāhama），即允许其股份公开上市的商业公司形式，而争议的物品又受到资本市场管理局的监管，则纠纷可能属于该委员会的管辖范围，而不是商事法院的管辖范围。

该委员会已经公开了一些决定，其中一些是十多年前作出的。

c. 金融违规和纠纷解决委员会

组织和性质

2012年，阿卜杜拉国王雄心勃勃地宣布了他的一揽子计划，包括三个“尼扎姆”，旨在利用伊斯兰金融行业早已长期采用的交易类型，创建一个新的金融租赁行业。该计划的目的是服务于重要的公共政策，包括唤起私营部门的新活力，缓解严重的住房危机，使新一代更容易负担得起住房。这一计划很早就提出了，当时沙特阿拉伯国内金融形势低迷，而世界上的其他地方还对抵押贷款和其他债务工具证券化的热情高涨。尽管在2008—2009年的全球金融危机后，人们对这一计划的兴趣减弱了，但一揽子“尼扎姆”还是被通过了。

这个计划在很大程度上依赖于现代伊斯兰金融合同——租赁购买（al-ijāra al-muntahiya bi-al-tamlīk，字面意思是“以所有权为终点的租赁”），该合同可以很好地模拟房地产抵押贷款或以所购财产为担保的个人财产分期购买交易，并且还可以在类似投资的资产池中进行证券化。最初的想法是，由于这种金融方式声称遵守“沙里亚”法，因此提供这种方式将有助于消除沙特中产阶级不愿意借贷（除非他们从长期补贴住房购买的政府计划的借贷）的心理。但是，这种交易是否符合“沙里亚”法，在尚未致力于研究伊斯兰金融方法的学者和法官中面临着挑战。关于法院和学者之间对这种交易的“沙里亚”法合法性的争论，是第4.4.4节的一个案例研究的主题。

在发布一揽子"尼扎姆"时，阿卜杜拉国王选择成立两个新的委员会——初审委员会和上诉委员会——来执行这些"尼扎姆"的规定，而不是将执行权交给商事法院。事实上，他进一步将上述委员会确定为"豁免"被最终并入普通法院的委员会之一。

管辖权

发布《金融公司监管法》的国王规定了新委员会的管辖范围如下：

（1）就《金融公司监管法》和《金融租赁法》及其实施细则以及与之相关的原则和指令的规定所引起的公共和私人权利的违规行为和权利主张作出裁决；

（2）对受沙特阿拉伯货币局相关决定影响的人提起的申诉作出裁决，只要申诉在决定通知发出之日起60日内提出；

（3）……

新委员会的管辖范围不包括以下事项：

（1）对受益人与房地产融资实体签订的房地产融资合同引起的纠纷作出裁决，以及对以房地产物权为基础的融资租赁合同引起的纠纷作出裁决；

（2）对由融资活动引起的证券纠纷作出裁决。

显然，最后两个条款的目的是排除与以下两个事项有关的纠纷：首先，排除了与房地产权益相关的纠纷，这是由普通法院严密保护的管辖范围——尽管该委员会仍然有权处理与房地产融资协议本身有关的纠纷；其次，排除了与在资本市场上交易的金融证券有关的纠纷，因此这些纠纷属于金融证券纠纷解决委员会的管辖范围。

据我所知，上述委员会尚未公开其任何决定。

d. 劳动纠纷解决委员会

组织和性质

劳动纠纷解决委员会在2018年10月被并入普通法院，成为该法院体系的一个新分支，被称为劳动法院（al-maḥākim al-`ummāliyya）。该委员会成立于1969年，在劳动部内运作，负责执行《劳动法》。从一开始，该委员会就设有上诉级别，可以作出最终裁决。

20世纪60年代，沙特阿拉伯发起了一场重大的法律现代化浪潮，规范劳动关系的“尼扎姆”是沙特颁布的首批“尼扎姆”之一。之前的《劳动法》（1969年）和现行的《劳动法》（2005年）中的一些条款可能会招致学者的批评，但它们中的大部分条款可能会被合理化为一种基于“西亚赛沙里亚”的措施，为了公共利益管理雇佣关系。

管辖权

《沙里亚程序法》第34条规定了2018年中期劳动法庭移交普通法院时的现有管辖权：

> 甲、劳动合同、工资、权利、工伤及其赔偿纠纷；
>
> 乙、与雇主对雇员施加的纪律处分或请求免除纪律处分有关的纠纷；
>
> 丙、因强制实行《劳动法》规定的惩罚而提起的诉讼；
>
> 丁、因终止雇佣关系而产生的纠纷；
>
> 戊、雇主和雇员因其对社会保险总局的任何主管部门作出的有关强制性登记、缴款或赔偿的决定提出的异议被拒绝而提起的诉讼；
>
> 己、与受《劳动法》规定约束的雇员，包括政府雇员，有关的纠纷；
>
> 庚、在不影响其他法院和申诉委员会管辖权的情况下，因适用《劳工法》和《社会保险法》而产生的争议。

该委员会的许多决定现已在其网站上公布了。

2.2.5 2007年的法院重组

我们对沙特司法体系概述的最后一部分涉及2007年阿卜杜拉国王的法院重组。这次重组以一整套的“尼扎姆”和命令的形式开展，包括新的《司法法》和《申诉委员会法》。它下令对法律体系进行许多变革，其中一些变革仍有待完成。

适用于普通法院的新《司法法》进一步发展了现有的特点，例如通过设立一个新的最高法院，将以前的司法系统里最高级别的机构最高司法委员会拆分为两个机构。而新的《申诉委员会法》则将申诉委员会的“总委员会”（所有上诉法官的全体会议）原有的两个职能分配给了两个新机构：一个新的最高行政法院和一个新的行政司法委员会（作为最高司法理事会的对应机构）。申诉委员会的主席现在对应司法部的部长，负责法院的行政管理。新的“尼扎姆”使普通司法系统和行政司法系统的命名和结构变得相似。

然而，重组中最重要的变化，尤其是对我们来说，是将专门的司法管辖权合并到普通法院中。被指定转移的司法管辖权的机构包括：劳动委员会、申诉委员会的商事部门、申诉委员会的刑事部门（处理多年来根据“尼扎姆”定义的各种犯罪，如官员贪污、官员挪用公款和伪造等）以及交通违规委员会（该委员会现在隶属于内政部，此次转移可能仅涉及对其裁决的上诉）。下令合并这些管辖权表明了阿卜杜拉国王对两个重要问题的信心。一是申诉委员会商事部门的法官成功地将沙特的商事“尼扎姆”嫁接到传统“斐格海”中，创造了一套足以满足现代商业需求的裁决体系。可以推测，国王得出的结论是，如果这些法官连同管辖权一起迁移到普通法院（就像现在发生的那样），商事管辖权将在司法部的监督下在新环境中同样成功地行使。二是普通法院的法官表明，他们愿意遵守和执行“尼扎姆”规则，因而足以使他们受托管理劳动合同，并接管申诉委员会的许多基于“尼扎姆”的刑事管辖权。

四大司法管辖权中的刑事管辖权的转移迅速完成，而劳动委员会和商事管辖权这两个最大的管辖权的转移则花费了更长的时间，直到2018年才完成。在本书中，我不会尝试描述这两个合并的情况，因为需要更多时间才能看到它们的影响。交通违规管辖权的转移尚未宣布。

值得注意的是，重组的效果是将申诉委员会的商事和刑事管辖权转移到普通法院系统，从而恢复其纯粹作为行政法院的职能。

商事裁判的性质是否会因其管辖权从申诉委员会转移到普通法院而有变化，还有待观察。在申诉委员会的环境中，几十年来一直尊重和执行“尼扎姆”，而在普通法院中，法官很少接触到行政、刑事和程序领域以外的实质性“尼扎姆”。由于申诉委员会的整个机构——商事法官、案件和诉讼——已经被转移到新的实体，也许不会有什么变化。但是，如果普通法院的法官涌入新的商事法院（这似乎是不可避免的），可能会有一段调整期，甚至可能形成一种新的常态。

这次重组仅涉及数十个专门委员会中的三个。但是，伴随重组而来的一些国王令表明，阿卜杜拉国王打算走得更远，这些国王令还再次表明他相信，由普通法院承担起沙特大部分“尼扎姆”执行职责的时机已经到来。这一点首先体现在他于2007年发布的《实施〈司法法〉和〈申诉委员会法〉的机制》中。在这份命令中，他宣布“审理刑事、民事、商事纠纷的半司法委员会的管辖权应当移交给普通法院”，但这会是在未来的某个不确定时间，并在需要实现这一目标的立法步骤的研究之后完成。该命令设定了相对较短的期限来完成这些研究，但所有这些期限均已到期。我不知道这些研究是否已经完成，但尚未宣布采取任何行动来实现所述目标。五年后的2012年，在发布《执行法》时，阿卜杜拉国王重申了他希望“具有半司法管辖权的委员会”加入普通法院的意图。然而，值得注意的是，在2007年，国王“豁免”了三个管辖权，即银行、资本市场和海关的管辖权的转移，并在2012年时将新的金融纠纷解决委员会添加到转移列表中。

3 沙特的司法程序：程序和推理

在本章中，我提供了有关沙特法院和法官内部运作两部分的介绍，这将有助于理解后续对商法的描述。第一部分涉及程序和证据，第二部分涉及法律和司法推理。

3.1 程序和证据

尽管诉讼程序法不在本书研究主题的范围内，但我在这里介绍程序法主要有三个原因。首先，一些有关沙特诉讼程序法的问题会在接下来的讨论中出现，若不提前介绍，读者可能会对这些问题很陌生。其次，正如我们将在后面的章节中反复看到的那样，程序规则和证据规则出现在诸多“斐格海”著作的实质性章节中，这通常是因为它们实施和揭示了特有的规则和原则。在这种情况下，这些规则在某种程度上是与这些章节的主题密切相关的，因此我将在下文中提到它们。再次，无论是沙特的民事诉讼程序还是“斐格海”的民事诉讼程序都没有得到英文文献的广泛关注。一些沙特学者的著作讨论了这个问题，并报告了在法院判决大量公开之前所能了解到的情况。我的讨论将重点关注证据和证明的形式。

西方著述者将伊斯兰程序法描述为僵化的、理想主义的和不切实际的。然而，在当代沙特法官的手中，伊斯兰程序法却表现出与之相反的特点。传统法律中的所有证明手段——不仅仅是作为传统学说支柱的原告的证人和被告的认罪或无罪的宣誓，还包括其他誓言、书面证据、专家证词、间接证据、可反驳的推定和举证责任的分配——都被灵活运用。沙特程序和证据在其所有阶段中都信奉一条格言：法官在运用“斐格海”提供的所有程序和方法来确定案件事实方面享有自由裁量权。

我们所观察到的许多司法实践，包括使用的具体证据方法和使用这些方法的方式，关于证据支持在“斐格海”著作中只能找到零星的数据。人们必须在好几个教法学派中寻找明确的“斐格海”支持。它们如何成为沙特“斐格海”实践的标准做法？基于什么权威？三种可能性立刻浮现在我的脑海中，它们都可能引起比较律师和法律历史学家的兴趣。第一种可能性是，这些方法和方式是对现代诉讼程序规则的模仿，从阿拉伯民法法学家的著作中学习而来。这是不太可能的，因为在沙特阿拉伯，这些实践不是明确的理论原则问题，而是根深蒂固的实践，在远离外来影响的普通法院中也能找到。相反，我怀疑它们可以追溯到代代相传的沙里亚法院的技巧。如果这种推断属实，那么剩下的两种可能性之一会是正确的。究竟哪种可能性是正确的取决于这些可以追溯到多久之前相对未书面化的沙特实践特征。将沙特关于法院步骤和流程的学说和实践与马穆鲁克、奥斯曼和其他法院的相应学说和实践（从法院记录中可得知的）进行比较的研究将是有益的。在马穆鲁克时代（特别是14、15世纪），一些学者的著述主张沙里亚法院在法院程序和证据方面采取一些灵活操作，这样的灵活操作在统治者的政治（siyāsa）权力下组织的法院是为人所知的。在这方面，学者和法院经常引用的是罕百里派的伊本·盖伊姆的著作《治理方法》（*al-Ṭuruq al-ḥukmiyya*）。因此，这些沙特实践的第二种可能的解释是它们是对这些著作文本的回应。在这种情况下，问题仍然存在：它们是沙特独特的回应，还是反映了从更久远的时期甚至是马穆鲁克时代发展起来的司法经验的遗产？第三种可能性是，法庭程序的许多特征与伊斯兰法律本身是同时诞生的，但由于大众对“斐格海”本身的肤浅理解，特别是当它应用于实际案件时，除了学者和法官之外，其他人都对其知之甚少。其中一些做法可能只不过是法官对认真对待经典证据制度所面临的实际需要的自然反应。在

“斐格海”文本中没有详细讨论这些问题，可能仅仅是因为传统的“斐格海”学者认识到法官在实践中面临的事实模式的多样性，打算让法官自行决定如何采用。

在接下来的内容中，我将首先讨论民事诉讼程序，特别是证据问题（第3.1.1节），然后补充一些关于刑事诉讼的评论（第3.1.2节）。

3.1.1　民事程序和证据

以下描述基于我对“斐格海”法的了解，以及我在20世纪80年代的四年时间里对沙特阿拉伯不同法院审判的数月观察，还有我近年来对数百份沙特法院判决书的阅读，以及对2013年颁布的新的程序性“尼扎姆”的研究。其中，两个程序“尼扎姆”与民事事务有关：《沙里亚程序法》，该法适用于所有审判，除非有其他更具体的规定；一份较短的、专门针对投诉委员会的“尼扎姆”。《沙里亚程序法》也经常被专门法庭采用。

3.1.1.1　法官和当事人的职能

根据“斐格海”原则进行的审判在其一般运作中，会让来自普通法系或民法法系的访问者感到熟悉。

法官在宗教、道德和法律上受到来自“沙里亚”法和“尼扎姆”的许多禁令的约束，必须成为客观、中立的一方，平等、尊重地对待诉讼当事人，确保他们公平地享有被听取的权利，陈述他们的案件，并在感到结果不公正时寻求救济。

伊斯兰教法官是事实和法律的唯一仲裁者，没有类似于普通法中陪审团的概念。与普通法制度相比，沙特法院的程序更具调查性而不是对抗性，更像是民法程序。虽然由各方都提出并证明自己的主张和辩护，但法官仍然是积极方。例如，法官是在证人陈述后提问的人，尽管他可能允许各方提出问题甚至询问对方。法官还拥有相当大的自由裁量权，可以要求提供各种形式的证据、在各方之间分配证明形式、转移证明争议点的责任、安排专家做证或法庭外事实的证词，以及制定各方的宣誓内容。由于伊斯兰法中没有律师在诉讼程序中发挥内在作用（即作为“法院官员”）的任何观念，因此法官的作用得到了加强。在现代沙特阿拉伯，长期以来律师一直出现在个别案例中，而不是普遍情况，尤其是在普通法院中，但在过去几十年中，他们已逐渐成为法庭上的常客。管理司法部的支持律师职能的“尼扎姆”可以追溯到2001年，但律师执照制度很早就开始了。

虽然法官在法庭上起主导作用，但从另一个意义上说，与其他法律制度相比，当事人在诉讼中发挥更大的作用。他们比在其他现代制度中更有责任为自己的主张或辩护提供证明，无论这些证明是证人、文件还是实物。

这主要有三个原因。首先，在伊斯兰法和沙特法律中，没有传唤证人的权力。证人出庭必须是自愿的，这被视为其可信度的必要条件。

第二个原因是，法庭几乎没有权力强制要求另一方或第三方提供证据。新的《沙里亚程序法》确实在这方面进行了一些现代化的尝试，但并不彻底。在传统法律中，对当事人进行超出其各自诉讼陈述范围的询问并不是一个标准程序，但过去的法官很可能已经这样做了，甚至在采用程序性“尼扎姆”之前，商事法院的法官也这样做了。无论如何，新的《沙里亚程序法》第104和105条规定，如果当事人亲自出庭，法官有权对其进行询问（istijwāb），并可以在自己的要求或另一方的请求下传唤当事人进行此类询问。如果被传唤的当事人未能出庭或作出回应，法官有权据此得出结论。如果当事人不回答问题并且没有其他证据，他将被视为拒绝回应主张的人（nākil），这使得法官可以找寻事实，甚至作出有利于对方当事人的判决（这取决于争议的要点）。法官甚至可以将这一规定转化为获取证据的手段以获得被询问方所拥有的相关文件。该法还支持其他两种较为温和的探查方式，这在标准的“斐格海”处理中没有提到。一种是法官对证人提问，或者满足当事人提出这些问题的请求（第125条）；另一种是利用法院的权力从政府机构甚至第三方获取所需的正式文件，尽管在后一种情况下，相关方可能会找借口不予配合（第149条）。可提供的政府记录包括各项“尼扎姆”要求商人存档的任何档案或财务报告。在涉及商人的审判中，另一项可以追溯到1989年的“尼扎姆”要求商人保留业务记录，并且可以根据任何一方的请求在诉讼中提供这些记录。如果当事人没有按照要求出示这些文件，法院可以对这些记录所要证明的事实的真实性作出推论。

当事人比其他方承担更大的举证责任的第三个原因是：当事人可能不会在自己的案件中做证。这是由于下面将讨论的一项普遍原则，即如果一名被提议的证人的证词服务于他自己在诉讼程序本身中的某些利益，或者如果他有其他偏袒传唤他的当事方的理由，他将被取消做证资格。事实上，即便是当事人的雇员或代理人也会被取消作为证人的资格，这种结果在已公开的判决中经常出现。当事人在法庭上发表的任何陈述，无论口头还是书面，都被视为一种诉讼陈述。这些陈述声称的事实或法律立场不利于作出陈述的当事人时，这些陈述就是不可撤销的。反之，如果这些陈述符合该方当事人的利益，而另一方在其法庭陈述或档案中未能反驳或质疑这些陈述，则这些陈述可能被视为被另一方承认。但除此之外，每一方必须通过其他证据来证明事实。

3.1.1.2　审判的一般程序

审判程序的第一步是原告提出她[①]的诉讼请求。这个诉讼请求必须是书面的（muḥarrar），这意味着其陈述的主张必须足以支撑起一项起诉。法官将根据需要询问原告，以确定她的主张是否充分，她是否有资格（ṣifa）提出诉讼，以及类似的问题（2013年，“尼扎姆”第66条）。然后被告将被要求回应。如果被告拒绝回应或提供证据，他可能会直接被认定为拒绝回应者（nākil），从而输掉整个官司（第67条）。如果他只是作出简单或部分否认的回应，但没有积极的辩护（即，承认原告所指控的部分或全部事实但使被告的立场合法化的辩护；例如，在要求支付的诉讼中，辩方声称他已经支付给了原告），那么审判就转移到了下一个阶段，即证明原告的主张。

从这里开始，诉讼程序受到一条圣训支配：“（提供）证据是提出主张的人的义务，宣誓是否认的人的义务。”（al-bayyina`alā man idda`ā wa-al-yamīn `alā man ankara）这意味着，要证明一个主张，必须提供证据（bayyina），理想情况下是两个品行良好的穆斯林男性目击证人，而要反驳一个主张（除了刑事案件），必须辩解宣誓（yamīn）。因此，为了赢得案件，原告必须提供足以证明她的主张的证据。除了两个男性目击证人外，证据的其他组成部分将在

① 在这种情况下，使用女性代词来区分当事人是很方便的。同时，这也允许我在这本书中做一次说明，在大多数情况下，根据伊斯兰教法，女性拥有与男性相同的正式合法权利。

下一节中讨论。如果她成功地做到了这一点，而被告仍然没有提供积极的辩护（他还没有放弃也没有通过他的回应提出反驳），她就赢得了案件。如果原告未能提供充分证据证明她的案件，被告尚未获胜，因为“宣誓是否认的人的义务”。在这一点上，法庭将询问原告是否希望被告作出辩解宣誓。如果她选择不要求，她就会失败。如果她确实提出要求，法官将制定一个明确否认争议事实的誓言（例如“我向主发誓，我不欠原告任何钱”），并向被告提出。如果被告宣誓，他就直接获胜。如果在被警告三次并告知这样做的后果之后，被告拒绝宣誓，他就输了。或者他可以选择要求原告宣誓支持她的诉讼（关于这一点有不同的观点，下面将讨论）。如果被告没有完全否认原告的主张，而是提出了积极的辩护，那么他在这方面的立场就像原告一样，上述过程将以相反的角色进行。

沙特的审判往往采取多次开庭的形式，审判会一再休庭，直到所有辩词和证据都提交完毕，每一方都宣布自己的案件完成，然后法官在较晚的庭审时发表意见。宣读判决后，会询问当事人对判决是否满意。败诉方通常会陈述自己的不满，并被告知向上级法院提交复审的要求和时限。如果他提出上诉，他的诉状首先由初审法院审理，初审法院可以借此机会进行进一步的听证，甚至修改其判决（第189条）。如果初审法院拒绝这样做，案卷将转交给上级法院。

3.1.1.3 一般证据和证明

a. 证人

在传统法律中，证据的典范是两个心智健全、宗教实践正常、品德端正（`adl）的成年男性目击证人的证言。但也有许多例外情况，例如，在财产案件中，两个具有上述特征的女性可以替代其中一个男性。在“斐格海”中这种两名男性证人的理想标准总结了证据的概念，以至于成为证据的代名词。但是在这里，沙特法院采纳了前面提到的14世纪和15世纪的“斐格海”学者的观点，这些学者主张证据应该更加灵活，其中最重要的是罕百里派学者伊本·盖伊姆。对于伊本·盖伊姆来说，“证据是任何能够澄清真相并使其变得明显的东西”，除了规范的两个男性证人之外，还包括许多其他形式的证据，包括女性的证言等。

根据传统的证人规则，沙特的实践如下。证人的良好品德可以通过法官对他的了解或其他两个未经验证的证人（单数muzakkī）的证言来证明；对方当事人始终可以提供证人或其他证据来质疑证人的品德。证人在诉讼中也不能有个人利益或其他偏袒当事人或反对对方当事人的理由。如果证人与传唤他的当事人有以下关系，就会被认为存在偏见：雇员、代理人（就其委托的任务而言）、经理（mudīr）或近亲。如果证人对对方当事人存在敌意，也会被认为存在偏见。对立方可以提出所有这些观点，并在需要时提供证人证词。从法院的判决来看，法院通常会先听取证人证词，然后转向对立方，让对立方来质疑证词。如果出现不认可证词的理由，法院就会不予确认该证词。证词必须涉及事实而非观点，并报告证人直接经历的事情。很多时候，沙特法院在听取证人证词后，只根据证词的内容就拒绝了证人的证词，称其“不相关”（ghayr mūṣil）。尽管传统法律规定，证人的证词一经被认为符合所有证词条件后，法官不得质疑，但沙特法院似乎自由地保留有一定的怀疑空间。例如，法院可能要求反对方宣誓否认，即使是对于推定由证人证明的事实。或者法院可能要求原告在支持证据方面宣誓（istiẓhār，下面第3.1.1.3-d节讨论的宣誓形式之一），或寻找其他证据，如间接证据。但只有当证词未能涵盖当事人案件的各个方面时，才会发生这种情况。

如下所述，证人也可以是专家证人或观察和评价目前存在的事实的证人，通过他们，许多真实和间接的证据可以进入法庭。

b. 文字、文件和记录

在传统法律中，很少谈到书面证据。如果有另外两名证人完全证实其真实性，书面证据通常被理解为仅仅是口头证据的一种拟像。例如，两个当事方可以达成协议，向两个或更多证人描述协议内容，将该描述写在纸上，并让证人在纸上签名，以记录他们所听到的内容。这些证人随后可以在法庭上证实描述的真实性。在实践中，即使在过去的几个世纪里，书面证据也被广泛使用，并且找到了一些方法，如预先获得资格的法庭证人（`udūl）来认证文件，以使其更方便使用。无论如何，在现代，特别在现代商业交易中，将文件内包含的信息或其本身作为证据使用已经变得必不可少。对于商人来说，总是安排两个合格的非雇员证人来参与全过程并在以后为商业案件中所有复杂的事实或文件的准确性和真实性做证，这是不可想象的。在实践中，沙特法院在很大程度上依赖于文件。证据以证人形式出现已成为例外，在极少数情况下，证人的证词可以作为主张成立的基础。一位沙特高级法官曾经告诉我，如果一桩涉及巨额款项的索赔案摆在他面前，证据只有证人，没有书面文件，他会倾向于驳回证人的证词，理由是它违反了习惯和常理。一些沙特案件引用了沙斐仪派学者伊兹丁·本·阿卜杜勒萨拉姆（卒于1262年）在他的一本关于一般法律原则（qawā`id）的著作中所说的话：

> 在报告、主张、证言、承认和其他事项中，原则是：理性不相信，或理性允许但习惯认为不可能的，应予以驳回。至于习惯认为遥远但并非不可能的事，则有弱可能性和强可能性之分，人们对此可能会有不同的看法。

文书证据如何认证并在法庭上被接受？偶尔，当事方确实会使用传统方法，即让证人见证合同的生效，以便随后在法庭上认证文件。但更常见的是，当事方像在其他现代法律体系中一样，在文件上签字或盖章。如果在法庭上提供签字或盖章的文件，那么另一方（在通常情况下）必须承认其真实性，或声称它是伪造的，随后法院按照程序，请专家对签字或盖章进行鉴定。如果未签字或未盖章的文件具有真实性的迹象（一种qarīna，“间接证据”），法院倾向于将证明其不真实性的责任转移给试图不承认它的当事方。如上所述，在正常经营中保存的商业记录通常被接受为证据，无论是用于支持还是反对保管它的商人，这是基于习惯和“尼扎姆”的原因。但是在这个特殊规则之外，当事方就自己的案件提供的文件与他所做的任何其他单方陈述具有同样的实效，它需要进一步的证据来支持。

由于司法和商业惯例对商业活动中书面证据的依赖，而且由于当事方通常需要承担提供可接受的证据的责任，所以沙特商人特别注意保存详细的记录。我们可以看到沙特商人采取预防措施，从他们的商业伙伴那里获得债务、其他义务、货物收据等的签名确认。这些就像任何其他被当事方签署或承认的文件一样，成了可靠的证据，除非当事方能够证明这些文件是被伪造或篡改的。

c. 专家证词

在传统的“斐格海”实践和当代的沙特阿拉伯，专家证词（ahl al-khibra）是一种重要的证据形式。通过这些证人，可以证明法庭外客观可知的事实，例如普遍的习俗、财产的价值、交通事故的情况或土地的状况。甚至一个专家就可以证明这样的事实。沙特阿拉伯通过创新地利用专家根据当事人的立场审查案件的证据，并编写一份报告，使专家证词这种形式成为商业案件审判中的重要机制，专家证词甚至可以对诉讼的重要要素，如合同违约事实或者合同侵权损害赔偿金额等作出结论。当事方可以对专家报告提出异议，法院不必遵循专家报告，但根据已公布的判决来看，法院通常会采纳专家报告。专家还经常被要求履行更传统的职能，例如确定购买的财产是否存在缺陷，或者保管人是否按照习惯水平履行了义务。实际上，对于这些问题，如果法官不依赖专家，他就是有过错的。根据情况的不同，专家证人的选择方式似乎有多种。对于一些常见的问题，政府有获得认证的专家库。法院有时要求商会提供专家意见。其他时候，当事方单独或双方协商一致地确定一个专家做证。

d. 宣誓（Yamīn）

证人不像在普通法国家那样使用含有宗教或道德义务的词语对其证词（shahāda）发誓，但提供虚假证词仍然是一种罪，也可能涉及刑事责任和民事责任。

宣誓具有更大的宗教神圣性。这种证明方法——尽管其有效性似乎仅仅依赖于虔诚地担心真主对虚假誓言的惩罚——在实践中似乎发挥了很好的作用。当事人似乎很认真地对待宣誓。在许多公开的案例中，当事方自己选择不宣誓，因此败诉。更常见的是，一方当事人拒绝了要求对方宣誓的机会，即使对方随后自己拒绝宣誓，对方也会赢得官司。

沙特的民事诉讼程序还表明，除了上述提到的宣誓方式之外，还有其他方式可宣誓。第一种宣誓，如果原告未能提供足以证明其起诉的证据，法官可以允许被要求宣誓的一方拒绝宣誓，并将宣誓的责任转移或退还（radd al-yamīn）给对手，如果其对手宣誓，其对手将获胜。伊本·古达马（卒于1223

年）在他的《穆格尼》（*al-Mughnī*）一书中讨论了这种宣誓，提到了伊本·罕百里有两种不同的观点——支持和反对使用这种宣誓。他更倾向于反对这种宣誓，并且布胡提也持有相同观点。这也是罕百里派的观点，而沙斐仪派和马利克派则要求退还宣誓。伊本·泰米叶和伊本·盖伊姆随后提出，这些观点的差异和它们所依据的原始文本的差异与争议的事实有关：原告是否有能力了解相关事实，如果是，他应该被要求宣誓；如果不是，他就不应该被要求宣誓。在沙特的法官中，这三种立场都被认为是合法的。从普通法院和申诉委员会公布的案例中可以看出，法院有时会退还宣誓。一个有趣的现象是，同一个法官是否可以根据宣誓在特定情况下的效用（如伊本·盖伊姆所建议的），甚至根据他对原告起诉的可信度的评估，来自由选择遵循其中一种观点。第二种宣誓是罕百里派公认的经典宣誓，当原告无法为其起诉提供确凿证据时，允许他宣誓以完成该证明。在现代的沙特阿拉伯，这种宣誓似乎已成为标准做法。它通常被称为“补充宣誓”（yamīn mukammila或mutammima）。公布的案例揭示了第三种类型的宣誓，即“证明性宣誓”（yamīn istiẓhār，也被称为istiīthāq），在一方当事人有充分证据的情况下，法官可能会要求这种誓言，一般是为了排除证据未提及的可能性。使用该宣誓方式的一种常见的情况是，当对方无法为自己辩护时，比如对已故、缺席或不具有完全法律能力的人的判决。另一种情况是当原告试图重新获得自己的财产，并提供了所有权证明，但被要求宣誓其此后从未转让过该财产。所有学派都在不同情况下允许这种宣誓。补充和证明性宣誓由法官自行决定是否使用，法官并不是首先交由对方选择是否要求该宣誓。最后，作为宣誓的第四种额外用途，我分析了一些公开的案例，其中一方在上述所有程序之外，要求向另一方（或其雇员等）宣誓，并表示如果对方或该人这样做，愿意放弃起诉，法院同意了这种做法。

回顾许多案例后，人们会得到这样的印象，即一方在没有法院要求其或其对手宣誓的情况下，仅凭自己提交的证词和文件就赢得诉讼的情况并不常见。尽管传统法律表明，原告在出示证明其主张的证据后即可获胜。然而，在沙特的案例中，即使原告一方的证据看上去是压倒性的，宣誓也可能发挥作用。这可能是因为，在当今的复杂案件，特别是商业案件中，很难提供证据证明自己案件的每个方面。此外，很少有被告不提出积极的辩护，即使他无法证明；如果辩护未经证实，他有权要求原告宣誓否认该辩护。

另一个在许多案例中都反映出的观点是，法官在何时、向谁以及在什么问题要求宣誓上具有相当大的自由裁量权，即使“斐格海”文本本身没有提到这种自由裁量权。不可避免地，法官必须在应用关于宣誓的“斐格海”规则之前对事实进行初步评估。此外，“斐格海”手册揭示了在何时以及如何使用宣誓方面的不同意见，这使得使用宣誓的基本规则也是法官可以自行决定的事情。

法院似乎在由谁代表商业公司宣誓的问题上存在分歧。一些法院要求在诉讼中代表公司的高级管理人员宣誓；另一些法院也是这样要求，但要求管理人员只对他所知道的事情宣誓，而不是对绝对的事实宣誓；还有一些法院要求公司内部任何了解事实的人都要宣誓。

法院似乎通常都接受将非穆斯林外国人的辩解宣誓作为反对穆斯林国民主张的决定性证据，就像涉及佛教徒的三个公开案例中的一样，其中一个引用罕百里派的权威依据作为支持。

e. 举证责任

这是另一个庞大的主题，在此我无法深入探讨。“斐格海”法律中一个容易被忽视但对实际结果产生广泛影响的问题是各方之间的举证责任分配。哪一方应承担举证责任，哪一方应该具有简单地否认主张并宣誓无责任的优势？法官们非常关注这一点。关于这个问题的规定可以在“斐格海”手册的各个章节中找到。表述这个问题的一种方式是：“谁的话更有力？”（fī man al-qawl qawluh?）这个问句经常会加上“伴随着他的宣誓？”（ma`a yamīnih?）学者们明确指出，对这个问题的回答最终取决于一个因素：在争议中，哪一方的立场更“强硬”（al-aqwā）。沙特的法院经常将这一点作为一个普遍原则而提及。

一方的立场之所以强硬，可能是因为它最初或通常是真实的［使用了“根源”（al-aṣl）这个词］。这种逻辑可以在罕百里派的伊本·古达马的一段话中找到：

> 宣誓是为那些真实性更为显而易见、立场更为强硬的人设立的。它是拥有（财产）的人的权利，因为他的地位因（所有权）而强硬，也是那些因为其立场的强硬而否认的人的权利，（基于格

言）“原始的推定是无责任”（al-aṣl barā’at al-dhimma）。

无论谁的立场是“根源”（aṣl），其中一方的立场可能会因为与争议有关的特定事实而变得更强大，从而导致举证责任转移到对方身上。这通常出于以下三个原因。首先，“斐格海”手册为许多事实情况下的举证责任分配制定了默认规则。例如，当代理人声称他所掌握的委托人的财产受到损害是由于其他原因并非自己的过错时，他是“被相信的”；换句话说，委托人承担证明是代理人的过错造成自身损害的举证责任。其次，正如“斐格海”手册所承认的，众所周知的一般习惯（urf，`āda）可以改变举证责任。在当代沙特阿拉伯，这种习惯的一个例子是，商店的雇员未获授权赊销。因此，如果商店的店主否认给雇员的授权，伴随着他的宣誓，他将被相信。第三，最后，在特定情况下，如果间接证据（qarā’in）使一方的立场“更强硬”，则可以根据间接证据分配举证责任。例如，如果甲通过丙与乙打交道，并相信丙是乙的代理人，通常在对乙提起诉讼时，甲方有举证证明丙是乙的代理人的责任。但是，如果情况表明甲和乙以前是通过丙作为乙的代理人进行交易的，那么法官可能会将举证责任转移到乙，要求乙证明他已经废除了丙的代理权。在后面的第6.3节里权威案例研究中出现了多个类似的案例。

f.**间接证据**（Qarā’in）

间接证据（字面意思是“联系、关联、背景”）可以帮助证明一方的申辩的真实性，而不仅仅是作为分配举证责任的因素。几十年来，由于DNA样本、电子记录等方面科学证据的进步，沙特阿拉伯越来越依赖间接证据。国际伊斯兰“斐格海”学院（下文介绍）发布了一份“法特瓦”，普遍支持司法上对间接证据的依赖。

许多公开的沙特案例都接受间接证据，以完善原本不完整的证据。正如一家普通法院所说：“如果间接证据相互连接，它们可以等同于证人，并且可以通过宣誓来补充。”《沙里亚程序法》（2013年）有一章支持对间接证据的依赖，其中包括：

第156条：法官可以从案件事实、诉讼当事人的讨论或证人证词中提取一个或多个间接证据，作为他判决的依据，或者用来补充他面前的不完整的证据，以便通过两者的结合形成对判决权利的确信。

第157条：每个当事人都可以反驳法官推定的假设；在这种情况下，推定失去了作为证据的价值。

3.1.2 刑事程序和证据

由于本书涉及的刑事问题远远少于民事问题，因此这里的讨论就非常简要，重点是体系中可能会使外部人士感到意外的方面，或者商业人士更有可能遇到方面。

《刑事诉讼法》（2013年）规定了专门适用于刑事审判的条款，该法没有规定适用《沙里亚程序法》的规定。根据“斐格海”的要求，《刑事诉讼法》第102条的规定，不得要求刑事案件的被告宣誓（这是因为“原始的推动是无罪”的原则，即al-aṣl al-barā'a）。

3.1.2.1 由犯罪引起的刑事和民事诉讼

沙特阿拉伯法律体系中让不熟悉伊斯兰教法的人感到意外的一个地方是，在刑事问题上强调受害者的权利。当然，在所有法律体系中，犯罪行为一经证实，不仅要受到国家的惩罚，而且要承担对受害人的民事赔偿责任。沙特法律在这里借鉴了伊斯兰教法，将这些解释为从某些（但不是所有）犯罪行为中产生的两种不同的权利——“私人权利”（al-ḥaqq al-khāṣṣ）和“公共权利”（al-ḥaqq al-`āmm）。

但是在伊斯兰教法中，私人权利不仅可以包括要求损害赔偿的权利，还包括要求实施惩罚的权利。在其他法律体系中，受害者的这一利益可能被认为是提起刑事诉讼或受害者权利，但是在沙特法律中，这种权利得到了强调，因为这借鉴了古代阿拉伯风俗，规定受害者或其继承人，在受谋杀或故意身体伤害的情况下，可以要求国家对犯罪者实施报复（qiṣāṣ，以牙还牙），如果死亡或伤害不是故意造成的，或者实施报复是不可能的，可以按照法律规定的数量索要血钱（diya）。伊斯兰教法谨慎地规范和缓和了报复原则，以遏制部落间的血亲仇杀，这种恶习在沙特阿拉伯仍未完全消除。但是，报复或血钱是受害者权利的原则意味着，对于这些特定犯罪行为，主要的惩罚是由受害者在民事诉讼中发起的，而不是刑事诉讼。因此，如果原告宽恕犯罪者，或未主张自己的权利，犯罪者就可能避免因其非法行为而遭受的任何世俗惩罚。然而，在整个伊斯兰历史中，国家和学者并未完全默许这种情况："斐格海"规定，对于某些特殊的犯罪行为，即使受害者原谅了犯罪者，犯罪者仍将面临惩罚；在任何情况下，国家都可以援引其"西亚赛沙里亚"权力，对犯罪者进行惩罚，无论其是否受到民事处罚。

根据沙特法律，每一起影响当事人个体而不仅仅是影响公共治安的犯罪都涉及私人权利，因此，例如，一名商人对其雇员提起民事诉讼，以追究其挪用资金的责任，不仅是为了获得民事赔偿，还为了确保犯罪者受到惩罚，这被理解为主张私人权利。在一起诽谤的刑事起诉案中，一家普通法院将公共权利——《古兰经》对不贞行为规定的惩罚鞭刑和"尼扎姆"规定罚款，以及作为原告私人权利的监禁结合在一起。事实上，沙特法律甚至赋予受到罪行伤害的一方一项个人权利，即自行起诉该罪行，作为其私人权利的一部分，除非且直到公诉人（沙特司法系统的一个独立机构）介入。这一点体现在《刑事诉讼法》（2013年）第16条中。实际上，与在伊斯兰教法中一样，许多刑事案件在受害者提起私人权利诉讼之前甚至无法立案，即使私人权利诉讼只是为了获得损害赔偿（第17条）。通常一个法院会同时审理这两种类型的诉讼，并对两者同时作出判决（第181条）。

3.1.2.2 逾期不付款是一种犯罪

在伊斯兰教法中，有偿付能力的人无故延迟支付（mumāṭala）款项被视为一种罪行。历史上的惩罚是根据法官的裁量进行鞭刑或监禁。如果债务人证明自己已经资不抵债（mu`sir），他将被释放，并根据《古兰经》的要求，获得债权人的宽限，直到他的财务状况改善；如果他被认定有偿还能力（mūsir），他要么支付债务，要么（尽管一些学者持异议）由国家强制清算他的资产以偿还债务。

类似的规则在2012年的《执行法》（*niẓām al-tanfīdh*）中被编入成文法。除了多个直接对债务人财产进行执行的规定外，该“尼扎姆”还规定了对声称资不抵债的债务人进行调查，并在法官有证据证明他隐瞒资产时对其进行监禁，最长可达五年（第78条）。

对于根据《公司法》设立的公司，公司的管理人或经理在很多方面被视为公司的另一个自我，因为最终只有经理才能代表公司，这导致了当公司不正当逃避付款时，经理会被监禁。《执行法》明确规定了这种监禁（第71、86条）。

3.2　法律和司法推理

作为介绍沙特法院内部运作的第二部分，让我们讨论一下沙特学者和法官所遵循的法律推理方法。希望这种讨论能够使读者更好地理解接下来的商法描述。

同样，我只提供对这个主题的概述。由于篇幅所限，无法进行更全面的讨论，而且这样的讨论可能也不太有用，原因有二。首先，许多学者已经用英文描述了“斐格海”学者如何从伊斯兰教法的公认渊源中推导出规则的传统解释方法，对此感兴趣的人可以参考这些研究。诚然，这些研究大多关注的是学者在相对较高的抽象水平上生成法律原理的方法，而不是学者和法官在具体问题上如何使用这些方法和其他方法，无论是作为穆夫提在给出关于具体实际问题的当代法律意见（“法特瓦”）时，还是作为法官在实际案件中发布具有约束力的裁决时。关于这种更实际层面的推理，英文资料很少。作为填补这个空白的一步，也是这里没有提供冗长论述的第二个原因，期望接下来的案例研究会为读者举例说明沙特阿拉伯法官和穆夫提的司法推理方法。

在接下来的内容中，我将在每个主题或子主题下首先讨论其整体方面，涉及整个伊斯兰法，然后再谈论其在沙特的具体体现。

3.2.1 “沙里亚”和“斐格海”

通过对《古兰经》和圣训的解释，产生了伊斯兰法学。

我在第2.1.2节中指出了，《古兰经》和逊奈（在英语中单独或者总称为“圣训”）中所揭示的完美的、不可改变的神圣律法本身，与人类理解这一律法努力的总和之间的区别（其中一些可能是错误的或有争议的，这些努力被称为“斐格海”，字面意思是“理解”）。许多学派认为区分这两者没有多大意义，因为他们认为“斐格海”是了解“沙里亚”的唯一有效途径，而其中的任何明显缺陷都是主的意志。然而，这种区分仍然是有用和有效的。对于那些希望评论历史上的伊斯兰法律现象而不质疑穆斯林信仰的真实性的外部人士来说，这是不可或缺的。

一般来说，我们在这本书中提到的伊斯兰教法是“斐格海”，而不是“沙里亚”。正如在第1.4.1.1节中所指出的，我使用术语“传统法律”来指代“斐格海”，即从8世纪到18世纪宗教学者的大量法律著作中所知的法律。直到伊斯兰国家的法律体系普遍发生西化转变的时期，这种法律提供了一种恒量，即权威的可知性。但我也讨论了现代“斐格海”，即对“沙里亚”的现代解释和应用。我使用“传统法律”这个术语，并不意味着这种法律是一种传统而非法律的事物，或者它已经过时了，然而，不可否认的是，当代“斐格海”往往有别于传统“斐格海”。显然，它们在内容上有所不同，比如当代“斐格海”会讨论心脏移植或商品期权等问题。至于推导法律的学术过程，正如下面将要讨论的那样，新的重新解释自由，甚至可能是新的解释方法，已经出现在图景中。

与大多数其他伊斯兰国家不同，在沙特阿拉伯，法律和法律体系在传统“斐格海”和现代“斐格海”之间没有明显分界和突然断裂。与伊斯兰世界的其他地方一样，古老的“斐格海”事业仍在继续，但在沙特阿拉伯，这种事业在实践中的连续性比任何其他地方都要强。这种连续性是一种有意识的训练和实践，由一代学者传承给下一代。然而，即使在沙特阿拉伯，“斐格海”法律的术语、机构甚至推导和应用方法也发生了重大转变，因此我们需要区分现代沙特“斐格海”与传统“斐格海”。

这些转变和错位有多大？这是推动本书研究和写作的原因之一。我希望即使是之前不熟悉伊斯兰教法的读者，在阅读后续的案例研究后也能对这个问题有所了解。

3.2.2　从启示中推导法律的努力——“伊智提哈德”，以及“斐格海”的四个“根源”

在第2.1.2节中，我简要解释了“伊智提哈德”，即一个人试图从启示来源中，寻求针对某一特定行为的神圣裁决时所付出的努力。“斐格海的根源”（uṣūl al-fiqh）这一学科研究正确执行“伊智提哈德”的方法。再次强调，“伊智提哈德”及其方法已在英文书籍中有充分的解释。我将仅讨论逊尼派的“斐格海的根源”，因为只有伊斯兰教逊尼派与沙特商业法律实践相关。

逊尼派学者一致认为，推导“斐格海”意见的“根源”有四个，《古兰经》是最终的来源。《古兰经》中只有一小部分规定了可执行的法律规则。中世纪学者试图统计与行动合法性相关的经文（āyāt al-aḥkām），数量在150到500条之间，其中包括仪式问题。许多经文非常实用和具体，例如详细规定继承规则；而另一些经文则是一般性的，例如“不要借诈术而侵吞别人的财产”（4：29）或“履行各种约言”（5：1）的命令。还有一些则宣布某些特定行为是被禁止的或一般来说是必需的，比如饮酒或支付天课。

第二个来源是先知穆罕默德的逊奈。逊奈的意思是“道路”或“实践”。虽然最初这个概念以其他形式出现，但随着时间的推移，逊奈开始意味着先知行为和言论的历史记录，在某种程度上也包括他的同伴和早期追随者的行为和言论记录。历史记录包括关于先知（和前几代穆斯林）的“哈迪斯”（hadith），每个“哈迪斯”都通过列出传述故事叙述者的序列进行了验证（“C报告说B报告说A说先知做了……”）。围绕“哈迪斯”的收集以及对其叙述者链的筛选和验证，出现了一项庞大的学术事业。学者们根据“哈迪斯”的真实性进行排序，从普遍证实的“哈迪斯”，到可靠的“哈迪斯”，到薄弱的“哈迪斯”，再到被拒绝的“哈迪斯”。由于“哈迪斯”作为关于先知的历史记载，很少具有无可争议的真实性，因此它作为启示的价值不如《古兰经》的经文。但是，从法律的角度来看，由于它报道了先知及其追随者发布的许多不同的法律决定和判决，所以逊奈在法律上比《古兰经》更丰富和复杂，更具细节层面的产出。如果法律启示是一幅景观，那么《古兰经》确定大致的布局和一些显著的点，而逊奈则提供其他一切。

由于《古兰经》和逊奈中的许多关于法律的文本不是很笼统，就是相当实在和具体，因此学者们决定不假定真主的法律是由一般规则组成，这些具体事件只是例子。在几乎所有学者看来，采取这种方法会在神的信息中引入太多人的因素。真主的推理和目的取代了人类的推理和目的——这正是法律在一开始通过启示被揭示的原因。因此，学者们努力将字面规定作为神圣法律，并将容易出错的人类推理在阐述和应用法律方面的作用最小化。如何做到这一点在早期几个世纪引起了很多争议，但最终学者们认为，“类比”是最具正当理由的法律方法。因此，“类比”构成了“斐格海”的第三个来源或根源。根据学者的定义，为了将神圣的裁决适用于新的案件，在由启示决定的案例中发现的特征（`illa），通常是一个相对实在和具体的特征，也能在新的案件中找到。因此，从《古兰经》、“逊奈”和类比的“根源”中，学者们发现了“分支”（furū`），这一术语涵盖了所有来自四大来源的无数衍生物。这种方法产生了一种决疑法——针对每个已知或想象的案例制定的一系列规定，并不是一个理性或层次化的规则体系。例如，从《古兰经》禁止饮用“葡萄酒”中，各个学者选择以下特征作为类比的基础（`illa）：葡萄饮料，葡萄、椰枣或葡萄干饮料，泡过的水果制成的饮料，发酵和沉淀后的饮料，令人沉醉的液体。只有少数学者认为最普遍、最合理的类比是令人沉醉的物质。学者们认为，如果他们要真正地服从真主启示的法律，所有这些都是必要的。

“斐格海”的最后一个根源是“公议”，即学者的一致意见。如果达成了符合公议的先决条件的意见一致，那么所达成的裁决就变得绝对确定，就会将特定的“斐格海”裁决从仅仅是可能的地位提升到绝对确定的地位。但是，对于真正的公议，即被所有学者和学派所接受的一致意见，理论上的先决条件是严格的，这意味着该理论原则带来的确定性裁决只能是相对少数，几乎所有其他裁决都是可能的。事实上，在沙特阿拉伯最受追捧的罕百里学派，对公议有特别高的先决条件。在实践中，从过去的几个世纪直到今天，学者们根据过去学者对某一命题的意见的一致程度来认定该命题是否为推定的真理。现代学者经常提到，一个裁决是不是两个、三个或四个学派都同意的（根据每个学派的首选意见），或者是不是大多数（jumhūr）过去学者都同意的。

公议的最重要功能之一是将旧观点奉为潜在的真理。如果可以引用过去一位受人尊敬的学者持有的某种观点，那么就不存在反对该观点的完全规范的公议。这在一定程度上解释了为什么当今的学者在面临困境时，比如需要采取与他们自己的学派甚至其他学派传统上采取的立场不同的立场时，会在过去的学派的少数意见或/单个学者的意见中进行搜索。在接下来的案例研究中，我们将经常看到像这样的一些以前不受青睐的观点，在当代被视为对法律困境的合法的"斐格海"回答。

这四个来源或"根源"被认为是逊尼派"斐格海"的基础，因为逊尼派四大教法学派（原则上）对此达成了一致。但是中世纪的学者还采用了这四种方法之外的其他解释方法。其中一些方法在特定学派内仍然被视为合法的方法：例如，"择善"（istiḥsān），即学术上的偏好，通常用于使流行实践合法化，是哈乃斐教法学派的特点；"连续性"（istiṣḥāb），即事物保持原状，直到有理由改变它们，被认为是沙斐仪教法学派的特点；早期麦地那人的实践规范性，是马利克教法学派的特点；以及"公益"（istiṣlāḥ），即在类比中引用公共利益（maṣlaḥa）作为衡量标准，也是马利克教法学派的特点。在接下来的案例研究中，我们将看到这些方法中的大多数在沙特学者和法官的讨论中经常出现。然而其中一种解释方法，即从公共利益进行论证，出现在沙特法院的判决中的频率要比人们预期的少得多，尽管在沙特阿拉伯备受尊敬的两位罕百里派学者伊本・泰米叶和他的学生伊本・盖伊姆在形成自己的观点时特别重视该方法，但沙特法院似乎认为，在其书面判决中明确使用这种论证形式是不合适的，该论证形式更适合于为学者发布"法特瓦"或为国王的"西亚赛沙里亚"行为（如制定"尼扎姆"）辩护。

如上所述，"伊智提哈德"并不能确定神的裁决。只有真实的明确的启示文本或适用于某一行为独特事实的规范的公议才能产生这种确定性。"伊智提哈德"总是与观点相关联，因此是对真理可能性的评估（ẓann）。最高司法委员会在一份向法官提供的关于法院检查人员发现的司法错误改进建议中，建议法官拒绝当事人要求“真主的裁决”，因为“法官不知道他的判决是否符合真主的判决。因为他在判决中实行‘伊智提哈德’，这可能与‘沙里亚’相符，也可能不相符”。

在沙特阿拉伯，即使是普通卡迪（伊斯兰教法法官）进行的独立“伊智提哈德”仍然是学术机构的理想和意识形态，正如第2.1.3节所解释的那样，这巩固了其作为国家的宪法性检查和平衡主张的作用。法官的“伊智提哈德”，用我的话来说就是“微观的立法”，仍然是对国家立法和其他法律行为的一种审阅。法官们仍然认为他们的努力是尽己所能，为他们的案件确定真正的“沙里亚”裁决，即使他们最终倾向于遵循目前在他们中间最被接受的观点。

我们应该记住，法官在选择抽象法律裁决时不仅要进行“伊智提哈德”，而且会从他面前提供的证据中找到有争议的事实，并在赋予这些事实法律意义的过程中也进行“伊智提哈德”，并且他可能认为这两个努力——确定法律和找出事实——是一个整体。在其他地方可能被视为仅仅是“将法律应用于事实”的行为，在沙特法官看来，其在宗教上、法律上和宪法上的意义可能比仅仅“将法律应用于事实”更重要。

3.2.2.1 伊斯兰四大教法学派

正如第2.1.2节所述，每一个“伊智提哈德”，如果由一个知识渊博的学者遵循规范的方法进行，都应该得到同样的尊重。不仅如此，“斐格海的根源”的方法是如此广泛（如果严格使用公议，甚至不受公议限制），可以容忍极大量的不同观点。早期的穆斯林社区确实经历了广泛的观点差异。然而，在公元9世纪，当哈里发开始依赖学者和他们的法律来提供国家的实际法律时，学者们迅速找到了在法律中提供更大的可预测性和统一性的方法。学者们没有邀请或允许国家介入并实现这些目标，而是发展了自己的非积极的、非正式的制度来实现这些目标。大约在同一时期，学者们开始遵循比他们更有学问的学者的观点，即使他们自己并不确定这种观点的宗教正当性，这种做法被称为“模仿”（taqlīd）。“模仿”以前只限于那些没有宗教学习抱负的人，这可以追溯到伊斯兰教的初期。采用这个原则，学者们开始在几位著名学者的背后结盟，合并成“思想流派”（madhāhib，单数madhhab）。每个法学派别都发展了自己连贯的法律体系，从而确保了更大程度的可预测性和解释稳定性。在大约13世纪之后，在伊斯兰教逊尼派中，只有四个学派留存下来，它们实际上是对“沙里亚”法的四个不同的解释流派。这四个学派是哈乃斐派、马利克派、沙斐仪派和罕百里派，它们都是以生活在伊历700—850年间的学者的名字命名的。每个教法学派别都提供了一个全面而详细的法律规则体系，涵盖了从仪式到现今理解的法律的所有主题，包括诸如裁决、证据等问题。每个学派往往在大片连续的地理区域内传播，它们之间在这些区域的边界上有很大的重叠。尽管每个学派都有其个性和一些独特的规则，但这四个学派在大多数基本原则上是一致的，包括法律的四个渊源。也许更重要的是，这四个学派共享许多基本的法律概念和原则，特别是在学派出现之前的几个世纪就已经形成的那些概念和原则。正如“伊智提哈德”理论所要求的那样，每个学派的法学体系被认为不是神圣的法律本身，它们不是“沙里亚”，而是“斐格海”。因为对真理的探索可能是多重的，穆斯林将所有四个学派都视为同样合法的解释。

穆斯林普通信徒在面临多样性问题时，通常日常事务遵循其家庭传统遵循的规则（通常是当地的主导学派），特殊或困难的问题咨询其最尊敬的学者。

对于学者来说，从来没有一个学派强制实施完全的统一。在每个时代，无论他们自己或他们的同时代人是否承认，杰出的学者都在继续实践“伊智提哈德”。许多学者宣称，“伊智提哈德”对于所有具有学识的人来说都是永恒的责任。根据正确的公议理论原则所要求的那样，所有未被反对的公议观点在理论上仍然是有效的且未被推翻的。由于认识到这一点，也为了给公议做记录，每个学派都仔细地保留和传承了早期学者的观点，即使这些观点已被其他观点取而代之。每个学派都发展出一种机制，在被复活的观点更符合习俗或大众福祉的情况下，来援引较弱的、被抛弃的或少数人的观点作为标准观点的替代方案。

这种复杂演变的一个结果是，“伊智提哈德”这个术语的含义被扩展，不仅指绝对的（muṭlaq）“伊智提哈德”——直接从神圣来源汲取而不受其他影响的“伊智提哈德”，而且还包括独立性或自主程度较低的“伊智提哈德”。即使是已经加入某一学派的学者，也需要为新的问题或变化寻找裁决的观点。“学派内的‘伊智提哈德’”这个术语反映了一种非常真实的做法——接受某种学派的纪律，特别是该学派的解释方法，但仍然直接从权威的四个渊源中得出裁决标准。即使那些声称根本不使用原始的四个渊源，只考虑单一学派内的法律观点和推理的学者，仍然需要深厚的知识和复杂的技巧来进一步发展学派，以应对不断变化的现状和新问题，通过选择过去的观点，从中得出新的类比，并从较一般的规则中推出更详细的规则。

到目前为止，我们已经描述了“斐格海”和“伊智提哈德”在前现代时期的形成。在现代，伊斯兰教法在观念上发生了许多变化。首先，关于“伊智提哈德”和“模仿”的长期争议已经发生了巨大的转变。如今，大多数学者都同意中世纪对“模仿”的批评，并坚持认为独立的“伊智提哈德”是一种永恒的责任。事实上，当代学者认为不必必须属于一个单一的学派，即始终遵循其规定（尽管大多数学者的培训集中于一个学派，并对该学派的操作最为熟练）。他们认为，学者可以根据证据选择任何学派的任何观点。

综上所述，我们可以在现代沙特阿拉伯找到各种学者，根据他们自己和其他人对他们能力的评价，在这些等级中占据着各种位置——从独立的“穆智塔希德”（至少在特定问题上）到只在一个法学派别中操作的学者。实际上，这两种极端都相对较少见，绝大多数人会将自己定位在两者之间的某个位置上。

3.2.2.2 沙特法院中应用的“斐格海”是罕百里派的吗？法官是在该学派内还是在该学派内进行“伊智提哈德”？

大多数对沙特阿拉伯法律有所了解的外界人士认为，沙特的法律体系只适用一种学派——罕百里学派。从历史上看，这个学派在纳吉德地区或中阿拉伯地区占主导地位。在四大教法学派中，罕百里学派以在一个问题上持续提出多种观点而闻名，只要这些观点可以追溯到最早的几代穆斯林。在一个问题上，经常不止一种观点被认为是伊本·罕百里本人的观点。即使在最重要的作品中，这些作品负责将罕百里学派的教义塑造成一个与其他三个早期学派竞争的一致学派，如穆瓦法克·丁·伊本·古达马的作品，我们可以看到更广泛的、更以“伊智提哈德”为中心的视角，比其他学派在那个时代的手册中更少地受学派所限。在《穆格尼》（*al-Mughnī*）中，伊本·古达马在宣布他认为最好的观点（“我们的观点”）之前，不断地回顾了早期学者和法官的多种观点，其中包括其他教法学派的创始人的观点。

在今天，仍然有一个普遍的误解，认为在整个沙特法律体系中，遵循罕百里学派是强制性的，是由国王令或其他有约束力的法律原则决定的。1928年，在征服了希贾兹地区之后，阿卜杜勒阿齐兹国王确实向希贾兹省的司法机构发布了这样的命令，该省以前由奥斯曼帝国统治，各学派的信徒都居住在此，该命令的目的是使希贾兹地区与王国的其他地区保持一致。但这个命令在1957年王国统一后失效，在沙特的其他地区从未适用过这样的规定。

即使在这本书中，我们也会看到，最符合沙特实践的法学派别是罕百里学派，并且是以它在现代早期被采用时的形式。过去，沙特法官接受过培训，无论是正规教育，还是由年长的学者进行的非正式辅导和培训，学习的都是那个时代罕百里派的著作，以及几个世纪以来纳吉德省主要学派所应用的法律。但在现代的沙特阿拉伯，尽管沙里亚法学院确实教授罕百里派的文本，但他们也会尽可能地教授学生逊尼派及其他学派的不同观点，以及如何选择其中之一的方法。

正如我早在20世纪80年代观察到的那样，沙特普通法院的法官可以自由选择罕百里学派内的少数派观点，也可以采纳其他学派的观点，甚至主张自己的新观点，只要这个观点以“伊智提哈德”的标准来评判，能够获得合理的“斐格海”支持。此后，在为这本书进行的研究中，包括对申诉委员会的研究，我发现这些自由的倾向更加明显。

普通法院和申诉委员会公布的大量判决书显示，法官（和法官小组）遵循的观点来自其他学派而不是罕百里学派，通常是哈乃斐学派或马利克学派。其中一些判决案例将在后续的案例研究中介绍。其他已公布的判决书会对几个学派的观点进行审查，通常是从其他学派开始，最后提到罕百里学派的观点。一些法官甚至采用现代法律理论，得出了超出“斐格海”先例的结果。

在普通法院中，法官利用自己“伊智提哈德”的权力，从学者们在某些问题上不同的观点间作出选择，是完全被接受的。最高司法委员会最近出版的一份汇编，列出了检查员发现的法官的错误：

> 对于法官审理的案件中“伊智提哈德”观点不同的问题，正确的做法是通过“伊智提哈德”选择更好的观点（tarjīḥ）。如果法官觉得各个观点都不可靠，他应该选择伊玛目·艾哈迈德·伊本·罕百里（罕百里学派）的最知名观点。
>
> …………
>
> 这个国家的法院实践，遵循《治国基本法》第7条和第8条、《沙里亚程序法》第1条和《刑事诉讼法》第1条中所规定的根据《古兰经》和圣训进行判断的原则。至于在“伊智提哈德”存在分歧的问题上，应该遵循罕百里学派最知名的观点，除非法官明确知道另一个观点更可取（rujḥān），在这种情况下，他在给出裁决的理由并提供证据后，根据这种观点作出决定。

不仅是个别法院，整个司法体系都接受了罕百里学派以外的学派观点。后续的案例研究中有大量的明确证据，特别是关于供应合同的案例研究，我将详细说明整个体系是如何考虑接受或不接受其他学派的裁决。更进一步地说，我们可以在这些案例研究中发现，艰深的“伊智提哈德”不是由个别法官或学者实践的，而是由他们集体实践的。

沙特阿拉伯的沙里亚法学院和伊玛目穆罕默德伊斯兰大学的高级司法研究所的教育，鼓励学生研究各个学派在任何问题上产生分歧的原因（例如，一个学派接受某条圣训，而另一个学派则不接受），并运用“斐格海的根源”的方法，就哪种观点更可取以及为什么提出自己的意见。在这个项目中，我与许多沙里亚法学院的学生一起工作，正如在第2.2.2.1节中提到的，我对他们接受的培训印象深刻。他们不仅要了解大量的“斐格海”知识，而且还要能够理解其中的一些内在结构。他们不怕被问及或要求评估传统“斐格海”的观点。

3.2.2.3 在沙特阿拉伯最常参考的罕百里学派的渊源

沙特阿拉伯最有影响力的晚近的罕百里学派的法律，最好且最容易通过查阅曼苏尔·布胡提的著作来了解，特别是他的两部著作——《揭开面具》（*Kashshāf al-qinā`*）（共5卷）和《终极意志的解释》（*Sharḥ muntahā al-*

irādāt）（共3卷）。这些书在法律判决中经常被引用。罕百里学派的主要著作可以追溯到更早的时期，这些著作也经常被人们所依赖。对于整个学派观点的形成来说，伊本·古达马的著作是最重要的，如前所述。伊本·泰米叶和伊本·盖伊姆的著作对沙特阿拉伯的“斐格海”和法律实践产生了很大影响，不仅仅是在塑造学派的一般观点上，更在于在一些或大或小的问题上，为某些特定的（背离传统）观点的辩护。大的问题如法官、学者甚至其他人继续“伊智提哈德”的义务；将“斐格海”结论与合法的世俗效益相协调；扩大合同自由等；小问题如允许以未来市场价格出售。在沙特阿拉伯，还经常参考许多其他罕百里学派的著作。

在研究布胡提的著作时，人们经常会发现伊本·古达马及其后继者早期制定的理论原则发生了变化。到了布胡提的时代，我们可以看到晚近代的罕百里派（或者可能是布胡提本人）已经将伊本·古达马时代的观点与后来学者的观点融合在一起。布胡提的著作精妙而简洁，令人惊叹。著作尽管涵盖了学派所接受的观点的全部范围，但他仍然找到了空间，经常提到观点的启示基础以及一些最重要的替代立场，甚至包括其他学派的观点。

现代人要想查阅布胡提的两部主要著作有一个极其有用的辅助。在沙特征服希贾兹之后的早期年份，作为对阿卜杜勒阿齐兹国王早期要求对所有四大教法学派的“斐格海”进行编纂的一项命令的回应，麦加学者艾哈迈德·卡里（Ahmad al-Qari，卒于1940年）开始着手以法典的形式重述晚近代的罕百里学派的观点，并将他的著作命名为《“沙里亚”条令汇编》（*Majallat al-aḥkām al-shar`iyya*）。卡里的法典是以《司法条令汇编》（*Majallat al-aḥkām al-`adliyya*）为蓝本的，这是哈乃斐学派晚近代观点的著名总结，自1877年以来一直作为奥斯曼帝国民事义务法典，下文第3.2.4.1-b节中对此进行了讨论。［我将在全书中一直提到这两个法典，所以将奥斯曼官方的哈乃斐派法典称为“奥斯曼的麦加拉”（Ottoman Majallat），沙特非官方的罕百里派法典称为“卡里的麦加拉”（Qari Majallat）。］“卡里的麦加拉”精彩地总结了晚近代罕百里学派的观点，（据我所知）很少偏离布胡提本人的观点，即使有时偏离也大多是为了更有效地表述。该法典由两位当代沙特学者编辑和出版，每个条款都有脚注，指向布胡提两个主要著作中相关的页面，使得查阅这两个文本相对容易。“卡里的麦加拉”并没有像它本来可以的那样得到广泛使用，因为主要学者不鼓励依赖它，这可能是因为它是向着“斐格海”法典化迈出的一步。即使是“沙里亚”法学院的毕业生也没有使用它的习惯。但我注意到，它偶尔会在申诉委员会的裁决中被引用，而且律师们也会在简报中引用它，尽管人们对这项工作存有偏见。

将数千个最重要的“斐格海”文本转换为电子形式以进行文本搜索，是当代伊斯兰法律学术的一项重大变革。这极大地促进了各种研究，并允许用以前不可能有的模式进行研究。

3.2.2.4 不依赖从原始来源推导而依赖归纳法发现“斐格海”规律的几种推导方法

a. **一般法律原则**（Qawā`id，**单数**Qā`ida）

如上所述，“伊智提哈德”的规范方法论，即“法律的根源”学科，规定了一个过程，该过程依据真主、先知或前几代穆斯林通常非常具体实在的法律认定，通过基于新案例和启示案例之间具体共性（单数`illa）的类比，得出裁决。这样的过程不依赖于一般规则或理论，而只是两个案例之间的离散类比，一个是手头的问题，另一个是受人尊敬的权威的裁决。换句话说，这个过程是决疑的，从一个独特的案例的判决中推导出对另一个独特案例的判决。这与学者思考启示的裁决，通过智力努力从中提炼出越来越高水平的规则和原则，然后成为真正的法律，通过演绎逻辑应用于无数具体事件的过程有天壤之别——就像欧洲罗马法学者从其决疑案例库和后来的地方实践中提炼出越来越多的一般原则一样，最终形成了《法国民法典》。“斐格海”著作，即便是晚近代的著作，都反映了类比的意识和实践，由一系列看似无关的典型案例组成。如果你翻到布胡提的著作关于“破坏”（itlāf）的侵权行为一章的开头，在几行定义之后，它立即深入到细节中：破坏仪式上不纯洁的财产不需要补偿，在战争中破坏对手的财产也不需要补偿；受强迫的人不承担赔偿责任，而施加强迫的人需要承担赔偿责任；煽动他人毁坏财物、引诱他人毁坏财物的人承担赔偿责任——所有这一切都在八行文字中。

但是，这种看似混乱的特定裁决掩盖了这些著作表面下存在着的大量知识结构。这种结构的法理基础可以追溯到“斐格海”诞生之初，甚至在它被汇编成书或形成学派之前。在最早的法学家们使用类比推理来探究《古兰经》和圣训文本的含义时，基本的法律概念和更高层次的原则开始从纷繁的类比中浮现出来，并开始指导他们的行动。在这些基础上又建立其连贯性和其他的概念。由于产生这种结构的逻辑是人为的，并没有启示的明确支持，所以它一直是隐含的和未被陈述的。但有些内容可以很容易地用一两句话概括出来，并且流传得越来越广。有时，一般原则是现成的，可以在传述的圣训中找到，这就需要一种不同的智力。但值得注意的是，圣训学者经常发现这些圣训难以验证，可能是后人的附会。学者们有时承认，将这样或那样的陈述归因于先知很可能是错误的，但他们也经常声称，无论陈述的真实性如何，都因其内容被普遍接受而获得了公议的权威认证。

这些隐含的潜在规律——至少当权威学者的口头陈述时——被称为“斐格海原则”［qawā`id fiqhiyya，单数qā`ida fiqhiyya，以下简称“卡瓦伊德”（qawā`id）］。这一术语的传统定义是“许多特殊案例（juz'iyyāt）都遵循的一般规则，可以通过这些规则理解相关案件的法律认定”。一些学者使用“达瓦比特”（ḍawābiṭ，单数ḍābiṭ）一词，意思是“控制原则”或“一般规则”，将那些仅适用于特定领域的法律而不是适用于许多领域的规则，与“卡瓦伊德”区分开来。（对于这两种类型，我都将使用“卡瓦伊德”这个术语来指代。）除了那些有《古兰经》经文或圣训支持的教学原则外，“卡瓦伊德”的权威性基于这样一种观点，即学者们无数的具体裁决都趋向于这些原则。虽然每个使用类比的“伊智提哈德”都可能是错误的，然而，当这些“伊智提哈德”确实趋同时，这些原则本身获得了比个别“伊智提哈德”更高的权威，相当于某种程度上的公议。正如我们在第 2.1.3 节中看到的那样，甚至在宪法上，根据“西亚赛沙里亚”的理论原则，“卡瓦伊德”在统治者寻求效用的宪法权力的限制中，仅次于《古兰经》、圣训和公议。

除了在关于“斐格海”的一般性著作中隐含或有时明确地呈现“卡瓦伊德”外，学者们还把“卡瓦伊德”本身作为研究对象，创造了一种特殊的“斐格海”著作类型。在这些著作中，学者会确定一个原则，然后探讨说明其适用和不适用的案例。

尽管学者们强调“卡瓦伊德”的权威性，认为它们在整个“斐格海”法律体系中得到了广泛的支持，但学者们也一直认为这些原则仅仅是对法官和学者的指导，而不是本身具有约束力的规则。这不仅是因为它们在细节层面上有例外或者是有复杂的边界，并且与其他“卡瓦伊德”重叠，其实主要是因为它们的普遍性。事实上，越是笼统的“卡瓦伊德”，就越无可争议，但它们对裁决实际案件的用处也就越小。举一个侵权法和合同法中基本原则的例子。据传述是先知的一句话“没有伤害，也不造成伤害”（lā ḍarar wa-lā ḍirār），基于此的一个“卡瓦伊德”即“损害应被消除”（al-ḍarar yuzāl）经常与它一起被提及。合同法中的另一个原则是一条圣训，“穆斯林按照他们的规定行事”（al-muslimūn `alā shurūṭihim），还有一个是“教法许可，可免除责任”（al-jawāz al-shar`ī yunāfī al-ḍamān）。显然，这些都不足以裁决现实世界中的侵权或合同案件。还有一些“卡瓦伊德”更加具体，因此在裁决具体案件时会有帮助。例如，“在交换交易中转让具体财产时，如果明确界定了用益权，则允许豁免用益权，而在无偿交易中，无论（被豁免的用益权）是已知期限还是未知期限，都允许这种转让”，这是沙特法学家阿卜杜拉赫曼·萨阿迪（卒于1956年）对“卡瓦伊德”的总结。

许多“卡瓦伊德”著作只论述了一种教法学派的观点。在罕百里学派中，最重要的“卡瓦伊德”著作是伊本·拉贾卜（卒于1393年）的著作。它对深入理解罕百里派的“斐格海”思想有很大的帮助。但要想从中充分受益，就需要事先了解一些详细的“斐格海”裁决。伊本·拉贾卜就是从这些裁决中获得更深入的见解。该著作吸收了文本中没有提到的结果的规律性，但这种规律性的例证可以在许多学派的“斐格海”著作中找到。该著作通常不试图简略陈述任何一个原则，而是用尽可能多的词来概括它。该著作随后开始列出罕百里派学者在不同法律领域的具体观点，指出哪些观点符合这一原则，哪些不符合这一原则。例如，该著作第60条原则的开头：

> 如果撤销可随意撤销的合同（jā’iz）会对缔约任一方或与合同有关的任何其他人造成损害，则不允许撤销该合同。除非可以通过赔偿或其他方式弥补损害，否则不得强制执行可随意撤销的合同。

这样的形式是允许的。

紧接在该“卡瓦伊德”之后的例子来自遗产、抵押、单方面悬赏、各种农业合同、非法使用、合伙和代理等“斐格海”主题，在所有这些例子中，罕百里派学者得出的结果要么符合，要么不符合所提出的“卡瓦伊德”。

正是“斐格海”的内在规律，包括那些被著名学者认可为“卡瓦伊德”的规律和那些仍然隐含的规律，赋予了“斐格海”——以及适用它的沙特法律——在第1.1.4节中提到的内部凝聚力特征，使其结果可预测，且不易改变。我们将在本书的案例研究中看到，这些内在规律在“斐格海”评议中发挥着多么强大的作用。

人们可以比较这些学派的“斐格海”结果与它们固有逻辑结构的一致性，即它们的“卡瓦伊德”有多大的预见性。我难以尝试这么困难的任务，但简单地报告一下我对“斐格海”几十年研究的印象是可以的。我的印象是，罕百里派在这样的比较中表现得很好。其他学派，尤其是哈乃斐派，以依赖法律意见或推理而闻名，被称为“拉伊”（ra’y）。相比之下，罕百里派以依赖据传述归于先知和圣门弟子圣训的离散事件（即“哈迪斯”）而闻名。尽管如此，可能因为罕百里派是最后一个将其观点系统化的学派，它似乎比其他学派，尤其是最早形成的哈乃斐派，在细节规则层面的一致性更强。换句话说，我的经验是，当一个人寻找罕百里派的内在规律，然后从这些规律向外推断时，他通常不会遭遇一系列异常的例外。

在学者或法官掌握了过去“斐格海”理论原则的微小细节后，当他面对不熟悉或前所未有的事实情况时，“卡瓦伊德”对于保持他的立场是无价的。使用这些“卡瓦伊德”，他会被引导到与启示文本进行类比，这些类比不会影响其他既定的“斐格海”结果。这是一种确保他的裁决与他的学派一致的手段，甚至是与所有逊尼派教法学派一致的手段（如果他和该“卡瓦伊德”的影响范围如此之远的话）。记住所有涉及他面前的问题的不同原则，他就有信心自己找到正确的裁决。正如马利基·卡拉菲（卒于1285年）在他关于“卡瓦伊德”的著作开始时所说：

> “卡瓦伊德”很重要，在“斐格海”中很有用。一个学者掌握“卡瓦伊德”的程度决定了他地位的高低。它们揭示并宣传了“斐格海”的辉煌。使“斐格海”的方法变得清晰明了。学者们相互竞争，以求在这方面出类拔萃。如果一个人试图在没有全面掌握“卡瓦伊德”的情况下从特定的案例中得出裁决，那么裁决（furū`）将是矛盾的、不一致的，他的想法将动摇并变得混乱。他的灵魂会因此而感到束缚和绝望。他需要记住没完没了的细节。一个通过“卡瓦伊德”来理解“斐格海”的人，不需要记住许多细节来总结它们的普遍性，那些看起来矛盾的细节在他看来具有一致性。

沙特法院公布的判决书经常提到“卡瓦伊德”，事实上，许多判决书都把某个高度普遍的原则放在最重要的位置，比如上面提到的四个原则。看到一个原则如此被使用，人们就想知道提及的原则是否暗示了法官推理的过程。我想到了三种可能性：第一种可能性是，法院的法律推理只依赖于“卡瓦伊德”，而避免任何更深入的“斐格海”分析。人们可能会将一个进行严密“斐格海”推理的判决，与一个缺少分析（甚至是对相关点的分析），只出现一个或多个“卡瓦伊德”的判决进行比较。第二种可能性是，法官提到“卡瓦伊德”只是为了给以其他方式得到的结果增加权威性，避免在当事人面前列出法官实际推理的复杂性和不确定性。毕竟，沙特穆夫提的一种习惯做法是在简短的回答后引用某段启示经文，以便提醒读者他的义务。第三种可能性是，法官引用“卡瓦伊德”是为了表明，他详细的推理具有服务于“沙里亚”法基本政策的优点，即该原则所代表的“沙里亚”法政策，而且在他得出判决结果时也受到了该政策的指导。

在整个伊斯兰世界，对“卡瓦伊德”的兴趣在现代迅速发展。这也许可以追溯到一种愿望，即表明伊斯兰法容纳了一种法律推理风格，一种法律真理的种类，与欧洲大陆法系一致。在欧洲大陆法条中法律真理作为一般性的法典条款出现，学者和法官提出具体裁决作为对它们的解释，并从这些法典条款中派生出来；当然，在伊斯兰法的案例中，类似法典的“卡瓦伊德”规定，是遵循而非先于各个学说的规定。无论如何，即使是在现代的沙特阿拉伯这个从未实行过民法风格的法律体系的国家，学者们也对“卡瓦伊德”着迷，并以传统和现代的风格创作了关于“卡瓦伊德”的文献。沙特阿拉伯的学者在该领域撰写了重要的著作，如刚才提到的萨阿迪，以及伊玛目穆罕默德大学的退休教授穆罕默德·西德奇·布尔努。伊斯兰教法学院的学生至少要有两个学期学习这门学科。

b. “沙里亚”法固有的神圣“目标”（Maqāṣid al-Sharī`a）

另一个能够指导裁决的法律来源是“‘沙里亚’法的目标”。这个来源与“卡瓦伊德”相似，同样是通过对“斐格海”本身的研究归纳而获得的知识，寻求几个世纪以来产生的“斐格海”背后更深层次的规律。

“目标”这门学科是在研究“卡瓦伊德”之后出现的，大约是11世纪至14世纪。一些著名学者——包括朱瓦尼（卒于1085年）、安萨里（卒于1111年）、伊本·阿卜杜萨拉姆（卒于1262年）和伊本·泰米叶——参与了该学科的发展。尽管该理论原则发展较晚，但学者们声称它具有古老的权威认证——先知最早的同伴的权威认证，据记载他们确实坚持先知的宗旨，而不是仅字面上遵守《古兰经》或逊奈。但是，直到格拉纳达的马利克派学者沙蒂比（al-Shatibi，卒于1388年）将该理论作为他的毕生事业之前，没有一个“目标”理论的支持者给出关于该理论的完整、连贯的陈述。在沙蒂比之后，这一理论几乎没有发展，直到近代，沙蒂比的著作《“沙里亚”法根源的标准》（*al-Muwāfaqāt fī uṣūl al-sharī`a*）于1883年在突尼斯出版，引起了重要的伊斯兰现代主义学者一系列的注意，比如埃及的拉希德·里达（卒于1930年）和突尼斯的伊本·阿舒尔（卒于1973年）。伊本·阿舒尔在1946年发表了一篇关于“目标”理论的开创性研究。从那以后，这一理论的受欢迎程度持续增长，现在在“沙里亚”法学者和非专业评论人士中达到顶峰，甚至在相当保守的圈子里也是如此。在沙特阿拉伯的“沙里亚”法学院现教授这门课程。在当代沙特，提及“目标”理论听起来完全是正统的。

如果连“卡瓦伊德”最多只能概括到指导而不是决定法律结果的程度，那么“目标”（maqāṣid）更是如此。

有人认为，把通过归纳法发现的“目标”作为“沙里亚”法的真理是无可争议的——但是它们会变得更加普遍和抽象。

“目标”推理的另一个独特之处是，它不仅引导学者关注其裁决在启示中的来源，而且还引导他关注其现实世界的后果。这些后果在实际实践中是否会服务于“沙里亚”法中揭示的更大的目标？此外，这种方法促使学者们甚至超越其字面含义来探究启示的文本，探究其目的，不仅仅是通过人类推理，而是通过学者们从“沙里亚”法本身得出的归纳发现。

在我的印象中，“目标”思路的实际重要性是指导对由“斐格海”逻辑决定的结果进行例外处理，例如，当“斐格海”结果与不可否认的现实发生冲突时，就信徒或社会的其他价值观和目标而言，服从“斐格海”的代价很高。

尽管有这些发展，我注意到在沙特法院的判决中，只有一次明确地诉诸“目标”。在沙特阿拉伯进行的更大规模的“斐格海”辩论中，我没有广泛调查，我的印象是，参考“目标”是为了援引“沙里亚”法的理想和价值观，而不是作为一种方法工具。然而，我并不认为沙特学者和法官在本质上或在“目标”的层面上缺乏或不存在推理。相反，在我看来，正是在这个层面上，法律体系面临的一些最棘手的“斐格海”问题正在得到解决（正如我在第5.4.2节供应合同案例研究的结论中所主张的那样），或者最终将得到解决。

3.2.3 法官如何使用“斐格海”著作作出裁决

如上所述，“斐格海”著作（主要流派的“斐格海”著作，即那些教授基本定律的著作），不是以一般性的陈述原则与规则的逻辑结构的形式呈现定律，而是以决疑的方式，即通过列出多个简单的假设示例及其结果。想要应用这些书籍的法官（换句话说，无论如何，他并未有志于在学派内或学派外进行任何形式的“伊智提哈德”），可以简单地回顾这些例子，以决定哪一个最接近他当前处理的案件——这一任务类似于普通法法官和律师在判断众多具体的司法先例中哪一个更适用于他们当前处理的案件。（当然，“斐格海”案例与普通法判决之间存在很大差异，例如，“斐格海”的先例是假设性的，提供的事实细节很少，通常还缺乏对其推理的讨论。）

我怀疑，研究伊斯兰法的外部人士可能会认为，“斐格海”书籍之所以是这样写的，是因“法律根源”方法的决疑性质，通过从启示的案例（通常是非常具体的事实）到同样具体的结果进行离散的类比。而且其组织和内容大多是由每个学派的传统所固定的。但我想知道，传统的观察者是否充分考虑过，这些书的设计如何才能为著述者自己的时代服务。一个著作者，即使只是一个注释者，仍然需要选择和编辑他所处理的例子，并可能增加新的例子。也许著述者选择和提炼案例不仅是为了内容覆盖得全面，而且是为了含蓄地传达，每个主题背后的潜在规律，即法官要得出的更深层次的类比结构。毫无疑问，著述者希望他们的著作能被许多没有深度学习的人应用，对于这样的读者来说，通过示范性的具体案例来教授法律可能是理想的方法，但对于那些受过良好教育或勤奋好学的人来说，这些书籍能够就每个主题的深层次结构给出隐性提示。对于所有读者来说，“斐格海”书籍实现了在有限的篇幅内传达高度复杂的法律裁决网络交流这一目的。

很明显，“斐格海”书籍并没有试图涵盖所有的法律问题，但它们试图提供适当的例子，依据这些例子，所有的问题通过一些努力和思考都可以得到回答。随着时间的推移，某些例子被引用，涵盖了越来越多的问题。例如，马尔基纳尼（卒于1196年）的《指引》（*al-Hidāya*，哈乃斐派的著作，至今仍在阿富汗、巴基斯坦和印度流传），其中侵权法的主要部分就是从公路事故的角度制定的。

很明显，当透过表面进行深入研究时，“斐格海”书籍的设计目的是让读者从所提供的案例中得出类比，并在不同的方向上进行类比。类比是“斐格海”著作的主导精神——不仅仅是从启示中进行类比，还可以从典型案例中进行类比，从而对原始案例出现的章节内部甚至之外的问题作出裁决。通常，“斐格海”著作的一个章节以某种程度上的精确方式定义了一种特定的行为、交易或其他具有法律意义的事件，给出裁决，可能还会附随着它的几个变化及结果，通常这些变化或结果带有明确或隐含的理由建议。该事件的特殊性表明，应该将其通过类比扩展到无数未解决的类似事件。

通过类比进行扩展的类似期望，似乎已经甚至是适用于术语的定义。定义并非黑白分明，而更像渐变的色调。在接下来的案例研究中经常出现的一个明显的例子是“强夺”（ghaṣb）。在“斐格海”著作专门讨论它的章节中，它的定义是：在没有权利的情况下肆无忌惮地夺取他人的财产，实际上就是光天化日之下的抢劫。但是在整个“斐格海”，无论是在该章中还是其他内容中，在许多未经授权使用财产的情况下，甚至是无意的或偶然的，这个概念都起了作用。有时，这个概念被类比地应用是明确的，比如当一种情况被说成“像强夺”（ka-al-ghaṣb）或“像强夺一样对待”或“推定的强夺”（fī ḥukm al-ghaṣb）时。但在其他时候，一种事实模式虽然超出了“强夺”的定义，但也可以被判定为“强夺”。这些案例不能确定是否适用所有或部分“强夺”的规则。另一个例子是侵权行为的第二种主要形式“伊特拉夫”（itlāf），其字面意思是“破坏”。它用毁坏实物财产或伤害人身来举例解释，但这种侵权行为也适用于不涉及实物破坏的金钱损失。第三个例子是“塔阿迪”（ta`addī），字面意思是“侵略或越界”，暗示有意的错误。尽管有这个意思，但这个词很久以前就被扩展到包括任何不法行为，无论是有意的还是无意的，包括疏忽，然而，人们经常会遇到这个短语“塔阿迪或塔夫利特”（ta`addī aw tafrīṭ），意思是“过失或疏忽”。在所有这些情况下，所讨论的法律术语可能只是隐喻性地使用，作为一种信号，表明与该术语有关的一个或多个规则正在通过类比加以适用；或者，这个术语的定义被默认扩大了。无论它是隐喻还是对定义的默认特别修正，在实践中似乎都没有什么不同。（关于“强夺”“伊特拉夫”和“塔阿迪”的这些要点将在第7.1节中详细介绍。）

当“斐格海”著作在处理某些主题时，若未对其进行阐述，就会在不同法律分支间隐晦地引发类比。有时读者会被指引参考相关主题，但通常不会这样。“斐格海”著作中对合伙的阐述需要通过研究关于“代理”的章节来完成，关于“代理”的章节要求了解关于“定金”的章节，关于“租赁”和“雇佣”的章节（以及关于“其他双务合同”的章节）严重依赖于关于“销售”的章节，“破坏”一章需要“惩罚”和“人身伤害的血钱”一章来补充，关于各种犯罪和侵权的章节相互影响，相互完善。

由于“斐格海”著作显然是想通过类比将示范性案例应用于其特定术语之外，这一事实迫使任何使用这些文本的人得学习一般的“斐格海”理论原则，并探讨为什么像这样的案例都被包括在内，排除或允许类比的细微差别是什么，为什么该案例具体说明了某些相关事实而没有说明其他事实。例如，一位著述者叙述了一个案例，有人在公共街道上挖了一个坑，如果有路人掉进坑里，挖坑者就要承担责任。著述者希望对这个案例进行哪些类比？可以推测，在公共街道挖坑意味着，它意在涵盖那些因非法、疏忽或粗心行为伤害他人的情况，更不用说故意伤人的情况了。接着，著述者在第一个案例基础上补充了第二个案例。第二个人在第一个人挖的坑的边缘放置了一块石头，如果路人被石头绊倒并掉进坑里，那么仅放置石头的人承担责任。通过将这两个案例并列，作者想要传达什么呢？作者希望读者从第二个案例中得出怎样不同的类比呢？是第二个人有故意伤害的意图？还是仅仅表明他的行为是造成伤害更直接的原因？

只有通过对这些文本进行不断地深思熟虑地审查，学者或法官才能获得可靠的了解法律所需的微妙技巧。毫不奇怪，不同的法律学派根据学者对规则和原则复杂的内部网络的理解程度（这些规则和原则将每个学派明显不和谐的裁决编织在一起），正式或非正式地对该学派的学者进行排名。例如，在现代沙特阿拉伯，谢赫·穆罕默德·本·萨利赫·欧塞明是一位因掌握罕百里派内部运作而备受尊敬的学者，他以罕百里传统进行教学和写作，我在本书中也经常引用他的观点。他的观点直到今天都被法庭判决所引用。

虽然我使用“类比”一词来描述学者或法官使用“斐格海”著作的过程，但这个词并不是指“格亚斯”（qiyās）这种规范的“斐格海”解释方法，即根据当前案件是否具有启示裁决中发现的特定特征（`illa）来决定其裁决。“格亚斯”是不参考现有的“斐格海”而是直接从启示中确定裁决的过程。我所描述的“类比”在阿拉伯语中通常被称为“泰赫里吉”（takhrīj，字面意思是“提取”），也有演绎、推断、解释的意思。这个术语在技术上被定义为从现有学派的特定裁决（或从其创始人的意见）中引出一个更普遍的原则，然后用于裁决其他案件，前提是该学派的模范们已对这些案件作出这样的裁决。这一职能适用于学者或法官，他们出于某种原因将自己的活动限制在自己的学派内，而不是直接根据启示来源本身进行工作。“泰赫里吉”是一种理论，每个学派的综合手册都是根据该学派创始人及其早期倡导者的裁决记录建立起来的。就其本身而言，它与前面所述的“卡瓦伊德”文献中的智力过程有着内在的联系，毫无疑问，“卡瓦伊德”，特别是在特定法律领域（ḍawābiṭ）或特定法律问题上运作的“卡瓦伊德”，在执行“泰赫里吉”的特定练习中具有持续的效用。但是，法官可能经常不得不通过发现一个明显的规律或原则来进行“泰赫里吉”，该规律或原则太微小或模糊，以至于从未被发现将其确定为“卡瓦伊德”。法官不会把他自己的法则作为“卡瓦伊德”参阅，而是把对这些原则的认同和辩护留给比他更伟大的学者，通常是那些几个世纪以前的学者。

如今的沙特法官（考虑到他所受的教育以及其影响），不愿以我在本节中描述的方式，将他的活动描述为仅仅应用罕百里派文本的活动。然而，考虑到罕百里派文本仍然具有影响力，并且比任何其他学派的文本更好地反映了沙特法院的实践，所以任何沙特法官都还是会努力应用罕百里派文本，至少将其作为一个起点。他可能会继续比较来自罕百里文本的裁决与其他学派预计达成的裁决，然后在“斐格海的根源”（uṣūl al-fiqh）这门学科认可的各种依据支持的观点中作出选择。作出这种选择的最理想主义的依据是，在支持各个对比观点的启示文本中，找出他认为与当前案件更密切（例如比其他文本更具体）或更合理（例如一条圣训中比另一条更可靠）的特定启示文本，并选择得到这些文本最有力支持的裁决。尽管这样的法官可能会将这些启示的来源视为他在观点中作出选择的基础，但供他选择的各种方案显然是由现有“斐格海”的原则或规则所框定的，要么是罕百里学派的，要么是罕百里学派再加上其他几个学派的。虽然他很可能不愿意承认自己受罕百里学派的束缚，但他也不愿意，而且通常更不愿意，假定自己有能力在过去学派观点的网络之外实践“伊智提哈德”。

3.2.4 影响“斐格海”解释的新方法和制度

3.2.4.1 现代的解释方法和法律概念

a. 与西方法律相关的“斐格海”的学术重述

20世纪许多精通伊斯兰法和西方法的学者花费了大量的精力对伊斯兰法律理论原则与西方法律体系进行比较，特别是那些从奥斯曼帝国时代开始在整个中东地区被广泛效仿的法国法律。这一领域的重要学者有阿卜杜勒卡迪尔·奥达（卒于1954年）、阿卜杜拉扎克·桑胡里（卒于1971年）、查菲克·切哈塔（卒于20世纪70年代初）、穆罕默德·艾布·扎赫拉（卒于1974年）、埃米尔·泰安（卒于1977年）、阿里·哈菲夫（卒于1978年）、苏卜希·马赫马萨尼（卒于1986年）、穆斯塔法·扎尔卡（卒于1999年）、瓦赫巴·祖海利（卒于2015年）等，其中一些人的观点在本书中经常被引用。

这些学者的著作对任何不了解伊斯兰法传统的人来说都有巨大的帮助，不仅因为他们将伊斯兰法与西方法进行了比较，还因为他们对伊斯兰法的各个学派进行了总结和比较（他们讨论了四个主要学派的观点）。对沙特人来说，这些著作也有类似的效用，当然也有反向的效果——让那些熟悉伊斯兰法的人了解其在西方法中的类似物。尽管沙特阿拉伯从未经历过任何来自西方重大法律的移植，但就像阿拉伯半岛以外的所有阿拉伯国家一样，沙特人不断接触到西方的法律思想。现代法律知识是用阿拉伯语写成的，普遍参考了受欧洲民法强烈影响的阿拉伯法典。西方形式的法律通过国际商业交易和外国当事人进入到沙特的法院系统。因此，沙特学者、法官和法律从业人员确实会参考这些比较著作，即使其作者不是沙特人，也不是罕百里派的法学专家。沙特法院的判决有时会引用这类学者的观点。

事实上，沙特人对现代西方法律衍生的法律制度或概念要进行深入比较研究是有深远需求的，用一个简单的事实就可以证明，即本书后文中的所有案例研究都以这样的制度或概念为标签（供应合同、雇主责任原则、表见代理、分期付款购买等）。我在本书中选择了这些案例研究，因为在这些案例中，我们可以看到沙特法官和学者正在解决实践中重要的难题。事实证明，这些问题造成了判决的困难，因为它们涉及国际贸易中常见的法律形式，这些形式因贸易需求而强加给沙特商人，而这些形式恰好打破了传统“斐格海”的原则、规则或观念。

除了单纯地比较，这些比较主义学者还有其他的野心，其中包括主张伊斯兰法在与其他现代法律的竞争中生存。所有这些，都在不同程度上显示出某种矛盾的倾向：首先，显示伊斯兰法如何在很大程度上符合现代法律观念；其次，证明伊斯兰法比其他法律更好。为了实现这一目标，这些学者们开始着手从变化繁多的、决疑衍生的“斐格海”规则中得出可与欧洲大陆法系相媲美的、包罗万象的、高度概括的法学理论总体结构，从而从古老的、多种多样的“斐格海”中产生一个完全现代的、统一的、有希望的伊斯兰法律框架。

在本书中，我们将遇到这种理论构建的各种人工制品。其中最重要的是学者们对一般伊斯兰义务理论的主张，旨在为比较主义者和法典起草者提供一个有伊斯兰基础的并与欧洲民法典中义务的主要部分相对应的理论。推导出这样一个关于“斐格海”先例的一般理论面临着许多障碍，因为——正如第7章将会清楚地看到的——伊斯兰法在侵权和合同上的结构非常不同。然而，通过对分散的“斐格海”规则的综合和抽象，以及通过伊斯兰法律框架的进一步强制演变，这些学者在很大程度上成功地完成了这个项目。自那以后的几十年里，沙特学者深受这种一般性义务理论的影响，正如我们将在第7.3节中看到的那样。甚至沙特法官也接受了这一理论（事实上，他们在某些方面大胆地从这一理论向外推），尽管这一切更多的是理论而不是实践。

在本书中，我们在沙特的实践中，将看到刚刚讨论的两种现代和西方化的方法之间，一种微妙的竞争迹象，一方面是比较和一般理论的构建，另一方面是在上文第3.2.2.4节中提到的另外两种更传统的解释方法，即一般法律原则（或“卡瓦伊德”）和神圣目标（maqāṣid al-sharī`a）。所有这些方法都旨在从各种各样的“斐格海”结果中进行归纳，但在不同的层次上以不同的方式进行归纳，对实际结果的影响也不同。

b. **阿拉伯法典和法学理论**

对沙特法律解释的另一种现代化和西方化的影响来自阿拉伯国家的现代立法和法学理论（无论是学术上的理论解释还是源于学术解释的法院实践）。要理解阿拉伯世界的法典编纂，我们必须回到1839年开始的奥斯曼帝国“坦齐马特”时代，那个时期的一系列改革在当时帝国的阿拉伯省份得到了应用。在这些改革中，奥斯曼国家采用了从法国移植或借鉴的法典，其中包括1850年的《商法典》。在民事义务领域，“坦齐马特”的标志成就是《“沙里亚”条令汇编》[*Majallat al-aḥkām al-`adliyya*，在本书中称为《奥斯曼民法典》（*Ottoman-Majalla*）]，该法典从1877年开始生效，它借鉴了晚近哈乃斐派的观点，但以西方民法典的形式组织和呈现。虽然作为奥斯曼帝国灭亡的后果之一，《奥斯曼民法典》于1926年被废除，但它在一些从奥斯曼帝国独立出来的阿拉伯国家仍然有效，如1959年以前的叙利亚，1953年以前的伊拉克和1976年以前的约旦。另一方面，早在1883年，埃及（对国民法院而言）就采用了一部大量借鉴《拿破仑法典》的法典，而非把伊斯兰法法典化。在西方殖民统治或影响下，甚至在独立之后，阿拉伯国家的法律、立法和司法系统都继续在西化，一直持续到20世纪50年代左右。在整个过程中，法国民法对阿拉伯法律和法律体系的形成影响最大。

但是，1948年新《埃及民法典》的作者、埃及法学家阿卜杜拉扎克·桑胡里使阿拉伯法律在现代化的进程中实现了重大转变。尽管半个多世纪以来，埃及一直采用完全受法国启发的法律，但桑胡里试图创造一部真正的埃及法典，一部与埃及历史和特征相适应的法典。这意味着将伊斯兰法纳入其制定中。为了做到这一点，他并没有像过去那样求助于"斐格海"，相反，他只是在受欧洲法律史和法律科学启发的"科学"过程下对伊斯兰法进行强制"演变"之后才考虑伊斯兰法。他声称"在考虑到现代立法的健全原则的情况下，我们已经从伊斯兰教法中采纳了我们所能采纳的一切"。除此之外，他还专注于在当代欧洲法典最先进的条款中择优，其中就包括体现他所理解的伊斯兰教法的"精神"的条款。许多国家采用了与《桑胡里法典》接近的法典，甚至由他来撰写（如伊拉克、利比亚、叙利亚和科威特）。

然而，从20世纪70年代开始，包括埃及在内的所有国家都开始经历一场文化摇摆，从法律的西方化转向恢复伊斯兰法的重要地位。例如，埃及1971年新宪法的第2条规定伊斯兰教法为"主要立法来源之一"（1981年为"主要立法来源"）。20世纪70年代，阿拉伯国家联盟下属的一个负责统一阿拉伯法律的委员会宣布，统一的基础是伊斯兰法，而不是《埃及民法典》。最近的阿拉伯法典虽然大量借鉴了埃及和其他阿拉伯法典，但更接近传统的法律，如约旦（1976年）和阿联酋（1985年）的民法典。

一般来说，在沙特阿拉伯，任何声称阿拉伯法典代表伊斯兰法的说法都会被忽视，这些法典被视为"人定"或"实在"的法律（qānūn waḍ`ī），它们很少在决策中被提及。但是，正如阿拉伯法律原则著作和理论体系所代表的那样，这些法典对沙特的法律思想产生了深远的影响，当然对那些就读于法学院（kulliyāt al-ḥuqūq）的人，甚至对那些就读于伊斯兰教法学院的人也是如此。

我们需要法典和阿拉伯法学理论中的概念来理解沙特案件中面临的许多现代法律问题。我曾提到，自1955年申诉委员会成立以来，埃及的行政法院制度和理论体系对该委员会的影响。

3.2.4.2 现代的“斐格海”制度

我在上文第3.2.2.1节中描述了中世纪伊斯兰法律学者为管理各种各样的学术、司法和立法系统而创建了主要世俗制度——法律学派（madhhab）。如前所述，在现代，这些学派在现实世界已经失去了大部分的影响力，主要作为知识传统而存在。“斐格海”学者本身——当然是在沙特阿拉伯之外——已经失去了他们在伊斯兰国家和社会中享有了几个世纪的诸多重要机构的官方和非官方角色。

学者们创造了什么样的制度和制度功能来取代那些现在已经衰弱或废弃的制度和制度功能？我们把关注点只放在那些影响立法、裁决和法律实践的制度上，最重要的是负责发布“法特瓦”（即权威但不具约束力的“斐格海”意见，旨在指导信徒，有时也指导国家）的各种机构。其中一些是由国际组织创建的，一些是由政府创建的，还有很多是非正式的——其中许多现在作为网站运行。

许多发布“法特瓦”的机构，至少是官方机构，其创新之处在于群体“伊智提哈德”的理念。由于缺乏旧的层级制度（无论是官方的还是非正式的），对学者进行排名，并将他们的领导人提升到拥有权力和影响力的职位，所以今天的学者们认为他们需要集体行动，以赢得与以前学者一样的尊重。

对当代沙特学者和法官来说，最重要的“法特瓦”机构是由国际组织或沙特政府创建的。

先从国际机构来说，最重要的，也是沙特法院判决中引用最多的，是1981年在伊斯兰合作组织（OIC）的主持下成立的国际伊斯兰“斐格海”学会（Majma` al-Fiqh al-Islāmī al-Duwalī），总部设在沙特阿拉伯的吉达。学会的六位成员是由伊斯兰会议组织成员国任命的学者。该学会本身任命了一些顾问，其中包括伊斯兰法学者以及与裁决有关领域的专家，如自然科学、法律、医学、经济和金融。在会议之前，成员和专家为议程上的主题准备研究报告，然后提交这些研究报告。经过辩论，在场人员以多数票作出决定，陈述学会对该问题的法律意见或“法特瓦”。这些报告和辩论，以及“法特瓦”，都发表在学会的期刊上，本书中有所引用。我将这个学会称为“伊斯兰会议组织学会”。

第二个主要的国际“法特瓦”机构是伊斯兰“斐格海”学会（al-Majma` al-Fiqhī al-Islāmī），它的名字与国际伊斯兰“斐格海”学会的名字相似，也很容易让人混淆。该机构成立于1978年，由总部设在麦加的伊斯兰世界联盟支持。尽管该联盟与沙特阿拉伯关系密切（因此被认为不那么独立和国际化），但沙特法院判决中对该学会的引用要少得多。我将这个学会称为“伊斯兰世界联盟学会”。

沙特政府已经建立了自己的“法特瓦”机构。学术研究和伊夫塔总主席团（the General Presidency of Scholarly Research and Ifta）是这些“法特瓦”机构的总组织。这些机构包括高级乌莱玛委员会和常务委员会（al-Lajna al-Dā'ima），两者都由大穆夫提（al-Muftī al-`Āmm）担任主席。这两个“法特瓦”机构在本书中经常出现。常务委员会对沙特阿拉伯和其他穆斯林提出的实际指导请求作出回应，并在总主席团网站上公布。常务委员会的“法特瓦”过于简短，无法对法官产生太大影响；它们的作用主要在于揭示在沙特最有影响力的一些学者的意见。常务委员会还为高级乌莱玛委员会发布“法特瓦”做准备性的深入研究。高级乌莱玛委员会的“法特瓦”在沙特阿拉伯具有很高的权威。有时，委员会的“法特瓦”是应国王的要求发布的，例如第2.1.4.1-b节提到它就“斐格海”裁决的法典化问题发布的两项“法特瓦”。在特定的“斐格海”问题上，高级乌莱玛委员会曾几次独立地改变沙特阿拉伯的法律，例如使合同中的惩罚条款（sharṭ jazā'ī）和对某些罪行的死刑合法化。根据我的经验，法官遵循高级乌莱玛委员会的决定。

我从未见过在公开的案例中引用沙特阿拉伯现任大穆夫提（General Mufti）阿卜杜勒阿齐兹·阿勒·谢赫的裁决，他自1999年以来一直在任。他的前任谢赫·阿卜杜勒阿齐兹·本·巴兹（1993年至1999年在任）的裁决在本书所回顾的商法案例中亦很少被引用。但是前穆夫提穆罕默德·本·易卜拉欣·阿勒·谢赫（卒于1969年，此后大穆夫提职位一直空缺，直到本·巴兹接任）的裁决直到今天仍然经常被引用，尽管这可能是由于他同时担任司法系统的负责人。这本书中提到了他的许多“法特瓦”和裁决。

3.2.5 法官和立法或“尼扎姆”

正如第2.1.3节所讨论的，由于“西亚赛沙里亚”的理论原则，沙特阿拉伯的所有法官，无论是在为适用“尼扎姆”而设立的专门法庭，还是普通法院或申诉委员会，都必须适用依据《古兰经》和逊奈的“伊智提哈德”衍生出来的法律，但如果统治者颁布的法律措施不违反“西亚赛沙里亚”的宪法性检验标准，也必须维护这些法律措施。这种检验标准在《治国基本法》中这样表述：

> 第48条：法院在审理案件时应当适用“沙里亚”法规则，以及国王颁布的不与《古兰经》和圣训相矛盾的法规（nizams）。

上述文字表述在现行的《沙里亚程序法》《刑事诉讼法》和《申诉委员会程序法》的第1条中都有重复。

我在第2.2节中解释了法院和专门法庭的系统在以下方面的不同：“尼扎姆”在其适用的法律中所处的位置（被要求应用“尼扎姆”的频率），以及法官对这些“尼扎姆”的尊重程度，法院与法庭是否愿意调整传统的“斐格海”学说以适应成文法规则。

在日常实践中，法官如何调和“尼扎姆”和“沙里亚”法？即使是就那些愿意遵从并执行“尼扎姆”的法官而言，沙特法官的做法也与其他法系的法官有所不同。在英美法系中，也不是成文法仅在其明确规定的范围内才能推翻普通法，或者如果成文法与普通法中的基本原则相抵触，无论是在一般情况下还是在特定情况下，都必须遵守普通法。但这就是沙特阿拉伯发生的事情。“尼扎姆”与“沙里亚”法的日常关系有三种模式。首先，对于任何不受“尼扎姆”条款管辖的问题，法官、从业人员和“尼扎姆”本身都认为，这些空白将由作为一般法律的“沙里亚”法来填补。其次，如果任何法官认为“尼扎姆”的某项规定与“沙里亚”法之间存在矛盾（无论是在一般情况下还是在具体案件中），那么，根据《治国基本法》的要求，法官有义务使用“沙里亚”法。如第2.1.3节所述，“西亚赛沙里亚”对矛盾的判断标准因时而异——从最狭隘的与《古兰经》的明确文本或逊奈、公议直接冲突，到更广泛地与“卡瓦伊德”的冲突。最后，即使按照书面形式实施“尼扎姆”，“沙里亚”法也具有效力，因为“尼扎姆”的应用和解释必须与相关的“沙里亚”法规则和规范相协调，这也是其起草者所期望的。

纵观两个主要法院系统的案例，人们会形成这样的印象：法院很少只依赖“尼扎姆”，而是同时提出“沙里亚”法的论点来支持它们的裁决。例如，法院通常会为其裁决提供冗长的“斐格海”解释，同时只顺带提到能得出相同结果的“尼扎姆”。在某些情况下，法院可将违反“尼扎姆”的行为视为行政强制或起诉的事项，同时仍坚持行动的“沙里亚”法实质。

3.2.6 法官和上诉程序

3.2.6.1 通过司法“一般规则”（Mabādi' `Āmma）解决裁判分歧

如上文和第2.1.2节所述，在严格意义上的“斐格海”理论中，判决只有在其所依据的“伊智提哈德”（就法律或事实而言）本身无效时，才是可撤销的；如果结果属于“伊智提哈德”的合法范围（而“伊智提哈德”本身范围就非常广泛），则不会推翻判决。在我20世纪80年代的研究中，这一结果在“沙里亚”法原则上得到了证明，并形成了沙特最高级别法官的意识立场。我们将在下一节讨论沙特上诉法院的现行做法在多大程度上符合这一立场。

在20世纪80年代以前，国王和部长会议就在《司法法》（建立和管理普通法院系统的法规）中引入了一个旨在促进普通法院判决更加统一的制度程序。其依据是，上诉巡回法庭将监督其审理的上诉案件中，是否存在与该上诉法庭先前采用的任何“伊智提哈德”有偏差的情况。如果出现了变化，上诉巡回法院将把该问题转交所有上诉巡回法院的全体会议，以批准该变化；如果没有作出这样的决定，该问题将被提交给最高司法委员会，作为其颁布“‘沙里亚’法一般规则”（mabādi' `āmma shar`iyya）权力的一部分。因此，最高司法委员会可以采纳这种变化，将其作为“一般规则”之一，而下级法院则有义务遵循这些规则。鉴于向上诉法院提出的关于法律的意见非常多，或统一或不同，若要执行这项规定将颇有难度。但最高司法委员会的主要成员告诉我，无论如何，在20世纪80年代，他们没有将这一规定作为初审法院判决审查的一部分；相反，他们坚持了传统规则，即在实体法上必须维护所有有效的“伊智提哈德”。

然而，即使在当时，最高上诉机构也确实利用其权力发布一般性规则，但只是针对行政或程序等非实体性事项。在2014年采访普通法院高级法官时，法官们对于该条款是否适用于实体法存在一些意见分歧。但看起来，“规则”（mabda’）机制确实适用于涉及国王以“西亚赛沙里亚”为理由下令执行惩罚的刑事案件。一位法官说，该机制在每个单独的上诉法院也有一些应用，但很少在全国范围内应用。

至于申诉委员会，其1982年的程序性“尼扎姆”载有关于颁布“一般规则”的类似规定，这项规定得到了更大范围的适用。有时，提交申诉委员会的新问题作为“一般规则”引导申诉委员会上诉一级的全体会议进行研究和作出决定，尽管这大多不涉及实体法实质内容，而是在程序过程中。一位资深法官告诉我，这样的会议每年会发生三到四次。

无论如何，在这两个司法系统中，法官和官员都承认，没有任何办法可以使上级法院采纳的这种“一般规则”以任何系统或持续的方式提供给下级法院使用。收集必要的资料取决于个别法官的勤勉，办法是取得文件副本或向其他法官询问。他们提到，法官总是可以辩称，“一般规则”不适用于他的具体案件，和他自己的案件是有区别的。在下文的第3.2.7.1节中，我们将讨论两个主要法院系统为使这些“一般规则”更广为人知和更有效而采取的举措。

目前适用于普通法院和申诉委员会的关于司法组织和程序的“尼扎姆”对这种“一般规则”方法进行了一些修订。对于普通法院，主要的变化是将上诉法院的巡回法院改为最高法院的巡回法院，并将最高司法委员会改为最高法院的全体会议。它还用“一般规则”取代了“伊智提哈德”一词。新的《申诉委员会法》只是将与最高行政法院先前确定的“司法一般规则”的冲突，作为向最高行政法院上诉的理由。这些规定只是在我就这个问题与两个司法系统的高级法官进行面谈时，才显得在未来可能实现。我怀疑，在新的最高法院中，无论是行政法院还是普通法院，维持法院系统对过去上诉“一般规则”的遵守的做法仍在形成中，人们的注意力主要集中在提高统一性和稳定性的其他努力上，这将在后面讨论。

3.2.6.2 上诉巡回法院是否试图通过推翻判决来改变或统一下级法院?

上诉法院在多大程度上试图将下级法院的实践引向一种首选观点，或者甚至将法院的判决统一在一个单一的观点上，然后通过推翻与该观点不同的判决来防止偏离该观点（而这没有达到采用“一般规则”的程度）？我们从公开的判决中知道，上诉法院尝试的任何指导或统一都不是详尽无遗的，只要在已公开的案件中显示任何一个法院系统的条款尚未得到落实，就可以提供这方面的证据——因为只有得到确认的案件才会公布。

总的来说，在这个问题上，两种主要法院制度之间似乎确实存在区别，申诉委员会初审法院的做法相对而言更有可能符合其上诉法院的意见。

让我们先谈谈普通法庭。如第2.1.2节所述，在20世纪80年代，最高司法委员会的法官强烈坚持法官个人的“伊智提哈德”，排除了（至少在严格的理论上）他们自己可以推翻下级法院的“伊智提哈德”的权力，除非是下级法院不具备有效“伊智提哈德”的条件。他们引用了“一个‘伊智提哈德’不会被另一个‘伊智提哈德’废除”（al-ijtihād lā yunqaḍ bi-mithlih）这句话。目前管理普通法院的程序性“尼扎姆”在这个问题上没有采取强硬立场。2000年和2013年的程序性“尼扎姆”都规定：

> 如果上诉法院……确定所宣布的判决就其结果而言与“沙里亚”法的原始来源吻合，则应维持判决。

一位法官曾对我表示，该条款的本意仅在于强调，判决书的措辞存在瑕疵不应成为推翻判决的理由，这一解释在某种程度上与该条款字面含义并不完全一致。无论如何，除此之外，没有其他条款明确规定推翻判决的标准。根据2013年“尼扎姆法”第193条第1款，可以以“偏离‘沙里亚’法裁决

（aḥkām），或国家元首在不违反‘沙里亚’法裁决前提下颁布的‘尼扎姆’法”等为由，向最高法院提出上诉。2001年《刑事诉讼法》对上诉权采取了非常狭隘的观点，除非初审法院的判决偏离了《古兰经》、逊奈或公议的明确规则，才允许上诉。但是，2013年《刑事诉讼法》采用了与民事案件相同的标准（第198条第1款）。审视这些条款，它们似乎避免在反对推翻“伊智提哈德”的规则问题上采取立场，如果真有什么立场的话，那就是它们倾向于对该规则有利的解释。

就实践而言，普通法院呈现出一幅模棱两可的图景。2014年，普通法院的法官报告说，如果上诉法院愿意的话，现在可以毫不犹豫地在“伊智提哈德”问题上推翻下级法院的裁决。但直到今天，正如已公开的报告所显示的那样，上诉巡回法院可能会维持与其有分歧但有充分理由的判决。一个例子是，一项判决涉及在沙特阿拉伯有争议的合同条款形式。初审法院认定该条款有效，并作出适用该条款的判决；上诉法院发回重审，强有力地论证了相反的理论立场；初审法庭坚持其“伊智提哈德”；上诉法院维持了初审法院的判决。上诉法院在判决结果与法院外盛行的沙特法律惯例相悖的情况下维持了原判。正如一位高级上诉法官向我证实的那样，如果判决在特定案件中可以说是公正的，或者为诉讼当事人的效用服务（maṣlaḥa），上诉法院可能会特别包容初审法院看似反常的意见。尽管如上所述，初审法院通常不会明确提到这一点作为对其判决结果的解释。因此，普通法院的法官不能确切地知道，上诉维持原判是否意味着上诉巡回法院同意特定的“伊智提哈德”，或者上诉法院是否接受它作为一种有效的替代“伊智提哈德”，或者哪怕是根据案件的个别事实。在这方面，第2.1.2节描述的法官“伊智提哈德”的微观理想仍然具有现实意义。

另一方面，在申诉委员会，似乎从来没有对初审法院的“伊智提哈德”过分挑剔，而且只要上诉一级的申诉委员会愿意，它就会要求法官遵守它的首选意见。申诉委员会的法官和官员表示，他们认为反对推翻“伊智提哈德”的规则只适用于终审的判决和维持的判决，而不适用于初审法院的判决。换句话说，对他们来说，这与其说是保护法官行使“伊智提哈德”的义务和自由，不如说是一种既判力。申诉委员会1989年的程序性“尼扎姆”根本没有规定限制上诉法院推翻判决的理由。申诉委员会2007年程序性“尼扎姆”重复了在普通法院“尼扎姆”中的上诉理由，即“与‘沙里亚’法裁决或国家元首发布的与（‘沙里亚’法裁决）不冲突的‘尼扎姆’的分歧”，但增加了“或其适用或解释中的错误，包括与最高行政法院先前判决中确定的司法一般规则的分歧”（第11条）。这一文本远不符合初审法庭“伊智提哈德”的理想。从公开的案例中可以看出，遵守过去的上诉判决多年来一直是申诉委员会的常态。因此，反对推翻“伊智提哈德”的规则，似乎在申诉委员会的上诉实践中没有作用。然而，正如本书将多次指出的那样，申诉委员会的上诉巡回法院在许多有争议的问题上并未形成统一的观点，也没有始终如一地执行普遍倾向的观点。即使对某个问题的裁决在沙特的一个地区被认为是成立的，另一地区的上诉法官也可能持有不同的观点。申诉委员会上诉巡回法院也以维持与社会普遍做法相矛盾的判决而闻名。

3.2.6.3 遵循先例约束的非正式倾向：法官对本院普遍意见或上诉法院先前意见的尊重

正如我在20世纪80年代了解到的那样，普通法院的法官虽然在理论上和在实践中很大程度上允许自由采用和捍卫他们自己的“伊智提哈德”，但他们的观点通常是一致的，或者在特定问题上的分歧很小。下级法院的法官会亲自或通过电话向上级法官咨询疑难问题。如果他们知道上诉法院的首选意见，他们可能会选择遵守该意见，而不是坚持不同的意见以至上级法院发回重审甚至推翻判决。从20世纪80年代至今，法官们曾多次告诉我，他们可以凭良心证明自己的“伊智提哈德”与大多数或所有其他法官的立场一致的一个基础效用，这是一种当“伊智提哈德”标准的四个“根源”留有选择余地时，可接受的权重。他们的论点是，当法官在一种观点上达成一致时，普遍效用就会提高。但正如我们刚才看到的，在普通法庭中，初审法庭“微观”“伊智提哈德”的理想主义，无论是在法律还是在事实方面，仍然存在。上诉法院也不期望一致性，即使对与自己同级别的判决也是如此。普通法院的法官告诉我，在上诉法院为他们的判决辩护时，他们可能会引用与他们立场一致的上诉法院早先的判决，但这只是因为上诉法院可能会考虑到这些早先的判决。

在申诉委员会，情况又有所不同。申诉委员会初审法院的法官确实认为自己不仅受上诉一级法院通过并分发给他们的任何“一般规则”的约束，而且也受他们所知道的上诉判决中赞同的立场的约束（如果这些立场代表着基于法律裁决的推翻或对特定法律问题的重复确认）。上诉的推翻判决是非常有说服力的，因为“推翻”行为的法律规则理由是法院认为初审法院的裁决完全错误。

除此之外，申诉委员会的法官了解到委员会对许多问题采取了标准立场，他们认为这些立场具有约束力。判决中大量引用了这些法律要点。有各种术语来指称这些法律要点，包括“委员会的判例已经确定的”（mā istaqarra `alayhi qaḍā’ al-dīwān，min al-mabādi’ al-mustaqirr `alayhā，等），“公认的做法”（al-`amal `indanā，jarā `alayhi qaḍā’ al-dīwān，等）。虽然我们对案件的搜索并没有集中在这方面，但重要的是，在我确实注意到的使用这些短语的案件中，除了一个例外，其余都来自申诉委员会。我注意到的一个普通法院案例提到了最高司法委员会以前的一项决定，称其为“司法规则”（mabda’），并将其与其他“斐格海”证据一道引用。

3.2.7 使司法结果更加可预测和稳定的新努力

3.2.7.1 激活发布“司法一般规则”（Mabādi’ Qaḍā’iyya）的权力

如上文第3.2.6.1节所述，多年来，司法机构的“尼扎姆”授权最高司法当局发布“与司法有关问题的一般规则”（mabādi’ `āmma）。如前所述，几十年来，最高司法当局（以前是最高司法委员会，现在是最高法院）颁布和分发了一些个别的“一般规则”，主要是关于程序和刑事事项。这些规则似乎没有公开，但在司法机构内部并不是秘密，法官和律师对它们的非正式汇编甚至在互联网上流传。

但最近，最高法院于2018年1月发布了2323条“一般规则”（也称为mabādi’）。这些规则来自最高法院过去的判决和最高司法委员会的决定，时间从1971年至2016年。这些规则据说是从20000个不同类型的决定中提取出来的，其中一些是“一般规则”，但大多数是从判决中提炼出来的。该汇编以司法部长、最高法院首席大法官和司法部研究中心主任的介绍为序章。首席大法官指出，萨勒曼国王在2015年发布了一项命令，要求进行汇编。

甚至连介绍该汇编的官员也没有声称这些规则对法官有约束力，而只是说法官应该考虑（turā`ī）这些规则，并可以引用这些规则来支持他们的判决（jawāz al-iḥtijāj bi-hā）。他们也承认，汇编中所包括的一些规则已经被弃用，由于这些被弃用的特定规则没有以任何方式标出，该汇编整体的权威在某种程度上减弱了。

这些公布的规则不太可能对实践产生太大影响，主要原因是它们的形式。它们被表述为类似格言的、简洁的、高度笼统的规则，是从它们衍生的任何案例的事实中抽象出来的。有时它们陈述了没有人会怀疑的结果，特别是当剥离案件的事实时，例如，“双方同意的合同是发生分歧时的参考点，双方有义务执行合同中的内容”（第39条规则），“租赁合同不转移所有权，合同所约定的只是使用”（第203条规则）。还有一些规则更为翔实，但有时是众所周知的，例如，“在私人权利事务中，（原告）没有要求的，不予判决”（第1972条规则）。其他的规则则绝对有用。我们关于雇主责任的案例研究依赖于第100条规则：“起诉是针对造成事故的司机，而不是针对他工作的公司，只要该公司没有对他的义务进行保证。”无论如何，就本研究关注的商法而言，只有相对较少的规则被证明是重要的。也许这些汇编规则将在其他领域产生更大的决定性影响，例如家庭法。但我怀疑，对于个别法官来说，这些规则多半会被用作引语，来为他们基于其他理由得出的或本应得出的结果进行辩护。这些规则中的许多已经成为或将成为一般做法。人们不禁要问，制定这些“规则”的动机是不是为了模仿民法风格的法典条文，作为一种朝着法典化方向发展的实验？

以上是关于普通法院系统的。2014年，在一项类似的倡议中，申诉委员会公布了许多其上诉法院过去全体会议通过的决议，以确定司法一般原则。其中大多数是程序性的。

3.2.7.2 法院判决的公开

自从1975年颁布《司法法》和1982年颁布《申诉委员会法》以来，政府一直主张，普通法院和申诉委员会应定期公开其判决，并在其所有关于司法机构的“尼扎姆”中列入该项要求。如第1.2.1节所述，在实施这些“尼扎姆”期间，除了偶尔发生的例外，这种情况没有发生。除了为数不多的零散出版物外，法院的判决只能通过非正式分享的方式获得。法院的判决对当事人是保密的，因此，在公布判决的时候，有时甚至是共享的时候，姓名和身份信息都会被涂改。

在第1.2.1节中，伴随着阿卜杜拉国王下令重组法院，我注意到自那以后发生的重大事态发展。大量精选的过去的法院判决，这些判决都在上诉中得到确认，现在出现在印刷品和互联网上，特别是从2015年开始，这些判决来自申诉委员会和普通法院。截至2019年，它们的数量约为10000份，对于商业管辖区而言，涵盖的期限长达二十八年。从2018年开始，司法部在互联网上公开商事法院的每一项最终判决。

2014年第一次大规模出版普通法院判决时，司法部长穆罕默德·尔萨博士在该出版物的介绍中写道：其中的案件是“具有约束力的先例”，并解释说，这意味着如果法官遇到具有相同事实模式的案件，他必须遵循先例，但如果事实需要不同的推理，他可以忽略它。部长承认，该汇编中包括已被新的判例所取代的判决，这些判决没有加以标记或指明；同样，正如最高法院公布“规则”一样，这种情况削弱了公布的案例所希望具有的约束力。他解释了这些判决的性质与最高法院的“一般规则”的不同，后者是法规所创造的，更具约束力，适用于更广泛的事实模式。他提出了“斐格海”论据来反驳自由司法“伊智提哈德”的理想，尽管这些论据似乎都不足以克服一千年来与之相反的理论原则的影响。他表示支持阿卜杜拉国王的司法裁决汇编项目。

同样是在2014年，在申诉委员会公布判决的新项目启动数年之后，我向几位高级法官询问了公布判决的重要性。大家都认为，遴选过程是由技术工作人员完成的，他们选择了有充分理由的判决，但没有贯彻始终删除任何不属于申诉委员会主流的判决，因此，没有人会认为所有判决都对法官有约束力。此外，他们还指出，单次的确认不会使一个判决具有约束力，只有重复地确认才可能使其具有约束力。因此，没有人愿意说这些判决能够约束他们。

到目前为止，这些判决的公布对法院在实践中的推理过程的影响仍不清楚。人们可以从两个层面来考虑这个问题。首先，让我们假设一下，如果司法部和申诉委员会只是向法官而不是向一般公众提供这些文件，那么这些文件的意义可能是什么（要知道，在这之前，大部分的法院判决甚至连法官都无法获得）。根据这一假设，法官处理案件有三种可能的模式：“把其纳入考虑”（yasti'nis bi-hā），或者将其视为具有约束力的司法原则（mabādi'），或者将其视为具有约束力的先例（sawābiq），就像英美法系一样，即其裁决只在具有相似事实的案件中具有约束力，因此需要在新的事实模式下对其进行类比。鉴于本书中引用了大量已公布的普通法院和申诉委员会法院系统的案例，我认为读者将能够判断这些判决对法官可能产生的影响。除了最近公布的申诉委员会决定，并宣布裁决是“申诉委员会的既定判例”或“我们的实践”之外，即使是申诉委员会的法官，在任何情况下都不习惯依赖司法先例，似乎也不太可能认为自己受到这些判决的约束，因此可能会采取第一种选择——“把其纳入考虑”。对于普通法院法官来说，这种结果更有可能出现。

影响这种判定的一个潜在的实际问题是，公布的判决最初并不是为了在后来的案件中作为先例。因此，在用于这一目的时，它们存在不足之处：第一，由于姓名被涂改，有时很难重建事实案件；第二，法官往往没有提及对法律分析至关重要的事实；第三，法官通常不会对当事人的所有诉求作出回应；第四，法院对其法律推理（tasbīb）的解释往往很简短，倾向于基于最具代表性的——通常是相当笼统的——法律论据，而不是详细陈述。公布这些案例的目的似乎更多的是为了说服当事人并总结案件的理据以供审查，而不是为了支持正在进行的通过先例制定司法立法的项目。当然，这些判决很少引用法院的其他判决。

我们暂且将这些已公布的判决视为仅在司法系统内部传阅的判决。鉴于它们现在也在另一个层面上，即广大公众的层面上传播，它们对司法推理的影响又如何呢？在这里，我只能根据一些观察来推测。随着判决书的公布，以前只有在法庭上有长期经验的律师才能了解司法实践，现在所有人都有可能了解司法实践。对于律师来说，毫无疑问，这些新信息将帮助他们更好地准备手头的案件。但沙特的审判并不是建立在对抗制度上的，在对抗制度下，律师们会详细地就对立的法律立场进行辩论；而在沙特的审判制度下，律师只能在履行其主要职责时提出法律论点，即提出客户的主张和提供证据。鉴于过去的这种做法，律师们可能不会在案件备忘录中深入研究已公布的案件并向法官强调。从长远来看，随着对司法结果的审查，通过新闻界、学术界和法律专业著作积累起来展示，所有相关方和公众在实践中对法律的认识可能会提高，公开的更大意义可能会显现。不可避免地，司法机构将被要求在一致性、稳定性和对其判决的社会后果作出反应方面达到更高的标准。个人司法“伊智提哈德”的理想，即我所说的微观世界立法的理想，总是在这些方面带来潜在的责任，即便案件事实看似相同，法官与法官之间、案件与案件之间的判决结果往往也存在差异。此前，公众有时会基于这些差异对司法系统提出批评，但直到现在，司法机构一直受到保护，不受任何细节的审查。至少对于新成立的商事法院来说，它发布每一项裁决时，这个保护伞就已经消失了。在其他法院，很大程度上取决于如何公布法院的判决。

3.2.7.3 编纂或汇编“司法裁定”的建议

2015年11月，阿卜杜拉国王命令司法机构准备一份“关于司法机构需要的‘沙里亚’法相关主题的司法裁决汇编（Tadwīn al-Aḥkām al-Qaḍā’iyya）”，该命令通常被称为编纂提议，在第2.1.4.1-b节中已进行了讨论。

4 财产、犯罪、侵权和合同的“斐格海”法简介

在本章中，我列出了一些基本的“斐格海”概念，如财产、侵权和合同，这些概念是讨论沙特阿拉伯商法的基础。

如第1.1.3节所述，在这类总结“斐格海”理论原则的章节中，我将根据“斐格海”法本身的内部结构来介绍它，将其他法系中任何带有相同法律概念的引入推迟到了解了该结构之后。我相信，除非一个人付出额外的努力去了解这种内在结构，否则他永远无法自信地预测结果。例如，在不了解更多法律的情况下，人们在得知贷款利息是被禁止的时，可能会得出这样的结论：卖方对赊销货物收取的费用高于以现金出售的货物也是违法的；一旦知道这是错误的，可能又会认为，在赊销交易中，如果买方提前支付赊销所欠的货款，就有权获得退款，但这也是错误的。或者，在了解到沙特法院不会对违约后的利润损失给予赔偿后，人们会认为，如果住宅公寓楼的卖家无理扣留房屋而未交付买家，则不能要求他赔偿在扣留期间该建筑物的租金价值，这通常也是错误的。看似无关紧要的细节可能会改变结果，比如卖家是制造商品还是仅仅提供商品，是提前付款还是货到付款，货物是按序列号出售还是只按描述出售。

了解一项法律规则的宗教—法律前提是有用的，尽管它看起来可能与实践相去甚远。如前所述，学者们认为整个“斐格海”首先是基于《古兰经》，然后是逊奈，然后是过去学者们的公议。考虑到沙特的“伊智提哈德”理想，根据该理想，即使是学识一般的法官或学者也应该试图理解裁决的启示起源，这些文本确实影响了法官的思维过程。因此，在处理每个主题时，我们从一开始

就学习与其有关一些启示文本，就会受益匪浅。虽然我们不会，也不可能，追溯一个合格的学者，一个“穆智塔希德”，在识别、验证、理解、权衡和推断这些来源时所遵循的步骤，但即使是对一些文本的肤浅了解，也可以帮助局外人理解由此产生的“斐格海”裁决，甚至是它们的细节。学者的著作可能不经常引用启示文本，通常在其他层面上争论，这是因为这些文本及其对当前问题的重要性是众所周知的，无须提及。

4.1 财　　产

《古兰经》和圣训都论述了财产从一个人转移到另一个人的正当理由。《古兰经》严厉谴责非法夺取财产的行为，尽管措辞笼统。如第2章第188节和第4章第29—30节所说。

按照经典的《古兰经》注释的解释，“非法地”（bi-al-bāṭil）一词是指伊斯兰教法所禁止的一切，如收取利息、赌博、盗窃、强夺、做伪证或欺骗。

经文中提到的“双方同意”和先知在辞朝演说中所说的“自愿赠予”都指出，“自愿同意”是使财产从一个人合法转移到另一个人的一个关键标准，而不是“非法地侵占别人的财产”。显然，只要避免所有被禁止的类型的转让，如刚才提到的那些，通过合同转让财产就得到了强大的宗教许可。

持有他人财产的人有义务保护它不受损失，并将其恢复原状：“侵吞孤儿财产的人，只是把火吞在自己的肚腹里，他们将入烈火之中。”（《古兰经》4：10，参见4：2）。据传述，先知说：“手（意思是占有或控制）对它所拿走的东西负有责任，直到执行（或履行）它。”这条圣训广泛适用于合同和侵权行为。受到这些经文和其他经文和圣训的启发，学者们早期采纳了一些关于财产的开创性概念，这些概念是大量侵权法和合同法所依据的基石。

学者们将财产（māl）本身定义为人类本性所倾向的有形之物。要使某物成为合同的主体，它必须是“穆塔卡维姆”（mutaqawwim），这意味着它的使用在“沙里亚”法中是合法的。例如，对于穆斯林来说，酒不是“穆塔卡维姆”，尽管它是财产，因为基督徒和犹太人可以买卖它。对于使用权或用益权（单数manfa`a）是否为财产存在争议，因为随着时间的推移，它们只是瞬间存在，可以说它们涉及被禁止的不确定性（gharar，将在下文第4.4.3节中讨论）。哈乃斐派要求财产在物理上是可占有和可保存的，因此认为用益权不是财产。然而，作为严格理论原则的例外，他们承认用益权在通过租赁合同确定价值后具有法律价值。其他学派则不同，认为用益物权完全是财产，其明显理由是，标的物的存在和保管足以作为用益权存在和保管的标志。

在现代社会，无形资产的问题显得尤为突出，例如知识产权、公司股份以及由合同保障的权利（如竞业禁止条款或者买或卖的期权）。这些都给“斐格海”带来了困难。在沙特法律中，通常通过“尼扎姆”立法机制，逐渐承认一些为合法财产。股份已被确认为财产，因为它代表了公司有形资产中不可分割的份额。

财产要么是可替代的（mithlī），要么是不可替代的（qīmī）。可替代物被定义为“其个体或其部分彼此相似的财产，以至于其中的任何一个都可以在没有任何显著区别的情况下取代其他任何一个”。换句话说，它们是在商业上可接受的价值范围内，通过描述和体积、重量、数量或尺寸（根据货物的类型，使用其中任何一种衡量标准）进行交易的货物。金、银和货币是可替代的，小麦、铁和特定类型的织物也是可替代的。习惯通常决定什么可以按数量、体积、重量或尺寸出售，而不加区分，特别是在标准制造的今天，可以包括制成品。在“斐格海”中，区别可替代物和不可替代物的关键意义在于，只要法律要求转让可替代商品，或在其损失后对其进行补偿，那么追索权就不是针对任何特定财产，也不是针对商品在市场上的价值，而是针对等量的类似商品。

财产要么是“艾因”（`ayn），要么是“戴因”（dayn）。“艾因”是一个特定的存在物，被视为一个独特的对象，而不仅仅是一个类别的成员（“这辆车”，而不是“具有y和z特征的x型新轿车”）。“戴因”是债务人现在或将来所欠的、不是“艾因”的任何财产；或者，它只能在将来被欠下时才可以引用这些财产。作为“戴因”财产通常是可替代的，如黄金或小麦。有时，不可替代的商品，甚至服务或用益权，如果只是用规格来定义，而没有标明是独一无二的（即“艾因”），则被视为“戴因”。我将经常把“戴因”财产称为“抽象”财产，把“艾因”财产称为“实在”或“具体”财产。虽然“戴因”的字面意思是“债务”，但在这里它不是指义务本身，而是指作为义务主体的财产。这种财产在理论上被认为已经为债权人所有，但由于这种财产尚未被确定（它不是“艾因”），甚至可能不存在，因此将“戴因”称为“现存的财产”是虚拟的。

事实上，伊斯兰法将这种虚拟更进一步，把“戴因”想象成存在于“债务人的‘迪马’（dhimma）下”。“迪马”的字面意思是“契约”“承诺”“义务”“责任”“保护”“安全”，但在法律上用于个人接受责任和义务的能力。它的用法通常是隐喻个人的有形位置（maḥall）。因此，如果一个人一般地或抽象地购买了财产，比如购买了许多蒲式耳某种特定品质的小麦，那么他就拥有了这种小麦的所有权，称之为“所描述的事物在卖方的‘迪马’下”（mawṣūf fi dhimmat al-bā'i`）。我将在下文第4.4.1.2-a节中回到这一点，说明这种虚拟揭示了“斐格海”是如何将销售描述为同意当前的财产转让，而不是一种或多种义务。

“戴因”财产和可替代的财产可以被指定，通过将其变成具体、独特的财产进而将其变成“艾因”财产和不可替代的财产，例如，如果买方已经看到符合描述的货物并同意专门购买它，或者用于支付的货币已经生产出来。表示指定的术语是“泰阿因”（ta`yīn）。但是，在真正指定之前，即使是“戴因”财产现存的义务它也仍然是一种“戴因”。例如，在出售一辆现在要交付的特定汽车以换取现在要交付的钱时，这笔钱在支付之前一直是“戴因”。

货币或钱（naqd）是一种非常重要的财产形式，它几乎总是既是“戴因”又是可替代的。在传统法律中，货币有两种，即黄金和白银，通常以第纳尔和迪拉姆的形式出现，但也有一种叫作“菲尔斯”（fals）的法定货币，是一种铜币。今天，学者公认的是，纸币或法定货币被视为“纳格德”（naqd），每一种货币是一个种类，被视为黄金和白银。事实上，学者们走得更远，他们认可银行账户等的电子记录，认可它们等同于现在的纸币，甚至可以成为被指定的和具体的财产（mu`ayyan, `ayn）。所有形式的货币都是财产的一种形式，最密切地受到围绕“里巴”（ribā）或高利贷的规则的管制，如下文第4.4.2节所述。

“艾因”“戴因”和“迪马”的概念将在本书中反复出现，某些合同的结果的关键也依赖于它们。这背后的一个原因是，作为“戴因”和“在‘迪马’下”出售的财产在其存在和特征方面带来的风险或不确定性更少，因为仅通过描述指定的财产通常可以在市场的某个地方复制，而独特的财产“艾因”天然地不可容易获得或容易遭到破坏和灭失。例如，禁止出售卖方不拥有的财产，因为围绕着他是否能获得该财产存在不确定性，但是这样的出售是允许的，如果财产按在“迪马”中的描述（bi-al-ṣifa, mawṣūf）出售，即作为“戴因”出售，因此不能获得这种财产的风险降低了。在另一个例子中，只要在合同签订时全额付款，就可以购买一般描述的商品（例如，特定等级的小麦的多少蒲式耳）；但是，如果有人试图更具体地说明商品（例如，来自某一特定农场的小麦），则交易无效。另一方面，“戴因”财产更有可能受到高利贷规则（ribā，见下文第4.4.2节）和其他形式的不确定性（见下文第4.4.3节）所产生的某些其他“斐格海”禁令的限制。可替代的商品与不可替代的商品的区别经常与“戴因”与“艾因”的区别重叠，因为大多数作为“戴因”交易的商品都是可替代的商品。

我们会注意到，这些区别在今天的沙特阿拉伯可能正在失去其重要性。法院可以对某些财产是否可替代持不同意见。如果货物的价值从责任产生之时起至判决之时已经发生了变化，认定欠下或应予赔偿的财产是可替代的，因此必须以实物而不是金钱予以补偿，这就会产生某些后果。此外，如果像“斐格海”理论所要求的那样，通常彼此相同并按数量、重量、尺寸等出售的制成品被视为可替代的商品，那么，考虑到它们的交易频率，人们预计会遇到许多要求用类似商品而不是货币支付的判决。但事实并非如此。相比之下，人们发现，当有争议的交易以黄金计价时，法院确实强调了关于可替代性的规则，并严格遵守这些规则，因为此类交易受严格的“里巴”规则的约束，该规则涉及黄金以外的补偿。同样，法院似乎经常忽略，仅通过描述（dayn或mawṣūf）确定的履行与独特或指定的履行之间的区别，而这可能对结果产生更大的影响，这一点将在下一章中阐明。

4.2 犯　罪

在这本书中，我们对刑法并不是特别感兴趣，但它确实与讨论侵权行为有关，因为在伊斯兰法中，侵权行为和犯罪是密切相关的。任何明知其不法性而故意实施的侵权行为都可能作为犯罪受到起诉。对个人造成物理伤害的犯罪可以引发受害者的民事索赔，也可以引起刑事起诉。基于这些原因，我们有必要简要地讨论一下刑法。

刑事责任有两个主要类别："胡杜德"（ḥudūd）和"塔齐尔"（ta`zīr）。犯罪，就国家起诉的寻求惩罚的行为而言，根据对其预期的惩罚的性质分为两种类型："胡杜德"和"塔齐尔"。在第2.1.3节中简要地提到了这两种类型的犯罪。第一类，"胡杜德"，是《古兰经》和逊奈中明确规定的非常严厉的惩罚，针对通奸、盗窃、饮酒、叛教、不忠指控、公路抢劫和叛乱。我们的研究不涉及这些"胡杜德"。第二类犯罪是属于酌情处罚的"塔齐尔"。任何违反"沙里亚"法的明确要求的行为（ma`siya）都是一种罪行，可由统治者或他授予这一权力的法官酌情惩罚。"塔齐尔"字面意思是"道德谴责"。在我2000年出版的书中，我从理论、历史实践和沙特阿拉伯当前应用的角度，对这两类犯罪进行了深入的研究。

在大多数现代法律体系中，人们的期望是，犯罪行为在受到惩罚之前会得到立法的定义，而一些行为本身就是邪恶的（malum in se）、天生就是犯罪的想法正在消失。在英美司法管辖区，"普通法犯罪"，即由法院裁决而非法律规定的犯罪，现在是罕见的，许多司法管辖区已经宣布它们过时了。因此，在大多数司法管辖区，除非是成文法禁止的行为，否则任何行为都不构成犯罪，但在沙特阿拉伯，情况并非如此。相反，在沙特阿拉伯，成文法定义的犯罪是例外，而由"沙里亚"法定义的犯罪是规则。可以说，"沙里亚"法，取代了普通法，也成为判定什么"本身就是邪恶"的标准。

如第2.1.3节所述，在宪法上，针对“塔齐尔”的权力属于国家元首，因为其中主要涉及社会效用和强制惩罚权的问题。普通“沙里亚”法院的法官会作为统治者的代表来决定犯罪和惩罚，除非统治者将司法管辖权分配给常规法院之外的专门刑事法院（就像过去穆斯林体制中的统治者通常做的那样）。“斐格海”著作对“塔齐尔”的描述相对较少，只确定了这种行为是“沙里亚”法毫无疑问禁止的罪行这一基本要求，排除了任何可能依赖于解释或“伊智提哈德”的东西，并对惩罚的量刑和类型设定了一般限制。但是，“塔齐尔”罪名也可以由统治者创造出来，因为不服从君主的合法命令也是一种明确违反“沙里亚”法的行为。因此，1992年沙特《治国基本法》第38条规定：

> 除非依据“沙里亚”法的明文（naṣṣ）（即在教法中不可否认的明确规则）或“尼扎姆”的明文规定，否则不得认定行为构成犯罪或对其施加刑罚；且“尼扎姆”文本生效前发生的行为不受追溯。

“塔齐尔”适用于罪恶，而不仅仅是非法行为，这就引入了犯罪故意（mens rea）的因素。与其他法律体系一样，犯罪故意意味着有意识地实施一项明知（或被假定知道）违反法律的行为，这里指的是“沙里亚”法和“尼扎姆”法，或忽视履行法律规定的义务。但必须承认，这种故意要求通常不需要了解犯罪者的主观精神状态，因为“斐格海”通常将客观情况作为判定精神状态的指标。“斐格海”著作通过示范案例来教授的侵权法，在某种程度上，会让体系外人士感到惊讶，因为它没有说明行为仅仅是疏忽还是有不正当的意图。举两个例子，如果凶手使用通常杀人的手段，杀人可能被判定为故意杀人（qaṭl `amd）；如果有证据表明保管人无客观理由拒绝返还寄存物，或者出售其手中作为寄存物的物品，可以视为保管人故意违反托管协议（khiyānat al-amāna）。

如第3.1.2.1节所述，在普通法院，法官有权审理同一诉讼中的民事和刑事诉求。呈现在法官面前证明的事实表明发生了犯罪时，法官可以选择通知检察官。将公共权利和私人权利合并到一个程序中，不可避免地会引起两种权利主张的法律举证责任是否不同的问题。例如，在英美法中，犯罪的证明标准高于民事诉讼的证明标准（例如，犯罪需要明确而令人信服的证据，而民事诉讼只需要相对于单纯的证据优势）。然而，在沙特阿拉伯，情况可能正好相反。由于“塔齐尔”被认为是一种纪律惩罚，它甚至可以适用于强烈怀疑佐证但法官认为有理由受到惩罚的行为；然而，有罪的不确定性是法官在确定刑罚时考虑的一个因素。在一个案件中，法院明确表示，证据不足以支持民事索赔，但足以支持两年监禁和200次鞭打的“塔齐尔”判决。

4.3 侵权行为

在此，我们将从民事方面考虑有害行为，这些行为可能引起私人赔偿或其他补救措施。即使在这里，我们也面临两大类行为：造成人身伤害或死亡的侵权行为，造成财产损害的侵权行为。“基纳亚”（jināya）一词可能涵盖这两种情况，但在一般情况下，它通常指的是对人的侵权行为。布胡提对“基纳亚”的定义如下：

> “基纳亚”……在词汇上的意思是对身体（人）或财产的侵犯（ta`addī）。在“沙里亚”法中，它指的是对他人的侵犯……对其法律惩罚有报复“基亚斯”（qiṣāṣ），支付财产（如diya，arsh，或为避免qiṣāṣ而支付的金额），或宗教赎罪行为（kaffāra）。（“斐格海”学者）将“基纳亚”称为针对财产的“强夺”（ghaṣb）、“抢夺”（nahb）、“盗窃”（sariqa）、“违背信仰”（khiyāna）和“破坏财产”（itlāf）。

4.3.1 对人身的侵权行为

对人的侵权行为，即使它们也是犯罪，或故意殴打或谋杀，但也主要被视为民事诉求。对这些被视为犯罪的行为，法律提供的主要补救办法，是由受害者或其继承人提出要求，如果死亡或伤害是蓄意的，可以要求国家施加确切的报复（qiṣāṣ）。在受害者接受赔偿或者“基亚斯”不适用或不可用的情况下，可以用血钱（diya）代替“基亚斯”。这一分类对我们来说很重要，主要是因为侵权行为的许多基本规则都是以人身伤害案件为例制定的。通常，损害是针对人身还是针对财产，对责任认定上没有任何影响。唯一的区别在于补救办法，因为在量化人身伤害或死亡的损害赔偿时会出现特殊问题。如何能足够确切地量化对人的具体损害呢？解决方案可追溯至先知时代，且在很大程度上借鉴了启示降示时盛行的部落法观念。如果“基亚斯”不适用，那么受害者将得到血钱或赎罪金作为补偿。血钱，确切地说，是对一个人的生命的破坏的补偿，而“阿尔什”（arsh）是对人身伤害的补偿。在沙特阿拉伯，谋杀（qatl `amd）和杀人（shibh `amd）的血钱为40万沙特里亚尔（约106,666美元），意外致人死亡（shibh `amd）的血钱为30万沙特里亚尔（约80,000美元）。对于小于死亡的伤害，“阿尔什”根据固定的赔偿方案表确定，通常为血钱的一小部分。例如，失去一只眼睛或一只手的“阿尔什”相当于血钱的一半。尽管如此，对于某些严重的伤害，如丧失嗅觉、语言、听力、双眼或双手，都会获得完整的血钱。多种伤害的“阿尔什”赔偿总计可能超过死亡应赔的数额。至于那些不在法律书籍中的标准清单上的人身伤害，专家会按照血钱的一定比例估计一个合适的恢复费用（称为ḥukūma）。

在沙特阿拉伯，血钱或“阿尔什”是否意味着赔偿因受伤而造成的所有损害——包括疼痛和痛苦、精神损害、收入损失和医疗费用，似乎已成为一个有争议的问题。传统“斐格海”的回答是，所有这类损害都包括在血钱或“阿尔什”范围内。

4.3.2 对财产的侵权行为

我们在第4.1节中回顾了对财产权神圣性的关注，以及财产从一个人转移到另一个人是否公正和合法。下文的第4.4.2和第4.4.3节将讨论一些启示的文本，这些文本传达了对涉及非法和不公正地增加或高利贷的财产交换的谴责，或涉及赌博般的、碰运气的、未知或不确定发生的价值转移（gharar）的谴责。《古兰经》的第2章第286节、第6章第164节，以及第17章第15节、第35章第18节、第39章第7节、第53章第38节等都具体地论述了侵权行为，谴责获取或给予超过应得份额的行为。

这些和其他神圣的禁令共同塑造了侵权法特征，其中有三项似乎特别具有决定性：第一，确保只有真正造成损害的过错方需对此负责；第二，要求过错方通过恢复损失来全额赔偿受害者；第三，同时避免过度赔偿，因为任何超出的部分都可能涉及“里巴”、“加莱尔”（gharar）或其他“不正当地消费财产”的情况。

在普通法中，通常会谈论“诉因”，即由特定“要素”组成的特定索赔形式，并在确立所有这些要素的基础上才提供特定类型的救济。“斐格海”书籍详细列出某些类型的索赔方法，通常在这些专门讨论索赔的章节中，首先对其进行定义，然后提供示范案例，显示属于定义范围的行为以及救济方法，导致“斐格海”书籍的使用者将此类索赔视为独立的诉因，但这会产生误导。如第3.2.3节所述，“斐格海”书籍在特定技术术语下描述特定类型的索赔时，即使较为精确地定义了该术语，但这些书籍的作者似乎意在将这类索赔作为一种模型，用于类推定义范围之外的案例。这一点可以从书中并未详细阐述其他多种类型索赔的细节看出来，而这些索赔在现实生活中同样重要。侵权索赔可能是这方面最明显的例子。

有两种特殊的侵权行为，即强夺（ghaṣb）和破坏（itlāf），在第7.1节中有详细的描述。强夺，宽泛地说，讲的是不带权利色彩的财产侵占行为。但是，在“斐格海”中，超出该定义的情况可以通过与强夺类比来处理。事实上，强夺模式是救济所有形式的无权占有财产的基本模式（ḍamān al-yad，伊斯兰法中三种基本责任类型之一，将在第7.2.3.1节中讨论）。因此，在某种程度上，它可以适用于广泛的案件——从抢劫和盗窃到使用他人意外落入自己手中的财产。同样，破坏，即因过失或故意不正当地造成物质破坏的侵权行为，成为决定对造成其他物质或金钱损害的所有不正当行为的赔偿模式（ḍamān al-itlāf，三种基本责任类型中的另一种）。破坏也是沙特阿拉伯所支持的民事侵权责任和合同责任的现代一般理论的伊斯兰正当性理由来源（参见第7.3.1节）。与此同时，其他侵权行为，如盗窃、侵占、违反信托和欺诈，即使“斐格海”书籍中只是简要提及它们，或者对其某些方面进行了详细阐述，但留下关于其要素和救济的许多问题未解答，并暗示“斐格海”书籍的使用者查阅强夺和破坏章节以寻求解决方案。如果一项行为符合书中强夺和破坏的严格定义，人们可以得出结论，所有规定的要素和救济都将适用于该行为。但对于其他侵权行为，哪一项裁决会被适用，仍然是一个由文本使用者决定的问题。

4.4　合　　同

构成合同法最基本概念之一是关于财产的启示文本。现在我要介绍另外三个基本概念。第一，启示对契约和贸易的认可；第二，启示禁止高利贷；第三，它禁止有“加莱尔”（gharar，不确定性，风险）的买卖。这三者有很强的联系，并与财产的概念相联系，以致它们不能单独被讨论，但我们仍会尝试对其逐一说明。但是，在总结它们的多重相互作用时，请注意，虽然对契约和贸易的认可为合同提供了有力的支持（包括维护合同的义务和通过合同获得的财产权的合法性），但这种广泛的支持随后会被另外两个原则——高利贷和不确定性——多重地对冲了。人们几乎可以断言，一旦确定合同双方的自愿同意以及合同标的物的合法性，对合同合法性的唯一限制就是关于“里巴”和“加莱尔”的规则。伟大的安达卢西亚哲学家和法学家伊本·路世德（卒于1198年）指出，买卖概念中所固有的导致买卖无效的原因有四个：销售对象（如酒）的非法性，“里巴”，“加莱尔”，以及“那些导致出现后两者之一或两者同时发生的情形”。

在接下来的几节中，我将介绍合同的这三个基本概念。在介绍每一个概念时，请读者参阅提到的相关章节，因为所有后来的“斐格海”在名义上都只不过是通过“伊智提哈德”对这些文本的阐述——在“法律的根源”的指导下的学术推理。然后，我将列出通过学者们的“伊智提哈德”得出的一些最早和最基本的结果——这些概念在伊斯兰教法的四个学派中几乎完全是共通的，因为这些学派是在这些基本概念被共享之后才出现的。

4.4.1 塑造合同法的第一个基本概念：对契约和贸易的认可

4.4.1.1 《古兰经》和圣训的基础文本：契约和贸易

《古兰经》和圣训强调同意是财产从一个人合法地转移到另一个人的一种手段。

伊斯兰合同法的特点是，同意会使财产转让被认可。举两个例子：法律要求交换的当事人在同意交换时能够确切地知道交换的性质和数量，这样他们的同意才有意义的；其次，一旦双方达成协议，法律就会要求各方都遵守他所同意的对价，而不是用他现在认为更公正的任何其他价值来替代该对价。

再来看契约本身的概念，人们发现《古兰经》和圣训强调履行契约和承诺。履行契约是信仰的一部分。《古兰经》还有一些经文要求履行诺言。有一条圣训谴责违背诺言或盟约的人是伪君子，贸易也在圣训中得到了认可。

4.4.1.2 “斐格海”中的相关基本概念

许多关于契约的基本观念是所有教法学派所共有的，并可追溯到最早学者的法学理论。

a. **双务合同被理解为双边现时转让**

让我们首先考虑一个适用于所有双务合同（涉及对价交换的合同）的基本概念。在下面我们将使用买卖行为作为所有这类合同的典型，就像伊斯兰法本身一样。

伊斯兰法中关于这种合同的基本概念是财产的相互转让，而不是交换承诺，也不是转让财产以换取承诺。这一点在整个法律中有着广泛的影响，并将经常出现在本书中，最引人注目的是在第7章和第8章。（造成这种情况的可能原因相当深远，可以从下面关于“戴因”对“戴因”的买卖的讨论中看出。）

这种概念如何适用于可执行的合同，即在未来由交易的一方或双方履行的合同？对于那些习惯于其他法律体系中合同法的人来说，在这种情况下，财产的转让最多只能在一方完成，而作为回报的履行只能是一种承诺。但在伊斯兰法中，这样的交易就不是这么被理解的。让我们考虑两种假设的情况。在第一种情况下，X和Y签订了一份合同，Y购买X的汽车，一次性支付1万沙特里亚尔，汽车稍后交付。在大多数法律体系中，这将被分析为承诺的交换，支付金钱和交付汽车。伊斯兰教法却没有这么分析，而是运用了上文中定义的一对财产的基本概念——“戴因”和“艾因”。当财产是“艾因”，即具体、确定和实在的，例如X的汽车，并且该财产将根据合同在未来的某个日期交付，无论该日期是合同规定的还是仅仅是由于延迟履行而产生的，都认为该财产的所有权是在合同签订时转移给买方，就像在合同签订时交付一样。在卖方保管的财产发生各种变化或事故的情况下，卖方和买方的责任有详细的规定。第二个假设案例是，X和Y签订了一份合同，Y购买X的汽车，并立即交付，作为回报，1万沙特里亚尔将在一个月内支付。在这种情况下，延迟履行的是“戴因”，这意味着财产（这里的钱）是抽象的，尚未变得具体或确定。在这种情况下，汽车的所有权像之前一样立即转让，但任何实际金钱的所有权转移都被推迟了。这不是承诺吗？人们并不这样理解；相反，抽象定义的金钱，被视为已经被转交，在这里使用了“迪马”来虚拟，意思是一个人接受义务的能力。X被称为拥有1万沙特里亚尔，“在Y的‘迪马’下”。因此，在这两种假设中，任何一方都不被视为作出承诺，而只是被视为转交“艾因”财产（无论是即时交付还是以后交付），或者转交“在买方的‘迪马’下”拥有的“戴因”财产。由于（我们将在下文看到）“斐格海”原则禁止两者都是“戴因”财产对价交换，因此在“斐格海”中，有约束力的合同要求至少一方在合同开始时转让财产，无论是实际转让还是推定的自动转让所有权。考虑到这一切，人们可以看到，在伊斯兰法律下，执行合同或因不履行而给予损害赔偿的理由最终不仅取决于履行承诺的概念，还取决于对不当得利和信赖利益的索赔。

我们在上面注意到，在圣训中，对遵守契约和履行承诺做了区分，不仅在法律上而且在道德上对承诺的重视程度较低。虽然履行契约是所有信徒的宗教义务，但违背承诺只会被称为一种伪善行为（如果是出于事先的故意），如果并非故意，就可以被原谅。法律上的立场是，单纯的承诺最多在宗教或道德上具有约束力（diyānatan），而不是在法律层面具有约束力。

这一基本概念——即合同被解释为一种相互的转让，而不是交换承诺——在帮助我们理解伊斯兰法关于合同的法律理论原则和在预测结果方面具有的实际意义。但这并不意味着，仅因这一概念，以其他地方使用的方式起草的双务合同会遇到任何特殊障碍。在很大程度上，伊斯兰法对其他法系所称的承诺作出了不同的解释，却产生了类似的效果，除非出现了本书中讨论的那些实质性问题——特别是由“里巴”和“加莱尔”引起的问题。除此之外，具有约束力的双边合同的一部分的条款、条件或规定的问题，与承诺的问题无关，这个问题将在下面讨论。由于这些原因，与其他法系相比，伊斯兰法对承诺的重视程度较低，这主要影响到其他法系在单方允诺、无对价承诺、意向书或待签协议（agreements to agree）等标题下处理的情况的实际结果，而非主要影响合同法理论原则。

近几十年来，在伊斯兰金融业的推动下，传统法律中关于承诺的理论原则得到了进一步发展。伊斯兰银行和其他金融实体寻求在不违反“沙里亚”法的情况下进行交易，尤其是通过避免有息借贷。在伊斯兰银行发展的早期，人们发明了一种交易方式，允许这些银行为客户购买特定商品提供融资。银行将根据客户的要求，购买客户所需的货物，用现金支付给供应商，然后将货物转售给客户，客户在一段时间内加价付款。这种交易即“应买方要求加价出售”（murābaḥa li-al-āmir bi-al-shirā’），它建立在一种名为“穆拉巴哈”（murābaḥa）的传统销售合同形式的基础上。在这种合同中，销售价格是在卖方自己购买财产的成本基础上加上商定的加价。但是，这种交易面临的问题是，除非银行能够依赖客户购买这些特定货物，否则银行不会承诺购买所需的商品再转售给客户。正如我们将在下一章关于供应合同中看到的那样，伊斯兰法律原则不允许客户与银行签订延迟付款购买商品合同，除非银行已将该商品作为“艾因”而拥有。那么问题来了：客户单方面“承诺”在银行占有货物后购买货物，能解决问题吗？这个问题被提交给伊斯兰会议组织学会（OIC-Academy）。该机构负责制定了许多伊斯兰金融行业赖以建立的“法特瓦”。

在学会委托进行的研究中，学者们在传统文献中发现了零星的先例，即在对受诺人履行诺言损害承诺人利益的情况下，诺言被强制执行。根据这些先例，学院发布了其“法特瓦”，认为在“应买方要求加价出售”的语境中，承诺是有约束力的，这种约束力不是说承诺人可以被强迫履行，而是说如果承诺人违约，他有责任赔偿受诺人因信赖承诺而遭受的合理损失。此外，该承诺必须被解释为单方面的，而不是作为银行相对允诺（return promise）的对价，因为双边承诺将等同于一份合同，其中规定双方的履约都在未来进行，这属于下文将讨论的被禁止的双方都有“戴因”义务的合同。此后，伊斯兰金融利用单方允诺模式解决了其他困难，例如制定一项在分期付款购买合同终止时转让所有权的条款（见下文第4.4.4节），以及安排租赁，未来租金根据指数或百分比定期调整等。

沙特学者经常觉得伊斯兰会议组织学会的“法特瓦”具有说服力，甚至在伊斯兰金融领域之外也应用其“法特瓦”。在法院判决中出现承诺与合同问题的主要领域是协议意向书或待签协议。

在对供应合同的案例研究中，我们看到了另一种努力，即利用承诺作为规避伊斯兰合同法与当代实践之间冲突所产生的实际问题，这一次并不将供应合同解释为合同，而解释为承诺的交换（muwā`ada）。详见第5.3.2.3节。

b. 合同中形式要求的缺失：书面形式、完整性、口头证据、修改

似乎是由于强调同意是财产转让和贸易在道德和法律层面具有有效性的标准，所以伊斯兰法，特别是罕百里学派，并没有对订立合同的人提出外在形式上的要求。在这方面，包括沙特法律在内的现代法律充分遵循了传统的罕百里派法律，考虑到合同的形成，实际上是通过任何方式表达相互同意，包括行为的暗示，如手势或无言的交换对价。它对要约（ījāb）和承诺的各个阶段进行分析，其方式对于习惯于其他法律制度的人来说似乎是熟悉和合理的。

伊斯兰法也从来没有规定合同必须是书面的。相反，它认为书面文字仅仅是协议的有用记录，必须通过其他方式证明，通常是由订立合同时的目击者、对方当事人的承认或在官方保存的记录中得到正式承认。但是，正如第3.1.1.3-b节所指出的那样，我们不能从这种关于书面文字的基本理论原则中得出结论说，在过去的伊斯兰法律体系中，以及在今天的沙特阿拉伯，在商业和合同环境中使用书面形式并不重要和普遍；恰恰相反，使用书面形式一直都是重要和普遍的。在正式确定协议条款以避免争议方面，在保护协议不因记忆缺失而失真或丢失方面，以及在提供令人信服的证据证明协议存在方面，书面形式的力量和便利一直都认可的。因此，在沙特阿拉伯，商业合同通常以书面形式记录下来，几乎与当今其他任何地方一样。但这是商业惯例所要求的，而不是原则或理论所要求的。许多案例表明，只要情势（qarā'in）表明合同存在，合同（哪怕是涉及大笔金额的合同）也不必采用书面形式。但案例同时还表明，在某些情况下，按照惯例，合同应当是书面的，因为法院对声称的口头协议持怀疑态度。“尼扎姆”有时会在政府合同、商业代理、银行等特定领域对合同形式提出额外要求。

与以其他方式证明或表示的协议相比，沙特法律是否需要采用特殊规则来解释以书面形式正式签订的合同？考虑到伊斯兰法中对形式的反对，沙特阿拉伯没有口头证据规则也就不足为奇了。毫无疑问，鉴于将许多合同以书面形式呈现是商业惯例，沙特法官确实尊重书面形式，但这是解释问题，而不是形式问题。

c. 合同实质上的有效性

除了形式问题外，根据伊斯兰法和沙特法律，有效合同的先决条件是什么？哪些合同和条款是无效的（fāsid或bāṭil）？无效的后果是什么？

非法目的或标的

根据伊斯兰法律，一个明显的例子是合同的标的不合法，例如向穆斯林出售葡萄酒的合同、出售被质押或抵押货物的合同，或出售某人强夺来的货物的合同。受“里巴”和“加莱尔”影响的合同将在下文第4.4.2和第4.4.3节中讨论。

法院通常需要考虑包含非法条款的合同本身是否必须因该非法条款而被撤销，或者该条款是否可以单独从合同中删除。这似乎是法院对每个案件的自由裁量权决定的问题。

对价并不是对适用于对价合同（例如，不包括赠予或无偿贷款合同）的正式或实质性要求，但其他理论会结合起来，确保此类合同不能在没有对价的情况下进行。民法中“原因”这个概念类似于对价，在现代伊斯兰法中被翻译为“萨巴卜”（sabab），并在讨论从其他法律体系中移植的法律概念时发挥作用，例如“不当得利”，被翻译为al-ithrā’ bi-lā sabab，即“没有对价的得利”。如第7.4.2节所讨论的，不当得利学说的实质在伊斯兰法中大量存在，尽管是以其他名义。

不服从统治者的合法命令而签订的合同也是非法的，因为穆斯林有义务服从这样的命令。最高法院在2018年颁布的一系列“一般规则”中宣布，在当事人订立的合同被法规禁止的情况下，法院仍然可以保护双方的权利。最高法院认可，在没有法规赋予权利的情况下，从事商业活动的非沙特人可行使其权利，因为国王没有将剥夺这种权利作为对违反法规的惩罚之一。当当事方利用形态上的（ṣūrī）合同逃避“尼扎姆”规则时，就会出现一种相关情况，最高法院宣布这种做法是非法的，认为使用这种做法的人应受到刑事起诉。但是，一些公开的案例表明，法院仍然会保护隐藏在形态上的合同背后的当事人的权利，从“沙里亚”法而不是“尼扎姆”的角度来考虑这些权利。在这种情况下，我们看到法官和学者可能尊重并支持“尼扎姆”的强制性，但仍然认为它们只是服务于普遍利益的行政措施，而“沙里亚”法规定的权利是持久的，往往是不可剥夺的。

同意的瑕疵

鉴于启示文本对同意行为的强调，人们可能会期望有精心制定的规则，防止过失、欺诈和胁迫等有损同意的行为。但事实并非如此，这些对合同效力的异议的适用范围很窄。

这是由两个因素造成的。首先是广泛应用除无效性之外的另一种机制，以确保各方当事人同意行为的真实性，该机制即自由“选择”撤销，将在第6.2.1.1-a节中讨论。这种选择机制保护各方当事人相互同意行为的公正性，使这种行为在某种意义上是临时的，在足以使当事人核实其协议是否符合预期的时期内可以很容易地撤销。第二个因素是上面已经提到的“斐格海”的惊人倾向，通过客观证据来决定同意、知情、意图或其他心理状态的问题，而不是通过寻找主观状态的证据。尽管有一条很重要的圣训以及“斐格海”称“行动只是根据他们的意图（niyyāt，单数niyya）”，还有《古兰经》中的声明，“人只会对他所努力的事情负责”（53：39），但法官对客观证据的依赖并没有造成对这些文本的争议，因为这些文本的主要目的是关于这些行为的内在优点或缺点，它到底是服从还是不服从命令。在伊斯兰法律的适用中，一组重要的区分是，对一个行为的内在评价［被称为diyānatan（就宗教而言）］，以及它在世俗事务（包括法庭中）的影响［称为qaḍā'an（就外在约束效果而言）］。一组相关的区分是行为在其内在现实中的地位（bāṭin）和它的外表（ẓāhir）。对一个行为的最终评价，人类在各方当事人之间行使世俗的正义必须依赖于表面的事实。在“斐格海”程序法中，促成这种相信客观证据的倾向的一个要点是，当事方自己在法庭上的说法不构成证据，因此意图的证据必须来自其他来源。

对于合同问题上的胁迫（ikrāh）—— 一方威胁或强迫另一方签订合同或同意一个条款——所有教法学派都赋予受胁迫的一方解除权。构成这种胁迫的伤害或伤害威胁的形式因学派而异。对于罕百里学派来说，一个有能力的人对各种严重后果的可信威胁，包括使受胁迫者损失一大笔钱，就足以使合同或条款无效。在一些已公布的案件中，有人提出了胁迫的主张，但几乎总是被驳回。

过失也可以有损同意行为从而使合同无效，但伊斯兰法中几乎没有明确的理论原则来纠正过失。过失主要是由于当事人一方或双方的过失造成各自的声明不一致，或者买卖标的实际不存在，致使合同不能订立。以哈乃斐派关于后一种情况的例子来说：双方当事人指着一块玻璃，却达成了出售“这块宝石”的协议。与此相反，如果双方同意出售一颗特定的“石头”，其中一方或双方都认为这颗石头是贵重的宝石，那么交易将是有效的，因为双方的声明在客观上是一致的，也与标的物相符。

欺诈（ghurūr, taghrir, ghishsh, khidā', tadlīs）在“伊特拉夫”中作为侵权索赔的众多理由之一被提到，但是伊斯兰法并不认为它是撤销合同的合理理由，除非在交换对价时伴随着严重的差异或不公平，称为ghubn fāḥish［类似于罗马法中的非常损失规则（laesio enormis）］。事实上，每一个学派似乎都主要把欺诈看作是伴随着因损害而自由“选择”撤销，某种程度上是其必要条件，将这种选项交替地描述为“欺诈”或“损害”。

“沙里亚”法认为是非法的条款

我们将在第6.2节中看到，启示文本中对“里巴”和“加莱尔”的禁令所带来的对自由契约的限制，导致早期的“斐格海”学者详细地制定出他们那个时代社会所需的所有基本契约形式的条款，他们通过类比的方式从最早几代的契约实践中推导出这些条款，同时又小心翼翼地确保规避了这些禁令。之后，关于其他合同效力的任何问题，都参照已经处理的合同的示范裁决来判断。因此，最终的结果与罗马法和早期的民法相似——合同法由包含一系列独立合同（即“有名合同”）的法律组成。传统的“斐格海”学者很少讨论标准合同类型之外的契约自由的概念。

因此，传统的学术方法与契约自由的观念或新合同类型的创新不相符。正如在其他法律体系中一样，向自由契约的飞跃依赖于发展一种与“斐格海”方法不一致的一般合同理论。传统学者也可能对新合同保持沉默，因为规定的合同类型满足了他们的需求。这种观点似乎得到了事实的支持，即在传统时代确实出现的少数新合同（例如bay` al-wafā’，有赎回义务的买卖）不是来自学术理论，而是来自流行的习俗或实践。学者们以通常的方式审查这些合同，强调其与标准合同的相似性，如果这种相似性不存在，则强调其与启示的先例的相似性。在后来的“斐格海”作品中，它们并没有被列入基本合同类型。虽然创新的需求偶尔会导致新型合同的出现，但更多的时候，它迫使实践要么进入旧的形式，要么完全脱离合法性，或者作为第三种可能性，进入一个中间地带，采用巧妙的法律手段（ḥiyal），虽然看起来合法，但实际上逃避了“斐格海”的限制。

一些学者反对这种限制性的方法，例如著名的罕百里派学者伊本·泰米叶。他认为，既然世俗人际交往的基本原则是，除非真主禁止，否则一切都是允许的，那么出发点应该是，除非能提出相反的具体证据，否则每个契约都是有效的：

> 合同和约定的基本原则是可容许性（ibāḥa）和有效性。任何（合同或规定）只有在有明确的文本（naṣṣ，来自《古兰经》、圣训或公议）或类比［qiyās，对于那些接受类比（作为法律来源）的

人］证明其被禁止和无效时才被禁止和作废。

伊本·泰米叶经常宣称自己在合同法上的立场非常自由，几乎是现代的，与所有四大教法学派都有分歧。传统上，他独特的立场通常只受到他的学生的青睐，其中最重要的是伊本·盖伊姆·贾兹亚。就目前的契约自由问题而言，正如许多其他问题一样，伊本·泰米叶的灵活做法在传统上仍然是少数人的观点。直到现代，他关于契约的观点才被广泛接受。在后面的章节中，我们将看到几个这样的例子。

当代沙特法律在原则上与伊本·泰米叶保持一致，重申在交易中一切都是可容许的这一原则，除非有来自启示或圣训的证据能证明相反的情况。但是，与其他法律体系相比，伊斯兰法律方法的运作方式仍然限制自由契约，即使在沙特阿拉伯也是如此。不可否认的是，从对“里巴”和“加莱尔”的禁令中衍生出来的广泛的裁决和原则，在传统合同类型的裁决中运行，其中大部分被认为是公议或过去的学术共识。很少有新型合同能完全避开这张法律网。如果一份新型合同突破了旧式合同的一些基本约束，它很可能与法律的标准规则或原则相冲突，即使在伊本·泰米叶的判断标准下，也不会被接受。

尽管存在这些限制，但许多创新的合同形式在沙特阿拉伯通过了“斐格海”审查，并进入了日常使用，其中大多数是对现代社会或经济条件下的新挑战的回应。来自沙特阿拉伯的例子包括一些完全创新的合同类型（如按实际使用收费的水电费合同），还有一些结合早期合同创造的新型合同［如商业代理（wakāla tijāriyya）］，或一些采用旧形式但调整得几乎面目全非的合同［如从伊斯兰法的合伙关系发展而来的现代公司（sharika），或从委托制造合同（istiṣnā`）发展而来的建筑合同（muqāwala）］。

合同条款　在传统法律中，关于契约自由的争论大多不涉及新型合同，而是能否通过添加被称为“舒鲁特”（shurūṭ，单数sharṭ）的额外条款或合并条款来变更标准合同。一些圣训对约定（stipulations）作出了限制。其中包括：“非法的是贷款和销售（salaf wa-bay`），或者在出售中有两个约定，或者出售你没有的东西。”

正如沙特法院有时列举的那样，约定分为三种类型：（1）条件（ta`līq，字面意思是“悬挂”），即合同以未来事件为条件；（2）延期（iḍāfa），将合同的开始推迟到将来的时间；（3）附随（iqtirān），增加或更改合同条款。在所有情况下，如果法律认定该约定无效，则合同可能无效，也可能有效，结果因案件而异。

关于条件，哈乃斐派学者禁止在转让财产的合同中加入条件，罕百里派学者则持两种观点，其中一种观点是，在转让所有权的合同中允许加入条件，并引用了该派创始人的意见，而伊本·泰米叶明确地支持第二种立场。关于延期，罕百里派只允许在租赁或代理等合同中延期，在这些合同中，财产只能随着时间的推移而转移（如果有财产转移的话），不允许在当前转让的合同中延期，例如买卖。上述两个约定的规则主要是出于禁止“加莱尔”的目的，下文第4.4.3节将对此进行讨论。

至于附带条款，所有教法学派首先考虑的是该约定是否与合同的某个基本条款，即“需要”（muqtaḍā）相一致。“需要”的例子是买方支付价款，卖方转让全部所有权。不足为奇的是，所有的教法学派都允许与“需要”相一致的条款，并且都禁止与“需要”相抵触的条款，比如买方不得转售该物品的规定。所有的教法学派都允许第三种类型的附随约定，这种附随约定支持合同的履行，如要求买方在某天付款，用特定的货币付款，或提供质押作为担保。造成问题的一类约定是，其中一方获得额外利益（maṣlaḥa）约定，例如，约定房屋的卖方有权在该房屋中居住一年而不付租金。在此方面，不同教法学派的观点有所不同，例如，哈乃斐派只有在习俗允许的情况下才允许这样的约定，而罕百里派允许一个这样的约定，约定的数量不能超过一个（由于上面引用的圣训禁止“两个”约定）。

对于所有这些类型的约定，罕百里派学者伊本·泰米叶采取了一种自由的立场，只拒绝那些与明确规定相矛盾的约定，或与合同的目标相矛盾的约定，认为只有这样的约定是无效的。他似乎没有讨论约定的数量限制。

在沙特阿拉伯，对于约定，学者和法官再次与伊本·泰米叶的观点保持一致。在这里，学者和法官对伊本·泰米叶的钦佩似乎完全转化为实践。普通法院系统的最高法院宣布：“约定中的基本原则只要不与（启示）文本（naṣṣ，包括ijmā`）或‘沙里亚’法的基本原则（qā`ida）不同，就有效。”学者和法官直接接受合同，不仔细审查每一项条款，任这些条款产生了一些问题。他们当然不会拒绝多于一项的约定。他们不仅通过引用伊本·泰米叶的话来支持这一立场，还通过其他方式来支持这一立场。一些人只是引用先知的话。一些人提到了耳熟能详的一个说法，该说法实际上来自1948年《埃及民法典》中的一条："合同是缔约双方的'沙里亚'法。"（al-`aqd sharī`at al-muta`āqidīn）这句话暗示，在法院面前的默认立场是，缔约一方在宗教上和法律上受到他所同意的任何条款的约束。

传统上被拒绝而现在被接受的附随约定的一个例子是，房东不允许承租人转租其房产的约定。在传统法律中，这被认为是与"需要"或租赁合同的基本条款相抵触的一个条款。现在的法院普遍支持该约定，但也并不是所有法院都支持。常务委员会发布了一项支持该约定的"法特瓦"，最高法院在2018年颁布的一系列一般规则中，纳入了三个允许出租人限制承租人转租或允许他人使用房产的行为的规定。

因为"里巴"和"加莱尔"原则，在沙特阿拉伯普遍被实践且获得普遍支持的一项附随约定实际上很难合法化。该约定是关于对一方违约的经济处罚的约定（sharṭ jazā'ī，意思是"处罚约定"）。预先约定一笔固定金额的损害赔偿金，而这些损害存在于未来，是完全不可知的，甚至在事后也不需要证明清楚，这显然挑战了上文第4.3.2节所述的财产损失赔偿的特征。同样明显的是，如果约定的损害赔偿是因延迟支付债务（dayn）而支付的，那么这种支付将类似于"里巴"的一种基本形式，即"支付或增加"，这将在下面讨论。尽管有这些潜在的反对意见，法官们多年来一直一致支持这一约定，只是因为它早在1974年就得到了高级乌莱玛委员会的认可。该委员会的"法特瓦"在一个方面缓和了其立场的大胆性：它要求法官考虑索赔人的实际损失，并且规定"如果从习惯上讲，赔偿金数额过大……那么就必须根据所损失的使用价值或所遭受的损害，恢复到公正和公平的程度"。最近，最高法院在2018年公布的"一般规则"中重申了这一附随约定，暗示了该约定的合法性。2000年，伊斯兰会议组织学会也发布了一项"法特瓦"，认可了这一约定，但也明确规定，如果它所保证的履行是为"戴因"的给付，包括金钱，那么这是非法的，因为在这种情况下，这一约定将构成"里巴"。在伊斯兰会议组织学院该"法特瓦"发布之后，沙特阿拉伯的判决通常引用该“法特瓦”作为支持。

这一约定在建筑合同中广泛使用，在沙特阿拉伯王国发展的早期阶段，对这一条款的实际需求一定程度上促使了高级乌莱玛委员会发布上述“法特瓦”。在与政府签订基本合同的情况下，该约定采取了“尼扎姆”禁止的延迟罚款（gharāmat al-ta’khīr）的形式。法院通常（但并非总是）认为，即使没有证据证实政府因承包商的延误而受到损害，这种罚款对政府来说也是合法的。在私人合同中，法院通常要求证明索赔人确实遭受了实际损害，并会调整赔偿金的数额，使其与损害之间保持某种合理的关系。

另一个广泛使用的附随约定是分期付款的加速约定，即所有未来的分期付款在特定事件发生时立即到期，通常是债务人不履行一笔或多笔分期付款。这一条款在沙特阿拉伯的买卖甚至租赁中都很常用。学者们持相反的观点。1990—1991年，高级乌莱玛委员会常务委员会宣布这一条款无效，尽管它所处理的实际情况涉及一项特别严苛的条款，即允许在单次付款中仅延迟十天即可加速付款。常务委员会指出，这一条款与合同的基本宗旨（muqtaḍā）相抵触，因为合同的基本宗旨是按增加的对价延长付款期限。委员会认识到，当买方只拖欠一到两期，或出于情有可原的原因，但损失了部分信用溢价时，此类条款对于买方就可能产生不公平的影响；当违约发生在付款周期的早期时，不公平情况尤其突出。大约在同一时间，伊斯兰会议组织学会发布了一项“法特瓦”，宣布允许一项条款，允许卖方在买方延迟支付“部分”款项时加快分期付款的时间。沙特法院的判决在“斐格海”是否允许这些条款上存在分歧，这种分歧一直持续到今天。尽管据报道，普通法院的分期付款销售案件（公司与普通销售者之间的案件）数量很多。最近公布的两项判决，分别由普通法院和申诉委员会商事分支作出，在卖方为执行该条款而提起的诉讼中宣告该条款无效。在撤销了这一条款后，这些法院只对已经到期的分期付款作出判决。为了支持这一点，他们既引用了常务委员会的“法特瓦”，又归因于该条款的本质不公平——在行使该条款时，卖方不劳而获地获得了他从买方索取的对价，而该对价是作为提供信贷的回报。相比之下，另外四个公布的案例，也是最近的，来自两个法院系统，都要求按书面要求执行该条款。（在其中一个案件中，上诉法院试图说服初审法院撤销该条款，但未能成功，最后维持了初审法院的判决。）最后，案例还揭示了刚提出的第三种立场，但迄今未被接受：即已经支付了加速金额的买方，可以获得他的购买价格的一部分的退款，该退款反映了卖方未赚得的信贷成本。我们找到的一个公开的案例，讨论了最后一个立场，虽然可以找到支持它的学者，但我们还是否定了这一立场。有趣的是，尽管有这么多争论，据我所知，没有法院提到2005年的一部“尼扎姆”，该“尼扎姆”旨在规定分期付款销售合同的可接受内容。该“尼扎姆”允许在买方“至少连续两次付款”违约时进入加速条款（第8条）。也许法院认为该“尼扎姆”只适用于获得商务部许可从事分期付款销售业务的公司（第9条），而不适用于普通法院法官所判决的事件——尽管法官，正如该“尼扎姆”本身规定的那样，负责审理这些公司与其客户之间的纠纷（第11条）。

合同的组合 关于合同有效性的另一个关键问题是，在何种情况下一个合同可以以另一个合同为条件，或者以其他方式将它们联系起来。在这个问题上的关键是：“禁止两个买卖结合在一起（bay`atayn fi bay`a）。”以及上文提过的：“非法的是贷款和销售（salaf wa-bay`）。”

合同的组合容易受到许多反对，主要是它们混淆了单个合同的价格，使在违约情况下的补救复杂化，从而为“里巴”和“加莱尔”打开了大门。伊本·泰米叶是最自由的权威，他只反对将有偿合同和无偿合同结合在一起，比如买卖（bay`）和贷款（qarḍ），因为通过这种结合，双方可以很容易隐藏非法的贷款补偿。现代学者似乎还没有准备好接受如此自由的观点。学者们仍然反对合同的合并，甚至两个有偿合同的合并，如买卖合同结合租赁或雇佣合同。然而，许多现代合同隐性地涉及合同的组合，例如商业代理或分销关系中的销售和雇佣。也许更能预测学者们的反对意见的是，评估所讨论的组合是否会导致合同条款的过度不确定性，或导致两份合同在各种情况下所要求的救济发生冲突。“斐格海”反对合并合同，导致当今的沙特阿拉伯对广泛使用的分期付款合同产生了相当大的争议，甚至在法院内部也是如此。我在本章末尾的第4.4.4节中分享了一个关于分期付款购买合同的简短案例研究，以说明这一点以及本章提出的合同法的其他问题。

正式合并合同的一种简单的替代方法，也是历史上经常使用的一种方法，是非正式地合并合同，而不是在法律上把一个合同作为另一个合同的限制。例如，“塔瓦鲁克”（tawarruq）就是这样一种交易：一个有资金需要的人用信贷购买某物，然后立即在与另一方的单独交易中出售该物以换取现金。大多数学者认为这是允许的。这样的裁决反映这样一个事实，即这样的行为不能由法律来规范，而只能由道德禁令来规范。

d. **合同的解释**

在解释问题上，很难对沙特的案例进行一个完整的分类。其中一个基本原因是，大多数法院判决书没有充分再现被解释或重新解释的合同的文字，从而使读者能够理解法官的选择。此外，就像所有法律体系的情况一样，实际的合同解释更多地遵循具体情况具体分析的逻辑。法律体系中似乎都充斥着法官可以引用的法律格言来支持他的判决，但是，正如我们所观察到的，这些格言往往是成对出现的，彼此对立。例如，沙特和罕百里法律中关于合同解释的最基本原则之一是“合同的基本原则是目的和意义，而不是表达和形式”（al-aṣl fī al-`uqūd al-maqāṣid wa-al-ma`ānī lā al-alfāẓ wa-al-mabānī），但是人们发现有时也会引用这句格言：“在面对字面表达时，所理解的东西是没有意义的。”（lā `ibrata li-al-mafhūm amāma ṣarīḥ al-manṭūq）

法国学者伊冯·利南特·德贝尔丰兹分析了各教法学派在合同解释问题上的差异。沙斐仪派以其形式主义而闻名，声称根据合同的外部表达而不是实际意图或目的来执行合同，其他学派则持相反意见。罕百里学派被认为是最坚持这一原则的学派，它赞成根据行为人的实际意图来确定法律行为的效力，只要这些意图可以从所有可用的迹象中得知。这一点在一些对沙特阿拉伯最有影响的罕百里派著作中得到了强调，例如伊本·古达马的《穆格尼》（*al-Mughnī*）或伊本·盖伊姆的著作。事实上，伊本·盖伊姆在他的书中用了数百页来建立这一原则的完整框架，正如他所描述的那样，“意图改变法律行为的法律地位”“裁决不遵循字面意义”。

尽管罕百里派的这一一般原则得到了一些最受尊敬的学者的大力支持，但我怀疑，任何阅读沙特公布的案例的人都会发现，沙特法院比其他法律体系的法院更倾向于探寻并相信当事人未声明的主观意图。如此宣布的原则至多使法院免于过于严格地遵守合同的字面意思，然而，一旦不受限于字面意思，法院往往会在依据正式合同的同时转向当事人的言行来确定当事人之间的实际协议。

许多其他的解释原则被提及并适用于沙特法院，尽管它们可能不采用格言的形式。一项通常被认为是伊本·泰米叶提出的原则，要求法官解释在“沙里亚”法下可能完全或部分无效的合同，以便使其有效。正如一家法院所言：

> 法官在解释缔约双方当事人的意志时，并不局限于当事人选择的表达方式……相反，他有权从“沙里亚”法的启示文本和裁判原则（qawā`id）中寻求指导，最终，法官通过上述文本和原则得出双方的意图，按照该意图执行合同并使其生效……这符合理论和法院实践中公认的规则。

这种做法在最高法院发布的“一般规则”中得到了认可：“除非合同无法执行，否则不能从确认（合同）转向撤销（合同）”，以及“确认合同比撤销合同更可取”。我们将在下文第4.4.4节对分期付款购买合同的案例研究中看到这种做法，法院在面对他们认为书面无效的合同时，给予另一种解释并强制执行。另一个被引用来证明改动合同合理性的原则是“使语言生效比忽视它更可取”（i`māl al-kalām awlā min ihmālih）。

然而，另一种解释方法援引双方在订立合同之后的实践，以他们的履行过程，来解释其含义。

上文第4.4.1.2-b条提到的原则是，同其他意图表示相比，法院不赋予书面文字特别的效力。然而，尽管有这种立场，如果声称的口头协议与随后的书面协议相冲突，法官将倾向于相信书面协议。但法官这样做不是因为理论原则，而是因为观察到的习俗以及他自己的常识和经验。他的目的仍然是从所有可信的证据中找出各方的真正意图。如前所述，他可以随时听取双方有关口头协议、谈判和行为的证据，无论这些证据是在签署书面协议之前还是之后产生的。我也没有发现任何案例支持书面合同中的条款，禁止随后对该合同进行非书面的修正、修改或弃权（waivers）。鉴于对书面文字缺乏特别关注，除却习惯赋予书面文字的重要性之外，法官将把排除口头术语的问题视为解释问题，而不是严格的规则。

上述情况，除了可能未给予书面文字的任何特权外，似乎与其他司法管辖区法院的做法没有什么不同。另一个因素可能是沙特法院的特别之处，它可能确实是商业实践中最重要的合同解释原则，即根据习惯（`āda, `urf）的解释，特别是商人之间的习惯。考虑到伊斯兰法的理想主义，以及在任何地方或时间，“斐格海”手册通常与当前的做法有差距，所以“斐格海”经常引用习惯，以赋予其一般规定具体内容。因此，在解释合同时，法院非常重视习惯，将其作为裁决当事人未能明确说明的事项的来源，并为当事人确实已说明的事项在相互矛盾的解释中作出选择提供理由。这里经常引用“一般原则”，包括“习惯就像约定的条件”（al-ma`rūf `urfan ka-al-mashrūṭ sharṭan），以及“习惯是仲裁者”（al-`āda muḥakkama）。法院经常驳回违反习惯的合同条款的索赔，并根据习惯解释合同。同样，一个相反的原则也被引用，即习惯必须让位于明确的条款。如果有疑问，可以通过专家的证词来证明习惯，在沙特阿拉伯，这可能意味着将责任转介给商会使其提供报告。

合同解释的最后一个来源是“斐格海”本身，因为它的一般原则、规范合同类别的原则以及对特定类型合同的裁决都是合同中的推定条款，因此法院会认为它们包括在合同内，除非合同本身推翻了它们。这些背景性的“斐格海”原则和裁决中的一些可以根据当事人的协议加以改变或排除，但还有许多不能。虽然“斐格海”规定这些背景性原则和裁决是有约束力的，但当现代合同形式与之相背离时，就会出现紧张关系，从而引发“斐格海”争议。此类有争议条款有：免责条款；放弃选择权（khiyārāt），例如对售出物品瑕疵的选择权；确定合伙关系的期限；在雇佣合同中，明确要执行的具体任务，并确定完成任务的期限；以未来事件为履约条件。法院可以删除这些条款，保留合同的其余部分，或者将其解释为不具有约束力。在某些情况下，法院认为这样的条款使合同本身无效。

4.4.2 塑造合同法的第二个基本概念：高利贷或“里巴”

让我们继续讨论塑造合同法的第二个基本概念，禁止“里巴”。“里巴”，字面意思是“增加”或“过度”，但通常被翻译为“高利贷”，《古兰经》用最严厉的措辞来禁止“里巴”。如第2章第275—279节，第3章第130节，第4章第16—61节，第30章第39节。

艾哈迈德·本·罕百里说，禁止“里巴”是无可争议的。

如何解释“里巴”禁令？如果这样的交易符合双方的心意（tarāḍin），为什么对它仍不赞成？到目前为止，只有《古兰经》文本把“里巴”和慈善相对，而圣训谴责“支付或增加”的勒索行为。除此之外，启示的经文如何说明什么是“里巴”？为什么“里巴”是错误的？《古兰经》提出了同样的问题，但以一种更深刻的方式——为什么买卖不像“里巴”？并给出了一个强调的、尽管难解的回答：……允许前者，禁止后者。考虑到这个问题和人们的反应，从道德上讲，迫切需要能够将“里巴”与普通贸易区分开来。尽管有双方的同意，可是什么样的交换“增加”或不平等，把合法的商业收益变成了被谴责的高利贷？在什么情况下，追求利益会变得歪曲和堕落？不幸的是，回答这些关键问题从来都不容易。据传述，第二任哈里发欧麦尔曾哀叹，从来没有详细说明“里巴”的全部内容。

逊奈在谴责“里巴”时同样坚决而笼统。

关于“里巴”的“斐格海”规则影响深远。但就我们的目的而言，指出各种结论就足够了。

从“以金换金、以银换银、以小麦换小麦、以大麦换大麦、以椰枣换椰枣、以盐换盐，必须等量交换，当面交清，否则即为‘里巴’”的表述中，学者们得出了三个关键的结论，都与买卖有关。

第一个结论是，只有某些商品的买卖涉及“里巴”的禁令。这些商品被称为“里巴”性的（ribawī）。各个教法学派对“里巴”性的商品定义不同，但都是基于上面这种说法。对于罕百里派和哈乃斐派来说，“里巴”性的商品分为三种不同的类型——货币、按重量出售的商品和按尺寸出售的商品。对于其他学派来说，这类商品包括货币和可替代的食品。

第二个结论——实际上是“法德勒里巴”（ribā al-faḍl）或“过度的里巴”（ribā of excess）标题下的三条规则——涉及一种“里巴”性的商品与另一种“里巴”性的商品的以物易物。这三条规则是：（a）一种“里巴”性的商品不能换同一种商品，除非交换在量上（在重量或尺寸上）是相等的，并且没有延迟。例如，铁（被称重的）只换等量的铁，而且在任何情况下都不能延迟。（b）某一种属“里巴”性的商品可以与同一种属的任何数量的不同商品交换，但前提是交易必须是面对面的。例如小麦可以当场交换任何数量的大麦。（3）不同种属的“里巴”性的商品可以随意交换，如大麦可以换黄金。

第三个结论——涵盖了“纳希艾里巴”（ribā al-nasī’a）或“延迟的里巴”（ribā of delay）的规则——涉及交易何时可能会延迟。正如刚才在“法德勒里巴”的规则中所看到的那样，如果商品属于同一品种或属于“里巴”性的商品中的同一种属，则必须立即进行面对面的交易且不得延迟，例如黄金换黄金，黄金换白银，小麦换小麦，小麦换大麦。因此，货币兑换合同，同一种属的一个“里巴”性的商品的互换，必须面对面进行，任何延迟，即“纳希艾里巴”，都是禁止的。但是，正如在上述最后一点中所看到的，如果种属不同，例如大麦换黄金或铁换小麦，则可以延迟。因此，即使是“里巴”性的货物也可能延迟出售以换取金钱。

“每一笔带来利益的贷款都是‘里巴’”的表述涉及贷款的问题。贷款即无偿贷款，一种可替代的、可消费的商品。伊斯兰法要求这种贷款是无偿的，这与商品的种类或类型无关。如果出借人为提供这种贷款规定了任何利益，那么这就是被禁止的“里巴”。显然，为利息而放贷是被禁止的。

历朝历代的伊斯兰教法学者们一丝不苟地执行对所有这些形式的“里巴”禁令的启示，哪怕“里巴”元素是隐含的或隐藏的。所有这些都对当代商业交易有影响，以下是一些例子。法律禁止就提供债务的担保（kafāla，ḍamān）收取报酬。因为一旦担保被兑现，这就相当于对可能的信贷展期收取报酬；法律禁止合伙企业向合伙人支付固定金额作为报酬，而不是按合伙企业净利润的一定比例支付，因为固定金额类似于合伙人在合伙企业资本中所占份额的利息；法律禁止将债务出售给非债务人一方，因为这可能涉及利息因素；法律禁止在同一笔交易中既出售商品又出借款项，因为商品定价可能涉及贷款利息因素。

学者们对“里巴”禁令含义的进一步探索之一，可以概括为一句格言：“收益伴随着对损失所负的责任。”（al-kharāj bi-al-ḍamān）这条格言认为，只有当一个人为了获得利益而承担风险时，利益在道德上才是正当的，而没有风险获得利益则是不正当的。例如，当一个投资者把他的资本投入能够产生收益的资产中，比如土地或一头驴，他可能会收获利润，也可能不会，但他的资本面临着损失的危险：庄稼可能歉收，驴可能生病甚至死亡。该准则宣称，在这种情况下，投资者有权获得他的收益（如果有的话）。另一方面，在有息贷款中，借款人承受资本损失的可能性（ḍamān），而贷款人则免受利润或资本损失的风险——至少按照借款人的合同承诺——因此，贷款人获得收益是不道德的。这一论点与一项行为密切相关，即大多数贷款保护贷款人免受风险。此项还涉及消耗品，即只有通过消耗才能产生利益的商品。与驴或农场不同，小麦或货币没有使用价值，在存在的过程中不产生果实或增加产量（kharāj），从这个意义上说，它们没有衍生能力。如果出借人除了收回其财物外还获得额外补偿，那就是不劳而获，是不正当的获利。只有当一个人把钱投资于能产生实际收益的资产，如驴子或土地时，才可以合理地从货币中获取收益。

这条格言宣称，一个不承担损失风险（或ḍamān）的人可能不会获得收益。这条格言还规定，没有从财产中获得利益的人不必承担损失的风险。因此，在租赁中，由于使用者必须支付租金才能从财产中获得利益，因此获得收益的所有者继续承担损失的风险。因此，有格言说："租金和损失的风险不同时存在。"在代理、寄存和质押中，代理人、受托人、质权人为所有人的利益持有财产，不得从中获利。因此，没有获利的持有人也不承担损失的风险，只对因其过失造成的财产损坏承担责任。格言"收益伴随着对损失所负的责任"将在接下来的章节中反复出现。

转而探讨从现有的沙特案例中可以了解到法院关于"里巴"的做法，我们发现，虽然这一概念具有基础重要性，但该原则在判决中出现的次数远远低于人们的预期，而且还远远少于接下来要讨论的第三个基本"斐格海"原则"加莱尔"。造成这种情况的主要原因是，在实践中公开发生的纠纷主要发生在银行业内，其管辖权已转移到银行纠纷解决委员会，如第2.2.4.2-a节所述。剩下的纠纷可能受"里巴"因素驱动，但未明确提及利息的规则，比如合伙企业中的资本补偿规定，即不应按预先商定的固定金额，而应按实际利润的预先商定比例来进行补偿。

具体根据“里巴”规则决定结果的案例包括以下情况。在一些案件中，有一种明显的做法，即把黄金交给商店，条件是商店将后来制成珠宝的黄金归还。在双方发生争端的情况下，法院宣布这种做法是非法的，并要求按照“法德勒里巴”规则的要求，按照最初提供的确切重量以实物返还黄金。其他案件则强制要求担保人不得就出具担保书收取费用。许多案件驳回了延迟支付金钱债务的损害赔偿，宣称这是纯粹的“里巴”。然而，有些法院宣称，它们对因不付款而造成的实际自付损失的索赔持开放态度，特别是在政府合同中。这是关于“拖延”（mumātala）损害赔偿的重要议题，即有偿付能力的债务人拖延付款的情况，在沙特阿拉伯的学者以及伊斯兰金融行业中备受争议。但这一概念在法院作为延迟付款赔偿依据方面，尚未得到广泛应用。这个话题将在第8.3.3节中讨论。

4.4.3 塑造合同法的第三个基本概念：不确定性或“加莱尔”

塑造伊斯兰合同法的最后一个概念是禁止买卖中的“加莱尔”。“加莱尔”的意思是“风险”或“不确定性”，它的作用是限制对当事人自由达成协议的普遍认可。与“里巴”不同，启示对“加莱尔”的禁止表述没有那么强硬，并且，正如我们将看到的，在实践中允许更多的例外。事实上，马利克学派和许多当代学者都强调，“加莱尔”永远不会被消除，因此在实践中，当它是轻微的（yasīr）而非严重的（fāḥish）时，是可以被容忍的。尽管如此，就我的观察而言，“加莱尔”规则对合同法的影响远比“里巴”更广泛。

该禁令所依据的启示文本也比“里巴”更复杂。启示并没有提到合同中的风险或不确定性的概念，而是只提到了一种更令人反感的不确定性交易形式——赌博（maysir）。

这里特别值得注意的是，启示为赌博禁令提供了一个理由——赌博会引起敌意，分散注意力。

逊奈更进一步，不仅谴责赌博，也谴责有“加莱尔”（意为“风险”或“危险”）的买卖。

值得注意的是，被禁止的不是风险本身，而是它的出售，即以受“加莱尔”约束的价值进行交易。

与“里巴”一样，在交易中对道德安全和对由交易获得的财产权的神圣认可的渴望的驱使下，出现了对“加莱尔”的法律关注。如果尽管存在内在的风险和不确定性，商业收益是合法的，那么是什么附加因素把收益变成了被谴责的“加莱尔”？什么时候双方的同意不再是护身符？大概是因为它被一些人类道德上的弱点和盲目所腐蚀，比如对不劳而获、冒险挑战命运的渴望，或者对他人不公正的粗心大意？与“里巴”一样，“斐格海”学者们无法定义“加莱尔”的确切范围，也无法在他们之间就此达成完全一致。

我们可以根据风险在交易中作为核心要素的程度，将禁止的交易进行分类排列。

纯粹的投机。圣训描述了一些似乎是有意为之的交易，是价值完全未知的最终销售，如“潜水者一次下潜产出物的预购”或任何石头击中的东西。这类交易还有其他一些在伊斯兰教产生之前就存在的模糊交易，至少从一种解释来看，这些交易似乎是商人们沉迷的一种初级的、娱乐的赌博形式。一个例子是，无论买家摸到什么商品（未经检查），都以固定价格出售（mulāmasa）。但除了它们的名字之外，人们对这些前伊斯兰契约知之甚少，因此对它们的性质有各种各样的解释。

不确定的结果。圣训描述的合同中还有对应价值不仅是不确定的，而且可能根本无法实现，例如出售还在海里的鱼或逃跑的奴隶。销售尚未拥有的商品想必也属于这一类。这里的风险比前一类要小，因为它对交易来说并非至关重要。只要以消除相关风险（鱼被捕获、货物到手等）为销售条件，就可以很容易避免这种情况。

不可知的未来利益。其他圣训描述的交易，初始风险更小，因为它们转移了的是明确可知且被明确定义的利益，但买方未来能否获取利益却是不可知的，例如“种马配种”，还可以是“潜水者的一次下潜产出物的预购”。这样的交易可能会带有赌博的弊端，特别是如果买家抱有不切实际的希望或出价过高的话。在其他情况下，也许当合同已成为惯例并发生在知情各方之间时，这种合同可能变得完全无害，甚至是必不可少的。

不精确。最后一类涉及的赌博或风险元素最少。这些圣训似乎与知识不足（jahāla）有关，这一观点与“加莱尔”有着深刻联系，比如在货物称重之前就销售货物。这种销售可能涉及故意让自己对风险视而不见，或者可能完全是日常且实际的做法，比如出售一堆货物，双方只是通过估算（juzāfan），他们都不称重或测量，或者按磅出售。

传统学者如何解释这些关于“加莱尔”的圣训？在描述“斐格海”规则之前，让我们先考虑一下各种可能性。这些交易被禁止的理由不是为了避免风险本身，因为承担商业风险（市场或供求风险），在其他情况下是得到批准甚至受到鼓励的。圣训允许签订一种叫“萨拉姆”（salam）的合同，即一方提前一年支付款项，以在收货时获得若干蒲式耳小麦。就价格而言，这当然是一笔有风险的交易。但如果这种合同与特定树木或某块田地的收成挂钩，就会被禁止。

正如上述合同的规则所表明的那样，对于关于“加莱尔”的这些圣训的一种可能的解释是，它们只禁止影响双方交易标的存在的风险，而不仅仅是其价格。在圣训中，这种风险产生的原因要么（1）各方对该标的缺乏了解，要么（2）该标的现在不存在，或者（3）标的脱离了当事人的控制。因此，学者们可能会使用这三个特征之一，而不是风险本身，来判定受“加莱尔”影响的交易。

有了这样的解读，学者们会坚持认为，有效的买卖（通过与其他有约束力的合同的类比）表现出两个特性：知情，即当事人对买卖的各个方面，包括物品本身都有充分的了解；实有，即能够生产的具体的销售对象［把上面第（3）项当作第（2）项的特例］。其中一个特性的缺失无法用另一个特性来弥补，而价格也无法弥补任何一个特性的缺失。当然，这样的解读会忽略现代的惯例（尤其是在保险出现之后），即把风险（无论多么可怕）仅仅视为影响价格的一个因素。学者们可能会争辩说，为了达到合意（tarāḍin），这种“加莱尔”的概念是必要的。当事人如何同意转让可能不存在或他们不知道的东西？只有当风险本身是出售对象的一部分时，他们才能这样做。禁止这样的买卖可以说是先知拒绝含有“加莱尔”的买卖的确切意图。因此，合意所需的同意的认定变得更加严格：它必须与转让的具体商品有关，并且建立在一定的知识基础上。不包括同意承担风险，因为这不是真正的同意。

各个教法学派在对待“加莱尔”限制的严格程度或形式体系方面有所不

同。马利克学派经常标榜自己是最自由的，并经常重申，如果“加莱尔”是“温和”的，则是允许的。马利克派与罕百里派分享的一个适用这一规定的传统裁决的例子是，允许出售怀孕的骆驼，即使怀孕增加了骆驼的价格，然而禁止出售未出生的骆驼胎儿。罕百里派法律的另一个例子是，要求授予代理人的代理权不能过于模糊：

> 代理在不确定和责任很大的情况下无效，例如委托人指定代理人为所有大小事务的总代理，或者委托人指定代理人为委托人允许从事的所有法律交易的代理。但是，如果不确定性很小，代理就是有效的，例如，委托人指定代理人出售他的全部财产或出售他希望出售的财产，或索取他的全部权利或他希望得到的权利，诸如此类。

这一规则是沙特相关做法的基础，即公证员不接受且法院拒绝执行一些授权书，因为他们认为这些授权书过于笼统或模糊。

罕百里派对“加莱尔”限制的严格程度位于各个学派中间。它以独特的方式系统地应用从启示文本中得出的一般原则。但沙特阿拉伯也从伊本・泰米叶的观点中受益。在这里，伊本・泰米叶又一次采取了独立的立场。他认为，将“加莱尔”规则解释为禁止不实有和不知情，过分限制了契约自由，导致了盲目的守法主义和对人民福利的不当障碍。为了让“加莱尔”回归“风险”的含义，他将其描述为“在公正与破坏之间徘徊”。禁止出售此类“加莱尔”，因为此类销售确实涉及赌博。“加莱尔”是一个程度问题：不确定性不能从合同中完全消除，所以如果合同只涉及较小的“加莱尔”，就应该成立。如果人们想以“市场价格”或“每公斤这么多钱”出售商品，而不指定确切的价格或总数量，那又有什么害处呢？如果出售一件不存在的物品，并附带一个条件，如果该物品不存在，该出售将被取消，则不确定性很小。事实上，它总体上支持有条件的合同，这些条件依据未来可能发生的事件终止合同效力。伊本・泰米叶把所有这些立场结合在一起并大力提倡，使之与几乎所有其他传统学者区别开来，这些学者在不同程度上使用不知情和不实有，而非风险，作为“加莱尔”的试金石。伊本・泰米叶的一些立场，但并非全部，已被沙特学者和法官采纳。

在“里巴”的案例中，我们看到了“里巴”的禁令是如何在“斐格海”中以“收益伴随着损失的可能性”等原则规定的方式运作的，从而影响了许多看似远离“里巴”本身的法律领域。同样地，对于“加莱尔”，学者们从看似与赌博和风险交易无关的结果中推断出一条影响整个交易“斐格海”的深刻原则（qā`ida）：禁止以“戴因”换“戴因”的买卖。这一原则据说也几乎是普遍适用的，因此获得了公议的权威，即一致的共识。这一原则将在本书中反复出现，特别是在下一章供应合同的案例研究中，所以我在这里介绍它。

这一原则涉及对债务（履行某些行动或者支付金钱、其他财产）延迟的限制，以及此类债务在何种情况下可以被购买、出售或以其他方式转让。正如第4.1节所解释的那样，财产要么是一个具体存在的对象（“艾因”，如“这栋房子”），要么是一个由债务一般地或抽象地定义的对象（“戴因”，如“支付1000美元”“交付100蒲式耳一级冬小麦”）。在买卖（和类似合同）中，双方可以交换这两种类型的财产。因此，人们可以根据所交换财产的类型对买卖进行细分。人们可以用“艾因”换“艾因”，用“艾因”换“戴因”，或者用“戴因”换“戴因”。首先，以“艾因”换“艾因”是物物交换。以“艾因”换“戴因”是最常见的，它可分为以下这些情况，取决于两个对价（“艾因”或“戴因”）中的一方或双方是否都延迟交付。最基本的买卖方式是对手头的“艾因”进行买卖，即一件可以即时查验的“艾因”，换取手头现金形式的“戴因”。这里的货币是“戴因”，即使它是立即支付的，因为合同对价款的规定是抽象的，而不是等值的独一无二的钱币。买方立即获得所售“艾因”的所有权，即该物品成为他的财产，他通常会立即向卖方索取。卖方也立即“拥有”所售“艾因”价款，该价款“在买方的‘迪马’下”，即买方应尽的义务。如果合同规定了付款期限，那么卖方在此之前不能索要价款。买卖的第三个细分类型是以“戴因”换“戴因”（bay` al-dayn bi-al-dayn），上述原则适用于此。

对这一原则的广泛尊重表明了对伊斯兰合同法的重大见解。首先，这一原则有助于解释为什么买卖合同被理解为所有权的直接交换。正如我们在上文第4.4.1.2-a节中所看到的，在每次买卖中，对价的所有权都是立即交换的，至少在虚拟意义上，债权人“拥有”债务人“迪马”下的任何延迟的款项。但这一原则要求的不仅仅是这种想象中的转移，学者们从中得出了两条附加规则。

第一条规则，禁止在合同中规定双方对价物品都延迟交付，即使通过所有权转让，且不存在任何即时履行。这被称为“以延迟换延迟”（al-nasī’a bi-al-nasī’a），或者如马利克派所说，“以‘戴因’换‘戴因’”。这是反对以“卡里伊”（kāli’）换“卡里伊”的圣训所涵盖的交易类型。按照这种解释，该原则禁止合同双方都延迟交付的买卖，即使一方或双方的货物都是“艾因”。例如，它不仅禁止在X日用抽象的小麦换取Y日一定长度的布，而且禁止在X日以一个时钟换取Y日的一匹马或钱。因此，这一原则排除了纯粹的待履行或未来的买卖——毫无疑问，这是当今最常见的买卖合同类型——即当事双方只交换承诺或义务的合同，而实际买卖只有在这些义务得以履行时才发生。

第二条规则禁止以“戴因”换“戴因”。该规则把“戴因”解释为抽象的财产，不管这个财产是即时给付还是以后给付。与第一条规则有所不同，即使这两个“戴因”中的一个或两个都即时给付，仍适用这条规则。因此，无论是即时给付还是以后给付，都禁止出售一个“戴因”以换取即时给付或以后给付的另一个“戴因”。例如，用即时支付的小麦购买即时给付的描述长度的布。要使这一行为合法，必须出示至少交易一方所欠的实际货物。

所有这些涵盖了两个对价在合同上都被延迟的情况，或两个对价都是“戴因”的任何其他意义的情况。因此，如果两个条件同时成立——（1）对价中至少有一个是“艾因”，（2）一个（且只有一个）对价在合同中延迟交付——那么该原则将不适用。因此，一般的信用销售是合法的：一个人可以现在卖掉某匹马，换取以后交付的钱。在信用销售中，由于一方的对价是“艾因”，第二条规则要求一方的对价（这里是马）必须实际上立即交付或支付的要求就不适用了。而如果要求即时交付，那么若未支付，债权人可以诉诸法院强制执行。另一方面，如果债权人选择忽略付款延迟，或在申请强制执行时有所延误则合同的效力和当事人的各项权利仍不受影响。请注意，在最后一种情况下，双方都没有立即履行义务，但这更多是由于实际情况导致而不是法律规定。人们可以将这种类型的合同履行延迟区分为“交付上延迟”，以区别于

“合同约定延迟”。

看来，更基本的反对以“戴因”换“戴因”的理由不是“里巴”，而是“加莱尔”。例如，“加莱尔”很容易解释双边延迟出售的禁令。首先，这类合约刺激了投机，因为一个人在很少或根本没有资本投入的情况下，对未来的价格表达了立场。相比之下，即期交货至少有一种对价是按照双方都能接受的条款交付的，这些货物也就避免了进一步的市场风险。由于一方获得了该财产的当前使用权，并承担了当前的风险，因此价格计算变得复杂。缺乏这些因素，同时延迟销售可能会让一方感觉自己是输家，从而产生与赌博有关的“敌意”。其次，购买可能不存在或不拥有的商品为交易的一方引入了“加莱尔”。如果另一方也被允许蕴含类似的风险，交易可能会变得太不稳定。

上述延迟销售分析的哪些方面对现代交易影响最大？首先，种属定义的商品在现代商业社会中比以前要普遍得多。如今，很少有商品作为独特的商品出售。大多数商品在某种程度上是标准化和可替代的，通过描述而不是通过辨认来购买。这意味着伊斯兰法律对延迟的容忍程度（主要局限于“艾因”的买卖），可能在今天的社会中是不够的。第二，双边执行交易是现代经济运行的基础。通过合同，各方希望能够获得未来履行的保障，而无须提前支付全部履行费用。即使没有预付款或履约，现代法律也建立了一种互惠的安全保障：双方相互承诺履行或支付相当于履行的损害赔偿。现代法律将预付款要求视为不公平的，因为它剥夺了支付方在对方违约时拒绝履行合同的能力。但是伊斯兰法，正如“卡里伊”原则所总结的那样（禁止双方都延迟的买卖），系统地反对这种逻辑。第三，这些规则抑制了金融资产或以货币或其他属性类商品计价的资产的流动性。在最好的情况下，这些资产只能交换以另一种方式计价的资产，并立即付款。

这些不同的结论对伊斯兰合同法有多重要？通过重新解释，它们能在多大程度上被改变？对于以延迟换取延迟来说，这一原则部分基于先知的圣训。一般来说，反对以“戴因”换“戴因”的原则，虽然缺乏明确的启示支持，但仍然令人敬畏，因为它的规则在整个“斐格海”中得到普遍维护，它的权威来自公议或学者共识，而这本身也是法律的正式来源。如果削弱其力量势在必行，那么学者们将需要行使最大限度的重新解释权力。

下一章是对这一实践的详尽描述，分析了一份合同在伊斯兰法中的有效性，这份合同虽然在沙特阿拉伯长期普遍存在，但其大多数形式直接违反了对以“卡里伊”换“卡里伊”和以“戴因”换“戴因”的禁令。

4.4.4 分期付款购买合同的简短案例研究

在转向冗长的案例研究之前，我先在这里放一个简短的案例，这个问题涉及上面提出的关于合并合同和在合同中添加某些规定的合法性，特别是现在有了上面关于“加莱尔”的讨论做铺垫。本案例研究涉及当今沙特阿拉伯对伊斯兰金融业内一种称为“所有权转让终止租赁”（al-ijāra al-muntahiya bi-al-tamlīk，以下简称“IMBT合同”）的分期付款合同形式的争议。这个问题值得进行更充分的个案研究，但要做到这一点，可能需要对法庭外的事实进行实证研究，因为法院的判决结果可能会受到所涉特定“IMBT合同”条款（有许多变体），当事方所处的实际情况，以及法院判决中都未充分揭示的案件方面的影响。此外，司法部门对这一问题的回应也在不断变化，并且也许正倾向于一种解决方案，可能是通过某种方法敦促法官采取单一标准，无论是通过期待已久的法典化，还是通过来自高级乌莱玛委员会的新“法特瓦”，或是通过来自最高法院的“司法一般规则”（mabda’ qaḍā’ī）。

“IMBT合同”的故事始于伊斯兰金融行业，该行业很早就将租赁作为一种可能与“沙里亚”法兼容的传统融资方式。租赁产生的回报不仅不是利息，而且还具有内在的安全性，因为出租人在租赁结束之前仍然是财产的所有者。第三个好处是，投资人在此类合同中的权益可以出售，并与其他租赁合并并证券化。

“IMBT合同”的基本运作方式如下。消费者（或企业）希望为购买适合租赁类型的财产融资，于是他签订一份合同，该合同要求他按月付款，该款项既包含使用该财产的租金，也包含购买价款的分期付款，尽管这些组成部分通常不会分开或被明确区分。合同中有条款规定，在租约结束时，承租人/买方如已付清所有月供，出租人/卖方须将财产的所有权转让给承租人/买方，通常只需支付象征性的价格或免费转让。出租人/卖方的转让义务可能以有多种表现方式，所有这些方式都以承租人/买方完全履行合同条款为条件：方式包括出售或赠送财产，出租人/卖方承诺进行此类出售或赠送，或给予购买选择权。

在伊斯兰银行开始使用这种合同很久之后，其有效性的问题才到了发布“法特瓦”的机构那里。第一个（在沙特法院的权威机构中）对该类合同发表意见的是伊斯兰会议组织学会。1988年，该学会在一份初步意见中建议用有担保的分期出售合同或租赁合同取代“IMBT合同”，租赁合同最后允许承租人以当时的市场价格购买该房产。该学会保留进一步研究“IMBT合同”引发的所有其他问题的权利。

下一个主要的“法特瓦”来自沙特高级乌莱玛委员会，他们的意见通常被沙特法官采纳。在1999年的“法特瓦”中，委员会以多数票决定该类合同无效。该“法特瓦”值得完整地引用，因为它总结了自那以后沙特司法机构一直关注的问题：

> 根据“沙里亚”法，该合同是不允许的，原因如下：
>
> 第一，它将两个合同合并为一个，但又不以其中任何一个为基础。（这两份合同）在法律层面存在相互矛盾之处。销售合同要求将财产“艾因”及其收益权转让给买方，在此情况下，已售财产的租赁合同无效，因为该财产已归买方所有。租赁合同仅要求将财产的收益权转让给承租人。（在销售中）特定已售财产及其收益权的损失风险由买方承担，且买方无权向卖方追索。然而在租赁中，财产及其收益权的损失风险由出租人承担，除非损失是由承租人的不法行为或疏忽所致。
>
> 第二，年租金或月租金的分期付款金额是由合同约定的财产的价值决定的。如果卖方认为分期付款是一种租金，以便保障自身权益，因为如此，买方就不能出售该财产。举个例子，如果合同约定的财产价值为50,000里亚尔，通常的月租金为1,000里亚尔，而该合同约定的租金却变为2,000里亚尔。这实际上是价款的分期付款。比如说，如果买方无法支付最后一笔分期费用，财产就会从他手中收回，因为它是租赁的，而且因为他支付的是租金，不会退还给他任何东西。这种做法的不公正之处，以及为支付最后一期分期费用而

被迫借款的困境，都是显而易见的。

第三，这种合同和类似的合同使穷人更容易负债，其结果是许多人陷入沉重的债务。也许这也会导致一些债权人因为穷人的违约而破产。

本委员会认为，合同双方应采取正确的方式，即通过保留合同文件、保留汽车等货物的所有权等方式，出售货物并以质押货物作为担保。

2000年，在其最初的意见发表十二年后，在委托许多学者进行研究之后，伊斯兰会议组织学会——也是为伊斯兰金融业发布伊斯兰教法规范的最重要机构——发布了关于“IMBT合同”的最终“法特瓦”。它指出，对合同的根本异议是，它由两个合同组成，两个合同同时对单一财产产生截然不同的影响。它建议采用形式主义的解决方案（这种方案通常在伊斯兰金融中用于合同组合），即单独起草销售合同，并在租赁合同之后签署，或者使用承诺而不使用销售。伊斯兰会议组织学会比高级乌莱玛委员会更具体地解决了委员会提出的问题，它要求“IMBT合同中”的损失风险应由出租人承担，除非承租人因其不法行为造成损失。在委员会未涉及的，学会要求出租人承担非日常的维修费用这一点上，同样源于出租人承担损失风险的义务。即使是伊斯兰金融行业的学者也普遍认为，损失的风险和大修的责任应该落在出租人身上，这是租赁合同的一个基本条款，不能通过协议来改变。

然后，该“法特瓦”对被禁止的和被允许的“IMBT合同”形式提出了自己的看法。被禁止的形式包括在租赁结束时设定有条件的转让，无论是所有权的自动转让，还是同意在未来发生的出售（上一节提到的非法的“戴因”），因为这两种方式都非法地将出售和租赁合并在一个合同中。该学会声称，这些类型的“IMBT合同”正是之前的“法特瓦”，特别是高级乌莱玛委员会的“法特瓦”所禁止的。

然后，伊斯兰会议组织学会继续描述协议的各种方式，它建议将其视为与租赁相关但不以租赁为条件的单独协议。如果承租人/买方适当履行，则可以在租赁结束时实现所需的所有权转移。这些协议包括赠予或单方允诺给予，未来以当时的市场价格销售或未来以双方商定的价格销售。该学会引用了自己的“法特瓦”和学者们的观点，来支持使用赠予等无偿合同的条款，因为赠予规则的适用要宽松得多。

该“法特瓦”解释说，在所有权转移之前，合同应作为租赁来管理，之后作为出售。因此，该学会完全没有解决高级乌莱玛委员会“法特瓦”提出的公平问题——如果拖欠付款，承租人/买方将失去他已经支付的、所有超出正常租金的资金。

在2000年的时候，“IMBT合同”在沙特阿拉伯的使用正在普及，尽管其在法庭上面临着不确定的命运。当时，政府正在寻找缓解住房危机的方法，并使人民能够获得融资，包括在必要时通过伊斯兰金融工具获得融资。如第2.2.4.2-c节所述，在2007年就开始在社会许多部门和协商会议进行研究和辩论之后，国王于2012年颁布了一揽子“尼扎姆”，启动了租赁融资行业。一揽子计划中还包括一部《融资租赁法》，该“尼扎姆”规定了融资租赁（本质上是“IMBT合同”）的条款，允许获得租赁融资许可的企业使用。该“尼扎姆”认可的“IMBT合同”条款比伊斯兰会议组织学会“法特瓦”认可的条款更自由。例如，它没有讨论单独的合同；它允许在承租人/买方完全履行合同的条件下所有权的转让；如果双方同意，它允许将大修的责任转移给承租人/买方；它允许出租人/卖方规定在承租人/买方违约时取消合同的权利；它还规定，将通过实施条例规定一种方法，以确保在提前终止以及租赁财产收回、损坏或毁坏的情况下（不是承租人/买方的过错），公平对待承租人/买方。（事实上，这种方法后来在“尼扎姆”的实施条例中有规定。）

整套租赁融资“尼扎姆”还将客户与持证金融公司之间纠纷的管辖权不分配给普通法院，如现在（在第2.2.5节所述的重组之后）审理公司与其客户之间纠纷的商事法院，而是分配给一个专门委员会，即第2.2.4.2-c节所述的金融纠纷解决委员会。

考虑到权威“法特瓦”机构的“法特瓦”和成文法规，普通法院的做法是什么？（显然，这些法院审理的案件只涉及在新的“尼扎姆”体系之前的租约，或者不是由有执照的租赁公司签发的租约，否则将由新的专门管辖部门来裁决。）我们收集并分析了大约19个涉及“IMBT合同”有效性问题的案例，其中11个来自普通法院（企业和个人之间的案件），8个来自申诉委员会的商事分支（企业之间的案件）。如前所述，不可能对这些案件中涉及的合同的实际条款进行分析，因为判决没有涉及这些细节。但我们可以看出，这些判决可以分为四类，而且迄今为止，似乎没有一种判决是压倒性的，因为在每一类中都发现了相对较新的案例。

第一组案例在逻辑和结果上都遵循高级乌莱玛委员会的“法特瓦”，忽略了在该“法特瓦”之后，甚至在伊斯兰会议组织学会“法特瓦”之后，为加强对“沙里亚”法的遵守而进行的对合同的任何修改。对于这一群体的法官来说，“IMBT合同”是无效的，必须被无视。宣告合同无效的补救办法是尽可能使当事人恢复到事前的状态。这通常意味着判定所谓的承租人/买方首先为其使用该财产期间支付公允的租金或市场租金，从他已经付过的钱中扣除。然后，把财产还给出租人。

第二组案例同意合同无效，主要原因是它将两笔在不同履行阶段具有不同要求的交易自然地合并为一份合同。但这种组合反而将合同重新定义（takyīf）为根本不是租赁合同，而是将出售的财产与抵押相结合的销售合同。在这样做的过程中，他们呼吁支持原则，即鼓励法院在可能的范围内支持合同，甚至根据当事人的实际意图而不是他们使用的词语来解释合同。在这些情况下，结果是将财产视为自“IMBT合同”签署之日起由承租人/买方拥有。

第三组只包括3个判决（其中一个在附录中有翻译版），认为即使一方或双方声称该交易符合“IMBT合同”，也应被解释为纯粹的租赁合同。这种做法可能是由于法官无视转让租赁的条款或将租赁结束时关于财产转让的任何条款定为无效，或者是因为租赁合同中没有任何关于转让的条款。

第四组是法院宣布准备支持“IMBT合同”的书面形式。但在这些案例中，很少（如果有的话）需要面对并决定真正有争议的问题，即转让所有权的条款。大多数判决中的救济办法与普通租赁合同适用的救济办法相同。但在其中一个案例中（2003年至2004年），法院命令承租人/买方支付剩余的钱，但没有就财产的所有权作出任何裁决，这表明承租人/买方可能已经获得了所有权。

法院的这些不同选择导致即使在类似的事实情况下也会得出非常不同的结

果。例如，如果财产被毁，但承租人/买方没有任何过错，若认为合同是租赁合同，则损失由出租人/卖方承担；而将其解释为买卖合同，则损失由承租人/买方承担。或者，如果是在承租人/买方违约的情况，房产被收回并作为债务的抵押而转售，出租人/卖方起诉未付的分期付款，则宣布合同为租赁导致索赔被驳回；但若合同被视为出售，承租人/买方可能需要支付任何未从转售中获得的剩余款。或者，如果承租人/买方因任何不是其过错的原因而与财产分离，例如需要维修，那么，若合同是租赁合同，承租人不欠租金，若是出售，分期付款的义务继续。或者，如果违约并失去所有权的承租人/买方起诉追回超过合理租金的款项，若合同完全无效，则为他提供了他想要的补救措施；而任何其他结论（出售或租赁）会导致他的诉讼被驳回。由于这些结论如此不同，诉讼的公平性可能会影响法官的立场。

从这个案例中我们可以得到什么经验？一个显而易见的经验是，伊斯兰金融行业所遵循的伊斯兰有效性标准与法院所遵循的标准是不同的。几十年来，这一交易一直是该行业的惯例，被认为有相对原始的伊斯兰属性，但在沙特法庭上遭到了严苛对待。这可能是因为沙特法院将整个“斐格海”法适用于交易，而在伊斯兰金融背景下，执法往往委托给一个不太可能这样做的机构。第二个经验教训是两种情况之间的差异——一种情况是“法特瓦”机构就交易的绝对许可性向金融机构发出“法特瓦”，即伊斯兰会议组织学会的裁决情况，另一种情况是伊斯兰法法院对交易下的实际纠纷作出裁决。我们注意到伊斯兰会议组织学会如何推崇形式主义手段使交易合法化（使用单独的协议），而沙特法院在这里追随高级乌莱玛委员会，抓住了“IMBT合同”的实质。他们一眼看出，这本质上既是一种买卖，也是一种租赁，尽管它的买卖维度被伪装得十分隐蔽。此外，沙特法院和学者（以及向他们提供咨询建议的高级乌莱玛委员会）讨论实际交易的基本公平性，伊斯兰会议组织学会忽略了这一方面。第三个经验是，法规明文规定的融资方案的“沙里亚”法有有效的标准（如在《融资租赁法》中），不同于普通法院或商事法院判决所适用的无明文规定的“斐格海”融资方案的标准。也许正是出于这个原因，阿卜杜拉国王在2012年发布融资租赁“尼扎姆”时总结道：尽管他希望将所有司法管辖权合并到普通法院，但租赁纠纷的管辖权需要永久分配给一个专门法庭。第四个经验是，正如第3.2节的讨论所预期的那样，沙特的法院可以在理论原则问题上，甚至是具有日常重要性的问题上，产生绝对的不同意见。我们在以上的分期付款销售中也看到了类似的情况。通常法官和律师对于这些意见分歧（如关于“IMBT合同”的意见分歧）是熟知的，有时公众也都知道这些意见分歧（如在家庭法问题上）。当这些分歧存在时，学者、法官和政府的注意力就会被吸引到寻找减少分歧的方法上。但是，至少在与传统“斐格海”密切相关、远离国王立法权管辖范围（siyāsa）的法律问题上，政府的手段是有限的。正是这种情况引起了要求法典化的呼声。第五个经验，将在下一章的案例研究中更清楚地说明，是沙特法律远没有接受一些人所提倡的观念，即在没有启示明确禁止的情况下，契约是自由的。更确切地说，具体合同的有效性仍然由许多内部的“斐格海”原则（qawā`id, ḍawābiṭ）控制，这些原则将“斐格海”对合同的详细裁决编织在一起，尤其是本章介绍的原则。

其他关于法院对“IMBT合同”做法的结论，例如根据合同的不同形式和在不同的事实情况下描述法院的理论立场，有待更深入的研究。

5 供应合同案例研究

本章作为一项案例研究，讨论“供应合同”（`aqd al-tawrīd）。本案例研究具有根本性意义，它展示了沙特司法部门如何处理一种在沙特阿拉伯广泛执行了几十年的合同，而且在许多形式上都与源自传统“斐格海”的基本原则相冲突。当然，在以利息为基础的银行交易中，我们也看到了同样的基本困境，只不过形式更为明显，因为任何将利息作为提供信贷的价格的条款都是无效的、不可执行的。正如我们所看到的那样，对于这些问题，解决办法是将争端从法院完全转移到一个专门委员会，由该委员会根据其条款强制执行这种交易。但供应合同纠纷不可能有这样的特别管辖权，因为它们以如此多的形式发生在如此多类型的诉讼当事人之间，以至于没有一个案件或诉讼当事人可以轻易地转移到另一个法院。

本案例研究的重点问题是一个简单的问题——根据现今适用的沙特法律，现代供应合同或其特定形式是否因违反伊斯兰合同法的基本原则而无效，正如贷款合同中的利息条款因违反伊斯兰法对“里巴”的禁令而无效一样？在讨论这一主题时，我们将重点关注申诉委员会，因为它拥有专属的商法管辖权（在2018年移交给普通法院之前），而有关供应（tawrīd）合同的问题往往只在这种情况下出现。实际上，我们发现涉及相关问题的普通法院判决很少。

作为我们对供应合同的定义，我们可以说它是双方以固定货币价格交换固定数量的特定类型或规格的货物（不是房地产或其他独特货物）的任何合同，在未来的一个或多个指定时间交付货物，而不是在合同签订时交付。通常，本合同下的买方使用它来确保向其客户转售所需的货物供应，或用于进一步制造或从事其他加工的材料。（我们忽略服务供应合同。）根据各种参数，合同的许多变体都属于这一宽泛的定义，其中一些参数对于根据沙特法律确定合同的有效性至关重要。我们要考虑的参数有：

● 公共或私人，或沙特的术语：

○行政性（idārī，政府实体从个体方采购货物的合同）

○或商业性（tijārī，两个私人之间）

● 双方履行合同的特点：

○货物：

——合同中一般性描述的货物是否已存在，但尚未具体确定？

• 如果是，供应商是否拥有这些货物？

——货物不存在（或不知道是否存在）？

• 如果是，供应商会生产吗？

○价格：

——价格是在签订合同的同时支付吗？

——或者稍后，比如在交货的时候？

在这个阶段，将供应关系定义为一种从订立之时起便固定双方未来履约内容的合同，我们就排除了那些允许双方未来履约情况（部分或全部）待定的供应合同，比如履约情况依买方需求或卖方供应情况、市场价格波动、双方后续约定或其他标准来确定的合同。我们将在案例研究的最后简要介绍此类合同，届时将考虑：

● 如果未来对价需要考虑事项的数量是可变的：

○货物的数量是否可变，比如根据买方的需要（合同的要求）？

○价格是以后再决定吗，比如使用交货时的市场价格？

5.1 该合同是行政性的还是商业性的？

供应合同提供了有关沙特法律体系的两种重要事例，人们从一开始就必须了解这一点。

首先，正如在其他法律体系中常见的那样，适用于政府行为的理论原则标准与适用于个人的标准是不同的，即使是在政府与私人签订合同时也是如此。如第2.2.3.1节所述，在伊斯兰“斐格海”中，当国家或其代理人之一是行为者时，有时适用与其他规则一样从“根源”（uṣūl）发展而来的具体裁决。国家的参与也可以以另一种方式改变规则——通过国家采取法律行动的权力，甚至是立法，而不一定受到法律细节的约束。正如第2.1.3节所解释的，根据沙特阿拉伯所理解的伊斯兰宪法性法律，“西亚赛沙里亚”理论原则允许国家自行决定其行为，只要这种行为符合两个条件：服务于公共福利，且不违反“沙里亚”法的基本原则。这些原则所依据的尺度本身较为灵活。当法官被要求对官方行为作出裁决时，他们会在单个案件中执行这一标准。这种法律行为的一个重要形式是成文法规，在沙特阿拉伯被称为“尼扎姆”，由统治者发布。但除此之外，法官甚至在裁决成文法系统之外的单个主权行为时也可能援引这种标准。法院在进行后一项判断标准的严格程度上有所不同。申诉委员会，无论是从一般的声誉来看，还是从我在案件中观察到的情况来看，无论是成文法、规章制度还是具体案件中的行为，都比一般的法院更愿意假定政府行为符合伊斯兰教法。由于申诉委员会的行政分支审理所有其中一方是政府机构的合同案件，我们希望它的法官忽略任何基于伊斯兰法的对政府采购合同中各种条款的质疑，如果法规或条例已经规定了这些条款。事实证明，大多数甚至全部在伊斯兰法律下引起质疑的供应合同条款，已经被政府采购实践所接受，而且确实已经载入了《政府采购法》以及该“尼扎姆”下位的条例。

沙特法律体系中，有关供应实践的行政性与商业性区分的第二个重要事实是，行政法对一般的合同法产生了很大的影响。我们将在下面看到这样的例子。如果有一部沙特法律体系的历史，那么它很可能会包括一章，解释在沙特王国经济发展的早期（大致从20世纪50年代到70年代），申诉委员会的法官是如何处理沙特政府与外国当事人之间的合同的。在那几十年里，沙特阿拉伯的司法体系不那么复杂，而且，考虑到“西亚赛沙里亚”理论原则的灵活性，以及政府合同和采购在国家主导的发展过程中的重要性，早期的法院很容易效仿现存的阿拉伯国家，特别是埃及的行政和民事法学理论，维护供应合同和其他合同，不提出伊斯兰法异议。1987年，当商业法律司法被分配给申诉委员会时，被分配到委员会商事分支的法官中就有许多已经习惯于执行这种合同的人。即使不考虑以往的经验，法官们也有理由怀疑，作为一个实际问题，适用于商业供应合同的标准与适用于政府供应合同的标准为何会在任何重大方面都有所不同，因为政府仍然主导着经济，许多私人合同是作为公共合同的分包合同出现的。

基于上述原因，我们需要注意申诉委员会行政分支的做法与商事分支的做法之间是否存在差异。我在本章中引用并区分了这两种类型的案例。是行政分支更有可能忽视对供应合同的传统“斐格海”的异议，还是两个分支都认为这些异议已经被解决了？或者相反：行政分支是否对政府供应合同变得更加挑剔了，至少在争议问题不是由法规决定的情况下？

5.2 货物的特性和支付货款的时间

在伊斯兰“斐格海”中，供应合同中的两个变量——货物的特性和支付货款的时间——对合同的有效性至关重要。“斐格海”在供应合同上面临的难题，完全是由于“沙里亚”法对不确定性的根本关切造成的，这一点在第4.4.3节中有解释。

先说启示文本，有三个文本与这个讨论特别相关。首先，禁止出售“你没有的东西”（mā laysa`indak）。根据后来学者的推理，这一禁令被解释为出售自己“不拥有”的东西，是由于卖方并不确定是否能够获得他已经出售的东西。

第二个启示文本禁止以延迟的义务换另一个延迟的义务。第4章讨论了这条，指出它的品级很弱，但被广泛接受，以至于对它有广泛的学术共识（ijmā`）。这条禁止了双边有待执行合同，这是其他法律体系中常见的合同：在未来某个特定时间之前（就像供应合同中一样），任何一方都不致力于履行的合同。这样的合同在“斐格海”中被称为“附加于未来的合同”（`aqd muḍāf ilā al-mustaqbal）或“以‘戴因’换‘戴因’”。正如学者们所解释的那样，这一禁令的隐含逻辑是，如果交换合同中的两个对价都受到未来突发事件的影响，无论是影响价格还是违约风险，那么合同的内在“加莱尔”就会变得太大。

第三条启示文本指定了一种特殊形式的买卖合同，称为“萨拉姆”或“萨拉夫”（salaf）：“让预付（aslafa）钱的人在已知的时间内以已知的体积或已知的重量进行交易。”因此，“萨拉姆”是一种以后交付种属商品的合同，是一种远期购买。这三段启示文本之间有紧密的相互联系。对于第一条（要求出售的物品既具体存在又为卖方所有），学者们将“萨拉姆”理解为是对该规定的有意例外，即“萨拉姆”允许销售卖方可能并不拥有甚至还不存在的商品。学者们并没有像第一个启示文本那样要求商品是独一无二的，而是推断出“萨拉姆”合同下的商品应该相反，完全是非特定的；因此，学者们宣布“萨拉姆”销售特定农场的产品为非法。依据商业惯例，对货物的描述程度应达到，能在合同订立时将价格确定在可接受的偏差范围内。如果以这种方式使商品保持非特定化，风险（即gharar，不确定风险 ）可通过除商品实际存在和特定性之外的其他机制来降低——因为商品是非特定的，所以它们仅面临市场短缺风险，而非完全损毁风险。许多可如此界定的商品是种类物（mithlī），但这并非必要条件。至于上面的第二条启示文本（禁止交换两种合同上延迟交付的商品），学者们认为，要使“萨拉姆”有效，在合同签订时必须全额支付货款。

学者们已经将“萨拉姆”合同扩展到其主要用途之外，即提前购买可替代商品（通常是从生产者那里）。根据罕百里学派和其他学派的观点，如果当事人能够以一种足以确定市场价格的方式来定义货物，即使货物不是可替代的而是独特的，那么只要满足“萨拉姆”的其他要求——销售对象的非具体化和提前全额付款——货物就可以通过“萨拉姆”出售。罕百里派把这种概括形式的“萨拉姆”称为“交付被描述物的义务的销售”（bay` mawṣūf fī al-dhimma），或者，不那么字面地解释为“出卖人承担交付仅凭抽象特征可知的出卖物的义务的销售”。“萨拉姆”和“交付被描述物的义务的销售”这两个术语有时可以互换使用。“交付被描述物的义务的销售”还可以涵盖即便是没有指定延迟的通过描述货物的销售。布胡提总结了“交付被描述物的义务的销售”的规定：

> 对于卖方不拥有或未经许可交易的财产，出售无效。除非可以通过“萨拉姆”进行描述，而非进行唯一标识。通过“萨拉姆”描述的销售是有效的，因为他为该交易承担负债（in his dhimma）是有效的。然而，这是在合同签订期间买方接收所售物品或卖方接收价格的前提下。如果在这期间没有交付任何对价，则合同无效，因为这是被禁止的以“戴因”换“戴因”的销售。

其他学派也有类似的规定，可能会通过描述对货物的即时销售施加限制。因此，各学派一致选择从这三个归于启示文本的先例中汲取严格的规则，这些规则规定了如何通过各种方式处理已知或可被识别的财产——所有这些都是为了避免“加莱尔”的罪恶——这些规则是如此普遍地被遵守着，以至于它们变成了基本原则，学者们在任何情况下都很难忽视它。因此，“斐格海”学者的一些关注与现代律师试图利用供应合同平衡买卖双方利益的关注是一致的。但是，“斐格海”学者的其他关注点与现代律师并不那么一致，并引发了对世界范围内常规做法的怀疑。

与其抽象地讨论这些限制规则，不如让我们立即关注沙特和其他国家的“斐格海”学者以及沙特法官是如何处理供应合同的。

5.2.1 合同签订时卖方拥有的货物

让我们以这样一份供应合同为例，合同中卖方拥有某些现有货物，尽管这些货物存放在沙特阿拉伯以外。第一个问题是，合同如何明确或界定所售货物？沙特关于什么是法律上充分地描述的标准可能与其他法律体系的标准不同。例如，沙特法院的一项裁决宣布，通过种属类别描述销售皮革是无效的。根据“斐格海”，在买方检验货物之前，此类货物不能达成最终销售；或者，双方可以达成这样的销售，但根据伊斯兰法，买方有权在收货检查时，拒绝接收货物并收回所支付的任何货款。这被称为“检查选择权”（khiyār al-ru`ya）。卖方自然会对完成这样一笔交易犹豫不决，并可能希望买方放弃这一选择，但是“斐格海”和显而易见的沙特实际都否定了任何此类放弃（这一结果对一般的免责条款意义重大），即使已达成协议。

但是，我们可以说，卖方拥有的货物容易受到符合沙特商业标准的描述的影响。让我们举一个例子，例如，空调设备的分销商（不是制造商）将其在国外拥有的某些设备出售给沙特零售商，并指定了其序列号。在这里，由于货物是具体的和特定的（mu`ayyan），甚至还属于卖方，因此销售不必采取“萨拉姆”方式就能有效。对于这类货物，伊斯兰法规定，所有权在订立合同时立即从卖方转移到买方，即使实际交付必须在以后发生，买方甚至可以在收到货物之前转售货物。这在某种程度上违反直觉，这种所有权的转移使得卖方的交易，即货物的交付（即使实际上并没有发生），不再是一项未履行的义务，即不再是一个“戴因”。因此，剩下的一个对价，即货物的价格（可能是一个“戴因”），可以延迟履行甚至在合同上推后。因此，属于卖方的房子、马或汽车，如果在合同中有充分的描述，则可以在以后的指定日期以一定的价格出售，无论是一次性付款还是指定的分期付款，即使房子、马或汽车的实际交付要晚得多。

对于大多数教法学派来说，这个结果只适用于双方都知道的商品。但在罕百里学派中，也有可能是卖方拥有的货物，买方从未见过，只知道其描述的情况。同样，要求按照商业惯例，其必须具有可以仅根据描述来定价的性质。布胡提用一个奴隶的极端例子解释道：

> 只通过描述出售一件独特的物品（al-mawṣūf al-mu`ayyan），比如“我把我的奴隶某某卖给你”——（卖家）非常详细地描述了他——“以某某价格”——是有效的。卖方可以在交付奴隶或收取奴隶的价格之前，立即交易该奴隶，就像在订立合同期间出售财产一样。

罕百里派否认买方在检查货物时，有任何撤销买卖的权利。买方唯一的撤销选择权是，提出货物不符合描述（khiyār al-khulf bi-al-ṣifa）；换句话说，如果卖方违反了合同条款，买方才有撤销权。

现在，让我们回到供应合同，它通常涉及销售多种类似性质的商品，这些商品适合于描述（比奴隶更适合），只要这些商品被指定、是现存的、为卖方所有，并且可以根据商业惯例，仅通过描述进行有约束力的销售，那么布胡提刚刚陈述的关于销售独特商品的规则将适用。因此，就某些特定的空调机组而言，仅根据其描述进行指定和销售，即使合同没有规定在合同签署后立即付款（这是通常的情况），供应合同也可以有效。

因此，经过一些努力，我们已经得出了一个结论，即在沙特和“斐格海”的规则下，供应合同将在很大程度上与世界其他地方的预期一样运作。沙特公布的一些判决间接地表明了对这一立场的支持，这些判决因为卖方不拥有标的货物，因此取消了涉及未来交付货物而不立即支付价格的合同。

现在让我们改变假设，假设空调机组在合同签订时没有使用序列号进行具体标识，而只是进行一般描述。虽然卖方拥有大量这样的机组，但他直到之后的某个时候，也许是在安排交付时，才会费心去确定要交付的实际机组。正是在这一点上，通过卖家所拥有的货物的描述来销售，但甚至连卖家都没有具体指定出来这些货物，我无法探知罕百里派的规则。由于罕百里派法律允许出售现有的小麦，即使是从大量的小麦中出售一部分，并且由于布胡提允许仅凭描述就可以捆绑出售奴隶，因此似乎从卖方拥有的大量相同货物中出售未指定的货物并不存在“加莱尔”问题。同样，人们可以预期，只要货物归卖方所有，在这种情况下，没有一个沙特法官会得出与前面假设不同的结果。事实上，有一个案例就含蓄地作出了这样的判决，因为它没有调查卖方拥有的种属性商品是否在合同里被具体指定。

5.2.2 卖方保证货物的生产

现在让我们进一步改变假设，假设合同标的空调机组现在不存在，而是由卖方制造。直到几十年前，在沙特阿拉伯适用的“斐格海”中，适用于这类合同的规则是“萨拉姆”和“交付被描述物的义务的销售”。换句话说，即使该合同涉及制造，它也被视为在未来的特定时间销售或交付仅通过描述知道的货物。如果空调合同是这样解释的，那么它不仅要有“萨拉姆”合同所需的足够的描述（这是大多数手工制造的货物无法达到的标准），而且还需要在签订合同时全额付款，否则，它就是无效的。合同的组合可能被用于达成类似的结果：罕百里派允许签订买方从卖方购买制造所需材料（例如一块特定的布）的合同，该合同以另一份雇佣合同为条件，要求卖方提供特定的服务（将布裁剪成特定的服装）。后一种选择（即合同组合）允许延迟付款，但条件是材料至少为卖方所有，并明确说明。在现代供应合同中使用这种结构购买空调设备，即使不是不可能执行，也会很复杂，而且可能最终只是一种工具（ḥīla）或功能，是对一种不同经济现实的表面上的掩盖。

其他主要的逊尼派教法学派也有类似的规定，除了哈乃斐派。哈乃斐派学者承认“伊斯提斯纳阿”（istiṣnā`）（字面意思是“寻求制造”）合同作为一个独立的合同，而不是类似于“萨拉姆”。对他们来说，这一合同被认为是可以从所有“斐格海”先例中进行类比推理得出结论中的一个例外，在大多数方面，它将卖方创造的货物视为特定的、独特的货物（`ayn），尽管事实上这些货物还不存在。按照大多数哈乃斐派学者的观点，不要求预付货款，但在货物生产出来并交给买方之前，合同对任何一方都不具有约束力，货物交付买方之后制造商才受约束。即便如此，买方仍享有拒绝接收货物的选择权，即使其同意合同中的描述。然而，哈乃斐派有少数学者对此存在不同看法。这种看法归于该学派的创始人之一艾布·优素福，根据他的说法，从合同生效之日起，“伊斯提斯纳阿”的出售对双方都具有约束力。这种少数人的观点被写入了奥斯曼民法典《麦加拉》（*Ottoman-Majalla*），这是奥斯曼帝国晚期对伊斯兰民法的编纂，于1877年生效。尽管与哈乃斐派的观点有不一致，《麦加拉》保留了卖方在买方接收货物之前，向第三人出售货物的权利。《麦加拉》这种观点，至少是关于合同的约束力的观点，在现代受到青睐，因为它更符合世界范围内制成品销售的惯例。《麦加拉》还允许（有时是要求），双方当事人对履行合同时间不作明示，这是由习惯决定的。

值得注意的是，哈乃斐派对“伊斯提斯纳阿”的辩护并没有否认我们在本章开头提到的三条圣训的重要性，也没有否认从它们衍生出来的原则。相反，它是在哈乃斐派的方法论或诠释原则“择善”（字面意思是

“考虑一件更可取的事情”）下被采用的，根据该原则，学者可能会支持穆斯林已经采用的做法，即使它与“类比”相抵牾，这意味着它可能与启示裁决的暗示不一致。正如哈乃斐派权威学者马尔基纳尼（卒于1196年）所说：

> 如果他买了一件人们通过“伊斯提斯纳阿”习惯性交易的东西，由于这是既定的一致的习惯，所以它是被法律上的“择善”所允许的。但根据类比，它不被允许，因为它是销售不存在的东西。正确的观点是，它是一种被允许的买卖，而不是（单纯的）承诺，不存在的东西被认为相当于是存在的。

在过去的几十年里，哈乃斐派的“伊斯提斯纳阿”的合同似乎已经被所有学派的“斐格海”学者广泛接受。首先，它作为一种为企业购买制成品提供融资的常用方法，很好地服务于伊斯兰金融业。伊斯兰会议组织学会在发布支持伊斯兰金融中发挥重要作用的现代交易形式所需的“法特瓦”方面发挥了主导作用，它已经处理了“伊斯提斯纳阿”的合同问题。1992年，在讨论了各个教法学派之间保障获得制成品合同的复杂性和变化之后，学会认可了奥斯曼民法典《麦加拉》采用的“伊斯提斯纳阿”的形式，但进一步发展了它——要求指定履行时间，但没有提到卖方将货物出售给第三方的权利。它将“伊斯提斯纳阿”定义为“与（承担）义务（执行）工作（`amal）和（交付）特定财产（`ayn）有关的合同”，并规定在该合同中允许全部、部分或分期付款。八年后的2000年，学会重申了其在第107号决定中关于供应合同的立场：“如果供应合同的主体是一种需要制造的商品，那么该合同是一个‘伊斯提斯纳阿’，适用‘伊斯提斯纳阿’的规则。”该立场声明参考了1992年的决定。

在沙特阿拉伯，甚至在伊斯兰金融行业之外，在过去的几十年里，舆论都倾向于接受“伊斯提斯纳阿”的合同。谢赫穆罕默德·本·易卜拉欣·阿勒·谢赫宣布“伊斯提斯纳阿”合同无效，并凭借他在司法系统中作为最高上诉级别的角色在法院中强制执行这一决定。然而最近，未担任公职的学者兼穆夫提欧塞明接受了“伊斯提斯纳阿”的合同。许多人认为乌塔伊明生前是沙特最重要的“斐格海”学者，在对传统文本中“裁剪”一词的评论中，他写道：

> 他的意思是“裁剪长袍”。在这一点上，他的观点是：为我量身定制一套服装的人有权为他的服务获得一笔已知的报酬。这块布是那人（顾客）提供的，不是工人（裁缝）提供的。这是允许的。如果这块布来自工人，学者们称之为“货物的‘伊斯提斯纳阿’”，对此有不同的看法。有些人说，这是不允许的，因为它不是“萨拉姆”，因为“萨拉姆”必须有一个指定的延迟，而且货物不能是特定的现有货物，而是要欠到未来的，（在裁剪的情况下）描述可能不充分。然而，正确的观点是，这种契约是允许的，因为它可以用一种描述来充分说明，因为人们的实践是与它相一致的，无论是现在还是过去。

随着这种学术观点的转变，在受人尊敬的欧塞明和最近的常务委员会的支持下，当代沙特法院和商人接受了“伊斯提斯纳阿”合同。这代表着沙特商法体系在符合其他普遍国际惯例的方向取得了显著进步。在沙特目前的做法中，如果卖方也是货物的制造商或生产商，即使延迟付款，合同也将被强制执行。沙特法院公布的四项判决，均来自法院的商事分支，明确援引“伊斯提斯纳阿”原则。

5.2.3 卖方既不拥有货物也不安排生产的供应

到目前为止，我们讨论了两种情况（货物已经归卖方所有，或者卖方将制造或生产这些货物），在“斐格海”规则下，供应合同都基本上按照国际标准所预期的那样运作。但下一组假设揭示了“斐格海”规则下的供应合同的真正问题。让我们以沙特一家铝冶炼厂为例。该冶炼厂通过与一家供应商签订长期合同，安排从国际市场定期交付其原材料铝土矿，每次交货时才付款。在这一点上，我们很难协调“萨拉姆”的“斐格海”规则与不要求预付全部款项的国际惯例。在下面的段落中，我使用“萨拉姆”规则一词来指代所有学派对“萨拉姆”销售的要求（以及罕百里学派对“交付被描述物的义务的销售”的要求）：即，出售的物品在仅通过抽象特征（单数ṣifa）识别即可进行商业交易，而不是指定的特定物品。根据合同所出售的物品仍然是非特定的，没有任何程度的具体化或特定化，它的货款必须在签订合同时全额支付。

显然，由于沙特阿拉伯自20世纪30年代以来经历了快速发展，我们可以合理地假设，无论是公共合同还是私人合同，都很少遵守“萨拉姆”规则。从沙特阿拉伯与世界其他地区进行商业往来开始，有息银行就在经济的大部分领域盛行。但就银行业而言，到目前为止，正式的法院从未支持以利息为基础的合同，也从未赋予它们强制执行的权利。那么，当代沙特法官如何处理不符合上述已经讨论过的特殊情况的供应合同?

首先要指出的是，申诉委员会的行政和商事巡回法庭的许多判决，即使在供应合同显然受“萨拉姆”规则约束且违反该规则的情况下，也支持供应合同，而且通常不会对这些规则作出任何解释或评论。在许多案件中，法院对“萨拉姆”问题的漠视似乎源于这样一个事实，即原告、供应商已经履行了义务，起诉仅仅是为了获得交付货物的货款。在“斐格海”下，即使是在法院宣布当事人的合同无效的情况下，也可以通过各种方式论证执行这样的原告合理的要求。法院可以将被告买方对货物的接受解释为双方之间订立了一项默示买卖合同，其中包含了双方先前的供应协议中所述的条款，或者将供应合同本身解释为交换未来销售的承诺，尽管在预期上不具有约束力，但根据其进行的每笔销售都具有约束力。但也有这样的案件，不仅在申诉委员会的行政分支，而且在其商事分支，当事双方都还没有履行义务，而法院却维持了一份根据“斐格海”规则会有问题的供应合同。还有两项判决，一项是行政判决，另一项是商业判决，法院直接提到“萨拉姆”规则的某些方面，但支持似乎违反这些规则的合同（通常是因为这些合同在签订合同时没有规定全额付款）。在一些不顾“萨拉姆”规则而支持供应的案件中，卖方可能有义务进行某种制造，但法院甚至没有提出这一点，更不用说将合同定义为“伊斯提斯纳阿”而非“萨拉姆”了，而这将在“斐格海”方面有助于对法院判决结果作出解释。

这些都是执行供应合同的案例。据我所知，只有在4起案件（都是在申诉委员会的商事分支）中，法官拒绝执行违反“萨拉姆”规则的供应合同。在2006年、2009年和2013年的3个案例中，合同是按照描述销售的货物，因此是按照“萨拉姆”的方式销售的，但在支付价格方面有所延迟。在每一个案件中，法院都在不提及“萨拉姆”规则的情况下宣布合同无效，而是含蓄地以供应商在订立合同时并不拥有货物为理由作出了判决。在这3个判决最早的一个中，供应商也是产品的制造商，但法院没有提及这一事实或“伊斯提斯纳阿”的合同。2009年发布的第四个案例是我发现的唯一在合同无效时明确援引“萨拉姆”规则的案例。它涉及与一家钢筋制造商签订的合同（该合同显然可以被解释为“伊斯提斯纳阿”合同）。法院坚持，除其他事项外，必须准确地预先确定数量，并在签订合同时全额付款，这两点合同都没有要求。

5.3 观察到的沙特实践的可能学术理由

如果我们退后一步，看看所有这些涉及供应的案件，我们会注意到，这些法院很少明确地或系统地应用到目前为止所描述的规则来解释为什么他们裁决执行或不执行供应合同。例如，我们没有观察到法院仔细检查关键事实问题（卖方是否已经拥有货物，合同是否安排制造货物，订立合同时买方是否已足额付款，等等）。当然，少数案例确实突出了这些问题中的一个或几个，作为其裁决的关键——将合同解释为“伊斯提斯纳阿”或“萨拉姆”合同，或者坚持卖方应拥有货物。但是，在大多数情况下，法院似乎是根据一个先前的结论来操作的，即供应合同是一个常规合同，其有效性并不主要取决于这些问题。当然，这是申诉委员会行政分支的法官的责任，他们通常执行“尼扎姆”法，因为管理政府与私营部门签订合同的“尼扎姆”推定供应是合法的，甚至规定了政府供应合同的条款。我们确实注意到，所有从合法性角度为供应合同提出辩解或质疑的案例，无论是有意的还是心照不宣的，都来自商事分支。

为什么法院对供应合同的处理（几乎被一致接受），与同一法院对基于利息的银行业务的立场如此不同？就供应合同和以利息为基础的银行业务而言，长期以来，实际情况一直迫使沙特阿拉伯遵守国际商业惯例。尽管如此，普通法院拒绝执行涉及利息的交易，导致设立了一个专门法庭来裁决案件，并相关交易。即使在行政案件中，该制度的安排也不要求申诉委员会法官对公开涉及“里巴”的交易作出判决。但对于供应合同，法院被期望不断地对供应合同作出裁决，他们愿意这样做，而且通常支持供应合同。所以这里有一个需要解释的区别。

一个基本点有助于解释这种差异。尽管有禁止有息银行业务的对于“里巴”的禁令，和使许多供应合同受到质疑的对于“加莱尔”的禁令，这些禁令经常被认为是赋予伊斯兰合同和侵权法独特形式的最重要原则，但“斐格海”也承认它们之间有重要性顺序。对于“里巴”的禁令是更绝对的。这有很多原因，首先是理论原则上的差异，《古兰经》本身以最强烈的措辞禁止了“里巴”，而“加莱尔”的禁令主要源于《古兰经》对赌博的禁止，以及对各种具体法律裁决的推论。另一个区别来自纯粹的世俗现实：“加莱尔”永远不可能被完全消除。例如，如果一个人买了房产之类的财产，关于该房产还是有很多隐藏和未知的东西。因此，正如马利克派明确持有的著名观点，“加莱尔”只有在过度（fāḥish）时才被禁止，而无须在不显著时（yasīr）被禁止。也许这种差异导致的结果是，正如我们将在下面看到的那样，“斐格海”允许某些与现代供应有相似之处的合同，尽管它们违背了一般原则。

但是，即使考虑到“加莱尔”禁令不那么严格，许多（也许是大多数）现代供应合同也明显违反了长期存在的普遍的“斐格海”原则。我们仍然需要作出解释，作为商业领域“斐格海”的代表人物，申诉委员会的法官们是如何几乎一致地执行此类合同的。考虑到他们对“斐格海”原则的一贯忠诚，我们必须假设存在一种或多种“斐格海”理论来证明当代对供应合同的相对接受。

但是，引人注目的是公布的判决并没有明确说明这些理论，我将在下文第5.4.2节中回到这一点。因此，我们需要在学者的著作和“法特瓦”中寻找这样的理由。下一个任务将是审查权威的“法特瓦”和受人尊敬的当代学者的著作，包括学生的论文，以了解哪些理由可能会影响法官。但是，再次说明，下列可能的理由中，没有任何一个我们可以引用一个明确依赖于它的沙特判决。

5.3.1 将焦点缩小到“延迟供应”

当我们开始回顾学术观点时，让我们把焦点缩小到供应合同的一个子集，那些对我们的目的来说最重要的供应合同。同样，现代术语“供应合同”是一个广泛的术语，即使在国际商业实践中也缺乏任何单一的定义。更糟糕的是，它来自非伊斯兰法律，它的定义与“斐格海”类别无关。因此，让我们把重点缩小到“延迟供应”。“延迟供应”符合下列所有情况：（a）卖方在订立合同时并不拥有货物；（b）买方签订合同，约定在未来某一特定时间支付部分或全部合同价款；但（c）符合“斐格海”规则下有效合同的其他要求，包括在签订合同时明确规定双方应履行规定，排除履行数量、时间等方面的任何疑问或不确定性。

5.3.2 通过与传统“斐格海”先例类比得出的理由

5.3.2.1 接受“伊斯提斯纳阿”有效可能会影响结果

沙特广泛接受延迟法的一个可能的原因（虽然是一个相当模糊的原因），是最近对晚近哈乃斐理论原则“伊斯提斯纳阿”的接受对学术和司法逻辑的影响。根据这一原则，正如我们所看到的，许多由卖方安排制造所供应货物的“延迟供应”都是合法的。在传统的罕百里学派下，这样的交易不被给予特殊待遇，而是被视为“交付被描述物的义务的销售”，或使用雇佣合同规制。鉴于罕百里学派总体上表现出的其主要原则的内部一致性，而它将未来制成品的销售定义为“萨拉姆”（预付款交易），转变为定义为其他东西，这使该学派的结构变得紧张。对于沙特法官或学者来说，接受哈乃斐派的“伊斯提斯纳阿”就是接受“伊斯提斯纳阿”合同的某些法律特征，学者们之前已经意识到这些特征，但选择忽略，坚持使用“萨拉姆”或其他合同。这些特征包括以下几点。首先，“伊斯提斯纳阿”不仅像“萨拉姆”一样要求在未来的特定时间交付符合要求的货物（不考虑其来源），而且还要求委托制造这些货物的卖方对制造负责。换句话说，需要完成一项特殊的工作，而不仅仅是按时获得和交付所需的货物，这是每个卖方都要承担的任务。在旧时的罕百里学派中，这样一个要素——委托工作而不是提供货物——需要一个另外的合同，即雇佣。其次，在“伊斯提斯纳阿”中，人们使未来的销售依赖于特定的制造商或制造过程，而在“萨拉姆”中，这是不允许的——例如，人们不能在规定小麦是特定农场的产品的情况下购买小麦。在“萨拉姆”中，这一要求的目的是通过消除围绕任何独特物体、过程或来源的破坏与损失的风险，从而减轻“加莱尔”。而明确地说，“伊斯提斯纳阿”承担了这样的风险。第三，在“伊斯提斯纳阿”中，买方和卖方不仅隐含地接受与独特来源有关的这些风险，而且还接受根据客户的独特要求而制造货物的合同所产生的其他风险。在“伊斯提斯纳阿”的典型案例中，顾客寻求一种完全独特的鞋，鞋子符合买家的尺寸和偏好的风格；而在“萨拉姆”中，典型标的是在履行时市场上可获得的完全通用的商品。也许是考虑到这些额外的风险，“伊斯提斯纳阿”合同允许买方延迟付款，直到货物交付并符合规格。第四，“伊斯提斯纳阿”在罕百里派所理解的“戴因”或“在‘迪马’下”（fī al-dhimma）中引入了细微差别。在“伊斯提斯纳阿”中，只有通过描述才知道的东西被隐含地——但通常是直截了当地——视为“艾因”，或唯一存在的物体，尽管它显然不是独一的，而只是一个通过描述而知的未来的货物，罕百里派称之为“戴因”。其逻辑似乎是，如果货物被狭义地规定，或者与特定的制造过程等具体的东西联系在一起，那么它们应该具有一些（但不是全部）“艾因”的特征，而不是“戴因”。

正如我们所看到的，沙特法官采纳哈乃斐派的“伊斯提斯纳阿”，确实执行了合同，理由是它们符合“伊斯提斯纳阿”的要求，即使付款被推迟了。但是，除了这些简单的案例之外，对哈乃斐派的“伊斯提斯纳阿”的上述特征在法律上相关性的创新性采纳，是否会使沙特法官对所有“延迟供应”产生不同的思考？例如，如果购买者指定了某一型号的电视机或洗衣机，并指定了特定的规格，但他不是与制造商本身签订合同，而是与经销商签订合同，该怎么办？似乎刚才提到的“伊斯提斯纳阿”的特征（这些特征将其与“萨拉姆”区分开来，并可能证明其特殊待遇是合理的），几乎没有受到这种变化的深刻影响。在我们查阅过的案件中，法官们都沉默地回避了这些问题。

假设，接受“伊斯提斯纳阿”所带来的法律推理前提的转变，可能会激励沙特法官和学者制定一套新的、更连贯的复杂规则来管理供应合同，一套能够解释这一新因素的规则，但是，通常情况下，沙特法官和学者不会在如此高度抽象的层面上讨论法律问题。也许这种复杂规则也会考虑其他因素，例如现代制成品性质的变化，或者从世界范围的经验来看，如果在交货时付款而不是在订立合同时付款，那么在合同中的“加莱尔”是否会增加或减少（“加莱尔”的最终罪恶被宣布为引起各方之间的争端）？

在不那么抽象的层面上，我们确实观察到著述者们试图从沙特实践中允许的“伊斯提斯纳阿”合同中吸取更广泛的经验。一位沙特学者苏欧德·素贝提认为，“伊斯提斯纳阿”应该享有“萨拉姆”规则豁免的原因不是卖家安排制造，而是被出售的商品已经由卖家或其他人制造。在一次伊斯兰会议组织学会的“斐格海”专家之间的口头交流中（这次口头交流产生了上文提到的2000年学会第107号关于供应合同的决定），素贝提在首先讨论了卖方拥有货物的买卖合同之后，接着说：

> 如果供应合同的标的是制造业介入的东西——这主要是供应合同所涉及的——比如涉及制造业和服装的设备和食品——所有这些都属于“伊斯提斯纳阿”。学会此前对于“伊斯提斯纳阿”发布了一项“法特瓦”，允许延迟付款或分期付款……
>
> 还有一个问题，这个问题涉及的是制造业没有介入的东西，也不是通过检验或描述出售的特定的东西，即制造业没有介入的被称重或测量的东西。对于这些，必须适用“萨拉姆”合同及其先决条件，即除非预付货款，否则不得出售货物。否则，我们就关上了“萨拉姆”的大门，把它从“斐格海”中抹去了。

专家之间的这些讨论是学会第107号决定的部分基础，如上所述，如果所寻求的货物是“需要（tataṭallab）制造的商品”，则允许将合同视为“伊斯提斯纳阿”。学会的提法似乎并没有遵循素贝提的建议，尽管它的语言在某种程度上可以被解释为同意素贝提的建议。

不难想象，一个学者会如何批评素贝提这样的立场。如果制造本身是重要的事实，那么为什么四个学派都认为，现有的制成品（maṣnū`āt），如果易于准确描述，是由“萨拉姆”出售的商品？事实上，在现代，制成品可能是最保险的可以通过描述销售的商品。令人敬畏的沙特学者欧塞明本人也这样认为。他指出，在这方面，制成品比传统上作为“萨拉姆”商品范例的农产品更好。2007年，有人以个人名义向沙特常务委员会询问他的业务是否符合“沙里亚”法的要求，他从客户那里接受订单，然后在市场上获得货物。委员会宣布，所有这类交易都必须符合“萨拉姆”规则，无论他提供的货物是否为制成品。的确，考虑到构成“萨拉姆”制度基础的“加莱尔”的逻辑，“萨拉姆”中按照描述出售的非特定商品是否曾为制成品似乎并不相关。

反对素贝提方法的第二点是，学者们经常强调“伊斯提斯纳阿”是一种基于货物和劳务的合同，这个概念源自哈乃斐派。如上所述，伊斯兰会议组织学会将“伊斯提斯纳阿”定义为不仅安排货物，而且安排卖方生产这些货物的工作的合同。相比之下，“萨拉姆”除了要求卖方按规定的期限交货外，根本不把货物与卖方捆绑在一起。

另一方面，即便是哈乃斐派学者，也不在“伊斯提斯纳阿”中要求卖家自己进行制造。一些权威著作指出，虽然“伊斯提斯纳阿”既包括工作，也包括“艾因”，而后者才是出售的对象。因此，如果卖方交付的货物是在“伊斯提斯纳阿”合同订立之前就已经由他自己或别人制造出来的，那么，如果买方在货物交付时接受了货物，则该买卖是合法的。鉴于对买方接收货物的要求，所提供的货物似乎是一种不具约束力的替代履行，而不是“伊斯提斯纳阿”本身的履行。因此，对于具有约束力的“伊斯提斯纳阿”，要求所讨论的货物尚未被制造，并且它们的制造实际上是本特定合同产生的需求的结果，并与合同相关联；换句话说，确保它们的实际生产是卖方的责任。这也许是受到哈乃斐派文本的启发，今天的学者，特别是伊斯兰金融领域的学者，允许卖方将实际生产分包给另一个人，哪怕是通过另一个平行“伊斯提斯纳阿”合同。这一概念在伊斯兰金融中得到了广泛应用。一家伊斯兰银行为了为其客户购买飞机提供资金，可能会与其客户签订“伊斯提斯纳阿”合同，要求在一段时间内付款，然后银行签订子“伊斯提斯纳阿”合同，从飞机制造商那里以现金购买飞机。

另一位沙特学者杜卜延·杜卜延撰写了一本关于“斐格海”下现代金融交

易的20卷书，他在关于供应从接受“伊斯提斯纳阿”中吸取经验方面采取了与素贝提不同的方法。对他来说，“伊斯提斯纳阿”合同的重要因素在理论上不是货物正在或将要被制造，而是合同将未来的销售与卖方履行特定工作的义务联系起来（`amal）。他认为供应是类似的：

> 在我看来，供应合同是一种基于完成工作的义务（`amal fī al-dhimma）和交付通过描述已知的商品（ṣil`a mawṣūfa fī al-dhimma）的义务的合同。这不仅仅是一次销售，这份合同是以工作和销售为基础的。在这种情况下，在订立合同期间支付价款不是强制性的；相反，它允许两个对价的延迟。一个例子是“伊斯提斯纳阿”的合同。另一个例子是独立承包商，因为承包商除非完成了工作，否则无权得到他的雇佣费，尽管在签订合同时，他承担了将来执行该工作的义务（`amal … muta`allaq fi dhimmat al-ajīr）。换句话说，对价都是延迟的（即工作及其价格都是未来的义务或“戴因”）。这是哈乃斐派的观点和罕百里派的观点，还有一种是沙斐仪派的观点。
>
> 供应商的工作是供应中必不可少的组成部分。它包括取得商品或服务并向买方提供，该合同就是因此得名的……卖方的工作有时是确保制造，这时卖方就是制造商。根据哈乃斐学派的学说，推迟这两种对价没有任何障碍。
>
> 有时卖方工作不是保证生产，而是将货物从一个国家运输到另一个国家，安排运送给买方，并求助于担保银行，向银行提交一组单据以接收付款。
>
> …………
>
> 通过这样得出供应的裁决，我并没有违反禁止以“戴因”换“戴因”买卖的“斐格海”原则和要求。

正如我们所看到的，伊斯兰会议组织学院没有采取这种做法。杜卜延的提议有一个明显的缺陷，即无论是现在还是过去，商人都需要提供服务来制造和执行销售，因此这种理由可以广泛适用。事实上，典型的“萨拉姆”所涉及的职责与杜卜延举的例子类似。

5.3.2.2 马利克派的“伊斯提吉拉尔”（Istijrār）合同（赊账购买）

为了证明“延迟供应”的合理性，当代学者们从传统的“斐格海”著作中寻找有用的先例。传统资料确实记录了一些学派的观点，支持在合同签订时双方都不履行的各种形式的买卖合同。参考这些，学者们能够论证，“萨拉姆”规则背后的原则确实允许例外，并且这些例外中的一些可能在当代供应合同领域发挥作用。

其中有一类鲜为人知的合同，只得到了马利克这一个学派的完全认可，该合同名为“伊斯提吉拉尔”，是商店或企业的客户“赊账”购买商品的合同。众所周知，最早的麦地那人就实行这种合同，而“麦地那人的实践”是马利克派的法律渊源之一，这是马利克派采纳它的理由。的确，“伊斯提吉拉尔”有时被称为“麦地那人的买卖”。早期的文献对它的描述缺乏精确性，导致后来的学者们发现了此类合同有许多可能的变体，其中一些或全部可能是假设的。以下是“伊斯提吉拉尔”如何被实践的一种描述，这是该学派的创始人马利克据说已经批准的一种形式：

> 在买肉的时候，我们每天取两到三个勒特尔（raṭls，一种重量），价格支付推迟（到已知的时间）。马利克说：“我不认为这样做有什么害处，只要食物（的种类和数量）是已知的。如果价格推迟一段时间，我看没有什么害处。”这（即对这种做法的描述）表明，这在人们中间是众所周知的。马利克和他的同伴们根据麦地那的惯例，在两个条件下允许这样做：第一，（买方）开始拿走他以“萨拉姆”买的一些货物；第二，这些货物来自“萨拉姆”接受者的库存品。因为这不是纯“萨拉姆”（可能是由于卖方通常有库存货物并有待检验），所以可以推迟支付（价钱）。而且，因为（尽管如此）这不是购买任何具体的或实际确定的东西，一旦买家开始拿走第一部分货物，就可以推迟全部货物的交付。

关于这种早期做法的另一份报告特别指出，麦地那没有人“认为这是以‘戴因’换‘戴因’的买卖”。在后来的马利克派评论中，学者们坚持一种解释，即合同需对每天的确切数量和总量进行说明（早期报告中有一点模棱两可——“两到三个勒特尔”），否则，他们就认为，合同将不具有约束力，双方只有在每次实际交易后才具有约束力。其他权威人士从早期的报告中推断出这类“伊斯提吉拉尔”的其他条件：包括卖方是在提供有关货物方面“不断工作”的人（例如面包师或屠夫）；还包括第一次交货之前的时间、其余交货之间的时间、支付最终价钱之前的时间（例如一个月或更长时间），在习惯上不被视为“延迟”，而只是可以忽略的短暂推后。对于研究供应的当代学者来说，对这一久远的先例的关注点在于，它批准了一种与现代“延迟供应”非常相似的合同，只有一个主要的保留——它要求买方开始接收货物之前和后续收货之间的间隔时间按照习惯不被归为合同的延迟，而只作为微不足道的短暂推后。

然而，除了马利克学派以外，没有学派采纳这一先例，至少没有以有约束力的合同预先安排的形式接受这一先例，也没有将其豁免于有关“萨拉姆”和以“戴因”换“戴因”销售的规定之外。例如，罕百里学派根本不使用这个术语，这是通过网络搜索许多权威的罕百里派著作所显示的。该学派确实允许一些平行安排，比如商品已经为卖方所有、买方可以提前选择的销售。罕百里派学者伊本·盖伊姆与该学派的主流观点不同，他不仅接受类似“伊斯提吉拉尔”的合同，而且增加了一个特征，使其对“斐格海”规范更具挑战性。伊本·盖伊姆是著名学者伊本·泰米叶的主要弟子，在许多观点问题上是伊本·泰米叶的主要阐释者，以其特有的活力，甚至是激烈的态度为伊本·泰米叶的观点辩护。如前所述，他和伊本·泰米叶的一些观点，但远非全部，被纳入后来的罕百里学派，现代沙特学者虽然非常尊重这两位学者，但并没有统一地采用他们的立场。我们在第4章中看到，这两位学者关于合同的各种观点在现代沙特阿拉伯和其他地方都得到了广泛接受。

伊本·盖伊姆极力主张一种做法的有效性，即一个人与经营特定商品的商人签订合同，根据该合同，他每天以当天的现行市场价格从商人那里获得固定数量的该商品，并承诺在月底支付所获得的货物的价款。在本合同中，总数量是已知的，但总价格是未知的，也没有提前支付。虽然没有明确表示，但很明显，伊本・盖伊姆认为这份合同对双方都具有约束力。他指出，许多学者反对这种合同，认为它是无效的，对这些学者来说，唯一有效的方法是买方每天单独协商当天的购买。他没有明言，但这意味着买方将每天谈判，以便将信贷延长到月底，卖方可能选择不给予延长，也可能同意延长但索取更高的价格。伊本・盖伊姆提出了另一种选择——他称之为“计策”（ḥīla）——批评他的方法的人也会接受这种选择。那就是买方事先协商借出当月的全部货款，每天一点一点地提货。这种贷款必须以实物偿还，因为（他认为）货物是可替代的。但在月底，买方与卖方达成协议，以现金“购买”贷款，而不是以实物支付，因为如果债务人和债权人直接达成协议，这种购买是允许的。但是，伊本・盖伊姆指出了这一“计策”中的一个缺陷，即结算不能提前完成，而只能在销售发生之后才进行。问题是，如果结算时的价格下跌或上涨（与前一个月的平均市场价格相比），那么处于不利地位的一方可以坚持以实物交付，将其损失转嫁给另一方。伊本・盖伊姆没有提及许多学者都会接受的第三种不切实际的选择：买方与卖方签订一份“萨拉姆”合同，允许每月的每天交货，提前支付价格。

伊本・盖伊姆严厉谴责了那些拒绝这一合同的人（他们似乎包括了所有追随四大学派中任何一种主流观点的人）：

> 他们认为占有是无效的，不是转让所有权，类似于强夺占有，因为它是无效合同下的交付。
>
> 但是，除了那些对自己特别严格的人之外，所有的人都这样做，并且他们发布宣告其无效的“法特瓦”的同时，发现没有其他选择……
>
> 伊本・泰米叶说：那些禁止（以未来市场价格规定合同价格）的人无法避免它，相反，他们会陷入其中。在圣书、“逊奈”、社会的共识、一名圣门弟子的声明或一个有效的类比中，没有任何东西禁止它。

上述段落展示了伊本·泰米叶关于合同法和民事交易立场的一些共同特征，正如伊本·盖伊姆所极力阐述的那样。一个特征是伊本·泰米叶支持实践，在实践中实现“沙里亚”法认可的人民利益（maṣāliḥ），同时不以任何方式违背“沙里亚”法原则，除了在一些狭隘的技术意义上。在他看来，这类技术问题需要在着眼于这种做法所带来的利益和损害之间的平衡的情况下进行整体决定。否认这些做法的学者的错误是没有充分考虑那些更大的“沙里亚”法价值。

伊本·盖伊姆通过他的意见实际上是赞同上面讨论的马利克派的“伊斯提吉拉尔”合同，因为他提议的合同符合其要求。不同之处在于，他更进一步，假设价格由每天的市场价格决定。（我将在下文第5.5节进一步讨论他的意见的后一个方面。）

在这种情况下，正如在许多其他情况下一样，后来的罕百里学派并没有因为伊本·泰米叶或伊本·盖伊姆而动摇自己的立场。布胡提提到了一些与伊本·盖伊姆的模式非常相似的东西，但没有说明它是否涉及双方之间的事先合同，更不用说具有约束力的合同了。在另一个语境中，根据罕百里派长期接受的观点，布胡提认为，基于未指定，但将在未来根据某种标准——如市场价格——确定的价格，进行约束性销售的想法，存在不确定性（jahāla），因而是无效的。允许这样的销售是伊本·泰米叶与罕百里派最著名的分歧之一。

一些当代学者提出，马利克派的“伊斯提吉拉尔”是主张普遍接受“延迟供应”的关键依据。叙利亚学者瓦赫巴·祖海利以其对逊尼派“斐格海”裁决的简明现代汇编而闻名，他在沙特阿拉伯广为读者了解和尊敬，他将供应合同描述为仅仅是一个框架协议，其中进行了多次单独的销售。他说供应合同“实际上仅仅是受益人一方和提供这些服务的一方之间的第一份协议。这是一个最终分解为重复的单个合同的协议。每当供应商出示所售货物的发票并标明价格时，从这一行为中获益的一方就会出示对这一行为的确认，并就所出示的这一交易向供应商支付价格”。

在这样的交易中，他不觉得有什么障碍，因为要买的东西是事先通过描述知道的，而且随着时间的推移，货物被呈现给买方并为买方所接受，整个合同本身就分解成许多单独的特定交易。事实上，他声称这完全符合哈乃斐派支持的一个类似“伊斯提吉拉尔”的合同。用他的话来说：

> 这不是一个关于未知商品或未知价格的故事。不确定性在实践中被这些描述所消除。它是某种被描述的东西的销售，通过与另一方签订的一般协议、一般框架，对供应商提供的东西有确切的具体描述。因此，在结果中，协议变成了一个具体的和精确的销售。这就是哈乃斐派人所确认的“伊斯提吉拉尔”销售。虽然我确实尊重尊贵的谢赫·穆罕默德·塔奇·奥斯曼尼（将在下一节讨论）伟大而深刻的研究，但没有必要陷入诸多复杂的问题。这是一场我们已经卷入的争论。我们发现，那些从事这些交易的人没有我们在“斐格海”层次上讨论得那么错综复杂。因此，供应合同实际上是一种公认的买卖合同，其内容是约定的。从“沙里亚”法的角度来看，这没有什么障碍。学者们在他们所谓的“伊斯提吉拉尔”销售的旗帜下确认了这一点。

然而，祖海利并没有解释，根据他的概念，一份供应合同——一种框架的预先协议，而不是真正的买卖——是否会在合同的整个生命周期内约束双方遵守。如果没有这样的约束作用，他的提议就不会成为现代供应合同的模型。事实上，根据已故的哈乃斐派学者们提到的，祖海利所指的哈乃斐形式的“伊斯提吉拉尔”就是这样一种纯粹的框架安排；学者们明确指出，在卖方尚未拥有货物且买方尚未看过货物的情况下，“伊斯提吉拉尔”不具有约束力，而只有根据它进行的个别交易才具有约束力。从这个意义上说，他们不像马利克派人那样支持“伊斯提吉拉尔”合同。

因此，对于面临当代供应合同的当代学者来说，可以从马利克派学者和伊本·卡伊姆关于“伊斯提吉拉尔”的观点中吸取的是，除了哈乃斐派的“伊斯提斯纳阿”之外，“斐格海”中确实存在的一些情况，在这些情况下，货物可以只通过事先描述以已知（或可知）的价格出售，最重要的是，在签订合同时无须支付货款。但是“伊斯提吉拉尔”作为现代供应合同的一般理由确实有其缺陷。首先，“伊斯提吉拉尔”倾向于将卖方已经拥有相关货物的想法（有时是隐含的，有时是明确的）纳入其中，这通常不适用于供应合同，我们也假设它不适用于我们现在考虑的合同，即延迟供应合同不适用。其次，“伊斯提吉拉尔”作为例外的地位似乎取决于这样一种观念，即在合同主持下进行的单个的定期交易发生在各方当事人之间，这些当事人当时看到了现有货物，并对其表示认可，甚至可能对其价格表示认可。对于马利克派学者和伊本·盖伊姆来说，如果合同以这样一种方式执行就足够了，即这两种假设经常是事实，而不必坚持它们；对他们来说，最初的“伊斯提吉拉尔”协议本身就可以在期限、价格和数量方面约束双方。但对于所有其他学派，甚至马利克学派的一些学者，他们起点是怀疑这些假设，并认为“伊斯提吉拉尔”本身不具有约束力，只有在此基础上达成的单个交易才具有约束力。根据学者们关于“伊斯提吉拉尔”交易的普遍实践的评论（但没有其他证据），来假设的过去的商业行为，似乎在行为中，当事人的行为可能永远不会严格遵守这两个方面（卖方的优先所有权或买方的批准权），然而合同是被容忍的，甚至可能是被强制执行的，可能在所有教法学派都是如此。那些作出上述两种假设的学者，包括马利克派学者和伊本·盖伊姆，认为他们这样做是因为该合同满足了人们的基本需求，并且被广泛实施，而没有导致不公正。但就为维护现代供应合同提供严格的先例而言，“伊斯提吉拉尔”确实有这些缺点。

值得注意的是，对于接受“伊斯提斯纳阿”的人来说，“伊斯提吉拉尔”与“伊斯提斯纳阿”部分重叠。“伊斯提吉拉尔”的典型案例涉及条形面包或屠宰的肉，两者都涉及制造要素。但是“伊斯提吉拉尔”经常在非制造的商品的案例中被提到，比如每天供应的蔬菜或水果。

马利克派对“伊斯提吉拉尔”的看法，就像哈乃斐对“伊斯提斯纳阿”的看法一样，在传统的“斐格海”中只有少数人支持。如果我们比较在传统“斐格海”中这两个先例的权威，那么今天的哈乃斐派的“伊斯提斯纳阿”的形式所依赖的权威可以说不如马利克派的“伊斯提吉拉尔”——它只在一个学派中得到少数人的支持，只是在晚些时候才成为该学派所青睐的观点；相比之下，马利克派的“伊斯提吉拉尔”从一开始就拥有马利克派的优先观点地位。但是，有趣的是，尽管如此，现代学者还没有像接受哈乃斐派的“伊斯提斯纳阿”那样接受马利克派的“伊斯提吉拉尔”。

5.3.2.3 供应作为承诺的交换

当代学者在努力为现代延迟供应合同提供“斐格海”基础时借鉴的另一个早期先例是，将相互承诺作为真正合同的替代品。

在第4.4.1.2-a节中，我讨论了何时在“斐格海”下的承诺被认为具有约束力的问题，注意到除了在宗教上之外，它们通常不具有约束力，以及合同如何从不被解释为承诺的交换（而在大多数法律制度中是如此解释），因为这种交换会违反对合同的规定，双方的履行都要到未来才实现。例如以“戴因”换“戴因”的买卖。同样，在“斐格海”的概念中，通常在每一份合同中，有一项履行条款需在合同签订后即立即完成（即使只是在法律理论中），例如在买卖合同中立即转让所有权，即使实际交付可能有些延迟。在第4.4.1.2-a节中，我还提到1988年伊斯兰会议组织学会的“法特瓦”（第40—41号决定），该决定试图在承诺的概念中找到解决伊斯兰金融业大量使用的“穆拉巴哈”金融交易所面临的困难的办法。该学会主张在某些情况下保持承诺的约束力。在当前的情况下，审查该“法特瓦”的实际措辞是很有用的：

> 1.（在“斐格海”中）一项承诺……没有任何借口地在宗教上对承诺人具有约束力，如果它规定了（回报）对价并且承诺人因承诺而遭受损害（成本或不便），则该承诺具有法律约束力。在这种情况下，义务所要求的要么是履行承诺，要么是对事实上由于无理由不履行承诺而造成的损害进行赔偿。
>
> 2. 相互承诺（muwā`ada）——双方发出的承诺——是允许的……它规定了承诺人双方或其中一方将来的买卖选择权利。如果没有选择权利，那么它是不被允许的，因为有约束力的相互承诺……类似于买卖本身。

在寻找延期供应合同的解决方案时（延期供应合同实际上也是一种交换未来履行的合同），一些学者采取了这样一种观点，即不将延期合同视为一种合同，在未来具有约束力，而是将其解释为一种框架，把它当作仅仅是承诺的交换，以涵盖未来的销售。这一解决方案的主要支持者是巴基斯坦学者穆罕默德·塔奇·奥斯曼尼，他是伊斯兰金融领域的领军学者。与上文引用的素贝提和祖海利一样，他在2000年伊斯兰会议组织学会发布上文提到的第107号决定之前向该学会提交了一份研究报告。在专家们的口头讨论中，奥斯曼尼解释道：

> 我对供应合同的构造基础是，它是双方之间具有约束力的相互承诺，而不是决定性的契约。我之所以采取这种立场，只是因为几个世纪以来，绝大多数法律学者都同意不允许出售不存在的东西，也不允许两个东西都延迟交付的买卖。对于我们来说，与其提出与大多数学者不同的观点，我们更容易认为，这是双方同意在晚些时候执行合同的相互承诺，需要在晚些时候要约和接受。唯一的困难是，我们尊敬的学会已经发布了一个决定，如果一个承诺只来自一方，那么它可以被认为是有约束力的，但如果它是来自双方，成为一个相互的承诺，那么它不可能是有约束力的。

在这一讨论以及提交给该学会的一篇文章中，奥斯曼尼认为，当该学会设定的相互承诺不具有约束力时这最后一个限制，即其推理中的关键一步是错误的——学会假设这种相互承诺等同于或几乎等同于它试图取代的合同，这种合同将约束双方在未来的某个时间转移货物并支付货款。相反，奥斯曼尼认为，不存在这种相似性，因为相互承诺的后果与买卖合同的后果不同。“斐格海”中的买卖合同，在合同签订的那一刻起，财产的所有权就转移到了买方，而货款就变成了他要承担的债务。但这两种影响都不会发生在双方承诺将来进行买卖的情况下。更确切地说，每一个承诺者都有义务要么签订合同，要么赔偿由于他没有这样做而给另一个承诺者造成的实际损害。

简要评论一下奥斯曼尼的这一论点。似乎他所依赖的只不过是在理论上，有时在后果上的差异，在大多数法律体系中，买卖合同只承诺在未来实际支付货款和交付货物，而在伊斯兰法中，买卖合同在理论上是一种交换，其中只有一种可以采取未来义务的形式。奥斯曼尼没有讨论为什么前一类的合同从未在伊斯兰法中得到认可或用于实践，以及是什么使伊斯兰法坚持认为合同不是承诺的交换。目前尚不清楚的是，为什么会有这样一种观点，指出在执行过程中，伊斯兰法律有意识拒绝的一种有约束力的交换，和伊斯兰法律接受的合同之间的区别，却会成为一种支持前者、推翻古老禁令的观点。此外，正如其他学者指出的那样，奥斯曼尼宣称涉及制造的“延迟供应”具有约束力和有效性，而将不涉及制造的“延迟供应”重新构建为相互承诺，这似乎是不合逻辑的。另一个反对意见是，人们确实发现哈乃斐派学者在分析像“伊斯提斯纳阿”或“伊斯提吉拉尔”一样的类似供应合同的合同时提到了相互承诺的概念，但是他们专门利用这个概念来分析合同不具有约束力的情况下双方的相互作用，他们并没有把相互承诺作为使这些安排具有约束力的理由。

无论如何，伊斯兰会议组织学会在2000年的决定中没有采纳奥斯曼尼的建议。关于不涉及制造、不预先付款的合同，该学会将其定性为仅仅是相互承诺的。但是，该学会没有像奥斯曼尼那样宣布其具有约束力，而是宣布其并不能强制履行，除非其起草方式使至少一方不受约束：

> 如果买方在订立合同时未支付全部货款，则合同无效，因为该合同建立在了对双方有约束力的相互承诺的基础上。学会第40—41号决定指出，有约束力的相互承诺近似于合同本身，在这种情况下，买卖是“两个东西都延迟交付的买卖”。如果相互承诺仅对双方中的一方有约束力，或对双方都没有约束力，在签订新合同或完成交付的条件下，是允许相互承诺的。

显然，这样的解决办法不足以支持供应合同的国际实践，这些合同必然对双方具有约束力，而且是在货物或其价格的任何实际转让之前也具有约束力。

然而，2000年的这一决定并不是该学会就供应合同作出的最后决定。2007年，该学会发布了第三个重要的“法特瓦”，第157号决定。这一次是关于什么时候相互承诺可以被认为是具有约束力的一般性问题。该学会首先重申，作为基本原则，双边承诺仅在宗教上具有约束力，而不是作为法律证据。但它随后采纳了奥斯曼尼的提议，但只是作为特殊情况下的例外——这种情况可以说涵盖了大多数供应合同：

> 3. 在因买卖标的物不在卖方所有权下而无法执行买卖合同的情况下，需要与普遍需要（ḥāja`āmma）一起约束双方在未来履行合同内容，无论是由于成文法或其他的规定，还是由于国际贸易惯例的规则。例如为进口货物开立信用证单据，则允许通过政府立法或双方同意协议中的条款，使相互承诺对双方具有约束力。
>
> 4. 在第三条所提到的情况下，具有约束力的相互承诺在法律上不是“附加于未来的买卖”（muḍāf ilā al-mustaqbal），因为标的物的所有权没有转移给买方，货款也没有成为买方的债务。在约定的时间，通过要约和承诺，买卖合同才生效。
>
> 5. 如果在第三条所述的情况下，相互承诺的一方不履行其承诺，则他在司法上将被强制履行合同，或承担另一方因其违反承诺而遭受的实际的、已产生的损失（不包括丧失的机会）。

显然，这一决定纳入了1988年关于在“穆拉巴哈”合同中强制执行承诺的第40—41号决定或2000年关于供应的第107号决定中没有提到的一个新因素。这就是，根据普遍需要，相互承诺可以作为“斐格海”原则的例外而强制执行。在这一点上，学会可能依赖于奥斯曼尼从哈乃斐派学者卡迪·汗（卒于1196年）著述中发现和引用的一句话：“相互承诺可能具有约束力，因为使它具有约束力是人们的需要。”该学会明确指出，国际贸易惯例和成文法的要求可能是这种必要性的原因。

换句话说，随着时间的推移，对于把供应重构为一个有约束力的相互承诺，伊斯兰会议组织学会的态度从拒绝到接受。也许这只是因为卡迪·汗的表述（这一点需要验证）。它为奥斯曼尼的解决方案提供了一个历史先例，但只有在有迫切需求的情况下才会发生。由于缺乏这样的早期权威，也许奥斯曼尼的重构非常类似于现在伊斯兰银行设计的计策（也是其主要支柱），这些设计也是由传统材料构成的，但实际上是全新的，特别是在实际使用时（如

murābaḥa li-āmir bi-shirā' 和 ijāra muntahiya bi-al-tamlīk，如最后一章所讨论）。

关于这一解决方案，最后要说明的一点是，只有在接下来的三章讨论违约救济后，才会完全清楚，学会在这里采用的备选解决方案，即相互承诺，从国际惯例的角度来看，作为卖方违约的一种救济，与“萨拉姆”或“交付被描述物的义务的销售”提供的救济相比，并不是更差，而是更好。后者只允许失望的买家在取消和等待之间作出选择；前者允许买方获得违约所造成的损失的赔偿，这是国际上的救济方式。然而，相互承诺与后者仍然有一个关键的区别：相互承诺规定的救济只限于买方信赖合同所造成的损失，而不包含买方的预期损失，如损失利润或机会。

5.3.3 出于必要性而作为一般原则的暂时例外的理由

到目前为止，在我们寻找当前沙特支持“延迟供应”的惯例的隐藏的本源时，考虑了将供应合同与传统上接受合同的类比。另一种非常传统的方法，甚至可以说是更传统的方法，是以暂时的必要性为理由，迫使人们去做本来被禁止的事情。这援引了完全符合宗教规范的必要性原则，该原则源于《古兰经》本身。关于禁止不洁之物作为食物的问题，《古兰经》第2章第173节有明确规定。

学者们对这一学说的阐述超越了简单的生与死的必要性。他们引入了“需求”（ḥāja）一词，即一种效用，这种效用不会上升到如此可怕的程度，但如果它总体上影响到所有人，也会为作出被禁止的行为提供借口。事实上，这种观念被广泛接受，甚至被宣布为法律原则：“普遍的需要等于个人的必要（ḍarūra）。”哈乃斐派的来源则更进一步，提供了只包括特定的群体的“需要”，比如手艺人或城镇的居民，等于该群体成员的“必要”。

基于这一古老的“沙里亚”法原则，沙特法官可以以沙特商人参与全球经济所面临的必要为由，支持供应。沙特学者乌萨马·拉希姆采用了这一观点，并宣称这是最受支持的立场。研究现代交易（包括银行业务）“斐格海”领域的知名非沙特学者纳齐赫·哈马德也持同样观点。

5.3.4 不依赖与过去类比而在一般理论层面论证得出的理由

鉴于以上所述，必须承认，在传统“斐格海”中为不涉及制造的“延迟供应”寻找理由并不是完全成功的。最负盛名的国际“斐格海”学会最终认可供应作为一种合同形式的替代性建构。学者们承认，传统的“斐格海”基于既定原则而故意拒绝了这种合同，而该学会以普遍需要为理由将其作为原则的例外。另一种解决方案也得出了类似的结果，理由是商人的需要暂时迫使其如此进行，若非如此，将违反“沙里亚”法的基本原则。

一些学者认识到这些从先例中得出的论据的弱点，干脆放弃了依靠过去的裁决和概念来证明供应的正当性的努力，转而从“沙里亚”法的首要原则重新证明供应合同的正当性。我将讨论进行这种尝试的三种方式。

5.3.4.1 供应作为现代的合同创新

第一种观点认为，供应是一种全新的合同，在历史上是前所未有的，因此是独立的，使得过去的裁决即便不是毫无关联的，也是离题万里的。两篇沙特的论文，一篇是硕士学位论文，另一篇是博士学位论文，都表明了他们对这一结果的偏好。我将跳过这一论点，原因有二：首先，这种观点的大多数支持者将他们所讨论的合同定义为没有约束力，甚至是可撤销的，因此不能与一开始的供应合同相比较；其次，由于争论似乎依赖于指出供应与其他合同之间的差异，而这些差异传统上正是供应被禁止的原因之一。声称一个合同是全新的总是一个很难的论点，因为大多数“新”合同的组成部分，在伊斯兰法中通常允许类比的范围内，可以与某个“旧”合同进行类比。此外，在这个例子中，传统的“斐格海”学者在对我们讨论过的各种合同形式发表意见的同时，并没有忽略供应中与“沙里亚”教法有关的任何元素。事实上，这些因素似乎在传统的“斐格海”中受到了极大的关注。因此，认为合同是全新的论点，似乎不需要重新审视过去已经研究过的该合同的各个方面，而是要从经济、金融和商业关系的本质发生根本变化的主张出发。这样的论点在银行存款和贷款的案例中被尝试使用过，伊斯兰法学者从未接受过它。

5.3.4.2 人们的需要或“利益”作为“伊智提哈德”的指引

第二种方法再次转向人们对供应合同的需要。但这一次，这一论点并不是作为对规则的勉强例外而提出的，而是为了推动一种新的“伊智提哈德”，一种不是陈腐和仿造的，而是对当前需求作出反应的“伊智提哈德”。

沙特学者易卜拉欣·塔纳姆提出了这样的论点，并有效地引用了他的罕百里派前辈伊本·泰米叶的话，后者正是以这种形式的推理而闻名。塔纳姆坦率地承认，在正常的“斐格海”规则下，没有制造的“延迟供应”是不允许的，他描述了迫使沙特阿拉伯几乎所有商人，无论大小，都要进行多次“延迟供应”交易的实际必要性，以及这种类型的合同赋予他们的实际优势：

> 人们对以这种形式的供应进行交易的需求是明显而普遍的。大多数交易者都试图签订这种类型的买卖合同，因为买卖双方都能从中获益。其中没有欺诈（ghubn），没有不确定性，也没有放高利贷的嫌疑。宣布这一合同无效将给人们带来严重的困难，并导致市场萧条和商品短缺，更不用说如果供应商不履行合同，采购商家将蒙受的损失。

然后，他引用伊本·泰米叶和其他著名学者的观点，在人们实践中经历的已证实的利与弊面前，颂扬“斐格海”的灵活性。他引用伊本·泰米叶的话辩称，“沙里亚”法寻求的是正义，而“斐格海”学者的许多特定推导都是完全错误的：

> 很明显，以货币进行交易基于一个法律原则：“沙里亚”法是适当和温和的。它相似地对待相似的事物，不同地对待不同的事物。同样清楚的是，这些复杂的买卖条件在《古兰经》、逊奈、圣门弟子的例子、类比或古今穆斯林的实践中都没有任何依据，它们也不会带来任何切实的好处。因此，人们会对任何让他们服从这些复杂条件的人感到恼火，并回避这些人。

塔纳姆指出，当所谓的交易依据仅仅是不确定性时，对交易者限制尤其不合适。这再次引用了伊本·泰米叶的话，他因抨击严厉的“加莱尔”而闻名。正如伊本·泰米叶所说：

如果“加莱尔”买卖的害处是它会造成仇恨、愤怒和非法收益，那么，众所周知，如果这种害处被利益所抵消，那么利益就会被优先考虑。就像赛马一样，它提供了“沙里亚”认可的利益，即使是为了奖励也是被允许的……（他还举了其他例子。）众所周知，禁止这些交易对人们的伤害比相互仇恨或非法获利的威胁更大。这是因为它们的“加莱尔”很小（yasīr）……而对它们的需求是迫切的。微小的“加莱尔”被巨大的需要所压倒。整个“沙里亚”法是建立在这样一个原则之上的：如果需要禁止的邪恶遭遇了更大需求，那么被禁止的就是允许的。那么，那些罪恶微不足道的东西是不是更是如此呢？

在解释伊本·泰米叶的其他段落时，塔纳姆认为：

在禁止那些本不被禁止的事情时对人们的严厉，或者在需要改变禁止某些事情的规则时，导致人们转向使用应对“沙里亚”法的策略和技巧，或者让他们做那些他们相信是错误的事情，因为他们需要这么做。这辜负了“沙里亚”立法的一个伟大目标（maqāṣid）——它由共同体实施并得到所有人的尊重，因为它的预期利益不能在它被实施和尊重的情况下完全实现。

当然，有人可能会提出反对意见，认为目前对供应的需要是值得考虑的。拉希姆在调查支持和反对基于需要认可供应的论据时，记录了这样一个观点：

所提到的对供应的需求主要可以通过“萨拉姆”来满足。供应与“萨拉姆”的唯一区别是它不需要预付款。这种需求在伊斯兰

> 教法中是不合法的，不合法的原因是供应商可以通过“里巴”贷款来满足他们的融资需求，而合同的唯一目的是为他们的商品确定价格（即，供应商现在可以获得贷款，而不是像以前那样依靠“萨拉姆”来为他们的业务提供资金）。学者们宣称“仁慈并非源于罪恶”……同样的结果也适用于不符合“沙里亚”的习惯和条件所产生的一般需求。此外，如果为了这些需要，人们打开了背离已经达成共识，几个世纪以来一直遵循的原则的大门，这将导致资本主义制度创造的许多无效合同（如期货合同）合法化。

5.3.4.3 援引“‘沙里亚’法的目标”

第三种方法是通过超越传统理论原则的细节来证明供应的正当性，其意图与上一种方法相似。该方法援引了在第3.2.2.4-b节中讨论过的“‘沙里亚法’的神圣目标”。虽然我没有发现沙特或其他国家学者在供应的案例中仅仅依靠这一理由，但即使在传统的沙特思想中，似乎也没有什么可以阻止引用它。依靠它，沙特学者（或法官）可以根据文本派生的裁决，在实践中的可能结果中重新评估这些裁决，以便就“斐格海”作为一个整体所教导的是神圣立法者所追求的目标而言，选择具有最佳结果的裁决。也许，在对供应的结果进行调查之后，一位学者可能会得出这样的结论：遵循供应的国际标准商业实践，尽管明显违反了有关“加莱尔”的某些文本裁决，但在今天的沙特阿拉伯，它能够更好地实现“沙里亚”关于商法所认可的目标。这种观点也可能会将人们的注意力引向纠正措施，比如由国家进行监管，而不是使合同本身无效。

5.4 结　论

5.4.1 关于在沙特阿拉伯执行供应合同的结论

回顾已公布的案例所反映的对供应合同的执行，我们可以高度肯定地得出结论，尽管存在关于“萨拉姆”和“出售自己不拥有的东西”的“斐格海”原则的担忧，但至少有五种类型的供应合同将由申诉委员会（我们预计，其在商事管辖权中的继任者是商事法院）强制执行。第一类是政府为当事人之一的供应合同，即行政合同。实际上，政府早就决定了这一结果，学者和行政法院似乎并不反对这一结果。接下来，进入私人当事人之间的案件。第二组可执行的供应合同是那些买方在订立合同时已经支付了全部款项，履行了“萨拉姆”规则的合同。第三类是卖方在订立合同时拥有货物的情形。第四类是要求卖方制造或安排制造所供应的特定商品的供应合同。之所以如此，不仅是因为申诉委员会的一些裁决，而且是因为似乎所有当代学者都接受了哈乃斐派关于“伊斯提斯纳阿”的理论原则，将其作为确认此类供应合同（即使是延迟付款）的合法基础。然而，必须承认，这一结论在一定程度上受到以下事实的削弱：在许多沙特案件中，甚至在最近的案件中，法官在支持（在几个相对较早的案件中）或驳回一份供应合同的有效性的过程中，即使存在制造问题，也忽视了这一问题。执行供应合同似乎有保障的第五类情况是，其中一方已经完全履行了合同。总之，任何属于这五种类型的供应合同都很有可能按照其条款执行，即使合同规定延迟支付货款。

如果我们现在转向不属于这五种类型中的任何一种的供应——这些可能是大多数供应合同——我们发现，我们分析的大多数沙特判决执行了这种供应合同，但这里的结果并不一致。一些法院认为这种供应是有效的合同，有些法院甚至在如此裁判的时候引用了“萨拉姆”规则，而根据所陈述的事实，所执行的合同似乎是违反了“萨拉姆”规则的，但还有一些判决持异议，拒绝执行此类供应。只有一个案例明确是因为“萨拉姆”规则而拒绝执行合同。其他3个案例则是以含蓄的理由：它们以卖方在订立合同时并不拥有货物为理由，使合同无效——尽管事实似乎适合援引“萨拉姆”或“伊斯提斯纳阿”作为双方可能理解的解释，因此，卖方有无所有权的问题不是决定性的。

因此，对于这种供应合同——不是行政合同，双方都没有履行，卖方对货物的制造不负责任，卖方并不已经拥有货物，买方延迟付款——似乎人们仍然可以期望这种供应合同得到支持，但不能完全确定这种支持。即便如此，由于我们发现只有一名法官准备在宣布合同无效时引用“萨拉姆“规则，很明显，无论沙特法官对该合同持何种反对态度，他们都不准备对该合同采取强硬立场。这把我们带到了下一个标题。

5.4.2 关于沙特法官和学者的法律推理的结论

从这类案例研究中，关于沙特学者和法官的法律推理，无论是在供应合同方面还是在一般情况下，我们可以了解到什么？一个困难是，如前所述，反对供应的申诉委员会法官没有提供其判决背后的完整“斐格海”推理，支持供应合同的法官也没有这么做。正如第3.2.7.2节所述，这是沙特法律制度的特点，至少直到最近，法院的判决不是法律的渊源，因此不提供扩展的法律分析，将其裁决置于其他法律渊源网络中。在过去的几十年里，随着所服务的法院系统的要求越来越高，法官在他们的判决中更加谨慎地对他们的“理由”（asbāb）作出简短解释，但这些解释提供的推理往往要么接近陈述事实，要么非常笼统。

因此，这种情况要求我们探究法律的实际渊源（学术意见和国家立法），以进一步弄明白司法推理。为了回顾我们的发现，让我们设想一名沙特法官（或法官小组）面临的情况是，在一份既不涉及自有货物也不涉及为该合同制造的货物的合同中，双方都没有完全履行合同。由于这些都是私人当事人，而且由于此事涉及“斐格海”的合同“普通法”，因此没有成文法发挥作用。至于学术观点，最重要的传统和现代“斐格海”观点已经在上面进行了回顾，其中有许多是错综复杂的。

面对这样的合同，法官立即面对这一原则——反对以债换债（bay` dayn

bi-dayn），或者更具体地说，反对对双方有约束力并规定双方延期履行的买卖合同（bay` kāli' bi-kāli'）——大多数人认为该原则是由学者们古老的共识的强大证据所确立的。法官可以立即根据这一原则作出裁决，就像几十年前大多数法官所做的那样，至少在非行政案件中是这样。但是，让我们假设这位法官怀疑这是否是适当的结果，因为供应在沙特已经如此长久和普遍地实行。

我们注意到，这位法官没有官方权威可以求助——没有上诉法院有约束力的裁决（上面提到的所有关于供应的判决都在上诉中得到了维持），也没有沙特穆夫提或“法特瓦”机构发出的限制他意见的“法特瓦”（就像曾经的谢赫穆罕默德·本·易卜拉欣·阿勒·谢赫的观点一样）。我找不到任何具有特别分量的沙特“法特瓦”，比如来自高级乌莱玛委员会，甚至是沙特领导和资助的伊斯兰世界联盟学会。但这种情况正是沙特司法体系所认定的理想——法官根据宪法赋予他的“伊智提哈德”的权力，自行作出裁决。通过他的“伊智提哈德”，他不仅要在抽象上决定对其供应的裁决，而且要对他面前的事实作出适当的法律建构，而且还要将两者结合起来，以达成在他看来根据“沙里亚”法对于他面前的具体案件最好的结果。

现在回到供应合同，法官从他的调查中得到的大部分或全部意见已经在上面讨论过了。综合来看，我们发现没有一个意见能给法官一个简单的答案。对于另一种类型的供应合同，即那些确保商品制造的合同，沙特学者和法官确实在传统“斐格海”中找到了现成的解决方案，即“伊斯提斯纳阿”。然而，似乎仅仅在另一个学派寻找可类比的传统合同并不是神奇的解决方案，因为，如果是这样的话，那么在没有商品制造的供应的情况下，学者们可以简单地采用马利克派的“伊斯提吉拉尔”，并像对待“伊斯提斯纳阿”一样发展和精简它。然而，他们并没有选择这样做。虽然沙特学者似乎已经确信商品制造的独特特征证明“伊斯提斯纳阿”合同是正当的，但显然他们并没有相信“伊斯提吉拉尔”为供应提供了理由，也许这是因为“伊斯提吉拉尔”的合理性仅仅来自一系列由买方在每次交货时检查的自有货物（如混凝土）的近似销售。从沙特的学术著作和司法意见来看，在决定供应的有效性时，他们似乎并不依赖于“伊斯提吉拉尔”的任何论点。

另一种说法是，供应不属于旧的“斐格海”禁令，不应让旧的“斐格海”

禁令影响供应。在某种程度上，这是伊斯兰会议组织学会和塔齐·奥斯曼尼的做法，他们认为供应应该被视为一种有约束力的相互承诺，避开了以“戴因”换“戴因”的买卖禁令。其他人则认为供应合同是一种新合同，在前现代时期不为人所知。但考虑到传统“斐格海”对现代供应的具体条款进行了细致入微地考虑和评估，这样的立场很难站住脚。因此，在我看来，这些似乎也不太可能成为沙特法官行事的依据。

在我看来，在所有这些方法中都没有现成的答案来解决供应合同的问题，那么只有退一步，在更高层次上考虑他面前的合同。在这个层次上，争论不是逃避，而是面对，然后推翻对它的公认的基本反对意见。我们在上面已经看到了三种不同的理由：出于迫切需要的暂时例外；伊本·泰米叶倡导的一种“伊智提哈德”，它考虑了人们当下的需求，平衡了该合同的弊端和合法利益；法律目标理论原则的援引（maqāṣid al-sharī`a）。在我看来，我们假设的法官最有可能转向这些论点之一。但是，有三个这样的原则性解释可以解释为什么应该允许签订合同——即使付款被推迟，而且没有生产——为什么我们发现沙特的法官在其推理时没有公开而有力地给出其中一项解释？对此我们有很多理由。

第一，这三个理论——需要、实用主义导向的新“伊智提哈德”和坚持“沙里亚”法的目标——对法官个人来说都是具有挑战性的。运用它们不仅需要法律知识，还需要有对社会问题、社会商业领域的认识。特定商业惯例的优点和缺点是什么？商人们真的是被迫采用一种特定的做法，还是有其他选择？从历史上看，这样的决定是由每个司法管辖区最重要的穆夫提作出的，他们的“法特瓦”被认为是权威的，甚至对法官有约束力。即使在沙特阿拉伯，在20世纪中叶的几十年里，谢赫穆罕默德·本·易卜拉欣也发挥了这样的作用。

第二，使供应合法化的“需要”“效用”或“目标”，毕竟不是某种物质上的需要，而是法律上的需要——非伊斯兰的规则在世界范围内盛行，从事国际贸易的沙特实体也需要遵守这些规则。承认这种需要是一种必要，如不承认不仅会引发商业法律纠纷，还会引发其他法律非沙特化的预期——从利息银行到妇女权利。正如我们将在接下来的章节中多次看到的那样，沙特的法律制度在许多其他问题上没有屈从于国际商业人士的期望。那么，为什么这次它应该这样做，而不是在其他时候呢？这增加了法官倾向于作出的任何“伊智提哈德”的风险。

第三，即使抛开法官是否能够面对这些利害关系，是否能够利用“伊智提哈德”所要求的全系统的意识和权威不谈，这种情况下的“伊智提哈德”所要求的——搁置一个几个世纪以来一直适用的基本原则——是微妙而复杂的。再次说明，尽管理论上所有的沙特法官都是“穆智塔希德”，但他们不愿意声称自己有“穆智塔希德”的地位。在审查可能的结论的过程中，上面提出的许多观点都强调了一个主要观点——与沙特法律和国际法律惯例发生冲突的许多其他情况不同，对供应合同而言，“斐格海”原则应该让位。这些观点包括：对“加莱尔”交易的禁令永远不可能是绝对的，而且经常为了确保其他令人信服的利益而放弃；传统法律已经在“伊斯提斯纳阿”和“伊斯提吉拉尔”的情况下接受了这种豁免；“伊斯提斯纳阿”的一些特征有助于将其与“萨拉姆”区分开来，这些特征也适用于供应，例如，制成品往往更像特定商品，而不是通用商品；供应合同通常不是一次简单的买卖，而更像是在多个交易中持续的各方当事人之间的一种关系，就像在“伊斯提吉拉尔”中一样；等等。但是，要把这些因素综合起来得出结论仍然是一件困难的事情。

因此，人们必须认识到，对于法官个体来说，作为首位法官，公开地、以充分和明确的推理，确认没有制造的“延迟供应”有效，是很大胆的。

我最后用两点观察结果来结束这次讨论。

首先，沙特的法律体系似乎已经过渡到这样一种状态，供应合同一般不会因以“戴因”换“戴因”的买卖而失效。这意味着一些像刚才描述的那样的“伊智提哈德”已经完成了，尽管没有人声称是“伊智提哈德”的作者。如果我不得不猜测的话，我怀疑这是沿袭伊本·泰米叶的方法，即接受供应，就像之前接受“伊斯提斯纳阿”和“伊斯提吉拉尔”一样，虽然它涉及“加莱尔”，但在当代背景下，它的好处大于坏处。不管这个“伊智提哈德”是什么，它已经系统地出现了，尽管是法官之间一种安静的、非强制性的共识的运作。值得注意的是，这种转变不是通过一些机会主义的或委婉的“伊智提哈德”实现的。尽管沙特和非沙特学者提出了一些简单的方法来确认所有的供应合同有效，但法律体系并没有利用它们。他们本可以这样做：把涉及制造的供应案件，与法院公开接受的哈乃斐派的“伊斯提斯纳阿”合同相比较。

其次，正如我们将在其他案例研究中看到的，以及在商法以外的领域可以观察到的那样，沙特体系中最困难的“伊智提哈德”——比如采纳那些为其他学派接受但长期被罕百里学派拒绝的观点，需要巧妙地重新调整或结合旧观点，在传统中达成前所未有的裁决，或在面对令人信服的情况下对原则作出让步——往往只被默默地采用，不会充分解释它们在“沙里亚”法中的基础，有时甚至不会承认它们与传统法律不同。

5.5　余论：签订时没有确定价格、商品性质或数量的供应合同怎么办？

在开始的时候，我们将讨论限制在这样的供应合同中——两种履行，即货物的供应和货款的支付，在合同签订时就被完全定义，不允许未来的变化。如果我们把范围扩大到许多没有作出这种规定的供应合同，那么我们就会，以不同的方式和更高的程度，再次遇到“加莱尔”的问题。这个问题变成了不只是来自未来进行的交换履行的“加莱尔”，而是变成了原始形式的“加莱尔”（一方或双方“出售”无法知晓或可能永远不会存在商品的合同的履行，bay` al-gharar）。供应合同的履行在未来以完全无法预测的方式确定，这在所有法律制度中都存在困难，通常迫使法官暗示额外的合同条款或强制执行一般合同规范，如“诚信”。

很多被报道的判决都涉及没有提前确定数量、价格或兼有的合同。我们只发现了一个判决宣告这样的合同无效，以禁止“加莱尔”为具体理由。在该判决中，申诉委员会的商事分支声明，只有具体规定了数量，合同才能有效，而允许根据买方的“要求”变动30%以上的数量的条款无效。这个案例是上面提到的少数几个支持供应合同的案例之一，尽管它明确规定了延迟付款，而且这是在承认“斐格海”的“萨拉姆”规则的情况下。但是，尽管采取了这种大胆的立场，法院却对变更条款犹豫不决。这一判决的一个让人不甚理解之处在于，根据2006年的《政府采购法》，如果符合公共利益，政府合同中允许至多20%的变动，这是日常操作的惯例，并在法庭上得到了支持。另外两项商事判决也以其他理由禁止涉及这种变化的合同。第四个商事判决宣称，“估计数量”的生产合同仅仅代表一种购买承诺，对买方的约束力不超过他实际购买的数量。但是，按照上述模式，对于当事人已经履行的合同，法院不宣布合同自始无效。法院就双方过去的交易执行其条款（包括商定的价格）。

大多数案件则与之相反，允许数量变化，至少当数量受某些客观因素支配时。沙特已公布的五项判决——三项行政判决和两项商事判决——支持根据买方要求确定数量货物供应的合同。有两项行政决定维持承包商供应餐食以满足医院需要的合同，按每餐价格确定付款，其中一个案例将合同的这一方面与“伊斯提吉拉尔”和“伊斯提斯纳阿”的先例相类比。第三个行政案例涉及一项合同，向若干公立学校供应其全部用水，总价格不因供水量而变化。政府管理机构在合同到期前取消了合同，原告供应商要求全额赔偿合同价款。法院支持原告，要求政府管理机构延长合同期限，以便原告完全履行合同。法院驳回了管理机构的辩护——即因为水的数量从未定义，所以合同无效。法院注意到，水的数量是由每一所学校的实际需要决定的——如果机构愿意，它可以事先估计这个数量——因此没有涉及足以使合同无效的不确定性。两项商事裁决中的第一项涉及被告向原告提供瓶装水的合同，以便原告能够满足若干个政府办公室的用水需求。本案的一个争论点是被告是否成功终止了合同，或者合同是否仍然有效，因为它提出了这个争论点，所以似乎法院接受了合同的可执行性。它不涉及合同数量条款对其有效性的影响。第二个商事案例将“伊斯提斯纳阿”合同视为合同，而不仅仅是承诺，该合同规定了两批规格略有不同的货物的供应数量，但增加了“或多或少”字样。此外，制造商承诺仅以其所能获得的原材料生产货物。虽然这与缺乏原材料无关，但法院却为制造商完全未能供应两批货物中的一批的情况开脱，理由是卖方只承诺在其能力范围内提供货物。法官将合同解释为隐含地包含了“规定的选择权”（khiyār al-sharṭ），这是一种传统机制，通过这种机制，一方可以在合同签订后的一段时间内保留认可或放弃合同的权利。

我们从这一小部分判决中得出的一般结论是，似乎沙特法官愿意支持数量可变但价格提前确定的合同具有约束力，只要指定了某种客观标准，而不仅仅凭一方或双方的主观选择来决定数量。在这种情况下，他们可以援引“沙里亚”法中“最终结果是知晓”（aylūla ilā al-`ilm）的概念，我非正式地采访过的一位法官就是这么做的。在某些情况下，罕百里学派认为，如果合同不涉及过度的“加莱尔”，合同的条款就是为人所知的，即使在签订合同的时候并不被知晓。这一立场尤其与伊本・泰米叶有关。对于涉及这样一个客观的后来的决定因素的合同，法官的判决就像刚才引用的案例一样，可能也会引入“规定的选择权”，或撤销的选择权，将变化作为商定的选择结果合法化。这甚至还增加了此类合同的数量，而不仅仅是减少了它。

在定价方面，许多供应合同打算以可能在将来才确定的价格支付货款，例如报价的单价甚或市场价格。我没有发现任何公开的案例与这个问题有关。如上所述，伊本・泰米叶极力主张以公平或市场价格（thaman al-mithl）确定价格的销售是有效的，而且，伊本・盖伊姆进一步主张以这种价格制定具有约束力的“伊斯提吉拉尔”。正如我们在上面看到的那样，布胡提不那么雄心勃勃，他允许买方定期以当时的市场价格购买货物，并在以后付款，而无须事先作出任何有约束力的安排。也许这些先例为沙特法官提供了充分的依据，将含有变化的未来价格供应视为对双方具有约束力的合同。这似乎是可能的，因为我们看到法官接受了数量上的变化，而这种变化是由客观条件造成的。

综上所述，似乎可以合理地得出结论：法院已经接受了一方或双方保留改变合同数量或价格的权力的合同为有效合同，只要这种变化来自一个客观决定因素，无论是一方的能力、要求，还是市场价格。我想说的是，这不是已提供的明确理由，而是从上面详述的结果中得出的推论。法官们似乎感到满意的是，参照这些标准足以将固有的“加莱尔”减少到可管理的比例。相比之下，那些没有这种客观指标，只是由一方或双方的选择而变更的合同，基于上述结果和一般原则，可能会被视为仅仅是不具约束力的承诺交换，只有在对方完成履行时才可追溯执行。这种模式也有传统“斐格海”的支持，例如，正如本章上面所看到的，许多哈乃斐派学者认为“伊斯提斯纳阿”和“伊斯提吉拉尔”都不具有约束力，而是作为框架协议，仅对每次部分履行具有约束力。

总而言之，我们在这个结果中看到了另一种相对大胆的“伊智提哈德”——再次说明，这可能是出于维护商人实际实践中普遍存在的合同的纯粹必要性。然而，在这里，法官和学者不需要援引必要性来搁置旧规则，而是可以从传统的先例中外推——尤其是马利克派的“伊斯提吉拉尔”，包括伊本·盖伊姆的变体，“最终结果是知晓”的概念，伊本·泰米叶对市场价格的辩护，最重要的是，较小程度上的“加莱尔”可以容忍。

6 合同：一般类别和具体类型

在本章中，我将介绍传统“斐格海”中详细规定的合同形式，这些形式直到今天仍然是检验新合同是否符合“沙里亚”法的样板。人们在商业环境中可以设想的几乎任何合同都会与这些合同中的一个或多个重叠，因此不可避免地会与适用于这些示范合同的裁决进行类比。学者们总是有可能争辩，一种商业环境及其产生的合同是前所未有的，需要从“斐格海”的原始来源中获得新的“伊智提哈德”，而不应该仅仅通过与这些合同形式的类比来判断。学者们可以援引这样的原则：在人际交往（mu`āmalāt）中，允许是原始的状态（al-aṣl），而禁止必须有具体证明。但是，正如前一章所讨论的供应合同一样，在商业和金融问题上，这样的论点很少成功，至少在那些致力于将“斐格海”作为一个延续其过去的事业的人当中是这样的——在整个伊斯兰世界都是如此。在伊斯兰金融中，细化而不是取代传统的合同形式无疑是一种规范。这是沙特阿拉伯商法的规范。

6.1 适用于多种合同的两组概念

在介绍这些传统的合同形式之前，有必要首先解释两个概念，它们是加强“斐格海”合同法的基本原则之后的结果，在解释具体合同时反复出现。

6.1.1 有约束力的合同与可撤销的合同

作为合同类型的基本分类，学者们区分了“拉兹姆”（lāzim）合同，意思是“有约束力的，不可撤销的”，以及“贾伊兹”（jā’iz）合同，字面意思是“允许的”，但技术上“不具有约束力，可以随意撤销的”。如果合同对一方是“贾伊兹”的，该方可以随时终止合同。“贾伊兹”合同就其本质而言就是如此［即这一特征是一个“基本条款”（muqtaḍā）］，这意味着双方规定合同具有约束力的任何企图都是无效的。另一方面，“拉兹姆”合同对双方具有追溯性和前瞻性的约束力。这种特性又是这种合同的概念所固有的。除非在狭窄的限制范围内（见下文khiyār al-sharṭ），否则，试图使“拉兹姆”合同可由一方通过合同条款予以撤销的尝试，通常违反 “加莱尔”规则（见第4.4.3节）并会以失败告终。

合同对当事人一方或双方可以是“贾伊兹”的。对双方都是“贾伊兹”的合同包括合伙（sharika，各种形式）、代理（wakāla）、寄存（wadī`a）、非消耗性[①]财产贷款（i`āra, `āriya）和报酬（ji`āla）。其他的，包括赠予（hiba）、贷款（qarḍ）和质押（rahn），在标的物交付之前对双方都是“贾伊兹”，之后仅对一方是“贾伊兹”。还有一些只对一方当事人是“贾伊兹”，如债权人提供的保证（kafāla）。“拉兹姆”合同包括买卖（bay`）、租赁（ijāra）、和解（ṣulḥ）、转让（ḥawāla）和解除（iqāla）——通常是有价值的对价交换的合同。

如此多的基本合同被视为“贾伊兹”，而且合同的这一特征不能被修改，这再次表明，在伊斯兰法中，各方的同意是合法性的基础。“贾伊兹”合同在订立时需要的不仅仅是协议，它还要求双方持续性地同意。否则，学者们告诉我们，这种合同将是无效的，因为其中许多涉及内在的不确定性。反过来说，学者们允许“贾伊兹”合同具有更大的未来性和不确定性，因为一旦合同条款被更好地了解，一方可以随意退出。存在着许多引人注目的例子——例如在代理关系中对非常宽泛的代理授权的许可，或在报酬合同中所提供的服务没有

① 消耗性物品是指第一次使用就被消耗的物品，比如小麦或货币。

被量化。

相反，“拉兹姆”合同是那些不容忍“加莱尔”的合同，因为它涉及一种或多种对价的最终交换。事实上，正如第4.4.1.2-a节所讨论的，交换性合同在“拉兹姆”这一性质上被认为是财产或权利的立即双边转让——尽管其中一种转让可能只是概念性作为“在‘迪马’下的‘戴因’”。此类合同的当事人必须充分了解其订立合同所依据的条款。当这些是已知的，在随后得到同意，然后还有一些《古兰经》和先知的限制要求执行，这时协议已经完成，至少在概念上，不可能出现持续同意的问题。

从现代实践的角度来看，“贾伊兹”合同往往会产生一些问题，比如对于代理——鉴于只有实际的同意授权才重要，现代企业如何能够依赖企业代表的表见代理？这一问题将在本章末尾的第6.3节案例研究中探讨。

6.1.2　与通过合同占有的他人财产的关系：“阿曼纳”和“达曼”

另一个概念——这个概念从合同延伸到财产和侵权——是两种不同形式的财产责任，适用于一方占有另一方财产的情况。虽然我主要在第7章讨论责任问题，但有必要在这里介绍这个特殊的概念，因为它可以作为对合同类型进行分类和定义合同中各方权利和义务的模式之一。它也会出现在本章末尾的案例研究中。

这两种可选的责任形式分别是“阿曼纳”（amāna，字面意思是“信托”）和“达曼”（ḍamān，字面意思是“保证”“责任”）。承担这些责任的人分别被称为“阿敏”（amīn，字面意思是“受信任的人”）或“达敏”（ḍāmin，字面意思是“担保人”）。在所有伊斯兰教法学派关于合同、侵权和财产的法律中，这些是基本的，几乎是不言自明的概念。

各种情况可以决定持有他人财产的一方被认为是“阿敏”或是“达敏”。“阿敏”的地位可以在合同之外产生，例如，当一个人发现并持有他人丢失的财产，在知道死者的继承人之前保管死者的财产，或者持有从邻近土地吹到他的土地上的财产。“阿曼纳”合同，总是或经常涉及承担“阿曼纳”保管他人的财产，如保管、代理、质押、租赁和租用。“达曼”合同的例子有买卖、贷款和担保。在这两种类型的合同中，“阿曼纳”和“达曼”可以在合同执行的各个阶段交替使用。例如，在买卖合同中使用“阿曼纳”和“达曼”来规范买卖标的物在交付给买方之前的损失风险。对他人财产的“达曼”主要在三种情况下出现。第一种是指一个人为了自己的利益，而不是为了所有者的利益，合法地占有他人的财产，而不给予任何补偿。在合同中，（罕百里学派和沙斐仪学派）有一个例子是“伊阿拉”（i`āra）合同，即可用财产（如房屋或牲畜）的无偿借贷。第二种是指一个人通过非法手段占有另一个人的财产，例如通过诸如强夺（通常讨论的情况）、盗窃或侵占等侵权行为，或者在合同中，一方否认合同但将财产占为己有。第三种情况是，某人与某财产有“阿曼纳”关系，但违反了“阿敏”的义务，因此他成为“达敏”。

这两种状态之间的关键区别在于它们对财产损失或损害承担的责任不同。一个享有“阿敏”地位的人，即拥有财产“阿曼纳”的人，只有在发现他犯了“塔阿迪”（ta`addī，字面意思是“越权、违法”）的时候，才对财产的损失负责，除此之外，他对财产的损失或损害不承担任何责任，无论这种损失或损害是由天意或第三方的行为造成的。“塔阿迪”是一个广泛的术语，包括“沙里亚”法在此种情况下禁止的任何行为。在“阿曼纳”合同的情况下，“阿敏”不得违反他与财产所有人就财产的照管或使用所达成的任何协议，也不得不行使在该情况下对财产的常规照管。如果他犯了“塔阿迪”，他就“变成了‘达敏’”。而“达敏”就其责任而言等同于财产所有人的责任，“达敏”承担财产发生的任何损失，无论是如何造成的，即使是由天意或第三方的行为造成的，因此，当损失的财产是他人的财产时，他必须补偿财产的价值，或者，如果该财产是可替代的，需归还其等价物。我将在下一章，特别是第7.2.4.2-b节进一步讨论“阿敏”和“达敏”的责任。

关于这一法律领域需要强调一点，从第3.2.3节中提到的“斐格海”推理的一个方面展开——“斐格海”书籍中给出的术语定义和示例案例的定义经常通过类比操作扩展到其表面的限制之外，定义和示范案例不是作为严格限制的潜在裁决，而是作为类比的基础，并指出更深层次的潜在法律原则。法官在适用“斐格海”手册中的示范案例时，在根据其面前的事实调整定义和裁决方面享有很大的灵活性。对于“阿曼纳”/“达曼”学说，我们既可以观察到“斐格海”的书籍，也可以观察到司法实践，通过这样的推理过程，将该理论学说在三个维度上进行扩展。首先，虽然“阿曼纳”/“达曼”的关系总是被呈现为广泛的和相互排斥的，捕捉了一个人因持有他人财产可能面临的两种可能的责任，但实际上并非如此，“阿曼纳”的注意义务可能因情况而异，而“达曼”的责任虽然被描述为对财产的绝对责任，但也可能有所不同。例如，代理人照管被代理人的财产有过失的，只对因其过失造成的损失部分承担责任，对其他原因对被代理人的财产造成的损害不承担责任；因此，尽管作为一个违约者，他的身份被称为“达敏”，但法官可能不会要求他承担该术语所要求的全部责任。第二个维度是，虽然在“斐格海”书籍中，“阿曼纳”的基本规则总是以具体财产的形式来解释，但在实践中，正如贯穿“斐格海”章节的示范案例所揭示的那样，“阿曼纳”的责任不仅可以覆盖这些财产，还可以扩展到一般的金钱利益。以代理为例，如果代理人被委托经营其委托人的业务，清算其所有资产，或起诉其所有诉讼（所有这些都是允许的委托），那么他对委托人经济利益的责任范围就需要相应地加以衡量。此外，代理权的设立是为了追求不涉及具体物品或其监护权的物质利益，甚至经济利益不是主要的，例如缔结婚姻或宣布离婚。在所有这些情况下，代理人仍负有“阿敏”注意义务，尽管在某些情况下，证明其给委托人造成的损害的金钱数额是困难的。“斐格海”还将“阿曼纳”的条款和示例案例扩展到了一个方面，除了对“阿敏”实际占有的财产具体造成的损失以外，还包括由于代理人的过错或“塔阿迪”给所有者造成的一般经济损失。例如，如果土地所有者雇人在他的田地里看守庄稼，而该雇员在看守时疏忽大意，造成了庄稼的损失，该雇员应对庄稼负责。

6.2 有名合同，或受传统法律详细规范的合同

在接下来的几页中，我们所做的只是定义了主要的单个的合同，并提到了

一些规制它们的更重要的规则。我们排除了不属于西方合同法的合同，比如婚姻和任命就职（wilāya）。

6.2.1 对价的、双务的、互负的合同

6.2.1.1 买卖（Bay`）

买卖合同作为合同的最初形态，“斐格海”著作对其的涉及要比其他合同广泛得多，而其他合同被认为是在适当的情况下通过与买卖合同类比来规范的。买卖从根本上被理解为以固定价格（可能是货币或其他已知财产）转让某些合法的（mutaqawwim）、特定的、已知的财产的所有权，两个对价都是现存和立即交付的。该模式的变化，如延迟支付对价，作为特殊情况处理。如上文第4.4.1.2-a节所述，即使因约定或其他原因导致实际付款或交付延迟，买卖双方在买卖时仍享有对价的权利。第4章讨论了可以延迟交付或延迟付款的规则。

有些类型的买卖已经有了专门的名字。在第5、10章中详细讨论的远期购买（salam）是一种合同，通过这种合同，可以购买抽象定义的可替代（作为“戴因”）的货物，并在以后指定的时间交付，并且要求在双方分离之前支付全部货款。它被称为“无物出售”，因为它可以为生产提供资金，通常是交易农产品。货币兑换（ṣarf），由于“里巴”规则而受到严格监管。在该合同中，双方必须在订立合同期间交换该货币。委托制造，是一种主要见于哈乃斐派的理论学说，在该合同中，一方从另一方购买制成品，通过描述来确定产品。第5章还对该合同进行了讨论。“阿尔本”（`arbūn）合同是一种期权合同，由买方支付一笔不可退还的抵价定金，并保留确认或撤销交易的权利。

在某些特殊买卖中，价格与买卖标的物与卖方的成本有关，如按成本销售（tawliya）、按百分比折扣买卖（waḍī`a）、按百分比利润买卖（murābaḥa）。法律对此类准许包括在卖方计算价格的成本中的费用作了仔细的规定。

a.可撤销性：撤销权（Khiyār）

在买卖合同中，通过其他双务合同的延伸，如“伊加拉”（ijāra），当事人根据法律规定保留以各种理由取消或解除合同的权利。这些被称为“选择

权”（khiyārāt，单数khiyār）。这种选择权的规定源于圣训。一条圣训说，如果购买了看起来有生产力而不挤奶的动物“可以在三天内享有选择权”。还有一条圣训说，先知告诉在买卖中被欺骗的人要明确“不要欺骗”。另一些圣训则要求穆斯林在商业交易中保持公平。

“斐格海”详细阐述了一些选择权，以解决一方从合同中寻求的对价低于其公平期望的情况。这些选项权（除了哈乃斐学派的缺陷选择权，khiyār al-`ayb）被认为是合同固有的“必要”条款（单数，muqtaḍā），不能在合同中约定放弃。这些选择权允许买方在满足行使选择权条款的情况下解除协议，并获得全额退款。

缺陷选择权的作用是使货物的购买方对合同订立前存在的买方不知道的任何隐藏缺陷拥有选择权。缺陷不是以购买者的主观观点来定义的，而是客观地作为一种通常会降低市场上物品价值的特征来定义的。该选择权没有固定期限，只有在受益人知道缺陷后默许了缺陷的情况下，或者货物的状态发生变化（例如随后的损坏或毁坏）时，该选择权才丧失。大多数教法学派要求受益人在撤销买卖与无偿保留货物之间作出选择，唯有罕百里派允许部分归还货款以补偿缺陷。其他学派则认为这种补救措施侵犯了双方价格协议的神圣性。

法院可能会扩大缺陷选择权的范围。最高法院在其2018年发布的“一般规则”中，赞同买方有义务在卖方不知道买方对其所购物品赋予价值的原因时，披露这些原因，并允许卖方在发现买方没有这样做时选择撤销合同。这是通常的缺陷选择权的倒置。

法律上适用的其他选择权是检查选择权（khiyār al-ru’ya）和描述选择权（khiyār al-waṣf），通常适用于购买者之前没有看过货物的情况，允许购买者拒绝他不喜欢（al-ru’ya）的货物，还有不符合其商定的描述或缺乏一方规定的对自己有利的利益的货物（这在罕百里学派中被称为khiyār al-khalaf fī ṣifat al-mabī`, khiyār fawāt al-sharṭ）。如果买方以前看过该货物，而在交付时，他发现货物的情况有变化，他有权宣告买卖无效。同样的，在罕百里学派，这些选择权中的一些允许购买者确认买卖并要求补偿价格差。

如果价格不公平到不可接受的程度（ghubn fāḥish，参照罗马法和现代民法中的laesio enormis），这些教法学派——尽管有不同的先决条件——给予受害者撤销的选择权（khiyār al-ghubn或al-ghabn）。这些学派主要从两个方面定义“过度”：超过规定的差距百分比（如三分之一），或超过交易者之间的习惯价格（必要时由专家证明）。后者是最常见的和晚近的罕百里派的观点。如果处于不利地位的一方能够证明他具有“穆斯塔尔希勒”（mustarsil）的地位，字面意思是“依赖某物的人”或“献身于某物的人”，法律上定义为对价格一无所知或不擅长讨价还价的人，那么罕百里派学者允许因价格差距过大而取消合同。哈乃斐派仅在有利一方有意从事欺骗或欺诈的情况下授予选择权，罕百里派不设此条件。然而，从它们的语言来看，它们确实背叛了一种假设，即严重的价格差距涉及某种形式的“欺骗”（khidā`），无论是由优势方还是其他人。在执行这些原则的过程中，沙特法院的判决相当重视处于不利地位的人是否是“穆斯塔尔希勒”，如果买方知情，通常会拒绝以价格过度不公平（ghubn fāḥish）而撤销合同。成功行使选择权的一方必须在不调整价格的情况下解除合同和维持合同之间作出选择。但罕百里派还有一种意见允许该人要求赔偿价值或选择价格缺陷，这是与缺陷选择权相类比。该选择权的存在期限与缺陷选择权的规定类似。

一方（或双方）可以规定一项撤销选择权，称为“规定的选择权”。这种选择权必须有一个固定的期限，习惯规定这一期限的上限是三天，但各个教法学派之间对此存在分歧。或者像罕百里派和沙特法院认为的那样，双方可以自行约定这一期限。如果享有该选择权的一方交易买卖所得的财产，该选择权会因默示而丧失。罕百里学派认为，在选择权存续期间，任何一方都没有履行的义务，尽管如此，在合同签订时，双方对价的所有权都转移了。如果当事人同意，也可以交换对价中的一个或两个的占有。由于规定的选择权至少中止了合同的履行，因此它很容易导致规避“里巴”禁令或被用于投机。因此，罕百里学派规定，在涉及两个含有“里巴”的对价的买卖、提前购买（salam）以及意图通过贷款获利的情况下，选择权无效。

6.2.1.2　租赁或雇佣（Ijāra, Kirā’, Iktirā’）

“伊加拉”是用益物权或使用价值（manfa`a）的买卖。有些尴尬的是，“伊加拉”这个术语既包括人员雇佣也包括货物租赁。租赁只适用于不因使用而消耗的货物。对于哈乃斐派学者来说，其对货物的定义排除了用益物权，租赁是一般法律原则的例外，只是因为人们的需要才被允许。因此，哈乃斐派对租约的看法相当严格，例如，租约在任何一方死亡时终止。而且，如果随后发生的事件降低了任何一方在用益物权中的主观价值，则任何一方都可以解除租约（例如承租人租了一家商店，但后来改变了他的职业；出租人遭受财务挫折，要求他清算财产）。相比之下，对于罕百里派来说，租赁更稳定。例如，只有当租赁物本身存在缺陷，损害出租人对其的使用时，才允许终止租赁。然而，根据现代的估计，即使是后一种标准也可能是广泛的：罕百里派的伊本·泰米叶主张，当用于农业的土地比平时少雨而农作物歉收时，减少或取消承租人的租金。这些先例可以作为现代合同免责原则的部分理由，这些免责是由事业受阻停滞、商业上的不可能、缺乏预见（imprévision）、情事附加（ẓurūf ṭāri’a）或合同平衡（al-tawāzun al-`aqdi）缺陷而产生的。

这些合同中的对价，即用益权和租金支付，都必须明确规定，否则“加莱尔”会使合同无效。在租赁合同中，所有人必须支付财产的保养费用，否则承租人的义务就变得不确定，合同也就无效了。出租人承担租赁物灭失的风险（ḍamān），承租人是受信托的人（amīn），这是所有租赁的一个基本条款（muqtaḍā）。至少在传统法律中，试图转移这种负担的合同条款是无效的。租赁物有重大毁损的，承租人有权解除租赁。

雇佣合同［在雇主（musta’jir）和雇员（ajīr或`āmil）之间］通过规定要完成的任务或雇佣期限来界定合同的范围。在后一种情况下，雇主是否让雇员工作并不影响支付佣金的义务，因为雇员订立合同只是为了让自己可用。不同类型的雇佣合同的关键区别在于，把自己的时间承包给单一雇主的人（ajīr khāṣṣ），与同时为多人工作的人（ajīr mushtarak，其工作是按任务进行的）。典型的是同时为多人工作的人是一个小店主或工匠，他们从公众那里接受工作任务。责任和负债的安排——包括被雇用者对哪些金钱利益“达敏”，对哪些只是“阿敏”（在这两种情况下有很大的不同），在第9.4.2.2节雇主责任原则的案例研究中会有解释。

6.2.1.3 报酬（Ji`āla）

在报酬合同中，工作的数量和工人的身份往往是未知的。例如，“如果你把我被偷的车还给我，我就给你1000里亚尔”，或者“我给你10000美元，让你为这个新的信息系统制订一个计划”。大多数学者认为，在工作完成之前，合同对任何一方都没有约束力。如果承诺人撤销承诺，包括罕百里派学者在内的一些学者要求承诺人以“合理的工资”支付工人之前的服务费用。马利克派要求承诺人遵守合同。哈乃斐派在支持用益物权合同方面一贯犹豫不决，该派认为合同无效，只按照工人付出的时间付给工人公平的对价，最多能达到报酬的数额。报酬合同显然突破了“加莱尔”规则的极限，学者们指出，它是有效的，只是因为它是可撤销的（至少可以单方面撤销），还因为它在实践中是需要的。

在沙特阿拉伯，报酬合同经常作为佣金经纪或中介合同（samsara, wisāṭa, sa`y, dilāla）的模型，例如在房地产交易或者促成合同或商业关系中。

6.2.1.4 其他

其他双务合同包括和解（ṣulḥ）、解除（iqāla）、抵销（maqāṣṣa）和分割共有财产（qisma）。

6.2.2 无偿合同

6.2.2.1 赠予（Hiba）

在实物实际交付之前，赠物是可撤销的，并不转让所有权。要约和承诺或其默示替代仍然是必需的。在某些情况下，家庭成员之间的赠予可以取消。因为赠予是无偿的，合同允许更大程度的不确定性，尤其是在其条款的规定上。

6.2.2.2 贷款（I`āra, Qarḍ）

存在两种类型的无息贷款，“伊阿拉”和“卡尔德”（qarḍ）。“伊阿拉”是在使用时不消耗的收益权或使用价值（manfa`a）财产的使用权赠予。它类似于无偿租赁，只是双方的义务的规定不同于租赁，例如，任何一方都可以随意终止，（对罕百里派和沙斐仪派而言）它还将损失风险施加给借方。“卡尔德”是可替代物的贷款，比如货币。用以偿还“卡尔德”的是相同描述的货物，而不是最初所借的货物。“里巴”规则要求“卡尔德”不受任何形式的补偿，甚至是实物或服务补偿。这是一种值得称赞的行为，事实上，据传述，先知宣称这比纯粹的慈善更有价值，因为借方显然是在困境中的。通常，为了强调“卡尔德”是无偿提供的，穆斯林使用“善贷”（qarḍ ḥasan）一词。现在人们普遍认为，银行或公共贷款机构可以向借款人收取实际管理费用，包括在提供贷款期间产生的间接费用，但不包括贷款的时间价值或机会成本。

在“卡尔德”中，“借出”货物的所有权转移，而不是用益权转移。（在使用中被消耗的物品，比如大多数可替代物，不能拥有用益权。）所有权转移仅在交付时发生，在此之前合同不具有约束力。即使在那之后，贷款人也可以随时要求还款，任何固定贷款期限的企图都是徒劳的，借款人也可随时终止贷款。无论市场价值如何变化，都必须以借出的确切数量偿还。一些学者甚至禁止在另一个城市偿还贷款。如果无法用同一类型的货物偿还，罕百里派认为，应偿付无法获得同类型货物之日的货物价值。

6.2.2.3 寄存（Wadī`a）

寄存是对财产的无偿保管。尽管允许在提供保管时收取成本费用，但未经寄托人许可使用寄存物或从中获取任何利益是不允许的。该合同的任何一方均可随时终止寄存。

与代理一样，寄存是解释“阿曼纳”规则的最重要的模型之一。事实上，寄存有时提供了最清晰的例子，因为寄存只涉及“阿曼纳”——它仅仅是财产的保管。相比之下，代理可以得到补偿，并且可能涉及为双方实现利润而使用财产，这意味着除托管本身外，各方的利益在分析中起着作用。除此之外，寄存作为一种考验保管人诚信的情形，多少带有一种理想主义色彩。

例如，“斐格海”认为保管人（或受托人）不得将寄存物用于自己的利益。如果他这样做，他就犯下了“塔阿迪”，并要对寄存人造成的损失负责。由此产生了一个问题：如果保管人在犯下“塔阿迪”之后，将保管物还至其保管地，意图恢复其信托义务（amāna），该怎么办？罕百里派对此的裁决是：

> 他没有免除“达曼”的义务……我们的观点是，由于他的违法行为（`udwān），他负有“达曼”责任，对他的信任被取消，就好像他否认了寄存的存在，然后又承认了寄存的存在。

相反，学者们认为，在代理合同（wakāla）中，如果代理人违背指示行事，即使是为了自己的利益，代理关系也不会终止，因为不像寄存，在代理中，代理关系并不完全建立在信托的基础上。

6.2.2.4　担保（ḍamān, kafāla）

伊斯兰的担保法很复杂。它被定义为债务上的一个人与另一个人“迪马”的结合，即让另一个人与原债务人一起承担责任。（再次说明，“迪马”是指一个人承担责任的能力。）因为它是无偿的，就像赠予一样，合同不需要完全明确，而且相对较高程度的“加莱尔”是可以容忍的。因此，一个人可以保证支付“我儿子承担的任何义务”。

当被运用于现代担保的合法化并要对其进行规范时，传统法律存在一些缺陷。最主要的一点是，伊斯兰法律中的担保必须是无偿的。如果规则不是这样，一个人可以以一定的价格担保一项财务义务，使它变好，然后从债务人那里弥补自己损失，从而最终获得提供信贷的补偿，这是高利贷（ribā）。但是，法律确实允许担保人收回提供担保时自付的成本费用，该费用同样不包括提供资金以履行潜在义务的机会或其他成本。该费用很可能与担保的金额或期限不成比例，而且肯定比传统银行收取的费用要低。

6.2.3 附属合同

6.2.3.1 代理（Wakāla）

关于代理——一方授权另一方代表他行事的合同，伊斯兰法律是高度发达的，通常与西方关于代理和代表的规则密切相关。它可以是无偿的，也可以是有偿的，并且可以容忍多种形式的补偿。在伊斯兰法律中，它得到非常广泛的适用，甚至适用于某些仪式行为的履行和缔结婚姻。根据定义，代理人（wakīl）是委托人的财产或金钱利益的"阿敏"。

这一合同构成了"斐格海"中许多裁决的样板，包括关于在法律上代表他人的问题（tawkīl, tafwīḍ），关于合同可随意撤销性（jā'iz）的问题，以及关于为了他人的利益而持有其财产（amāna）的责任问题。这三组问题在商务环境中经常出现，值得进一步研究。第一点和第二点将在此处以及本章末尾第6.3节的案例研究中进一步探讨，而第三个问题，在前面的第6.1.2节解释过，以及将在第7.2.3.2-b节中进行解释，将在第7章和第9章中发挥主要作用。

在本节中，我只从合同双方，即委托人和代理人的角度来讨论代理合同。正如"斐格海"本身一样，在本节中，我一般忽略了从通过代理人与委托人打交道的一方（我将其称为"第三方"）的角度对代理理论的分析。当然，在实践中，第三方的角度是最重要的，沙特公布的有关代理的案例通常是由第三方与委托人之间的诉讼引起的。我将在下文第6.3节的案例研究中讨论第三方视角和那些案例。该案例研究的一个关键问题是，如何将沙特法律下的结果与其他法律制度中最重要的理论学说下的结果进行比较，这些理论学说保护与所谓的代理人打交道的第三方的期望——使用普通法体系中所称的表见代理的学说。这些理论学说认为，在第三方针对委托人提起的诉讼中，即使所谓的代理人没有实际的权力，如果所谓的委托人因自己的行为或疏忽使代理人"披上了"第三方合理信赖的权力外表，则仍可强制执行该权力。（我将把这些称为"表见代理"理论学说。）

a.可随意撤销性（Jā'iz）

如上文第6.1.1节所述，代理是一个"贾伊兹"合同，合同的任何一方都可以随意终止合同，无需正式手续。这一特性在代理合同中是一个必要条款，不能通过双方的协议放弃。因此，代理的持续性和当前内容取决于代理关系双方正在进行的实际协议。作为这一原则的必然结果，每一个代理人都必须准确地遵守他被委托人赋予的当下的实际权力的范围，否则将被视为未经同意而买卖他人的财产。

鉴于对持续同意的问题，代理下的权力变得脆弱。例如，罕百里派认为，即使没有与代理人沟通，委托人撤销代理也可以使代理人的行为对委托人不再具有约束力。布胡提规定：

> 代理人在委托人死亡或在其被解雇时失去其权力，甚至代理人本人知道之前……因为放弃（可撤销的）合同不需要另一方的同意。在他不知情的情况下，放弃是有效的，就像断绝婚姻一样（ṭalāq）。如果代理人在其委托人死亡或被解雇后进行交易，则他负有偿付责任（ḍāmin）。

未被告知其权力被撤销的代理人，以及依赖代理人对其权力的陈述的善意第三人，都面临交易无效的风险，下文第6.2.3.1-c节将对此进行解释。不仅如此，证明所谓代理人的权力的举证责任，至少在初始阶段，落在了与该所谓代理人打交道的第三方身上。根据第3.1.1.3-e节讨论的伊斯兰教证据推定理论，关于授权的推定（根源或默认条件，al-aṣl）是它不存在，因此，既然否认代理是“更强的”立场，主张代理的一方必须承担举证责任。

这里可以观察到三个基本原则：代理依赖于持续的实际同意；第三方必须提供令人信服的权力证明；在没有所有者同意的情况下，交易他人的财产是无效的。这使得代理人交易其委托人财产的权力变得很脆弱。人们不禁要问，既然有了这些原则，那么从第三方的角度来看，伊斯兰的代理法怎么可能是切实可行的呢？如果在商业往来中，每遇到一个声称代表某个委托人的人，都必须提供法庭可接受的证明，以证实该人确实是在那一刻获得了委托人授权的合法代表，那么商业活动将如何进行呢？再次说明，在其他法律体系中，这种结果的不切实际几乎完全可以因表见代理的理论责任有所减轻；下文第6.3节将讨论沙特法律和实践中如何减轻这种情况。

b. **解释授权**（Tawkīl, Tafwīḍ）

关于代理人或委托人代表的权力范围的“斐格海”裁决的基本原则是，无论这种权力是在以建立该权力为目的的合同形式下产生的，还是在其他情况下产生的。用布胡提的话来说，这个基本原则就是代理人“必须保护并寻求委托人的好运”。根据这一原则，“斐格海”手册提供了界定代理在各种情况下的权限范围的示例案例。让我们来看看其中的一些裁决。

首先，当然，学者们认为代理人受其委托人发出的任何具体指示的约束，因此，如果代理人违反了这些指示，他所签订的任何合同都是无效的，应该被撤销，因为这是在代理人的权力之外签订的。

即使委托人和代理人对代理人的权力明确达成一致，在整个代理期间，解释问题仍然困扰着这种关系。首先，授权的条款可能含糊不清。其次，即使有明确的授权，双方仍保留随意改变关系的权力，因为正如刚才解释的那样，合同是“贾伊兹”的。最后，在实践中可能会出现意想不到的权力问题。为了回答所有解释问题，如第 4.4.1.2-d 节所述，伊斯兰法很容易转向双方当事人意图的暗示——他们的言语和行为、他们互动的情况，以及他们在合同开始之前和之后的交易过程。此外，“斐格海”作品中的典型案例基本依赖于习惯来解释和完善当事人自己的代理协议。

除了这些解释的一般原则之外，“斐格海”著作还提供了许多术语来决定代理关系中经常出现的问题，可以说是通过法律运作将这些术语插入当事人的协议中，除非委托人明确设定了其他条款或给予了其他指示，否则这些条款就是通用的。或者有人可能会说，这些都是“斐格海”提供的事实假设，可以通过当事人另有规定的证明来反驳。这些“斐格海”提供的术语也揭示了“斐格海”本身是如何理解代理关系的，揭示了某些一般原则，在学者们看来，这些原则应该指导法官构建和执行代理合同。

让我们考虑三组特别有用的此类范例，它们都摘自布胡提的罕百里派“斐格海”手册。

首先，如果委托人指定以特定价格出售怎么办？代理人可以以比这个价格更高的价格出售吗？“斐格海”规定，他可以这样做，因为价格增加对委托人“是一种利益，而不是一种伤害”，这也是代理合同的目的，而且，委托人这样做的隐含许可是由习惯提供的。代理人可以低于委托人指定的价格有效销售吗？裁定是，他可以这样做，但他有义务弥补实际价格与指定价格之间的差额。代理人是否可以以低于公平市场价格（thaman al-mithl），即以不公正的低价（ghubn，罗马法中的laesio）出售？裁定是，如果差额不超过贸易中通常发生的情况（即由于这种差额“难以避免”），那么这种销售是适当的。但如果差额比这更大，那么代理人就有义务弥补该价格与市场价格的差额，因为严重不利的销售反映了代理人的“缺点”，表明他“没有采取预防措施，没有追求允许他进行交易的人的利益”。值得注意的是，在所有这些情况下的补救办法不是使交易无效，而是让代理人对委托人的差额承担责任，如果存在该差额的话（将在下一节中解释的五种补救办法中的第三种）。学者们明确指出，这些裁定背后的原则是为代理关系制定的，但同样适用于其他一方代表另一方并为其利益行事的关系，如监护、慈善捐赠的保管和合伙。

第二组“斐格海”案例可以归于禁止代理人自我交易。“斐格海”文本明文规定，代理人不得将其委托人的货物卖给自己，原因有二：首先，根据习惯理解，双方之间的代理协议隐含地禁止这样做；其次，“因为他在这件事上有嫌疑”。正如布胡提所写：

> 代理人不能把委托他销售的东西卖给自己，因为该类销售的惯例是卖给别人，所以代理关系应被解释为这（不得自我销售）是明确规定的；因为这是一件容易引起怀疑的事情……因此，（这样做）是非法的，就如同（委托人）明确禁止一样。（这条规则也适用于代理人不得为委托人购买自己的东西）。除非得到（委托人）的许可。

同样，代理人也不能把委托人的货物卖给他自己的近亲，如他的儿子、父亲、妻子、侄子等，“因为对于他们怀疑，他有嫌疑倾向于不尽最大努力获得（有利的）价格，就像他在与自己交易时被怀疑一样”。再次强调，监护人、合伙人、捐赠基金的受托人等也有类似的义务。在所有这些情况下，如果仍然可能，法官可以选择解除合同，如果不可能，则裁决赔偿。正如布胡提在上面引文中所指出的，委托人总是可以允许这样的交易。他也可以在事后予以批准，这一点在未经授权的代理人（fuḍūlī）的标题下，将在下一节中讨论。

第三种，也就是一般的但有代表性案例，涉及代理人损害委托人的行为。考虑到前面的例子，毫不奇怪，基于“阿曼纳”原则和习惯，这些都被认为不在代理人的权力范围之内。例如，未经委托人明确同意，代理人不得将委托人的财产置于危险境地或损害委托人的财产利益，如将财产出售给困厄的人。又如，插入一个合伙关系例子，该例子是与代理关系的综合体：

> 如果……一个合伙人对另一个合伙人说“按你认为最好的去做”，他可以做任何他认为有利的行为（列在各种形式的商业合同上的行为），因为这种许可与此类行为有关，而不是与慈善捐赠、打折销售或（无息）贷款等行为有关……因为这些不是商业性的，而他只在商业行为中，被授权按照自己的意见行事。

因为所有这些“斐格海”隐含的条款或假设，大多是以示范案例来呈现的，所以它们给法官留下了很大的自由裁量权。

c. 发生未经授权的行为时的补救措施

当发现代理人从事了未经授权的行为时，法官可采用哪些补救措施呢？虽然我总体来说只在第7.2节和第7.3节讨论违约救济的问题，但我在这里提前进行部分讨论，作为下文第6.3节案例研究的必要背景，也是因为，审查违反法律标准的补救措施会产生对该标准有价值的见解。在此情况下，这似乎尤其正确。

“斐格海”手册暗示了五种不同的补救方法（但着墨不多）。第一种也是理论上最纯粹的方法，是认为该行为无效，因为它是未经委托人的同意而进行的，而且常常涉及代理人不拥有的财产。因此，它必须被撤销，即使是针对善意的第三方。学者们还补充说，由于代理人犯了“塔阿迪”，委托人因合同解除所遭受的任何损失都必须由代理人赔偿。正如罕百里派学者伊本·古达马所言：

> 如果代理人背离了委托人的（指示），购买了他没有被告知要购买的东西，或者出售了他不被允许出售的东西，或者购买了指定的东西之外的东西，那么他对所有者造成的任何损失或伤害负有责任，因为他已经偏离了“阿曼纳”的条件，变得像一个强夺者。

第二种选择是，尽管交易无效，但允许交易继续进行，但需代理人承担一切损失，这也是根据伊本·古达马的说法。是否对现实作出这种让步，似乎要由法官根据具体情况自行决定。在某些特殊情况下（例子如上所述），“斐格海”著作提供了第三种选择——维持买卖有效，但让代理人承担一切损失，这同样也是由于他的错误行为“塔阿迪”。第四种选择有时会被提及，当由于代理人无权力而导致交易无效时，第三方可能会青睐这种选择，也就是说，交易约束的是代理人，而不是委托人。只有在交易可以被解释为代理人以自己的名义进行的情况下，才有可能允许这种救济，如下面的“弗杜利”原则所述。第五种补救办法是暂停交易，等待委托人得知交易后予以批准，这种可能性也受“弗杜利”（fuḍūlī）原则的约束。

伊本·古达马在一篇发人深思的讨论文章中，对其中的前三种选择进行了进一步的阐释，他讨论了一个代理人赊销的案例，之后买家违约了。“斐格海”是否假定被赋予销售权力的代理人也拥有赊销权，而不是现金销售？如果一般的假设是他没有赊销权，那么代理人的赊销是否有效？如果无效，补救措施是什么（特别是如果由于实际原因不能撤销销售）？

> 如果我们说他有权赊销，那么买卖是有效的，无论损失多少，他都不承担责任。除非他疏忽大意，把东西卖给一个不能信任的人，或者卖给一个他不认识的人，在这种情况下，他要对买方损失的货物负责。如果我们说，他没有权力赊销，那么这个买卖是无效的，因为他做了他不被允许做的事，它类似于一个陌生人（ajnabī，即“弗杜利”或多管闲事者，下面将讨论）的销售。（然后，他提到了一种可能性，即较早的一位学者认为买卖是有效的，而且一些学者可能会暂停买卖，等待委托人决定是否批准

它。）在任何情况下，行为人（`āmil，即假定的代理人）都负有责任，因为货物损失是由于他的疏忽造成的。如果我们认为买卖无效，若由于所售物品被毁坏或买方拒绝归还，他就不可能收回所售物品，他应按其（市场）价值的金额对所售物品承担责任。如果我们坚持其有效性（即代理人有权赊销，但行事疏忽），则他还是有可能对其损失的货物负责，因为买卖并没有造成比这更多的损失，而且如果他不赊销的话，他也不会节省任何东西。价格超出（价值）的部分是由于他的疏忽引发的，他对此不负责任。他有可能对（全部）价格负责，因为这是买卖的义务，而由于代理人的疏忽丢失了。如果（价款）低于价值，则该义务转移到（价款），理由是如果他获得了价款，他将不承担任何责任。

显然，这段文本考虑到法官在如何补救未经授权的行为方面有很大的自由裁量权。它考虑了上述所有前三种替代补救措施的可能性。伊本·古达马采用了第三种选择——买卖是有效的，但代理人应对损失负责——如果代理人有权赊销，但在赊销时有疏忽，甚至可能违反了委托人关于如何进行此类销售的指示。但他允许第一种或第二种选择，这两种观点都认为，如果代理人缺乏赊销的权力，则该销售无效。他期望代理人会努力收回，或至少考虑收回委托人的财产，并认为代理人在任何情况下都要对出售所造成的损失负责。

为了预测下面的案例研究，我们要注意到，在这个讨论中，伊本·古达马甚至没有考虑到第三方的立场，或者他的裁决对第三方的影响，而第三方毕竟可能是真诚地与卖方的已知代理人打交道，却不知道赊销超出了该代理人的权限。他在声明缺乏授权的替代方案时，没有提及任何可以以表见代理的方式使赊销有效的概念（尽管该赊销未经授权），只提到了另一位学者可能持有这样的观点。

伊本·古达马的第三个裁决揭示了第四和第五种选择。这是他对一个特定情况的处理：S将货物出售给B，然后，当B起诉要求交付货物时，S承认他不拥有货物，但O拥有货物。在这种情况下，一个可能的事实模式是S代表O行事，但没有得到O的授权，也没有透露他是代表O行事。伊本·古达马规定，买卖是有效的，S必须交付货物。这会违反基本准则，即如果S并不拥有他所出售的货物，则该买卖必须无效，但由于一项程序规则，即S对O的承认对B没有影响，因此该买卖得以维持。伊本・古达马补充说，根据他在上面的第一段引文中的一般性陈述，S对O的损失负有责任（gharāmatih），因为他通过出售导致了O的损失。本案证实了上文第二段冗长引语中的一个建议，即如果情况使交易难以撤销，法官可以强制执行一项交易，即使在合理的理论中，交易是无效的。那段引文中的特殊情况是，买方“拒绝”归还未经授权出售的物品，这里是因为O没有加入诉讼以证明他的所有权和要求财产。

如上所述，第四种和第五种替代补救方法受“弗杜利”理论原则的支配。“弗杜利”字面意思是“干涉者”，意思是未经授权就插手他人事务的人。根据布胡提的说法，一个既定的代理人采取了未经授权的特定行动，这与“弗杜利”类似。他说：“每一笔交易中，代理人偏离了委托人的（指示），就像一个‘弗杜利’的交易一样。”虽然作为委托人的义务通常是无效的，但在某些情况下，按照不同的教法学派的观点，“弗杜利”的交易可以被认为是中止的，以寻求所声称的委托人的批准，如果得到批准，则交易继续。罕百里学派认为，即使假设随后得到委托人的批准，维护“弗杜利”交易的范围也非常狭窄。除非满足两个条件，否则“弗杜利”（以及超出其权限行事的代理人）的交易不能被批准并且无效，即使委托人试图批准它。首先，该交易是由“弗杜利”以他自己的名义签订的，没有提及委托人，但同时有意将合同归于该委托人；其次，它是为换取“弗杜利”本人所描述的未来义务或履行而签订的，而不是对于委托人特定货物的转让（`ayn）。在这种情况下，如果委托人选择不批准交易，它仍然是“弗杜利”的义务，这与上文讨论的第四种选择相对应。这些规则被罕百里派学者理解为启示文本所包含的内容，特别是“不要卖掉你没有的（即不拥有的）”的规定。在实践中，考虑到撤销无效交易的复杂性，这些规则无疑不会总是被法官遵守；当然，如果“弗杜利”确实给委托人带来了有利的交易，委托人也可以不理睬他。沙特法院的几项判决认为，针对“弗杜利”交易收益提起的诉讼是对交易的批准。但是，在这些规则中，人们再次注意到传统法律在坚持未经授权的买卖无效方面是多么严格，这可能是出于对启示的原则的忠诚，即货物只能在自愿同意的情况下转让（bi-tīb nafsih），一个人只能出售自己拥有的东西。最后，至少在这些例子中，人们可以再次观察到，“斐格海”如何不注意其对代理权的裁决对第三方的影响。

6.2.3.2 合伙（Sharika）

有许多类型的合伙，各个教法学派对这些类型合伙的规制差别很大。不同的学派对同一类型的合伙使用不同的术语，甚至对不同类型的合伙使用相同的术语。有些人认为“穆达拉巴”根本不是一种合伙形式，而是一种单独的合同类型。下面总结一下罕百里学派的合伙规则，它可能提供了最简单的体系。应该指出的是，“沙里卡”（sharika）一词也用于不可分割的共同所有权，无论是由合同产生的，还是由继承等外部合同产生的。学者们通过将财产所有权称为“所有权的沙里卡”（sharikat al-milk），将合伙关系称为“合同的沙里卡”（sharikat al-`aqd），来区分这两种类型的“沙里卡”。

在所有合伙关系中，合伙人承担四项基本权利或义务：第一，承担相互代理关系（wakāla）和担保关系（ḍamān或kafāla），即所有合伙人都是彼此的代理人，对彼此的交易承担连带责任；第二，提供劳务、信用、资本或三者的组合；第三，按预定比例分享利润；第四，承担与其资本所有权份额成比例的损失。利润分配的任何不确定性都使合同无效。如果规定合伙人不论盈利或亏损都能获得固定金额的收入，那么不是这条规定无效，就是会使合同无效。对于某个合伙人任何违反共同代理条款（包括其共同合伙人发出的指示）、偏离惯例商业标准的行为，或任何其他导致合伙损失的不法行为，该合伙人都要对其他合伙人承担个人责任。除上述行为外，每个合伙人与第三方的交易对所有合伙人具有约束力。合伙关系可由任何合伙人随意撤销，并在任何合伙人死亡或丧失行为能力时终止。

合伙的基本结构是由第4.4节解释的“斐格海”合同法的基本关切点所决定的。如果合伙企业不是“贾伊兹”，则作为未明确工资的雇佣合同无效；如果所有合伙人不按其资本投资的比例承担损失，那么部分资本投资者的本金将免受损失，但仍能赚取利润，这违反了基于“里巴”原则“收益伴随着对损失所负的责任”；如果没有规定收入必须按净收益的百分比固定，那么合同就会触犯“里巴”（为信贷提供有保证的回报）和“加莱尔”（确定内在的未知和不存在的东西的价值）的禁令。

合伙关系主要有四种类型。在“伊南”这种合伙关系中，每个合伙人都贡献资金和劳务，各方可以确定利润分成，该分成不必精确地反映他们各自的工作时间或资本份额，但损失必须按出资额的比例承担。在“穆达拉巴”（也称为qirāḍ）中，一些合伙人只投入资金，而其他合伙人只投入劳务，不参与业务的资本所有者（单数rabb al-māl）对所有损失负责，但这些损失仅限于他们的资本份额。从事业务的人（单数muḍārib，`āmil）除却损失他们的劳动外，不承担任何损失，除非他们犯了“塔阿迪”，这意味着违反了委托人的指示或有其他不法行为。如果他们创造的债务超过了资本所有者给予的资本，他们就要承担责任，除非这种行为得到了资本所有者的同意或批准。在资本所有者收回投资之前，从事业务的人无权获得任何利润，而且在这之后也只能按约定的比例获得利润。在“阿卜丹”（abdān）中，合伙人只贡献劳务。在“乌朱赫”（wujūh）中，合伙人将他们的信用集中起来，借入资金并以其进行交易。在后两种合伙企业中，合伙人可以自由约定各自在合伙资本中所占的相对所有权份额，但有义务分担相应的亏损。

这些类型的合伙是简单的模型，可以组合成更复杂的类型。因此，所有合伙人都出资但只有一部分合伙人贡献劳务的合伙关系是“伊南”和“穆达拉巴”的组合。在这种情况下，每个既贡献劳务又贡献资本的合伙人必须获得大于其资本所决定的利润份额。

在沙特阿拉伯，自1965年以来，“斐格海”的合伙法与《公司法》（*Companies Nizam*）并存，后者创设并规制了许多具有人造人格的现代商业公司（也称为sharika）。在《公司法》颁布时，它规定它不会侵犯“斐格海”所规定的传统合伙关系。它将涉及传统合伙关系的纠纷的管辖权分配给1931年《商事法院法》早先设立的商事管辖权。因此，人们在申诉委员会商事巡回法庭公布的案例中发现了许多关于传统合伙关系的案例，这表明这种合伙关系，特别是“穆达拉巴”，仍然在沙特阿拉伯人中广泛实行，甚至在商业领域之外。

至于由《公司法》创设的现代公司，从根本上都起源于法国，因为《公司法》借鉴了埃及和奥斯曼帝国的商事法典，而埃及和奥斯曼帝国的商事法典又借鉴了法国模式。在实践中，最重要的公司形式是有限责任公司（sharikat dhāt al-mas’ūliyya al-maḥdūda）、普通合伙公司（sharikat al-taḍāmun）和股份公司（sharikat al-musāhama）。有关在沙特阿拉伯开展业务的现有文献广泛讨论了这些公司的特征和运营。

正如第2章所引用的，1965年《公司法》颁布时附带的解释性备忘录规定：

> 实际上，草案中各种类型的公司，在其类型和规则上，与过去所知的公司只有一些细节上的差异，并不触及“沙里亚”法规定的交易的一般原则，也不使合法的变为非法，或使非法的变为合法，或与任何公议相矛盾。

尽管如此，“尼扎姆”的规定确实与“斐格海”规则产生了紧张关系。沙特学者很清楚这些紧张关系，他们的著作和毕业论文都涉及这些问题。五个最明显的紧张领域是：第一，在“尼扎姆”下创建的公司具有法人资格，这是一个在“斐格海”中没有正式提及的概念，尽管在传统法律和实践中可以找到类似的概念［慈善信托基金“瓦格夫”（waqf）或公共财政（dār al-māl）］；第二，“尼扎姆”允许公司有固定存续期限的公司，不允许任何合伙人随意撤销和终止；第三，“尼扎姆”认为，即使一个合伙人将其股份出售给另一个人或死亡，公司也可以继续存在；第四，它允许上市公司股票的流通，并且它包含了两种公司有限责任的概念，股份公司和有限责任公司。将前四项与“斐格海”协调起来不再构成难题，国际学者的贡献在20世纪已经很大程度上解决了这些问题；但第五种情况仍然带来了困难，在传统法律中，在任何形式的合伙企业中，债权人对公司的追索权都不仅限于公司自己的资产，出资但不参与管理的个人合伙人确实享有有限责任，但公司作为一个整体不享有有限责任——债权人总是可以起诉至少一个承担无限责任的合伙人。根据非正式报告，几十年来，沙特法官在监督公司清算时，往往不愿适用有限责任规则，有时还要求股东承担超过公司资产的责任，或强制达成令债权人满意的和解。这个问题在沙里亚大学的研究生学位论文中被讨论，一些人支持有限责任的合法性，另一些人则反对。许多现代学者从“斐格海”先例中收集令人信服的论据来证明这一规则的合理性，他们主要依靠这样一个观点，即那些与有限责任公司打交道的人事先被警告过这种限制，而且“斐格海”中之前就有责任仅限于某些资产而不诉诸任何具有无限责任的人的情况，例如慈善信托（waqf）和被授权进行贸易的奴隶。这一观点在最高法院1994年的一项“一般规则”中得到了一些认可：“在某些情况下，财产权可能与财产有关，而不是与个人责任（dhimma）有关，比如在有限责任公司中。”

我们找不到任何与这个问题有关的公开案例。然而，据报道，沙特法官直到最近才对《公司法》作出解释，在很大程度上否定了有限责任。1965年的《公司法》第157条规定，有限责任公司的合伙人或股东“以其股份的数额对公司的债务负责（qadr ḥiṣaṣihim）”。第48条关于股份公司有类似的措辞：“股东不承担责任……除其股份数额外。”许多法官对这些条款的解释是，合伙人或股东的责任是根据他们在公司总资本中所占份额的百分比来划分的，而不是根据所持股份的资本价值来划分的，从而在很大程度上违背了有限责任的概念。直到2014年，还有申诉委员会商事分支的一位资深法官告诉我，这是对法规的正确理解。无论如何，2015年的新《公司法》已经修改，以避免这种结果。新法第151条对有限责任公司规定：

> （有限责任公司的）承担责任的能力（dhimma）独立于公司每个合伙人的财产义务。公司对其所产生的债务和义务单独负责。它的所有者或合伙人不应对这些债务和义务负责。

新《公司法》第52条对股份公司作了类似的修改：“公司将单独对其活动产生的债务和义务负责。”

至少就有限责任公司而言，《公司法》试图通过一种行政机制，防止有限责任公司进一步陷入超过其资本50%的债务，从而限制有限责任对债权人的影响。根据1965年的《公司法》（2007年修订），如果有限责任公司的资本低于其设定资本的50%，股东必须开会决定是亲自承担债务责任，还是终止公司。如果他们不能召开会议或作出决定，他们就要对公司的所有债务负责，第三方可以起诉终止公司。在这种情况下，除非合伙人决定立即终止公司，否则他们要对公司的所有债务承担责任。在新的《公司法》第181条中，没有提到合伙人的无限责任，而改为：如果亏损达到资本的50%，合伙人必须在公开的商业登记簿上记录他们的亏损，然后开会决定是终止还是继续经营公司；在后一种情况下，他们需要将亏损降至50%以下，或者筹集资金，公布他们的决定。如果他们没有开会，那么公司将依法终止。类似的规定也适用于股份公司。

6.2.3.3 质押（Rahn）

“拉罕”（rahn）为债权人提供了一种复杂的担保形式。它仅在交付时才具有约束力。它可以用来保证一项虽然具有约束力，但可能尚未确切确定的义务。

“拉罕”有两个主要的限制。首先，它要求债权人，或至少是一个独立的托管代理人，占有质押物。质权人无权使用质押物，即使质押物是为“卡尔德”贷款担保，质权人也无权使用质押物，除非得到出质人的许可。第二个限制是，在违约情况下，出质人未经债务人或法院许可，无权出售质押物以偿还其债务。这里再次体现了未经财产所有人同意不得征用财产的理念。哈乃斐派，但不是罕百里派，通过允许出质人不可撤销地指定质权人作为他的代理来出售，以避免这种不便。

在现代沙特阿拉伯，人们创造了一种手段，通过使用代表所有权的文件，使“拉罕”不需要实际占有就可以实现。这是通过创新的“尼扎姆”和行政措施实现的，其中许多措施是在最近几年才颁布的。这些法规现在不仅涵盖不动产，还涵盖动产，甚至是无形的金融财产。

6.2.3.4 转让（Hawāla）

伊斯兰法很早就发展出了一种高度先进的债务转让形式。例如，根据罕百里派的观点，债务人可以将其债务转让给另一个人，即有约束力地将债权人的债务转给该人付款，只要受让人是有偿付能力的人，无需债权人同意，也无需追索权。债务人和债权人都可以使用该合同。转让可能有利于或不利于第三方，在这种情况下，转让作为一种收取贷款的代理或一种贷款请求来操作。对“哈瓦莱”（ḥawāla）合同的限制主要是由于需要避免可能导致“里巴”和

“加莱尔”的情况。因此，债务必须是确定的和到期的，债权人的债权必须是可替代物，最值得注意的是，两种债务在面额和期限上必须相同。

6.3 沙特代理和代表法律与实践对第三方的影响案例研究

我们在上文第6.2.3.1节中探讨了代理合同，注意到代理理论原则对于通过自称为委托人代理方的人与委托人开展业务的第三方构成的风险。我们已经看到，三个问题结合起来尤其会导致此类风险。第一个问题是代理的预期可撤销性（jā’iz），也就是说，从理论上讲，代理的存在和条款持续依赖于委托人（和代理人）当前的授权。第二个问题是，当代理人被确定在没有委托人实际授权的情况下行事时，伊斯兰法律理论坚持认为，交易是完全无效的，导致其从头开始撤销，并归还当事人的履行（如果有的话）义务。第三个问题是第三方承担能证明其授权的责任。因此，在通过代理人与委托人进行交易之前，第三方似乎必须首先获得明确的代理权归属的令人信服的证据。如果他未能完成这项具有挑战性的任务，根据严格的法律，委托人实际上拥有交易选择权，此后总是能够声称代理人缺乏授权，导致第三方损失所有收益。

考虑到“斐格海”关于代表权的法律都是从启示中衍生出来的，人们想知道该法则如何可行，特别是在持续的商业关系中。这种针对第三方的风险会是伊斯兰代理法下的实际结果吗？在其他方面，代理法看起来是如此实用且适应性强。针对第三方的风险显然不是代理法下的实际结果，这些难题在法律理论或实践中一定有答案。本案例研究主要借鉴了沙特法院公布的判决，从中得出的结论是，确实存在这样的答案，但要充分阐释这些答案，还需要更深入的研究，即钻研更专业的教法学著作以及沙特法院之外的商业实践。

在其他法律体系中，这一系列问题和挑战是由表见代理理论解决的——根据这一理论，如果代理人拥有来自委托人的授权，那么第三方可依赖于这一表象，委托人将受到约束，但前提是委托人在某种程度上对创造表象负有责任并且第三方在依赖该表象时行为合理。正如本案例研究将表明的那样，尽管沙特阿拉伯没有接受这样的理论，而是坚持认为，有效的授权必须是实际的发生，但它往往会产生与表见代理相当的结果。

在实践中，至少从公开的判决来看，在沙特阿拉伯，解决上述难题的办法有好几个，体现在两个层面上：首先，在适用的“斐格海”理论学说层面上的解决方案；其次，使用监管机制的解决方案（即根据第2.1.3节所述的“西亚赛沙里亚”宪法原则合法化的“斐格海”之外的手段）。我将按照这两个层面来讨论解决方案。在这两个层面上，我都将穿插一些沙特法院判决的例子。

我只考虑商业实体（“商人”，包括个人、非法人“机构”和公司）给予的授权，而不是政府或私人团体在其个人或家庭事务上给予的授权。所引用的这些判决都来自申诉委员会的商事分支。

6.3.1 “斐格海”理论原则中的解决方案

从字面上看，关于代理权和代表权的伊斯兰法律学说的实用性令人怀疑，特别是它们对第三方期望的影响。但是，根据沙特法院判决的证据，在当代沙特阿拉伯至少有三项“沙里亚”法政策结合在一起，使这些学说在实践中可行。

6.3.1.1 加强代理权和代表权的三项“沙里亚”法政策

a. 第一项政策：“斐格海”推定将举证责任推给反驳代表权的委托人

正如我们在上文第6.2.3.1-b节中所看到的，“斐格海”作品以典型案例宣告在各种代理情况下是否存在授权。我们审查了一些这样的裁决，其中包括代理人可以以高于委托人设定的价格出售商品，或者代理人不可以向自己出售商品。学者们将这些裁决建立在各种各样的基础上，其中包括启示的先例、“一般原则”，甚至是他们自己对他们那个时代的正常做法（道德上或习俗上）的设想。这样的“斐格海”裁决通过创造关于授权的推定来保护委托人、代理人和第三方，而这种推定只能通过委托人和代理人之间的口头、习惯或行动的协议来推翻。

这些推定的影响超出了其字面上的裁决，因为它们可以将举证责任从一方转移到另一方。例如，授权存在的推定可能会将举证责任从试图证明该授权的代理人或第三方转移到反驳方。在第3.1.1.3-e节中，我讨论了举证责任分配对实体法的重要性，因为被免除举证责任的一方处于简单否认的有利地位，尽管他通常也必须宣誓。在同一节中，我报告了一般的“斐格海”原则，即将这一特权分配给具有“更强地位”的一方，因此，对授权的推定具有使一方的立场“更强”的效果，这往往足以扭转审判的结果。如果第三方的情况与“斐格海”作品中处理的情况类似，他可能会发现自己在主张代理存在方面处于“更强”的地位，从而导致将举证责任转移到委托人身上，以证明代理不存在。

在沙特公布的一项判决中，法院拒绝免除一名委托人的一项购买，该委托人称其代理人未经授权进行了购买，理由是该代理人支付的价格高于市场价格，因此违背了委托人的利益。更确切地说，法院的判决反映了“斐格海”的推行，即代理人以低于市场价格出售是有效的，但必须向其委托人赔偿损失，法院宣布购买是有效的，委托人只能向其代理人追索，法院对代理人与卖方合谋的指控不予理睬。

b. **第二项政策：授权需通过外部情况证明或反驳**

剩下的两项“沙里亚”法政策在保护第三方免受授权不公平的待遇时比前一项更进一步。

这两个政策中的第一个源于“斐格海”中的一种倾向，即不是通过寻求确定行为人的实际主观状态来决定意图问题，而是通过将外在的、明显的事实所表明的意图归于行为人。在阅读“斐格海”手册（当然是民事手册）时，人们会惊讶地发现，很少有典型案例明确阐述内在状态或主观的标准，如意图、认知或应有的注意。一些现代比较主义者已经注意到，在合同解释方面，伊斯兰法律中有明显的“客观倾向”，即满足于意图或认知的外在表现，而放弃对主观状态的探究。

这种趋势在沙特的代理案件中得到证实。在这些案件中，法院根据外部情况决定授权问题（实际授权问题），而不是试图探究当事人的主观意图或认知。以下是沙特阿拉伯根据外部情况作出判决的一些事实模式：委托人将印章和业务表格交给代理人（这通常也被称为“习惯”问题）；委托人向他的代理人提供所需的授权或许可；委托人让代理人进入他的店铺并允许他进行交易；代理人事先与委托人有过往来，该往来经委托人同意；委托人看到代理人处理他的货物（如果代理人没有得到授权，“习惯”上认为他会反对）；代理人早前已签署合同；委托人占有代理人购买的部分货物；委托人已支付部分交易价款；委托人已对货物进行交易。

有一个基于外部情况（ẓāhir al-ḥāl）驳回权力主张的判决例子，法院认为，一个人已经支付了原告在合伙企业的初始投资，这一事实不足以确立该人也有权获得原告在合伙企业中的利润份额，法院要求被告再次支付利润。

c. 第三项政策：参考习惯准予或阻拦授权

如果对第三方的保护仅仅依赖于前两项“沙里亚”法政策，那就只能到此为止了。即使考虑到“斐格海”的客观倾向，“斐格海”仍然认为授权完全取决于委托人和代理人之间的理解，而不涉及第三方。因此，即使情况证明或暗示了委托人的同意，理论上，委托人仍然可以自由地证明他和他的代理人之间有相反的明确的私人谅解。例如在交易发生之前提供一份文件，否认代理人对这种类型的交易有任何权力。似乎需要一些其他的东西来加强针对第三方的权力，并解释沙特的实际案件，在这些案件中，法院甚至忽略了询问委托人和代理人的协议或授权。这一结果的大部分解释似乎在于习惯的概念（`urf或`āda；有时也叫al-ghālib，意思是“主要的”事态）。习惯是所有关于代理的讨论中经常提到的一个参考点，在沙特的判决中也普遍提到习惯——事实上，在前一节中刚刚引用的判决中都提到了习惯。

是否存在适用于法庭审理情况的习惯，本身就是一个需要向法庭证明的事实问题。如果对这一事实有疑问，法院将从有商业背景的专家那里获得关于该习惯的存在及其内容的证词。在沙特阿拉伯，法院可以邀请当地商会的专家。

为了理解一种被发现存在的习惯，对“斐格海”结论的核心作用，让我们以这样一个日常情景为例：一个推销员站在商店的柜台后面进行日常交易。每一个顾客都要求有正式的证明，证明委托人已授予推销员有关的实际权力，这是极其不切实际的。因此，正如沙特法官承认的那样，习惯已经形成，在这种情况下的权力是由委托人安排代理人所处的环境确定的，而不是由委托人和代理人之间的书面或其他私人协议确定的。如果委托人在他的销售代理人达成交易后，拿着一份否定代理人权力的私人文件出来，法院会认为该文件不相关而驳回，因为按照习惯，这种协议并不是通常建立或否认这种授权的手段。

我们注意到，至少在“斐格海”的自我理解中，这个问题仍然是一个实际授权问题——委托人和代理人的协议。如果在实践中有可以认定以特定方式确立或否定实际授权的习惯，则“斐格海”维护这些习惯，从而确定实际授权情况。因此，即使存在这样的习惯（更不用说根本没有确定的习惯），推理过程也与表见代理下的推理不同，因为对后者来说，实际授权的存在与否不是问题。

还应该指出的是，习惯，在它们被证明适用的地方，并不以形式或机械方式确定授权。在尊重习惯的同时，法院也不会忽视其实质目标——确定委托人是否赋予其代理人实际权力。因此，基于习惯的授权主张只是推定的，委托人仍然可以提供证据证明该习惯不适用，例如，证明不是A而是B的一名雇员将所谓的代理人置于柜台之后，雇员这样做超出了他的实际权限，或者第三方与雇员的交易实际上不是常规的。

申诉委员会在其商事分支承认的一个明显的关于习惯的例子是，作为习惯，雇员代表自己买卖的授权是否作为一种习惯延伸到赊购或赊销（nasī'an或bi-al-ajal）。在一项推翻或撤销判决（naqḍ）的意见中利雅得商事上诉法院推翻了一项判决［下级申诉委员会（同一地区）法官认为对其具有约束力的高等法院判决的一种］，该判决认为一家商业机构负有责任，依据是该机构的一名雇员签署了债务确认，并加盖了公司印章。上诉法院认为，原告没有证据证明与其交易的人被授权以信贷而不是现金的方式购买。它称：

> 虽然在以现金或易货交易的情况下，与企业、公司或类似机构的工作人员的交易对企业或公司的所有者具有约束力，但按照人们的普遍习俗，当交易是赊账时，它不具有约束力，除非是与具有交易资格（ṣifa）的人完成的，或者是与以正式的方式或通过机构或公司的认可被委托进行该交易的人完成的。除此以外，任何事情都被视为不法和疏忽行为，其后果由实施者承担。他必须追究与他打交道并将货物交付的人。

在审查委员会发表声明之前和之后的一些判决也得出了同样的结果。在其中一起案件中，法院宣布，根据习惯，原告有责任证明雇员有权赊账交易："授权不包括赊账交易，除非有明确的声明证明这一点。"原告没有提交任何传达（这种委托）的文件。

另一个判决提供了一个不同的关于习惯的例子，与反对赊账交易的判决一样，它否定了情况表明已获授权的代理人的权力。委托人起诉客户要求付款，但客户已经向委托人的代理人付款，但是由于客户是用开给代理人个人的支票付款的，法院宣布，根据习惯，代理人无权以这种方式接受付款。顾客有义务再次付款。

然而，另外两个判决是如何推翻基于习俗的授权或授权缺失的推定的例子?在这两种情况下，第三方都通过提供间接证据，证明委托人暗中授权了相关交易（尽管委托人现在否认了这一点），从而推翻了不利于赊账交易的习惯推定。

在第一个判决中，被告承认他将他的金店连同他的商业记录和一定数量的黄金交给若干雇员，授权他们买卖，但他声称，并不是基于信用的买卖。原告声称，他将黄金"卖"给被告的店铺进行返工，并支付了返工费。他拿到了雇员们签了字的收据。一名或多名雇员随后挪用了这笔钱并离开了。原告提起诉讼，要求收回黄金的价值和劳务费。这家商店的记录显示，他们收到了这笔款项，甚至还向原告偿还了部分款项。初审法官在初审意见中驳回了原告的索赔要求（实际上迫使原告向雇员追讨赔偿）。该法官认为，当时的情况并不能推翻商业惯例对赊账交易的反对；此外，由于含有"里巴"，赊购黄金是无效的，因此在任何情况下都不可能给予这样做的有效授权。上诉法院推翻了该判决，相反地，法院认为实际授权的特殊情况的分量胜过习惯。再审时，初审法院作出了支持原告的判决，并指出了伊本·泰米叶的一项陈述，即委托人如果看到他的代理人履行某些行为，然后又因未经授权而放弃其中一项行为，就构成了对第三人的侵犯，并负有责任。

在第二个判决中，初审法院发现许多迹象表明，该负责人知道并纵容其雇员进行赊账交易，还收取了交易的部分收益，此外，也没有证据表明这些雇员是在谋取私利。上诉法院两次推翻初审法院的判决，坚持习惯立场，要求提供这种授权的确凿证据，但初审法院态度坚决，最终维持了对本案的判决。

6.3.1.2 法院意见书中的一些倾向于表见授权规则的语言

到目前为止，我们探讨的所有判决，甚至那些依赖关于授权的习惯的判决，都声称判决只取决于实际授权存在与否。然而，它们的结果确实接近于表见代理的理论学说。这是因为，在许多情况下，沙特法律实际上认为，赋予代理人某种客观授权标志的行为——在其他法律制度中确立表见授权的那种标志——不仅创造了表见的授权，而且创造了实际的授权，而且不需要其他证据证明当事人的意图或同意。但是，我们在这里观察到的不同法律体系之间的相似是在结果方面。至于理论学说，则存在着巨大的差距：一种学说并不关心实际授权是否存在；另一种则声称只关心实际授权。

一些沙特案件虽然根据已经探讨的理由之一作出了裁决，但有时会包含与法院关注实际授权这一总体主题不一致的某些理由。这样的额外理由有四个，这些理由在所有这些情况下，却似乎都是附带意见（obiter dicta），对结果并不重要，因为这些意见也依赖上述三种政策中的某一种。

第一个理由是，如果委托人实际上并不打算赋予他的雇员或代理人外部情况所显示的授权，那么他是有过失的，应该承担后果，而不是将其转移给第三方。（然而，他面临的后果不是侵权责任，而是受代理人交易的约束。）他只能向他的代理人追索。这里提出了一种理论，该理论支持授权，即使它不存在，且不关心实际同意的问题，就像表见授权理论一样。这让人隐约想起上文第6.2.3.1-c节提到的补救代理人未经授权而采取的五种备选行为中的第二种和第三种。在第二种和第三种选择下，“斐格海”认为代理人对其未经授权的行为给委托人造成的任何损害负有责任，但与第三方的交易，无论在理论上是否无效，都是成立的。

第二个理由是指允许委托人赋予某人权利表象，却又不承认它，这是不公正的。而反过来，认可依赖该权力表象的第三方的合理预期则是公正的。有两个案例提到了这种逻辑。但同样，这两种情况都依赖于其他理由。

第三种理由，与最后一种有关，是引用伊本·泰米叶的“法特瓦”，正如上文详述的一项法院判决中所做的那样。在这条“法特瓦”中，伊本·泰米叶宣布，委托人如果发现他的雇员代表他进行交易，就不能声称他没有授权该雇员，因为这是一种对公众的欺诈，会导致委托人承担责任，就像侵权行为一样。但伊本·泰米叶的“法特瓦”所针对的情况是沙特法院很容易找到默示授权的情况，这就是他们引用他的话的背景。然而，伊本·泰米叶的观点确实与通常提出的支持表见授权学说的论点之一以及从公平角度提出的第二种理由，产生了共鸣。

第四个理由提及了一种现代理论“雇主责任原则”（respondeat superior），它主要起源于埃及，被称为“责归于上”（mas’ūliyyat al-matbū` `an af`āl tābi`ih）。第9章提供了沙特阿拉伯“雇主责任原则”的案例研究，其中这一理论的特点突出。12个已公开的判决在决定代理人的授权时引用了这一理论，该授权被委托人否认，其中许多判决在上文已经进行了分析。提及该理论的法院的事实调查和推理与未提及该理论的法院没有什么不同；法院虽然提到了这一理论，但也只是点出了它的名字，从来没有按照其标准进行冗长的调查，不管这些标准是什么，目前尚不清楚用于判定雇主对其雇员侵权行为的责任的理论——判定标准与其授权截然不同——如何有助于判定实际的或表见的授权。更确切地说，这一理论似乎只是作为一个结论的标签（在上面探讨的许多判决中得出的结论），委托人不能逃避由外部情况确立的授权。也许在埃及，它在一种类似于表见代理理论学说中起作用。更全面的审查需要对其在埃及法律中的用法进行研究。

6.3.1.3 对撤销的控制

正如习惯和要求客观证据的倾向有助于在授权问题上保护第三方一样，它们也可以保护第三方免受授权已被撤销的索赔影响。如上文第6.3.1.1-b和6.3.1.1-c节所述，如果某些外部情况通常被司法实践或商业习惯视为授权的推定证据，以至于忽视了委托人与其名义代理人可能达成的任何私人谅解，那么撤销授权同样需要考虑这种情形。例如，如果在司法上或习惯上推定持有公司印章的雇员是被授权的，那么同样可以推定希望撤销其授权的雇主将从该雇员那里收回印章。同样地，如果希望撤销授权，则需要通知委托人所知道的依赖授权的代理人或第三方，这一习惯可能已经形成。沙特的情况也是如此。按照惯例，这样的结果将推翻上文第6.2.3.1-a节中提到的“斐格海”一般原则，即即使代理人或第三方不知情，委托人的撤销也立即生效。

一般来说，正如我们在上面的6.2.3.1-a节中看到的那样，罕百里学派强烈坚持代理权和代表权随时可以被委托人（或代理人）单方面撤销的原则。在这一点上，罕百里派以外的其他学派可能会提供更务实的理论学说。在哈乃斐学派中，撤销只有在代理人得知后才生效。如上所述，沙特法官可以通过否认不符合习惯期望的撤销的存在而得出同样的结果。此外，在哈乃斐学派，如果代理权涉及第三方利益，则是不可撤销的。一般来说，这一观点不受晚近的罕百里学派的支持，但它在沙特阿拉伯得到了一些应用，比如指定一个代理人来接收合同收益作为债务担保。另一项在其他学派中发现，在罕百里学派的一些资料中得到证实的裁决，多少有些间接地起到了阻止任意撤销的作用：当代理人因不公平的、不合时宜的撤销而受到损害时，例如撤销发生在使代理人获得佣金的事件之前，法官可能会选择判给代理人实际损失或费用的赔偿金。

6.3.2 通过当地行政机制的解决方案

前面的讨论涉及一般的原则和政策，这些原则和政策都是沙特阿拉伯民法和实践的组成部分，其作用是在实践中加强代理授权。几十年前，沙特阿拉伯的法律制度用两种行政机制补充了这些规定，各方当事人可以利用这两种行政机制来确保授权的存在和持久。我们将看到，随着围绕它们的商业习俗的形成，这些机制经历了进一步的演变。

6.3.2.1 经公证的授权书

这两种机制中的第一种是经公证的授权书。公证人（kuttāb `adl，单数kātib `adl）是由司法部任命和管理的公职人员组成的团体，对各种法律行为（包括授权行为）具有合法性审查、鉴定和记录职责。这一制度是历史上“斐格海”实践和法国公证人的结合体。在历史上的“斐格海”实践中，法院任命所谓“阿德勒证人”（`adl witnesses，即预先核证为可信证人的人，可被要求为文件和法庭记录做证）。根据“尼扎姆”的规定，经公证人证明和记录的文件是其内容真实性的决定性证据，使其在所有法院和官方场合均可被接受。授权书是最常公证的文件之一。商业和司法习惯已将经公证的授权书改造为一种证明可靠授权形式的机制。根据法官强制执行的惯例，委托人撤销或者希望撤销持有经公证的授权书的代理人的授权时，不仅必须在公证人的记录上撤销授权书，而且必须将终止授权的情况通知其代理人，并从代理人处收回经公证的授权书原件。他还需要通过在报纸上发布他的撤销声明，并通知他所知道的信赖该授权的任何各方，从而使撤销消息公之于众。如果没有付出这种努力，委托人就无法证明其所要求撤销的真实性。作为这些政策的结果，一方当事人如果收到一份由代理人出具的经公证的授权书原件，授权书的条款涵盖了所讨论的交易，就可以放心地与该代理人进行交易，该代理人的行为对委托人具有约束力。这创造了一个积极授权的区域，仅受权力明确条款的限制。

最近，使用经过公证的授权书的互联网数据库进一步完善了这一程序。至少对于某些授权，第三方有可能通过司法部的网站，在线即时确认该授权是否仍然有效，并核实其当前条款。据报道，如果第三方没有以这种方式检查授权的有效性，则可能表明他在信赖授权方面存在疏忽的情况。此外，据报道，如果当事人在网上登记了授权书，若委托人撤销授权书，该系统将立即通过电子邮件通知代理人。这是利用互联网和现代技术促进司法程序的一个例子，这种做法已经进行了几年，现在在“2030愿景”计划下更是大大加快了进度。

6.3.2.2　注册经理人代表商业公司

第二种机制与第一种有点类似。通过法定和监管手段，在习惯的帮助下，围绕合法任命和公开注册的商业公司经理人的行为建立了一个积极的授权区域。1964年和2007年的《公司法》以及1995年的《商业登记法》要求公司指定特定的管理人员，这些管理人员拥有约束该公司的专有授权，并进一步将这些管理人员的身份作为积极的公共记录事项。此外，这些法律要求，对于这些高级职员授权的任何撤销或修改，必须以同样正式和公开的方式完成，否则不得对第三方产生影响。

下面的讨论主要集中在普通合伙和有限责任公司的经理，包括股份公司，不包括其他类型的商业公司。这个讨论描述了1965年《公司法》下长期存在的情况（所引用的案例涉及的情况）。2015年《公司法》的文本中没有任何迹象表明现状会发生变化。

《公司法》设立了“经理”或“董事”的职位，并对其进行了精确的定义，声明经理拥有代表和约束公司的所有权力，但除了某些规定的例外情况。从这一点出发，合伙人可以在公司设立的章程中或通过合伙人的单独协议，赋予经理特定的权力或限制特定经理的权力。

公司在成立及备案其章程后，必须向商业注册处提出申请，并须提供章程及其他文件和证明书的副本。如果申请商业注册时提供的任何信息后来被修改，那么合伙企业必须重复这个流程来修改其商业注册。《商业登记法》第3条对备案进行了具体规定：

> 公司经理的姓名和代表公司的签署人的姓名及其出生地点和日期、地址、国籍和签名样本，以及一份声明，说明他们在管理和签名方面的权力范围，并说明他们未被授权采取的行为（如有）。

公众可在商业注册处查阅有关公司的资料。

需要登记的信息对公司与第三方的交易具有法律约束力。《商业登记法》第13条规定：

> 自注册之日起，商业登记簿中记录的数据被视为对商人的证明或反证。除非采取行动，否则不得使用需要记录或注册的任何数据作为反对任何其他方的证据。但是，如果该方与商人或公司有利益关系，则该方可以使用该数据反对该商人或公司。

因此，如果第三方与商业登记簿中未被任命为公司经理的人进行交易，或者与经理进行交易但不在其公布的权力范围内，沙特公司可以声明自己不受约束（即它可以援引商业注册处登记的信息“反对”第三方）。除非该公司实际上已在内部指定该人为经理或授予其相关权力，且该第三方知道这些安排。这一条款赋予合伙人或股东一种法定强制权力，以准确控制他们的经理可能代表他们的事项。

这些法律的最初构想可能是，有关其管理者身份及其权限的所有必要信息都将出现在登记处。但是，无论这是否属实，商业惯例已经偏离了这一意图。

现在的做法是，在任何重大交易中与公司打交道的第三方都会要求公司提供其章程副本和任何定义与其交易的任何个人的授权的其他文件，而不是完全依赖商业登记证书（即使其中的信息对公司具有约束力）。另外，正如从业人员多次向我证实的那样，第三方将通过审查从公司获得的商业登记和其他文件来核实拟议的交易是否属于该经理所述的权力范围。如果不符合，那么第三方必须要求获得公司的具体授权，这一步骤需要得到所有合伙人的同意。

一个已公布的案例提供了一个例子。案件的原告声称，他曾与被告公司的“副董事长”口头订立独家代理协议。法院表示：

> 巡回法庭对被告公司的章程进行审查后发现，章程中显然没有任何规定赋予副董事长以公司名义与第三方签订合同的权利。根据董事长的报告，他也没有作出任何授予副董事长这项权利的决定。因此，副董事长不可能像诉状中所说的那样与原告签订合同。此外，被告的董事长否认他同意原告（让其）成为独家代理。

商业注册处关于经理授权的信息可用于“反对”公司是什么意思？第29条的另一条款规定了这一点：

> 合伙企业应受经理以其形式（即名称）在其职权范围内的一切行为的约束，即使他为自己的账户使用合伙企业的签名，但与他签订合同的人有恶意的除外。

换句话说，鉴于法律要求对经理的权力进行登记并向公众公开，因此，经过正式任命和公开宣布的，经理所做的在其公开宣布的权力范围内的行为会对公司产生约束力，除非第三方知道经理的行为超出了他的权力范围。三份公布的案例表明，申诉委员会商事分支支持这些规定，使公司对其管理人员的行为负有责任，尽管这些公司声称管理人员的行为未经授权。

到目前为止，就像法律本身一样，我们假设只有合法指定的经理在公司的目标范围内，在他们的权力范围内行事，才能约束公司，那么在这些限制之外与公司打交道的第三方就得自担风险。但在现实世界中，经理显然需要使用经他们授权的许多下属员工。但由于担心注册处可能会因他们与非经理人士打交道而对他们不利，第三方会尽力确保，如果他们与公司的任何其他高级管理人员打交道，他们首先要获得确凿的证据，证明该高级管理人员是代表注册经理行事（例如该经理的授权书），并在后者的权力范围内。他们还要确保股东已经授权经理将自己的权力委托给其他人。或者，他们要从公司股东那里获得授权其特定交易的决议。只要这些人没有通过商业注册处要求的正式行为获得授权，即使是对于那些拥有“副经理”或“分公司经理”等暗示权力的头衔的高级管理人员，他们也会这样做。虽然公司有时可能会根据过去的做法或已建立的关系而放弃这些预防措施，但他们这样做只能自己承担风险。

显然，迄今为止所描述的约束公司的制度，如果只适用于最重要的交易，是完全不切实际的，必须存在一些手段，使公司和第三方能够更自由地进行交易。沙特阿拉伯的商业公司每天进行数十万笔交易，而他们的客户却没有采取上述任何步骤。对于这些例行的、日常的交易，沙特体系依赖于本案例研究中讨论的“斐格海”中的基于外部的情况和习惯，对于授权的暗示或权力推定的制度，该制度是其他法律体系中表见授权的在沙特法律体系中对应物。对于这类较小的或常规的交易，证明某人授权的证据可能来自上述情况，甚至可能来自他在公司结构中拥有相称的头衔或职位。

这样一来，对于沙特阿拉伯的商业公司来说，无论是通过习惯还是明确的法规，结果都是，对于他们更重大的交易来说，推定拥有实际授权是相对安全的避风港，而周围的海洋则是推定没有授权的。在这种制度下，公司不必担心或监督其任何缺乏这种明确证明的法律授权的代理人的重大交易，因为它知道在交易之前，第三方会来找它或它的管理者进一步证明其授权。相反，在重大或非例行交易中与非管理者打交道的第三方，如果缺乏对该人授权的积极证据，按照惯例，就是知道（或被认为知道）此事，他有可能被视为未经授权行为的同谋，而不是受害者。

重要的是要注意到，所有这些结果的关键决定因素最终证明既不是成文法规也不是“沙里亚”规则，而是商业习惯。例如，习惯在原有商业注册法定方案的基础上又增加了一些规定，例如要求各方不仅要向公司索取登记证明，还要向公司索取公司章程。此外，关于经理是否已将其权力委托给非经理，没有具体的法定要求证明该授权，但重大交易的惯例要求第三方获得该授权的积极文件证明。事实上，公平地说，我们讨论过的使实际授权更加稳定和可预测的两种沙特行政机制——公证委托书制度和对公司经理的身份和权力进行有约束力的公示制度——已经被商业习惯所取代，或者被商业习惯所吸收。甚至可以公平地说，商业习惯在刚才解释的各种法学和立法机制中发挥作用，是沙特阿拉伯商业公司代理人权力的决定性标准。

6.3.3 一些结论

我们从两个层面审查了授权：首先是沙特商事法院以一般的“斐格海”为基础的普通法所确立的授权，二是受两种国家行政机制管制的授权。

在第一个层面上，要得出的一个主要结论是商业习惯在沙特商法这一方面的重要作用。“斐格海”宣称，习惯常常可以完善双方的协议，正如许多格言所述，如“习惯就像约定”（al-ma`rūf `urfan ka-al-mashrūṭ sharṭan），“习惯的许可取代了实际的许可”（inna al-idhn al-`urfī yaqūm maqām al-idhn al-ḥaqīqī），甚至“习惯是决定者”（al-`āda muḥakkama）。显然，这些格言必须按字面意思来理解。在其他法律体系中，表见代理原则所发挥的作用，在沙特体系中显然主要是由商业习惯来实现的，在某种程度上，这些习惯通常为商人和法院所熟知，定义明确、稳定。

即使是表见责任的制度也依赖于习惯，因为若非如此，它们的逻辑就是循环的：如果没有一种习惯认为所讨论的表象意味着实际的授权，那么第三方信赖授权的表象有什么理由呢？如果一个人与银行的“分行经理”打交道，并声称他有权，但按照惯例，此人只能在日常交易中约束银行，因此，表见的权力也是有限的。同样，两种方法（沙特的方法和表见代理理论的方法）之间的主要区别可能是理论上的，即由习惯期望支持的授权框架是被当作实际授权，还是仅仅被视为一种作为实际授权对待的表象，而不管它是否是实际授权。

如果没有对两种法律体系（一个是沙特，另一个是其他国家）的实证研究，就不可能断言，沙特的解决方案是否不如基于表见代理学说的解决方案可靠或全面。沙特的做法似乎更像是临时的或零碎的，依赖于特定习惯的证据，法官认可这些证据反映了实际授权。

另一个结论可以从案例研究中得出，但不太明确，更多地是来自对法院判决的整体印象。在某种程度上，它补充了其他强化授权表象的倾向。这一结论是，法院现在倾向于采用第6.2.3.1-c节讨论的针对未授权行为的五种替代补救方法中的第三种，即无论是否实际获得授权，该交易应被视为有效，代理人对他给委托人造成的损失负有责任。这似乎只适用于第三方依赖表象的疏忽可以被原谅的情况。如今，法院可能只是对传统法律中坚持的一个理论观点不那么感兴趣，如本节所示：作为一项启示原则，未经授权的行为是无效的，如果可能的话，必须予以撤销。如果是这样，那么判定授权是否实际上存在就不那么重要了。在当今复杂交易难以展开，需要依赖代理人而无法轻松验证其授权的情况下，人们必定会预料到这样的结果。但是，它仍然只能在边缘补充而不是取代上述确定实际授权的制度，否则，这些制度——尤其是习惯——提供的大部分保护将不复存在。

尽管这些规则和实践加强了授权，保护了第三方的期望，但还是需要谨慎一点。虽然沙特法院似乎准备尊重从外部情况和习惯看来的授权（即从第三方的角度来看的授权），而忽视对委托人和代理人的私人谅解的任何调查，这种倾向在任何地方都没有被如此说明。在受启示规范启发的法律原则中，因此也在明确的理论学说中，“斐格海”的关键标准——唯一使代理人的交易合法的标准——是委托人的自愿同意，即他实际授予了权力。正如我们所看到的，“斐格海”讨论很少提到第三方的观点，甚至把习惯仅仅作为发现实际授权的一种方式。在公开的判决书中，我们发现法官在讨论表象和情况时，没有区分第三方所接触或依赖的是哪一种。

也许是因为“斐格海”学说在这些问题上的模糊性，以及由此产生的代表或代理的一些不安全感，沙特体系在几十年前认为有必要采用上文第6.3.2节中讨论的两种行政机制，以产生可以安全依赖的授权形式。这些机制并不依赖于表见授权，相反，它们为法律强制实施的积极授权创造了安全港。就注册经理人而言，安全港因被法律规定的非授权海洋所包围而变得更加重要。直到今天，商人和商业实体以及与他们打交道的人似乎都感到需要这些制度上安全的手段来建立、维护和监督授权，并且也习惯已经扩大到接受和发展这些手段。

7 责任理论

本章解释了沙特法律对侵权行为和违约行为的救济概念。这里提出的概念在接下来的两个案例研究中得到了集中运用，分别是关于违反合同利润损失的补偿和雇主责任原则。在本章的最后，第7.4节讨论了保护财产权的两种基本救济：第一，占有权的证明；第二，归还非法所得或不当得利。

7.1 传统法律和沙特法律下的侵权责任：两种侵权模式

“斐格海”手册对“加斯卜”和“伊特拉夫”这两种侵权行为进行了详细的规定，使它们成为多种形式的赔偿模式。“伊特拉夫”（意思是“破坏”）侵权，既适用于对财产的损害，也适用于对人的伤害和杀害。虽然我们只讨论对财产的损害，但许多“伊特拉夫”责任规则都可以在关于人身损害的“斐格海”章节中找到，并进入下面的讨论。“加斯卜”几乎完全适用于财产，下文解释了一个罕见的例外，即适用于绑架自由人，因为它揭示了沙特实践中的“加斯卜”。

7.1.1 “加斯卜”——财产的非法占有、侵占

7.1.1.1 “加斯卜”的定义

罕百里派学者布胡提在《揭开面具》（*Kashshāf al-qinā`*）中定义了强夺（ghaṣb）。作为沙特法院经常引用的基础著作，该书在专门讨论强夺的章节的开头给出的定义如下：

> 夺取（istīlā'）……习惯上认为是夺取他人权利的行为，如财产（milkiyya）或专有权（地役权，ikhtiṣāṣ），在没有权利（bi-ghayri-ḥaqq）的情况下，通过强制手段（qahran）得到。

夺取财产的占有权，是最重要的要件。正如布胡提所说：“‘加斯卜’没有夺取就不会出现。”这从一开始就引入了（a）占有行为的概念，（b）特定财产（`ayn）的概念。

夺取并不排除强夺者已经合法占有财产，但随后声称对财产有与该合法占有不一致的控制权。“斐格海”著作中经常给出的一个典型案例是受托人（wadī`）通过否认（juḥūd）托管来“夺取”财产。请注意，这种行为符合强夺的所有要求——它是通过强制手段、违反权利、公开的——唯一的特别之处是对财产的占有最初经过了委托人许可。

强制手段夺取，字面意思是通过强迫、专横或不可抗拒的手段夺得财产并占有。学者们用“卡赫兰”（qahran）来表示压倒一切的东西、没有选择的东西。我们可以从多个例子中观察到，它不需要通过在肉体上压倒所有人这一类的“暴力”取得，甚至不需要与所有人对抗。布胡提宣称，“卡赫兰”一词把强夺排除于某些其他类型的夺取：“‘萨利卡’（sariqa）、‘纳赫卜’（nahb）和‘伊赫提拉斯’（ikhtilās）不是侵占，因为其中没有‘卡赫兰’。”“萨利卡”或盗窃指的是偷偷拿走保存在保护地点的财产。“伊赫提拉斯”在现代被称为“盗用”，传统上被定义为从一个疏忽的人那里拿走东西并逃离。“纳赫卜”与之相似，意思是抢夺然后逃跑。黎巴嫩著名学者苏卜

希·马赫马萨尼，在他的著作中，指出“卡赫兰”的要求也将强夺与其他不法行为区分开来，例如剥夺他人的权利、欺诈或欺骗和背叛信任（khiyāna）。“卡赫兰”排除了所有这些（所有涉及秘密手段、欺骗或所有人疏忽的），这表明“卡赫兰”的意思类似于公开拿走。其他学者，特别是哈乃斐派学者，通过要求强夺行为必须公开发生（jahran 或 mujāharatan），使这一观点更加明确。

“没有权利”（bi-ghayri ḥaqq）这一术语被理解为，根据取得时的客观情况，行为人在没有任何合法理由的情况下夺取了财产。事实上，采取行动的理由必须是表面上完全不合法的。表达这一点的一种方式是，排除带有一丝权利嫌疑（a shubha of ḥaqq）的取得。“舒伯哈”（shubha）的字面意思是不确定、怀疑和猜疑，在这种情况下，它意味着一种可能的，但也许是虚幻的权利主张，或者用英美法律术语来说，是一种“权利的色彩”（colour of right）。那么，如果一个人故意利用对合同的薄弱解释，拿走了超过最终裁定他应得的金额，他会因“加斯卜”而负责吗？不，因为这是一种“舒伯哈”，那些在客观上是合理的，并且需要法院裁决的争议，属于“舒伯哈”例外。大多数这类案件通常也不符合“加斯卜”，因为没有夺取特定财产和使用强制手段。

鉴于这些不同的要求，“加斯卜”不能仅仅适用于认定一方剥夺了另一方的金钱利益或以牺牲另一方的利益为代价获得金钱利益的情况——即使所涉行为显然是非法的。更确切地说，此种索赔通常根据下文将讨论的其他民事责任理论之一予以补救。例如，“加斯卜”很少被用来补救造成经济损失的过失侵权行为，或不涉及滥用具体财产的违约行为。

夺取、强制手段、没有权利这些术语在一起强烈地暗示了一种带有不法意图的行为—— 一种犯罪和一种罪恶。但是，如果这样的行为通常是故意侵权，甚至是犯罪，为什么学者们在定义“加斯卜”时没有如此明确？为什么学者们没有使用“故意”这样的术语，就像他们使用“故意”来区分谋杀和意外致人死亡，或者在分配两个行为人造成的损害的责任时，认定一个是故意的，另一个是疏忽的？的确，在“加斯卜”是否总是有意为之这个问题上，现代学者似乎分成了两派。有些人认为它总是一种罪恶，一种故意的行为，涉及犯罪以及民事后果；另一些人则观察到传统文本虽然通常将“加斯卜”理解为不法行为，但也将一些完全无罪的行为视为“加斯卜”，例如因没有恶意的错误而获得他人的财产。

人们不禁要问，关于“加斯卜”的一个如此基本的问题——它是否需要深思熟虑的意图——为何直到现代仍未得到解决？传统的“斐格海”著作是否想要指出“加斯卜”是一个故意的错误行为，但不知何故没有做到这一点？或者，相反，他们是否没有提到“加斯卜”涵盖了所有没有权利的取得，无论是否违法？很明显，真相一定在别的地方。

这个关于学者如何定义“加斯卜”的谜题，指向了这些学者对待“加斯卜”的更大、更重要的一点。在我看来，中世纪的学者们希望“加斯卜”能够成为一个有用的模型或者是类比的来源，以便在财产进入非所有者占有的许多不同情况下提供裁决。许多不正当的占有本身可能不符合强夺的条件，因为它们缺乏其定义元素中之一，但是考虑到“斐格海”普遍的类比方法，甚至可以在不同的法律部门之间使用，如第3.2.3节所讨论的，学者们仍然希望将“加斯卜”的部分或全部规则和补救措施适用于它们。例如，有时有些这样的行为可能是由于故意侵犯财产权而发生的，这些行为可能为阐明“加斯卜”提供了最清楚的例子，但它们有时也可能是由于疏忽、没有恶意的错误或第三方的欺骗而发生的。如果将强夺明确地放在故意行为和犯罪的范畴内，那么这种类比的用处就会减弱。相反，学者们以一种足够严重的非法取得形式为样板，表明强夺者的故意，但同时允许将“加斯卜”规则应用于正式定义之外的更极端和不那么极端的取得形式。

当人们比较四大教法学派对强夺问题的看法时，这种对“加斯卜”的“斐格海”处理的解释得到了间接的支持。我们注意到有一个范围区间，从一端的哈乃斐派，到马利克派，然后是沙斐仪派，到另一端的罕百里派。晚近的哈乃斐派（以及马利克派在较小程度上）对强夺的定义非常宽泛。在奥斯曼民法典《麦加拉》（1877年颁布的对哈乃斐派晚近实践的官方法典化）中，强夺被简单地定义为“未经他人许可而取得他人财产并持有其财产”（第881条）。但与此同时，正如下文所述，哈乃斐派为强夺指定了相对狭窄的补救措施，几乎没有超出恢复被夺取财产的义务。另一方面，罕百里派（以及沙斐仪派在较小程度上）对强夺的定义较窄，但允许采取广泛而且激进的补救方案。因此，对于哈乃斐派来说，即使在完全不存在故意侵占意图的情况下，也可以非常广泛地适用这一概念，因为即使是适用在没有恶意占有他人财产的人身上，其后果也是轻微且自然的。而罕百里派学者定义的强夺比大多数其他形式的不正当占有更糟糕，并给予适当严厉的补救措施，要求其规则仅通过类比适用于其他形式的不正当占有。罕百里派的方法允许法官根据他们面前的行为的特点向上或向下调整一系列补救措施，以求在单个案件中实现正义。

在沙特阿拉伯适用的罕百里派著作的作者经常在典型案例和他们的解释中插入明确的建议，插入诸如“像一个强夺者”（ka-al-ghāṣib）和“具有强夺者的地位”（fī ḥukm al-ghāṣib）之类的短语，通过类比来应用“加斯卜”。让我举六个例子。前三个例子是非法占有所有人财产的“受信任的人”。第一个例子来自罕百里派学者伊本·古达马：

> 如果“穆达里卜”（muḍārib，“穆达拉巴”，合伙企业参与管理的合伙人）犯了“塔阿迪”，做了他无权做的事，或者购买了他被禁止购买的东西，那么他对其负有责任（引用学者一致意见）。我们的观点是，他在未经许可的情况下交易了他人的财产，因此他要像强夺者一样承担责任。我们不赞成他参与那笔利润的分配。

值得注意的是，伊本·古达马并没有具体说明“加斯卜”的哪些责任适用于“穆达里卜”，而是让法官根据案件的情况自行决定。

第二个例子来自布胡提，涉及另一种信托关系，即雇主/雇员的关系：

> 如果工人在完成工作后因被拖欠工钱而留下了工作服，工作服被毁了，他就要承担责任，因为对方没有把衣服给他当质押，也没有人允许他拿走，所以他必须像强夺者一样赔偿工作服。

在这个例子中，布胡提只提到了赔偿财产损害的义务，这是在违反“阿曼纳”的任何情况下所要求的义务。他类比成“加斯卜”有什么用意？仅仅意在使用“加斯卜”标题下制定的关于如何评估各种类型的财产，截止什么日期等的规则吗？更有可能的是向法官建议，在适当的情况下，他有权酌情采用“加斯卜”的其他救济，例如租金或利润。

第三个例子来自伊本·古达马，关于一个借款人非法使用他所借的财产。尽管伊本·古达马没有宣布这种行为是“加斯卜”本身，但借款人被称为“法律上的强夺者”，他仍然明确地将“加斯卜”的所有救济适用于该案例。

> 如果所借的财产是土地，在借用期限届满或出借人要求返还后，他无权在其上种植、建造或耕种……在这种情况下，他的法律地位等同于强占者（ḥukmuh ḥukm al-ghāṣib），因为“压迫者的根基（`irq）无权存在”。他必须为因侵犯（`udwān）土地所获得的使用价值支付租金。他有义务移除所种植或建造的物品，填平所挖掘之处，赔偿价值的减损，并承担其他与“加斯卜”相关的法律责任，因为这是一种侵占行为。

第四个例子来自布胡提，关于买卖法，具体来说是规范所售货物损失风险的规则。“如果卖方……阻止买方接收已出售的财产，则他应承担责任，因为他就像一个强夺者。”

同样来自布胡提的第五个例子是关于遗失物的法律。

> 如果（遗失物）的发现者拿走了它，打算将其据为己有或将其藏匿起来……即存有背叛的意图，一旦遗失物被毁，即使遗失物不是他的过错被毁，他也要对遗失物承担责任，因为他以一种对他来说不合法的方式拿走了他人的财产，因此他要对遗失物承担责任，就像强夺者一样。

布胡提的第六个例子再次使用了“法律上等同于强夺”或“推定的强夺”的措辞：“未经主人许可而接受奴隶帮助的人……对他的裁决……是对强夺的裁决……他对（奴隶的）侵权行为和价值的降低负有责任。”在接下来的两章中还会出现“加斯卜”被类比引用的其他例子。

因此，虽然学者们经常明确地提示他们的读者对“加斯卜”进行类比，但有时他们依赖读者这样做。例如，回到保管人否认他曾经持有保管物的案例，布胡提写道：“如果保管人否认保管，比如他说，你没有在我这里托管，但他后来承认了保管，或者有证据证明了这一点……他要对他的否认承担责任。”布胡提在这里甚至没有提到“加斯卜”这个词，只说保管人是“达敏”（ḍāmin）或有责任。然而，在所有的逊尼派教法学派中，保管人对保管事实的否认都被宣布为强夺本身或至少类似于强夺。类似的情况还有承租人在租赁期满后继续持有财产。对他不利的标准裁决是“加斯卜”，或与之类比，尽管通常没有明确说明。

我们在上面看到，学者们坚持认为“加斯卜”的定义通过“强制手段”这个词排除了诸如盗窃、盗用、剥夺他人权利、欺诈或欺骗以及背叛信任等不法行为。然而，这并不意味着这些学者不会在情况需要时通过类推“加斯卜”来规范和纠正这些不法行为。

接下来，我将讨论“加斯卜”索赔的救济。鉴于经常将行为类比为“加斯卜”，而不考虑“加斯卜”本身，正如我们刚才看到的，不断出现的一个问题是，是否所有这些救济，或仅其中一些救济适用于与“加斯卜”类比的行为。对许多第一手和第二手资料的审查显示，在这些非“加斯卜”案件中往往不是每一种“加斯卜”的救济都适用，这表明伊斯兰法允许法官酌情作出适当的类比，以便在相应情况下获得公平的结果。

7.1.1.2　“加斯卜”的救济

当“加斯卜”被证明存在时，罕百里学派对强夺者施加了一系列几乎惩罚性的责任，似乎是为了让所有者最大限度地恢复他作为所有者的权利和特权。再次说明，罕百里学派的救济往往是所有学派中对强夺者最严厉的。

特别重要的一点，也是不同教法学派之间的区别，是强夺者是否不仅恢复了财产或其价值，而且还恢复了财产的使用价值，该使用价值按公平市场价值（ujrat al-mithl）得到补偿。在某种程度上，给予这种额外的损害赔偿与在第4章中提到的“收益伴随着对损失所负的责任”（al-kharāj bi-al-ḍamān）背道而驰。这句话的意思是，承担财产损失风险的人（作为财产的所有人）也享有其利润和利益，反之，接受利润的人必须承担损失风险。这两个命题反过来说，就是不承担损失风险的人无权获得利润和利益。这条训诫从根本上讲源于对高利贷的禁止。在有息的货币借贷中，贷款人不仅获得了有保证的资本收回（除了信用风险之外没有损失风险），而且还获得了利润。由此产生了这样一种概括：为了赚取利润，一个人也必须接受投资损失的风险。这一原则的适用范围远远超出了放贷。因此，在租赁不涉“里巴”禁令的财产（如房屋或汽车）时，由于出租人因财产使用价值获得补偿，他必须承担损失的风险；承租人只有在造成租赁物损失的时候，才对租赁物承担责任。相反，在非消耗性财产借贷（iʿāra）中，由于所有人没有得到租金补偿，所以借用人承担损失的风险。涉及一方使用另一方财产的其他合同也以类似方式加以管制。但涉及强夺的时候，因为财产最初是被不法夺取的，这条训诫就被忽视了，强夺者要同时对两者负责——对财产（它的归还或它的价值），以及它的使用价值和利润或增值。正是由于“收益伴随着对损失所负的责任”，哈乃斐派最初才不愿强迫强夺者支付使用价值补偿。但对他们来说，结果往往是不恰当的。例如，租赁财产超过其租赁期限的承租人不再有义务支付租金，因为他已成为强夺者，但要对财产的任何损失负责，无论是如何造成的损失。罕百里和其他学派认为，强夺者需承担公平市场租金（不是约定租金）和财产的责任。在后来的几个世纪里，哈乃斐派缓和了其反对意见，允许收回用于出租的财产的使用价值，以及其他一些例子。

在罕百里学派中，对强夺的救济包括：

a）财产本身的责任——在这一点上，所有学派都达成了基本共识。

i. 如果所有人的实际财产仍然存在，强夺者必须将其归还给所有者（所有学派都认同）。

ii. 如果财产被全部或部分损毁（talaf）或消耗（ustuhlak），即使不是由于强夺者的过错，强夺者也应赔偿该损失。那么这个金额是如何确定的？

- 如果财产是可替代的（mithli），则以实物偿还，即同等数量的相同规格的财产。
- 如果财产是不可替代的（qīmī），则根据其市场价值，或在其部分损坏或消耗的情况下根据减少（naqṣ）进行补偿，这通常由专家证词确定。在罕百里学派中，财产的价值是其被损毁或消耗之日的市场价值（其他学派在估价时间上有所不同）。

b）除此之外，强夺者对以下所有问题负有责任（对于其中一些问题，其他教法学派的观点可能与罕百里学派不同）。

i. 财产使用权的价值（效用，使用价值），这是所有者的权利之一，属于财产价值的一部分。使用价值的所有人将通过公平市场租金价值（ujrat al-mithl）来补偿，这意味着该财产的公平租金价值将由专家确定。强夺者对财产在其占有期间的损失负责，即使他没有从财产的使用中获益。但是，这种救济只适用于实际产生的使用价值，例如，在财产被毁坏后，没有任何东西可以归于实际产生的使用价值，因为在这种情况下，使用价值是不存在的。货币和其他消耗品没有使用价值。布胡提排除了追回其他形式的利润损失（这是由于将在第8章详细讨论的原则）：

> 损害赔偿的目的是通过对其损失进行赔偿来确保所有者的权利……强夺者无须因他在一段有可能从中获利的时期内，扣留他人财产而对利润损失负责，因为该（利润）并不存在。

ii. 财产产生的任何实际孳息或增值，都是所有者财产的一部分（再次强调，货币本身不会产生孳息或增值）无论是否由强夺者的努力造成。

iii. 强夺者从他所夺得的特定财产（`ayn）交易中实际获得的任何利润。这种可追溯的利润和收益被视为财产的增值，所有人可像追回其他增值一样将其作为财产追回。这是唯一可以适用于被强夺的货币的“孳息”或“增值”的形式。人们可能会注意到布胡提解释这一点所用的语言：

> 如果强夺者使用了夺来的特定或具体财产（`ayn）（该术语也可以包括特定货币），或者用特定财产（`ayn）的价金进行交易（即在出售财产后），他因此获得的利润，或者他用其价金购买其他物品而获得利润，并且该利润仍然存在（即现有，未使用），那

么，强夺者获得的利润和购买的商品，都属于被强夺财产的所有者，而不是强夺者。即使购买其他物品是以赊账方式进行的，强夺者意图用被强夺的财产或其（出售后的）价金支付其价格，而且他确实这样做了。

iv. 在大多数罕百里派学者看来，强夺者所付出的任何费用或劳动，无论是为使用和改善财产，从中获取利润，还是为将财产归还给其所有者，都不会得到补偿。

v. 此外，因强夺者而给所有人造成的实际经济损失可以得到赔偿。

从上文可以清楚地看出，强夺的侵权行为从根本上包括了一种物权请求权——要求恢复对某一特定财产的占有。但它的内容远不止于此，它也是一种对强夺造成的其他经济损失的索赔，这里与下一个要考虑的主要侵权行为“伊特拉夫”的索赔完全类似或有所包含。它还包括要求收回或补偿所有者因强夺而使所有者被剥夺的财产的任何实际使用价值和收益或增值，即使强夺者本人并未享有或受益于这些使用价值或孳息。在这最后一点上，强夺接近于其他法律体系中所谓的弥补失去的利润或机会，但关键的区别是，强夺补偿的是强夺者获得的实际使用价值、利润和增值，而不是假设的所有者损失。强夺侵权行为的所有这些方面将在下文和以下各章的其他内容中再次进行讨论。

强夺的救济包括（也许是其最基本的元素），追回被侵占的特定财产，即刚刚给出的提纲中的“a）i.”条。正如我们将在下文第7.1.1.4节中看到的，“加斯卜”规则允许所有者即使从无辜受让人那里也能收回他的特定财产。这一规则和其他有关强夺的裁决表明，学者们对宣称财产权神圣性的文本给予了重视。举几个例子，所有者没有义务接受赔偿而不收回他的特定财产，无论归还给强夺者带来多大的麻烦或成本。即使财产发生了变化，比如现在它的计价方式不同了，如大麦被磨成四粒，金银被做成珠宝，或铁被做成剑，那个特定的东西也必须归还，并赔偿任何价值上的损失（对于这种情况下的强夺者是否可以因价值的增加或他在这种转变中付出的劳动或费用而得到补偿，学者们意见不一，即使在罕百里学派中也是如此）。如果一个可替代的商品与它的同类商品混合在一起，使其无法再与其他同类商品区分开来，例如两种相同质量的小麦混合在一起，那么强夺者有义务按重量或尺寸归还与他所强夺的特定混合物相等的数量。如果强夺者把夺取来的财产与质量较低或较高的同类财产混合，或与另一种财产混合，使被夺取的财产无法再从中分离（无论成本如何），那么被夺取财产的所有者与其他物品的所有者成为特定混合物的不可分的共同所有人。

所有这些都同样适用于货币，传统上包括黄金和白银以及铸造的硬币。根据伊斯兰教法，货币是一种可替代物，但仍然容易变成某种特定的、独特的“艾因”，例如一箱特定的货币或许多特定的硬币，就像小麦或油的情况一样。然而，任何货币交易或转移的通常结果是，货币因使用而被“消耗”，这在法律上被视为类似于货币的“毁灭”。既然它就这样被“毁灭”了，除非以实物形式，否则不能再收回。同样，只有当货币的数量根本无法确定时（即它从未演变成抽象资金的义务“戴因”），或者当人们无法再追踪或恢复其特定形式时，货币才能以实物形式收回。在其他情况下，“斐格海”愿意通过各种交易追踪货币的“艾因”，即使是那些以货币为回报对价的交易。例如，如果特定货币（例如卖方看到的特定硬币）在买卖合同中被称为价格，则应以与根据该合同出售的特定货物相同的方式被对待。如果买方将这笔钱支付给第三方，而不是交给卖方，那么与第三方的交易是无效的，他没有转让这笔钱的所有权。另一个例子，在上面引用的布胡提的一段话中，如果某财产是被强夺的，通过交易该特定财产而获得的收益，甚至是以通过出售该财产而获得特定金钱进行交易的收益，属于被强夺财产的所有者。

7.1.1.3 适用“加斯卜”规则的沙特案例举例

让我们讨论一些沙特法院应用“加斯卜”规则的公开判决，无论是因为在这些判决中有由事实构成的“加斯卜”本身，还是因为它们通过类比应用了“加斯卜”规则。

在本标题下公布的来自商事法院和普通法院的案件中，有四个特别有用的例子。在第一个案件中，被告不正当地继续使用属于原告的渔船，有义务在他占有这些渔船的期间支付合理的租金，尽管原告以被告的名义登记了船舶，法院还是宣布被告为强夺者。法院没有将被告从使用船只中获得的利润判给原告，因为这些利润无法充分确定。法院表示：

> 学者们一致认为，占有他人财产或其使用价值的原则是对其负有“达曼”（ḍamān）责任。如果他使用它，他就对它处于强夺者的状态（fi ḥukm al-ghāṣib）。被告夺取了原告的财产并使用，因此他是原告财产的强夺者。被强夺财产的使用价值是应予以补偿的（maḍmūna），无论强夺者是否从中受益。强夺者对租金价值负有责任，直到他归还被强夺的财产时为止（只要该财产属于按习惯可出租的类型）。

在第二起案件中，原告以分期付款的方式购买了一辆汽车，但这辆车在一场非他过错的事故中受损。该车被退还给出租人，出租人不正当地卖掉了它。法院将该案件类比为租赁财产被强夺的案件，根据“斐格海”，在这一事件中，承租人有权选择终止租赁或追究强夺者损失的使用价值。原告在汽车被夺走期间不欠租金（不支付分期费用）。在第三种情况中，与上一种情况类似，一辆汽车发生事故后，买方将其退还给卖方修理，而卖方不正当地将其出售。法院以类推方式援引“加斯卜”，要求卖方赔偿汽车的价值，但也建议原告买方就汽车在卖方持有期间内的租金价值提起诉讼。在第四种情况下，承租人在租赁期满后继续使用一批公共汽车，借口是政府曾征用这些汽车以满足战时运输需要。法官默认使用“加斯卜”原则，要求承租人对超期使用期间的公共汽车的公平租赁价值以及对公共汽车造成的所有损坏的维修费用承担责任。这种使用是政府强加给承租人的，不能成为承租人不承担责任的借口。

在申诉委员会的行政分支中，我们可以发现许多案件援引“加斯卜”规则作出对政府不利的裁判，尤其是因为“加斯卜”是政府征收或挪用私有财产的诉讼和赔偿的基础。一个此类判决中，事实表明政府不当地关闭了原告的店铺。法院宣布这是“阻拦”（ḥaylūla）原告拥有其财产。法院不认为这是“加斯卜”，但确实宣布，以“加斯卜”的类比设定了赔偿损害的限制，并裁定，这类店铺的平均净利润大概是衡量合理使用价值的标准。另一个例子是，某政府机构扣押了一家公司的车辆，理由是其有违反规定的嫌疑，法院认为这一措施是“加斯卜”。这家公司得到了车辆租金的补偿。

“加斯卜”案件中一个有趣的、看似反常的类别，是那些因非法监禁而造成损害的案件。有些奇怪的是，伊斯兰法把非法监禁自由人归入强夺这一标题下。既然自由人不是财产，他们就不能被强夺，因此，即使一个人被扣押或绑架，以致最后死亡，也不产生赔偿死亡的责任。除非死亡是由强夺者造成的，可以以其他理由提起诉讼。但是，被强夺的可能是自由人的使用价值，即他的服务价值，如果他没有被绑架或扣押，他本可以出售或享受的价值。沙特的许多案件将这一规则适用于被政府错误或不当监禁的人，评估受害者的赚钱能力并相应地对他或她进行赔偿。法院还援引《治国基本法》和《刑事诉讼法》谴责不公正监禁的规定。

稍稍偏离主题，考虑一下最后一组判决的第二个方面，其中许多判决超出了传统上认可的服务价值赔偿范围，还给予了“精神损害赔偿”（al-ḍarar al-ma`nawī 或 al-ḍarar al-adabī）。作为从法国经埃及传入的概念，精神损害赔偿在“斐格海”中是有争议的，因为它似乎不仅涉及对不被视为财产的东西的赔偿（因为精神损害完全是无形的），且不易以任何客观标准衡量，因此，它违背了“里巴”和“加莱尔”的原则。这似乎就是普通法院的立场，而且根据一项简短的调查，申诉委员会的商事分支也持这一立场。但申诉委员会行政分支公布的案例表明，其实会根据不同的事实和理由判政府支付这种损害赔偿。萨姆阿尼在他关于申诉委员会行政分支的司法自由裁量权的书中指出，行政法院通常在也显示有形损害的情况下判处赔偿，对他和其他现代学者来说，有形损害包括身体上的痛苦，但是，书中又说，行政巡回法庭对于是否允许单独提出精神损害赔偿存在分歧。已公布的判决有判处此类损害赔偿的案件。萨姆阿尼在行政案件中赞成这种观点，理由是，如果传统伊斯兰法对纯粹精神损害的补救办法是用“胡杜德”和“塔齐尔”的刑罚惩罚违法者，但这种惩罚在违法者是政府本身的情况下是不可能的，那么对精神损害的赔偿应该以次佳的办法替代。

7.1.1.4 对持有被强夺的财产的人的规定

被强夺财产的人有权针对其财产传递链中的任何或所有各方（从最初的强夺者到最后的持有人）寻求“加斯卜”救济。对于那些在不知道最初是在强夺的情况下获得占有的后继持有人也是如此。但是，财产所有人只能向强夺者之后的持有人要求部分损害赔偿。这些持有人，无论是否无辜，仅需承担若他们自己侵占所持有之物时适用的“加斯卜”救济责任，而非承担源自抢夺者或流转链条中其他早期持有者的所有救济责任。然而，链上的任何持有人都要对所有者承担在后续占有环节中因该财产产生的所有“加斯卜”救济责任。其结果是一种层层嵌套的连带责任，随着财产转移链的进一步发展，其开放性越来越小。起诉谁是财产所有人的选择：一般来说，起诉靠前的持有者对所有者更有利；但是，当然，如果他希望重新获得财产本身，而不是赔偿，他必须起诉最终的持有者。

接下来的问题是：在财产的持有人链中，如果在强夺者之后的持有人被认为对所有人负有责任，他是否可以向较早或较晚的持有人追索？特别是，该链条中，谁必须承担最终责任（qarār al-ḍamān），以及为什么此人应该承担最终责任。有一条基本规则适用于一般情况：如果持有人是无辜获得财产的，他对链条上较早的持有人有完全追索权；如果他确实知道该强夺，则他本人被视为强夺者，并且他对任何先前持有人的追索权受到限制。当人们深入了解各种持有的细节，以及各种可能被强夺的财产时，规则就变得复杂了。研究这些规则是一项有价值的工作，哪怕只是为了展示强夺法则的深度、微妙和复杂。在这些规则中，不仅可以看到“加斯卜”救济的细节，而且还可以看到在不同情况下，包括在不同类型的合同中，对财产责任和财产权利作出的“斐格海”裁决。

我通过引用卡里在他的《麦加拉》中对这些规则的精彩总结来探索这些规则，这些规则规制着从被强夺财产的一系列持有人那里以及在这些持有人之间的财产追回。我在卡里的类似法典的条文中穿插了自己的简短评论，以减轻卡里的极度简洁所带来的挑战。为了使解释更容易理解，在接下来的内容中，除非另有说明，我在“强夺者”一词中也包括了在传递链中早于正在讨论的特定持有人的财产持有人，无论该较早的持有人是否实践“加斯卜”或通过其他方式（即使是无辜的）获得财产。布胡提也这么做了，但只是心照不宣地让读者凭直觉去理解。

> 章节：对被强夺财产受让人的裁定
>
> 第1413条：被强夺的财产的任何受让人处于强夺者的地位，所有权人可以要求他对财产和（财产的）利益损失负责（al-manfa`a al-fā’ita）。

下面引用的所有条款都反映了这一根本条款，即无论是否无辜，持有被强夺的财产的人都要向财产的所有人对该财产及其使用承担责任，就像他自己对财产的占有是“加斯卜”一样。根据其他地方规定的一般规则，如果他持有财产本身，则他有责任归还财产；如果不是，那么他就要为财产的价值负责。至于持有人对强夺者的追索，如果他是无辜的，那么他享有下文将要解释的权力；如果他不是无辜的，那么他甚至通常无权就他支付给所有权人的款项向原强夺者追索，尽管他能够收回他为获得财产而支付给任何前持有人的对价。

> 第1414条：如果被强夺的财产在不知道该财产被强夺的情况下，在以对价（即价格）的方式获得该财产的人（如买方或受赠人）的占有下被毁坏，而且（此人）为此向（真正的）所有者支付赔偿，那么他无权就（财产的）价值向任何人追索，但如果他确实对财产的价格提出追索，请参见本条最后一句。如果他（向所有权人）支付了使用价值赔偿，那么他就有权就该赔偿向强夺者追索。但是，如果他知道强夺的事实，他就没有权利对他所支付的任何赔偿进行追索。然而，如果强夺者支付了补偿（给所有者），则（强夺者）除了财产的价值（即公平市场价值，而不是由价格确定的价值）外，对受让人没有追索权。此外，他可能无法从无辜的受让人那里收回他支付给所有权人的任何使用价值补偿。受让人在任何情况下都将可以追回他支付的对价（即价格）。

这也是一项核心条款，涵盖了受让人知道强夺者占有的不法性（即恶意的交易），或者不知道其不法性（即无辜的行为），而能从强夺者那里获得（补偿）的情况。它表明，每一个购买财产后的持有人，即便是无辜的，都要向财产的原始所有人负责，如果财产仍然完好无损，就应归还财产，如果财产被毁坏或转移到不可及的地方，就应赔偿损失；持有人还要向所有权人对财产的使用价值负责。如果受让人是无辜的，无论他为该财产支付了多少价款，以及他向所有人支付了多少使用价值，他都有权向强夺者追索；如果是恶意的，他只能追索价款。相反，如果是强夺者被所有权人追究责任，则强夺者可以从后来的持有人那里获得财产价值的追索权。至于使用价值的赔偿，强夺者只有在后续持有者存在过错时，才能从他们那里追回已支付给所有者的赔偿金额，而且仅限于这些持有者在自己占有财产期间有关的使用价值，如下文第1415条的规定。

第1415条：如果一个人在不知道（租赁的财产）是被强夺的情况下从强夺者那里租赁，而租赁的财产在他的占有中被毁坏而他并没有过错（tafrīṭ），并且他（向所有者）支付了因其损毁造成的损失，他可以向强夺者追讨被强夺财产的价值，但不能收回使用收益（使用价值）的价值。但是，如果他知道该财产是被强夺的，或者是因为他自己的过错而使财产灭失，他就不能追索任何东西。然而，如果（所有者认定）侵占者需承担责任，若侵占者已就承租人的使用价值向所有者作出赔偿，那么侵占者可（向承租人）主张承租人使用（财产）的价值。在任何情况下，承租人都可追回其支付的（租金）对价。

考虑到最先追索的是财产本身，租约的一般规则是，财产的承租人作为出租人“阿敏”持有该财产，因此只有在因他自己的错误造成财产灭失时才承担风险。如果财产是在持有人占有下但不是因其过失而被毁坏的，而且他向所有权人赔偿了其价值，则他有权就该金额向强夺人追索。但是，如果财产是由于他的过失而被毁坏的，或者他知道财产是被强夺的，那么他就没有权利向强夺者追索他向财产所有人支付的任何赔偿。其次，关于在强夺期间对使用价值的索赔，如果承租人（通过租赁“购买”了该使用价值）有义务对所有者进行价值补偿，那么承租人在任何情况下都可以向强夺者追回他为此支付的价款（租金），而不是追回使用价值。该租金既包括他使用该财产期间的租金（因为他必须向所有人支付这种使用的价值），也包括此后未使用期间未赚取的租金（因为在财产灭失后不欠租金）。

第1416条：如果一个人无偿从强夺者处接受被强夺的财产或其收益（使用价值），同时也不知道有不法的强夺行为，如财产本身或其收益的受赠人、受让人或遗产继承人，或者如果他代表受让人接受该财产或其收益，如代理人、保管人、抵押权人，财产在他的占有期间损毁但他没有过失，而他被追究承担一切，则他可以向强夺者追索所有（他被追究的责任）。强夺者支付的任何赔偿不能向他追索。但是，如果受让人知道情况（即发生了强夺），他需承担最终责任，同样，有过错的保管人、代理人或抵押权人也要承担最终责任。

该条涵盖了强夺者的两种受让人。第一种是不经对价获得财产的人，如受赠人。这样的受让人通常会承担财产灭失的风险，即如果财产因任何原因毁损或灭失，损失由他一人承担。但是，如果受让人因该财产或其价值被所有权人收回而失去财产，那么他有权从强夺者那里获得补偿，理由可能是强夺者欺骗了他，使他认为财产是他的，导致他接受了该财产是他可以拥有和使用的，没有预料到要为它的价值承担责任。即使财产因受赠人的过错而被毁，情况也是如此。这同样适用于受赠人向所有权人支付的使用价值赔偿。第二种情况是为了强夺者（或更早的占有者）的利益而获得财产的人。如果财产因他自己的过错而毁损或灭失，即使他不知道有强夺行为，他也要对财产所有人承担责任，而对强夺者没有追索权。这是符合“阿曼纳”占有的标准规则的，因为这样的人是一个“阿敏”，如果有过错造成财产损失，他对财产负有责任。

第1417条：如果一个人从强夺者那里借用（被强夺的财产），且不知道发生了强夺，借来的财产在其占有过程中因非正常使用而灭失，并且所有权人要求他对财产及其使用价值承担责任，他只能收回为使用价值支付的费用。如果他知道强夺行为，则无权收回任何东西。但是，如果强夺者被所有人追究责任，那么，如果（借用人）知道其违法行为，强夺者可以从借用人那里收回（财产的价值及其使用价值）。如果借用人不知道其违法行为，强夺人只能索取财产的价值。

一般来说，借用人（无偿借用的情况下）需要承担赔偿出借人所借出财产的任何损失，无论损失的原因是什么——甚至是天灾。这是对“收益伴随着对损失所负的责任”规则的应用。由于借用人享有财产的利益而无需对这些利益进行补偿，因此他也承担了损失风险。然而，就像上一条中的受赠人的情况一样，如果借用人是无辜的，那么若他因为财产所有人追回被强夺的财产而失去该财产，则不会受到如此严格的标准的约束。无论如何，他都可以收回他因使用价值而向所有者支付的费用，因为强夺者同意无偿地向他提供这些使用价值。

第1418条：当来自（最初的）强夺者的后续强夺者对（所有者）负有赔偿责任时，不得向最初的强夺者追索任何东西。如果最初的强夺者（向所有权人）支付了赔偿，他可以从（后续的）强夺者那里收回他支付给所有权人的所有钱。但是，后续强夺者仅有义务赔偿被强夺的财产在他占有期间产生的收益（使用价值）。在最初的强夺者占有期间产生的收益，应由最初的强夺者负责。

该条表明，从强夺者手中强夺的人（包括知道强夺行为从强夺者那里获得占有权的人）承担最终责任（即用尽所有追索权形式后的责任），向所有者赔偿财产或其价值，当然，如果财产本身仍然存在，则归还财产本身。至于支付给所有权人的对于使用价值的任何赔偿，每个强夺者只对他自己使用财产期间产生的价值承担最终责任。

第1421条：在不知道发生强夺的情况下，代表强夺者（受其

> 委托）毁坏其所强夺的财产并因此被追责的人，可以向强夺者追讨（他所支付的）款项，但如果强夺者被追究责任，则强夺者不能向他追讨。但如果代表人知道强夺，那么代表人负最终责任。如果被强夺的财产是食物，且强夺者将其给予非所有者的其他人食用，情况也是如此。

在这里，强夺者的受托人不对强夺者向财产所有者支付的任何赔偿承担最终责任，即只要他不知道强夺者的强夺行为，他就有权向强夺者追索。一个有趣的子案例是，强夺者导致一个人消费了被强夺的财产——即使他没有意识到强夺，他也要对其价值负责，因为他从中获得了利益。

7.1.2 “伊特拉夫”——财产的非法损毁

现在让我们转到第二种主要的侵权行为，伊斯兰法将它作为合同和侵权行为中诸多形式赔偿的典范。布胡提在他关于“伊特拉夫”的章节一开始是这样定义的：

> 任何人在未经所有者许可的情况下损毁（atlafa，即导致talaf）他人的合法财产（muḥtaram），即使损毁（itlāf）是由于错误或疏忽，也要为此承担责任。损毁者要为他所损毁的负责。这是因为他让（所有者）失去了它，所以他有义务赔偿它。

这句话隐含了“伊特拉夫”主张的三个要素——侵权行为、损害以及行为与损害之间的因果关系。下面我们将按顺序讨论这三个要素。但首先必须指出的是，这些要素的内容会有所不同，具体取决于损害因果关系是两种形式中的哪一种——“直接”和“间接”（mubāshir 和 mutasabbib，字面意思是“直接”和“导致”）。在后一种情况下，该行为必须是不法的（即ta`addī）。“直接”和“间接”的概念将在下文的第7.1.2.4节中解释。

7.1.2.1 不法行为（Ta`addī）

首先以间接行为所造成的损害为例，“斐格海”认为只在造成伤害的行为构成“塔阿迪”（字面意思为“不法行为”）时才需要负责任。学者们对这个术语有不同定义，就像“沙里亚”法或习惯对“越权”（mujāwiz al-ḥaqq）行为的定义一样：“没有权利”（dūna ḥaqq），“‘沙里亚’法不允许”（ghayr jā’iz shar`an），背离普通人的行为或习惯的，或在没有权利或法律许可的情况下造成伤害。“塔阿迪”既包括故意的不法行为，如盗窃、殴打或欺诈，也包括疏忽大意等无意的不法行为。总而言之，“塔阿迪”是指违反伊斯兰法为有关情况规定的行为准则的任何行为，这种准则不仅涉及普遍适用的一般注意义务，而且还涉及特定于该行为背景的任何义务，包括习惯行为准则。“塔阿迪”是否包括非故意违约将在下文第7.2.3.2-d节中讨论。

在关于“伊特拉夫”的章节中，卡里使用了多个具体的例子而非抽象的定义，他这样定义“塔阿迪”：

> 责任（ḍamān）的先决条件是在造成破坏的行为中存在“塔阿迪”。例如，若一个人给他的土地浇水，水流到另一个人的财产上，造成了破坏，如果是他粗心大意释放了比正常情况更多的水，或者心不在焉或在打开水的时候睡觉，那么他必须弥补所造成的损失。同样，若一个人在他的财产上点了一把火，火势蔓延到了另一个人的财产，如果是他不小心点了一把通常会蔓延的火，比如在强风中点火，或者在刚刚着火时离开，那么他必须弥补所造成的损失。若一个人浇灌自己的田地时没有粗心大意，或是点起普通的火，而后刮起了大风，毁坏了别人的财产，那么他就不负责任。

“斐格海”著作的作者希望法官们运用类比和演绎的方法，将这种对“塔阿迪”的描述应用于他们面前的事实。例如，如果法官面对被告在没有任何合法理由的情况下故意伤害原告的案件，他可以根据布胡提的这段文字，合乎逻辑地得出结论，被告不容置疑地犯了“塔阿迪”。

然而，在同样的背景下，我们可以注意到，只要行为是不法的，那么，“塔阿迪”在从单纯疏忽到故意伤害的范围内，其民事后果通常不受行为人的精神状态的影响。但是，意图对于区分无罪和不法的行为是起作用的。因此，如果一个人用枪射鸟而吓到了牲畜，那他就不应该受到责备，除非他是有意为之。一个人在雇主的命令下实施了不法的行为，例如在别人的土地上挖了一个坑，那么如果他知道那块土地不是雇主的，他就要承担责任。

7.1.2.2 损害（Darar）

“伊特拉夫”侵权的第二要件是损害的发生。正如第4.3.2节和第6.1.2节中提到的“阿曼纳”义务，尽管“斐格海”著作中关于“伊特拉夫”的示例案例讨论的是物理破坏，但事实上，这种侵权行为作为非物理经济损失和损害赔偿的模式在“斐格海”中广泛应用。如苏卜希·马赫马萨尼所说：

> 如果毁坏财产的程度无法确定，人们可以通过“伊智提哈德”（意为勤奋地运用合理的意见）来确定，就像确定其价值一样。因为估计（kharṣ）和估价（taqwīm）是一回事。估计是在了解事物的范围方面进行“伊智提哈德”，而估价是在了解其价格的范围方面进行“伊智提哈德”。但是估计更容易。如果需要，这两种方法都是允许的。

我们发现沙特法官经常引用上述段落。

来看沙特的案件，我们确实发现在申诉委员会行政和商事分支的判决中，法院在发现损害已经发生但无法量化的情况下，使用估计来确定损害。在1992年的一项判决中，申诉委员会的行政巡回法庭处理了一个案件：被告机构因延迟接受原告的履约，对原告造成了损害，但原告无法提供证据证明其损害的确切性质和程度。申诉委员会宣布：

> 原告公司无法通过独立证据证明损害的范围及其价值，并不意味着不能通过估计得到赔偿。只要延迟属于前面描述的类型，公司

> 就必然遭受损失。存在一种原则，可以作为估计损害价值的基础，以实现正义，即使只是大体上实现。这就是取每个医院的日均值。申诉委员会的既定判例是，通过估算项目每日价值的一定百分比来补偿延误，即通过其对案件的情况和附带条件的了解，力求公正地估算（百分比），然后将与该百分比的结果乘以延误的天数。这部分的乘积在很大程度上代表了对延误造成的损害的赔偿。

除此之外，这里的赔偿额估算是基于这样一个原则，即赔偿额是对（被告机构）违反合同义务的一种惩罚。考虑到它基本上是（违约行为）造成的损害金额，这种惩罚和类似的罚款是司法机构可以近似估计的事项之一。

正如在上述最后一段中，以及我们在上面的精神损害赔偿中所看到的那样，在行政案件中有时会提出这样的论点：当伊斯兰教法试图通过刑事处罚来阻止某些不法行为时，那么在政府不容易受到这种惩罚的情况下，向原告支付损害赔偿可以作为替代。因此，在1992年的一个案件中，申诉委员会在类似的情况下宣布：

> 未经合同或法规（niẓām）授权而延迟支付费用，被视为严重违反合同中最重要的义务。……在许多地方都强调了履行盟约、契约和义务的必要性。……在许多地方都强烈谴责了任何涉及此类违约行为的人。因此，履行合同、契约和义务被认为是“沙里亚”法的义务，在任何情况下都不允许任何人忽视，任何违反这些规定的行为都将被视为非法。如果证明了这一点，那么在这种情况下，任何违反上述规定的人都应受到“塔齐尔”惩罚，按照既定的“沙里亚”法原则，任何没有固定现世惩罚的非法行为都应受到“塔齐尔”惩罚，由司法部门根据案件的情况和习惯进行评估。

法院接着解释了将罚款确定为原告损害赔偿金额以及将罚款支付给原告而非国库的适当性。沙特的判决说明，按照行政法院公认的判例，最高赔偿额可达合同价值的10%。

行政法院自由估计损害赔偿的最后一个明显例子是精神损害赔偿，如上所述。

7.1.2.3 因果关系（Causation）或“塔萨布卜”（Tasabbub）

在第三个要素因果关系上，伊斯兰法与其他民事责任制度明显不同，伊斯兰法承认两种形式的因果关系——直接和间接。按照传统定义，直接因果关系（行为人被称为mubāshir）是“由于破坏手段与其客体接触而导致”，而间接因果关系（行为人被称为mutasabbib）是“通过对一个客体的行为，该行为通常导致对另一个（客体）的破坏”。“穆巴沙拉”一词的字面意思是相互接触，而“塔萨布卜”的字面意思包括“成为原因或理由”。

对于“塔萨布卜”，伊斯兰法要求不法行为和伤害之间的因果关系必须清楚地显示出来，不涉及推测。这源于反对基于“加莱尔”对他人财产的剥夺。伊斯兰法中的这一特点进一步导致了与其他法律体系不同的结果。例如，伊斯兰法反对对失去的利润给予损害赔偿（见下一章），以及许多其他间接损害赔偿，理由是这些涉及对因果关系的推测，实际上是对从未发生过的行为的后果的推测。因此，允许的赔偿通常仅是由不法行为实际上造成的损害赔偿。

鉴于法律坚持严格证明行为人造成了有关的伤害，因此，如果在间接行为人的行为之后发生了他无法控制的事件，没有“正常地”按照他自己的行为的方向发展，从而打破了因果关系链，那么间接行为人就可以被免除责任，这一点也就不足为奇了。这种情况的子案例是当某人的不法行为导致伤害之后，又有另一个不法行为或直接行为进一步造成或完成伤害。在这种情况下，“斐格海”原则通常是使第二个行为人，即后来者承担责任。一个普遍的原则认为，“如果‘穆巴希尔’‘穆塔萨比卜’共同（造成伤害），判决将系于‘穆巴希尔’”，有时表述为“直接行为人优先”（al-mubāshir awlā）。传统的例子是：一个人把受害者从悬崖推下去，但在受害者着地之前，另一个人用剑将其斩首；一个人抓住受害者，好让另一个人杀死他；一个人销毁证明债务的文件，然后债务人拒绝付款；一个人在公用道路上挖了一个坑，另一个人在坑边放了一块石头，导致第三个人掉进去。某些例外情况是适用的，例如，当后一个直接行为人是无罪的，而第一个人的行为是不法的——当第一个行为人通过胁迫迫使第二个直接行为人实施伤害时。在罕百里学派中，伊本·拉贾卜（Ibn Rajab）为这些例外提供了一个有用的框架，沙特公布的判决也依赖于该框架。

7.1.2.4 直接行为和间接行为的区别

有必要更详细地探讨如何定义和区分直接行为和间接行为。这种区别有重要的后果，因为直接行为人无论过错与否都要承担责任，而间接行为人只在有过错（ta`addi）的情况下才承担责任。从现代的角度来看，直接行为的规则似乎是反常的，例如，使即使是睡着或无意识的人也要对他们直接造成的损害负责。一些现代学者将这种结果解释为：不是由于直接接触导致责任的原始观念，而是以明确的原因和客观的地位作为此类事件的基础。

“斐格海”对术语“直接”和“间接”的定义为我们提供了第3.2.3节中提出的更普遍问题的另一个例子，即如何在实践中使用“斐格海”技术术语。让我们从两个层面来考虑这种用法：首先，在传统和现代提供的术语的定义层面；其次，在实践中术语的使用层面，无论是在传统“斐格海”文本的典型案例中还是在沙特的案例中。

首先从定义的层面开始，让我们回顾一下第3.2.3节中关于示例性案例和定义在应用于实际案例时如何通过类比进行扩展的讨论。由于“斐格海”著作的作者和使用这些著作的人都期望这种情况会发生，传统学者觉得不太需要精确的定义，因为定义只捕获根本概念，然后通常通过类比来扩展。另一方面，现代学者往往寻求能够囊括旧法所有变化的精确定义，因为他们觉得有必要与现代法律方法保持一致，而现代法律方法，特别是在民法形式中，依赖于对术语的精确定义。特别是，只要“斐格海”学者致力于使伊斯兰教法法典化，精确、全面的定义似乎就是必不可少的。

至于“直接”和“间接”的传统定义，“斐格海”学者，即使是晚近学派的“斐格海”学者，也依赖于标准的“直接接触”定义。代表晚近哈乃斐学派的奥斯曼帝国民法典《麦加拉》对这两个术语给出了以下定义：

> 第887条：直接损毁是物体本身的损毁，这样做的人被称为“穆巴希尔”。
>
> 第888条：间接损毁是物体损毁的原因，即在一个物体中创造了通常导致另一个物体损毁的东西。这样做的人被称为“穆塔萨比卜”。例如，某人剪断吊灯的绳索是导致它掉在地上摔碎的原因。因此，他直接破坏了绳索，间接打破了灯。又如，如果某人劈开装有油的容器，从而导致油的损毁，那么他就直接破坏了容器，间接破坏了油。

《麦加拉》的评论者萨利姆·巴兹对第887条的定义补充道，直接行为造成伤害“在直接行为人的行为与破坏之间没有任何其他行为介入（‘费阿勒’也可以表示行为或效果）”。至于罕百里学派对“直接”的传统定义，学者们似乎满足于“直接”作为直接接触的字面意义，并没有提供其他解释。

值得注意的是，巴兹的解释在一定程度上扩大了直接行为的范围，使其超出了标准定义。他把注意力从行为人和被毁物之间的接触是否直接，转移到另一个问题上，即行为和破坏之间是否有另一个行为或效果介入。他的定义潜在地允许在直接行为和伤害之间发生一个或多个事件，只要该等事件不构成这样的“费阿勒”，因此也就允许不涉及直接接触的“直接”行为。在传统“斐格海”中，生物、人或动物的自发行为显然有资格成为这样的行为，所有学派都以一个人在公共街道上挖一个洞或坑的例子为例，把动物或人不小心掉进去作为造成伤害的间接行为的基本模型。换句话说，在巴兹看来，挖坑的行为不是直接的，因为动物或人在街上移动的行为是一种“费阿勒”。

但仍然存在一个问题：如果一个行为通过一系列事件导致伤害，而不涉及活人或动物的行为，那么这个行为可能是直接的吗？例如，如果一种行为引发了一系列导致伤害的物理或自然事件，那么这种行为是否可以称为直接行为？这个问题似乎是开放的，这表明传统学者在这里刻意营造了一种模棱两可的态度。现代学者试图克服这种模糊性。例如，哈菲夫对“直接”和“间接”给出了更复杂的解释：

> 直接损害是指破坏手段与其对象接触的结果，而造成的（间接）损害是指对一个对象的行为导致对另一个对象的另一个行为，并且有可能不发生第二个行为，因为如果第二个行为必定在伤害发生时发生，那么它就是直接的，这两个行为就像一个行为。

上述对直接行为的定义，尽管重复了要求物理接触的标准定义，但它允许两个行为一起构成直接行为，只要第二个行为不是由行为人直接实施的，而且必定（而不仅是可能）是第一个行为的后续。正如穆斯塔法·扎尔卡所承认的那样，这种直接行为的概念意味着切断灯绳（如奥斯曼民法典《麦加拉》第888条）是一种直接行为，因为它不仅破坏了灯绳，也破坏了灯，因为重力的作用是不可避免的。事实上，正如他所说，一些哈乃斐派学者确实持此观点。同样地，切割油的容器（油会从容器中流出）是一种直接破坏油和容器的行为。（但是，扎尔卡说，这只是在油处于液态的情况下；如果油由于寒冷而凝结，并且只有在太阳使其升温时才会流出，那么这种破坏就是间接的。）扎尔卡同意哈菲夫的观点，指出如果一个间接行为“通常的”或“习惯上”（ādatan）导致了所讨论的伤害，那么就认为它是（间接）导致了伤害。反之，如果伤害“必然”发生，即在普通情况下不仅是可能的，而且是不可避免的，那么所讨论的行为就不是间接的，而是直接的。这两个现代学者的描述都指向了“直接”更广泛的定义，一个不依赖于实际物理接触的定义。

“直接”一词也被现代学者和法官以完全不同的意义使用。在现代阿拉伯成文法（qānūnī）理论原则的背景下，传统的“直接”和“间接，之间根本没有区别。在现代阿拉伯法律作品中，“直接损害”一词所指的“损害”，在英国法的意义上是不遥远的（not remote），在美国法的意义上是接近的（proximate），在法国法的意义上是直接的（direct），只有这种损害才有资格作为索赔的基础。《埃及民法典》第161条（b）款将法律上承认的“损害”定义为“不法行为的自然结果”。

转到第二个层次，即“直接”和“间接”这两个术语在实际案件中的应用，让我们首先看看“斐格海”手册中引用的典型案例，然后看看沙特法院的判决。在手册中，我们发现“直接”作为物理接触更多是一种隐喻而不是一种规定。一名沙特著述者引用了一个典型案例，该案例认为一个人把另一个人带到第三人射箭的地方，从而导致他被杀，此人属于“直接行为人”。然而，有趣的是，它明确规定了弓箭手必须没有过错。该著述者还认为，根据罕百里派学者伊本·古达马的说法，一个人持剑追赶另一个人，导致他在逃走过程中因意外事故而死亡，则该人是“直接行为人”。在众多“斐格海”典型案例中也可以找到许多这样的例子，即使所陈述的事实使人们对其行为是否违法产生怀疑，行为人仍要对其行为的后果负责。在这种情况下，学者们似乎将行为人视为等同于或类似于直接行为人，因为只有后者才无论过错与否都负有责任。

转到沙特公布的判决，我们发现许多沙特案例在传统意义上使用和应用“直接”和“间接”这两个术语，但还有一些案例则在更广泛或隐喻的意义上使用它们。在沙特的若干案件中，“直接”一词被用来指两种间接行为中较直接的行为，以表达这样一种观点，即第二种行为是较晚的，也是应受处罚的，它打破了前一种行为的因果关系链，因此承担全部责任。例如，在一起事故中，一辆行驶的汽车撞上了一辆静止的汽车的侧面，导致该车的司机死亡，法院认为，行驶的汽车的司机是一个“直接行为人”，对静止汽车司机的继承人负有全部赔偿责任，尽管交通警察将这次事故中75%的责任归咎于第二辆汽车的司机。但我们知道，这样的术语只是一种比喻，因为在沙特阿拉伯，几十年来交通事故案件中的司机一直被视为间接行为人，因此需要能够根据造成事故的过错在他们之间分配赔偿。同样，最高法院在其最近的汇编中把撞骆驼的司机描述为“直接行为人”，认为他负有全部责任，尽管骆驼的牧人也有过错。

沙特阿拉伯的一些案例使用了现代民法意义上的“直接”一词，意思是法律承认的原因，导致其行为人承担责任。

7.1.3 其他具体侵权行为：违反“阿曼纳”、欺诈、盗用

在商法语境中经常遇到的另一种侵权行为是“希亚纳阿曼纳”（khiyānat al-amāna），字面意思是“违反‘阿曼纳’”。“希亚纳”（khiyāna）在语言上的含义包括恶意行为、背叛、不忠、欺诈和背信弃义，但也包括简单地达不

到要求、忽视和违约。“希亚纳阿曼纳”并不是一个高度发达的法律结构。学者们倾向于在财产所有人必须特别依赖于“阿敏”的诚实和诚信的情况下使用它，例如在寄存和代理中。

因为在日常用法中“希亚纳”最常表示欺骗或背叛，术语“希亚纳阿曼纳”常用于表示故意滥用另一方的信任，但它也可以表示无意的（但仍然是不法的）违约。在“希亚纳”的行为是故意的情况下，“希亚纳阿曼纳”是一种刑事犯罪，如果受害者提出控诉，可以在沙特阿拉伯的普通伊斯兰法院起诉，并由法院酌情处罚。

“希亚纳阿曼纳”在法律效力上相当于一种特定类型的不法行为，即对“阿曼纳”的信任义务的背叛。正如第6.1.2节所述，“阿曼纳”是一个人对另一个人的财产承担的忠诚和照顾的义务，根据“沙里亚”法，它适用于双方之间的各种关系，通常由合同产生，但也可依据法律。违反“阿曼纳”义务是侵权行为的一种形式，导致“伊特拉夫”侵权行为下的损害赔偿的可能性。但是，如果“希亚纳”的特定行为与“加斯卜”类似，如未经授权或同意交易所有者的财产，则救济也可以遵循“加斯卜”的部分或全部规则。

欺诈有许多术语，其中一些是同义词，包括ghurūr，taghrīr，tadlīs，ghishsh 和 khidā`。一般来说，在“斐格海”和沙特法官的应用中，对这些术语都没有一个确切的定义，更不用说将它们视为不同的诉因了。了解到这一点，现代阿拉伯学者宣布，根据“沙里亚”法，欺诈行为可以作为一般侵权行为提起诉讼，即作为“伊特拉夫”索赔，或者在适当的情况下，作为“加斯卜”索赔。例如，扎尔卡说：“我们不会单独裁决欺诈行为……与侵权行为有关的欺诈行为受制于侵权行为的一般规则。”这一立场已被许多阿拉伯法典所采纳，甚至是那些严格遵守原则的法典，如约旦和阿联酋的法典规定：“如果一个人欺诈另一个人，他应对该欺诈所造成的损害负责。”欺诈也应受到刑事处罚（酌定处罚，ta`zīr）。

盗用（ikhtilās）在“斐格海”中也没有具体阐述，也以类似的方式处理，作为可根据“伊特拉夫”规则被提起诉讼的“塔阿迪”，或者，如果情况允许，与“加斯卜”进行类比。这也是一种犯罪行为。

7.2 传统“斐格海”中的合同违约责任

在本节中，我总结了传统“斐格海”下的违约救济在多大程度上反映或对应了当代法律体系中已知的主要合同法救济。下文和其他章节的部分讨论表明，伊斯兰法处理合同违约的概念框架与当代法律体系的概念框架有多么不同。首先，在伊斯兰法中，“违反合同”的行为（ikhlāl bi-`aqd是它的现代术语）并不是一个基本概念。这最根本的原因也许，正如第4.4.1.2-a节所解释的那样，“斐格海”不是将双务合同视为承诺的交换，而是将其视为财产的相互转让，这反过来又受到早期法学家对启示中的关于财产、“里巴”、“加莱尔”训诫的回应的推动。“斐格海”使用的概念框架将在下面第7.2.3.1节的“三个‘达曼’”理论的讨论中更加清晰。

在总结了传统的救济制度之后，我将在下面的第7.3节中单独讨论沙特法院在多大程度上仍然严格遵守该制度，或者它们是否对该制度进行了调整或改进。

在本章和后两章中，我采用民法术语“债务人”和“债权人”分别指代违约方和违约受害方。

7.2.1 实际履行

实际履行在所有法律制度中都是一项基本救济，在普通法中尤其如此，但由于历史原因，只有在索赔人能够证明损害赔偿诉讼不充分的情况下，普通法才会诉诸实际履行。至于伊斯兰法，实际履行（用现代术语来说是al-tanfīdh al-`aynī）被认为是对违反有约束力的合同的最基本救济，并提供了与传统“斐格海”中违反合同的诉讼最清晰的类比。但在伊斯兰法中，强制履行的逻辑不是强制履行债务人的承诺，而是强制他履行互惠让与的义务。事实上，在“斐格海”中，拒绝履行是一种罪恶，因此是一种酌定罪行（ta`zīr）。如果债务人的义务是支付金钱，那么他会被监禁，以此强迫他履行其义务。经监禁期满仍拒不执行的，可以依法执行其财产。如果他看起来资不抵债（mu`sir），他将被从监狱释放，债务将被推迟，“待他到宽裕的时候”。如果债务人的义务是履行某种特定的行为，例如完成一项特定的任务或交付一项特定的财产，法院可以自行决定实施惩罚，甚至包括鞭打，以迫使债务人履行该行为。债权人是否可以就延迟履约造成的损失要求损害赔偿，将在下文第7.2.3.2的c和d节以及下一章中讨论。

当然，债务人确因实际情形而无法履行的，不适用上述强制手段。法律所采取的救济是解除（faskh），下文将讨论。

7.2.2　违约解除

现代法律下常见的另一种救济是在一方当事人违约时，根据债权人的要求或法院的命令，全部或部分地解除合同（相关术语是“取消”和“终止”）。伊斯兰法在纯粹的理论上不允许解除有约束力的合同，只要合同仍有履行的可能。事实上，对这种不可原谅的违约行为的救济是通过鞭笞或监禁的惩罚来强迫债务人履行合同义务的。对违约提起诉讼的一方不得因违约而自行解除合同，甚至不得向法院申请解除合同。债权人仍然有义务履行自己的义务，尽管他通常可以推迟履行义务，直到债务人准备相应地履行义务。

但传统法律中有许多情况，因违约而解除是常态。一个常见的例子是，双务合同的一方根据法律或明确的合同条款，有权获得某种类型的选择权或撤销权（khiyār）。第6.2.1.1-a节对这些选择权进行了讨论。例如，在买卖中，法律保证买方在发现货物缺乏某种特征，或者履行未能产生债权人在买卖合同中为自己规定的利益（khiyār al-waṣf, khiyār fawāt al-sharṭ），或者货物有潜在缺陷（khiyār al-`ayb）时，有权事先撤销合同。显然，许多违反合同的情况都得到了这一规定的补救。另一个例子是萨拉姆合同：如果卖方未能按时交货，买方可以选择解除。最后，如果债务人破产，在双务合同中已履行但未收到价款的债权人有权解除合同。事实上，一方可以从违约的破产者的财产中收回自己的对价。除此之外，债务人必须坚持要求对方履行债务。

扎尔卡总结了“斐格海”关于债权人是否可以在债务人延迟履约时解除的立场：

> 各个学派的“斐格海”学者的明显立场是，在这种情况下，对遭受损害的债权人的保护仅限于他诉诸法院的权利，要求强制迟延一方实际履行其义务，因为法官的任务是将法定权利交付给有权享有这些权利的人。债权人无权自行选择或通过法院解除合同，因为合同是有约束力的，履行合同是必须的。法官是有责任迫使每一个拖欠债务的当事人履行其义务的一方。这是基本方法，只有在特殊情况下才会有例外。

但是，在某些情况下，实际履行往往是不可能的。这时，伊斯兰法就采取解除的救济，即让当事各方恢复其事先的状况，这是基于因合同标的物不存在而使合同无效。即使这种不可能是由于债务人违约造成的，情况也是如此。

在“斐格海”著作中讨论最多的不能履行的情况是，所交换的一方或另一方的财产遭受损失，问题是哪一方必须承担这一损失，即谁“对财产拥有‘达曼’”。适用的规则是下文第7.2.3.1节讨论的“达曼”合同（ḍamān al-`aqd）的规则。这里的逻辑不是强制履行承诺，而是确定哪一方需承担将要转让的特定财产的损失风险。例如，在罕百里学派中，如果一个特定的财产在卖方手中被毁，而他没有过错，则“达曼”在买方身上，销售仍然有效，货款仍然是应付的。

7.2.3 损害赔偿

如果我们转而考虑因违约造成的损害赔偿，即对因合同违约造成的损失进行赔偿，我们会发现无论是在当代还是在历史上伊斯兰法使用与其他法律体系完全不同的框架来处理这个问题。这一框架不仅适用于合同，也适用于侵权行为和财产。在伊斯兰法的逻辑中，相关的问题是谁对某一特定财产承担“达曼”，即谁有义务承担该财产的损失，无论是直接地（如果它是他自己的财产），或通过间接恢复它。如果它被摧毁，支付其等同物或价值给其所有者。可能引起这一问题的各种法律情况（如违反合同、夺走占有或破坏行为），只是一般问题的实例。鉴于这种情况，接下来我将解释所有形式“达曼”的一般框架，然后将该框架在合同语境中的结果与其他现代法律体系中普遍适用的违约损害赔偿进行比较。

7.2.3.1 解释“达曼”的传统架构

在“斐格海”作品中到处都可以找到“达曼”出现的实例。中世纪学者，特别是那些研究法律原则的学者，发展了一个理论框架，试图通过这些五花八门的实例对“达曼”进行总体分类和描述。这个框架或模板采用了一个基本分类，把金钱上的法律责任“达曼”分为三种类型：ḍamān al-`aqd——由合同引起的责任，ḍamān al-yad——由占有引起的责任，ḍamān al-itlāf——由损害或毁坏引起的责任。根据我的经验，虽然这个模板只是学者们产生的智力上层建筑，而不是最初建立规则的基础，但对于那些刚接触法律的人来说，它提供了接近和理解传统伊斯兰法律下实际结果的最佳手段。在接下来的两章中，我在详细的案例研究中使用这个模板，我相信这证明了它的实用性，可以将其应用于分析所有的合同、侵权和财产索赔。

然而，我立刻注意到，这个模板——因为它是在一个具有一般性高度的水平上提供的，并且是一种试图将内在复杂性和不同结果组织起来的方式——在不同学派的学者中，它的使用方式可能会有所不同。一位学者可能将索赔归为三种责任中的一种，另一位学者可能归为另一种，还有一位学者可能将索赔归为两种责任。例如，违反其“阿曼纳”条款的“阿敏”的责任可分为“达曼”占有责任或“达曼”毁坏责任；在买卖结束后，卖方对所售货物的损害所负的责任在理论上可以归为“达曼”占有责任或“达曼”合同责任。除了原则上的差异，学者们观点的差异可能由多种原因引起，例如学者们所考虑的事实模式存在差异，其中一些并未纳入这种高级分析，或者在两个标题下提出的主张可能会产生相同的结果（实例如下）。考虑到这种复杂性，为了避免陷入不同的观点，我选择在这里提供这个由三部分组成的模板的简化版本，作为一个本身有用的工具，一个启发式的手段，而不是作为对与其有关的传统立场的忠实演绎或最终调和。

我对这三种救济的定义也可能与传统的表述不同，它们会更具概念性或功能性。同样，与其预先将各种类型的索赔分配给一种类型的“达曼”，我建议根据法官希望从其事实中得出的类比，将特定的索赔分配给一种或另一种类型。例如，一些学者认为违法的“阿敏”因毁坏委托给他的财产负有的责任属于占有责任类，但就“斐格海”在许多实际情况下所规定的结果而言，这似乎是明显错误的，因为毁坏责任类才是模型。我的观点是，这类行动可以归为占有责任类，也可以归为毁坏责任类，这取决于关于毁坏的事实（例如，是否在非法夺取之后）。

有了这些基础，让我将模板的三个分支定义如下。

“由合同引起的责任”，我将其定义为由合同引发的义务，通过实际履行（即迫使违约方具体履行承诺）或解除（即向每一方返还其已履行的任何义务）来救济。这种责任的逻辑不包括违约损害赔偿。本标题下的救济的一个特点是不愿意改变当事各方议定的对其履约情况的评估，不愿参考任何其他标准，该责任的类型、范围和数量由双方协议条款确定。因此，如果卖方未能交付所出售的货物，可以强迫他交付。根据哈乃斐派的规定，如果货物已被毁坏，而且不是由于买方的过错，则由卖方承担责任，在这种情况下，合同被解除，卖方必须退还买方已支付的价款，而不是货物的市场价值。另一个例子是，对出售财产的缺陷的一般救济是买方可选择解除合同。这里有一些部分例外案件证明了这一规则——在各个学派中，只有罕百里派允许买方以获得赔偿为条件来确认销售，以补偿由于缺陷而导致的商品在市场上价格的下降。

“由合同引起的责任”规则很复杂，各学派的规定也各不相同。在买卖中，正如刚才提到的，在哈乃斐学派中，如果“艾因”货物在交货前在卖方手中被破坏，且不是买方的过错，则销售被取消（据说直到货物交付销售才“完成”），卖方承担“达曼”。相反，在罕百里学派中，在这种情况下，除非损毁是卖方的过错，否则销售仍然有效，价格仍然应当支付。租赁中，出租人对租赁物承担“达曼”责任，非因承租人的过错而导致租赁物毁损的，承租人可以解除合同，收回所有的预付租金。

“由毁坏引起的责任”，我根据上文第7.1.2节描述的伊斯兰法中晚近出现的“伊特拉夫”的广义定义来定义。该定义规定对因他人过失造成的实际发生的经济损失进行赔偿。

“由占有引起的责任”，我将其定义为因无权占有属于他人的财产（或对其行使所有者权利）而产生的责任。这里经常使用的救济模式是“加斯卜”侵权模式，如上文第7.1.1节所述。正如我们所看到的，“加斯卜”责任从根本上被理解为将财产归还给所有者的义务。但是财产所涉及的权利不仅仅是被占有的东西，因为大多数财产（除了金钱和其他消耗品）都会随着时间推移产生并累积收益，比如它的使用价值和孳息或利润（thimār，zawā'id，namā'，arbāḥ，这些孳息或利润是财产产生的，或是通过努力可以产生的）。因此，财产的夺取者通常需要将这些利益也返还给所有权者。如果财产被破坏或消耗（终止了任何进一步的使用价值、产生孳息或利润，因为这些使用价值、孳息和利润只是假设中的，所以是不可收回的），那么需归还类似物（如果财产是可替代的），或者返还该财产的价值（如果它是不可替代的）。什么行为会产生这种责任？当然，强夺“加斯卜”的侵权（或犯罪）在上文第7.1.1节中已经详细讨论过了。通过类比，这种类型的救济可以远远超出“加斯卜”本身，适用于任何与公开的不法夺取足够相似的事件，即任何行为者在没有任何推定的合法理由的情况下不法地声称对他人财产的控制。正如我们所看到的，这种适用可以在合同关系中出现，例如承租人在租赁到期后继续保留财产，或者保管人否认保管的事实。

应当注意，这三种不同类型的责任在实际案件中可以合并或重叠。一个简单的例子是一个普通的强夺索赔，这在根本上是一种占有责任索赔，但如果被强夺的物体因强夺者的过错而受到损害或毁坏，则对该物体本身的赔偿完全按照毁坏责任的规定确定。如果被强夺财产的人需要花费费用来收回他的财产，他也会在毁坏责任下得到补偿。

作为“斐格海”文本中的一个例子，为了理解在单一案例中，模板的三个部分如何组合和相互作用，让我们重新审视上文第7.1.1.4节中讨论的规则，该规则适用于从强夺者那里租赁被强夺财产的人，并且在被所有者起诉并承担赔偿所有者的义务之后，对强夺者，他的出租人提起诉讼。和以前一样，我们依赖卡里的《麦加拉》的以下条款：

> 第1415条：如果一个人在不知道（租赁的财产）是被强夺的情况下从强夺者那里租赁，而租赁的财产在他的占有中被毁坏而他并没

有过错（tafrīṭ），并且他（向所有者）支付了因其损毁造成的损失，他可以向强夺者追讨被强夺财产的价值，但不能收回使用收益（使用价值）的价值。但是，如果他知道该财产是被强夺的，或者是因为他自己的过错而使财产灭失，他就不能追索任何东西。然而，如果（所有者认定）侵占者需承担责任，若侵占者已就承租人的使用价值向所有者作出赔偿，那么侵占者可（向承租人）主张承租人使用（财产）的价值。在任何情况下，承租人都可追回其支付的（租金）对价。

在这里，合同引起责任规则，即合同的“达曼”，规定承租人不能从强夺者那里收回他通过租赁获得的使用价值的价值，当这些价值后来“丢失”时（他按市场价值向所有者支付补偿）；相反，他只能获得他为这些使用价值所支付的价款，即约定的租金。这是因为合同会被解除，而合同“达曼”的规则要求双方遵守他们作为交换的对价商定的价格，而不是任何其他估值。毁坏“达曼”规则，适用于承租人“阿曼纳”责任的背景下，使承租人只有在他的不法行为（这里称为tafrīṭ）造成财产破坏的情况下，最终对财产本身的损失负责；否则，出租人（强夺者）承担该责任。最后，占有“达曼”规则首先要求承租人对财产或其价值（如果该财产被毁）的使用价值向所有者承担责任。

尽管这三种类型的责任可以以这种方式相互作用和重叠，但如果能够确定在索赔的每个方面讨论哪种类型的责任，从分析上来说仍然是有用的。每一种类型都有一些基本的规则，这些规则有助于解释“斐格海”著作中典型案例和法院判决的结果。

这个由三部分组成的模板更接近传统法律的范畴，比借鉴其他法律体系的理论更能解释和预测结果。以汽车租赁为例，考虑四种假设的可选事实模式，以及租赁双方诉讼的可能结果。第一个假设是在租赁期间，汽车在交通事故中被毁，而承租人被认定无过错。在其他法系的原则下，出租人和承租人之间的案件将根据合同法原则来裁决，合同中没有特别规定的，要么合同失效并终止，要么出租人有义务提供替代汽车。根据伊斯兰法，结果基本上是相同的，基于类似的理由。第二个假设是事故是承租人的过错。在其他现代法律下，如果租约中没有特别规定，法院会认为承租人违反了他的合同，在租赁没有结束时将汽车以其初始状态（普通磨损除外）归还，因此必须支付违约损害赔偿（至少是汽车的价值），以赔偿他造成的损失。根据伊斯兰法，同样的结果也适用，但不是基于合同，而是基于类似侵权的索赔，即承租人违反了保护出租人财产的“阿曼纳”义务，租赁是受“阿曼纳”/“达曼”类别管制的合同之一，如第6.1.2和6.2.1.2节所述。第三个假设是，承租人超过租赁期限使用车辆。在这一点上，根据其他体系的法律概念，承租人违反了合同，没有归还汽车，并为此违约承担损害赔偿，这可以通过各种方式来衡量，不仅包括间接损害赔偿，还可能包括出租人损失的利润或失去的机会。正常的赔偿将设法使出租人处于与承租人履行了义务相同的地位。根据伊斯兰法，正如在上一个假设中一样，结果不是基于违反合同而是基于侵权行为来确定的。然而，这一次，侵权行为被定为强夺，或者更确切地说是与之类似。承租人将被视为无权占有汽车，其救济不仅是向车主返还汽车，而且还要返还其失去的使用价值所能产生的价值，即汽车在归还之前的公允租赁价值。如果承租人从保留汽车中获得特殊利润，这些利润也可能被出租人索赔。出租人也可以对因承租人“夺走”而造成的任何自付损失提出索赔，但这不包括任何违反事实的损失，如利润或机会的损失。第四个假设是在这种延期使用期间，汽车被闪电摧毁，并且确定承租人对造成这种损失没有发挥任何作用。根据其他法律，如在第一个假设中，汽车的损失将不是承租人的责任（除非合同中有特殊条款），而是落在车主身上。根据第三种假设，承租人将因未能按时归还汽车而欠下赔偿金。但在伊斯兰法下，结果可能截然不同：除了第三种假设下的救济外，承租人可能（这个问题涉及法官的类比推理）对事故发生时汽车的全部价值负有责任，即使他对汽车的毁坏没有过错。如果法官将他取走汽车比作强夺，结果是承租人，作为类强夺者，对财产的损失负责，不管是什么造成了损失。

这些假设提供了由三部分组成的金钱责任模板的每个部分的例子：在第一个假设中，是由合同引起的责任；第二个例子是由毁坏引起的责任；在第三和第四个假设中，是由占有引起的责任。

7.2.3.2 这种模式下的结果在多大程度上与赔偿违约损失原则下的结果相对应?

如果我们分析如何根据上述模板对违约造成的损害进行救济，会发现三部分模板没有提供要求赔偿此类损害的一般原则。它忽略了西方法律在这一问题上的所有主要原则——无论是基于侵权行为（lucrum cessans）和损害赔偿（damnum emergens）的欧洲民法理论，还是英美的预期或信赖损害赔偿的理论。因此，首要的结论是，违约损害赔偿这一诉因不是传统伊斯兰法固有的。

然而，正如刚才所描述的那样，伊斯兰法显然要求对同样构成违反合同的行为所造成的损害给予赔偿。接下来，我们将分析这些类型，并将其与其他法律体系下的救济进行比较。

a. 合同标的物的损坏

让我们首先讨论双务合同的损害赔偿问题。在双务合同中，义务标的物在卖方交付之前已被损毁，这种情况由合同的“达曼”管辖。如果标的物为“戴因”，即在“迪马”下的可替代物，则不予考虑债务人打算用以履行其义务的任何实际可替代物的损毁，其等价物仍然应该支付。如果货物是“艾因”，或者是一件特定的东西，那么法律根据一定的规则在当事人之间分配损失。在买卖中，如果卖方承担损失，则合同解除（因为标的物被追溯性地宣布不存在）。如果买方承担损失，那么合同仍然有效，价格被强制执行（实际履行）。在任何情况下，法律均不负责对货物进行估价；它只是维持或撤销双方自己同意交换的条款。还请注意，“达曼”的分配并非完全由所有权确定，因为所有权在合同生效时立即转移。

这些结果支持和补充了合同将对价的所有权和占有从一方转移到另一方的功能。这些结果只涉及对价之一发生的金钱损失的分配。损失的风险与所有者承担的风险完全一致，但损失的金额等于价格，而不是价值（因此使用“合同”的“达曼”一词）。

b. 合同附带的财产损失：“达曼”“阿曼纳”

对于合同附带财产的损失，但不是其对价之一的损失，例如承租人、代理人或受托人持有的财产的损失，其关键是第6.1.2节中讨论的“达曼”“阿曼纳”这一对概念。这些概念被视为财产责任的两种基本形式（一旦财产被简化为所有权）：要么是“达曼”，承担所有者的风险或等同于所有者的风险；要么是“阿曼纳”，为了他人利益被委托保管其财产，因此只承担轻微的注意义务来保护该财产。

正如我们在第6.1.2节中所看到的，管辖各种合同的法律规定了在各种情况下哪一方适用哪一种责任。谁承担损失首先不是由过错和因果关系决定的，而是由合同赋予的当事人对财产的地位决定的：要么作为“达敏”而占有，要么作为“阿敏”而占有。如果根据标准合同条款，一方是“阿敏”或受托人，则不承担损失责任；但是，如果他的不法行为违反了该地位的要求，他就成为“达敏”，对损失负有责任。

例如，一匹马的承租人，只要他享有“阿敏”的地位，就不必对马的损失或毁坏负责。如果发生损失或毁坏，他可以终止租赁。但作为“阿敏”，他有义务按照惯例保护马，比如用惯例上的栅栏把它围起来，用惯例的细心照看它。如果他没有达到这样的标准，那么他就变成“达敏”，如果马受到伤害或丢失，他要对马的价值负责。或者，如果双方约定马匹应用于特定的旅行或搭载特定的人，那么如果马匹的使用方式与出租人给予的许可相矛盾，那么承租人也会失去其“阿敏”的地位，成为“达敏”，并可能被视为强夺者。

我们可以回想一下在上一章中提出的观点，“阿曼纳”责任并不局限于实际在“阿敏”保管下的具体财产的破坏，而通常是由“阿敏”的不法行为造成的经济损失。

很明显，如果使用其他现代法律体系的术语，这些概念的结构更符合侵权行为，而不是违反合同。

c. 以现代违约损害赔偿规则衡量迄今为止的结果

到目前为止，我们对“达曼”的讨论远远没有达到任何关于补偿一方因另一方违约而造成的损害的救济的一般概念。

如果这就是伊斯兰法中的损害赔偿，那么以现代标准来看，还有很多东西是缺失的。让我们用英美法中的四种损害赔偿标准来探讨这个问题：

（a）返还性损害赔偿，即归还一方给予另一方的利益。

（b）债权人为履行自己一方合同而发生的支出，当债务人未能履行合同时，这些支出就被浪费了（信赖损害赔偿）。信赖损害赔偿标准使债权人收回了与债务人进行失败交易的所有（可预见的）成本。这种损害赔偿旨在使债权人回到订立合同前的状态。可以说，这种损害赔偿是向后看的。

（c）债权人因债务人违约而损失的利益（预期损害赔偿，“交易的利益”）。这种损害赔偿旨在将债权人置于债务人履行债务时所处的状态；可以说，这种损害赔偿是向前看的。这些损害赔偿通常多于信赖标准。

（d）间接损害赔偿，在这里狭义地定义为由于债务人违约而给债权人造成的实际的、自付的损失。

设想这样一个情况：卖方S签订合同，生产买方B的工厂修理机器所需的部件。B告诉S，部件故障导致机器闲置，同意S提前交货。安装后部件断裂，B拒绝接受这个部件，并要求退还他的价款。这是他本人对价［上文（a）项］的赔偿。但B遭受其他损失：（i）B花费资金运输和安装该部件［一般信赖标准（b）］；（ii）由于S的违约，B有一个月没有从销售这种机器的产品中获利，并产生了购买另一个部件的成本（减去之前部件的原价，该价款已退还），以及运输和安装新部件的成本［一般期望标准（c）］；（iii）当部件损坏时，损坏了机器［（d）中定义的间接损害］。根据英美法律，B将被要求在依赖标准（i）或期望标准（ii）之间作出选择。任何一种标准都要给予B（iii）的损害赔偿，作为将机器恢复到S造成损害之前的状态的成本。

伊斯兰法会判处什么损害赔偿？首先，关于信赖损害赔偿（i），伊斯兰法很少关注。如果我们从承诺的角度来看待契约，那么信任的主张就有很强的道德基础：通过承诺，一个人希望别人相信他的话，并且应该兑现这种信任。伊斯兰法对这一标准的疏忽再次强调，对伊斯兰法来说，有约束力的合同的基础不是各方的意愿或承诺，而是合同中所界定的具体货物或服务的交换。第二，更不用说伊斯兰法直接拒绝了期望标准（ii）（除非通过实际履行来实现）。根据定义，预期损失（超出实际上的遭受伤害）是功能性的，基于违反事实的前提，即合同是在没有违约的情况下履行的；违背这种不确定性的财产转让等同于“加莱尔”买卖。此外，不可对纯粹延迟履行进行补偿，这一禁令是基于对“里巴”的禁令。

从比较法的角度提炼出迄今为止的结果，我们注意到伊斯兰法否认预期损害赔偿，认为它们是非法的。最值得注意的是，它拒绝收回因违约而损失的利润、未实现的收益或未来收益。它对期望利益的保护仅限于尽可能有力地强制实际履行。除实际履行或者实际履行不成功时返还对价外，不考虑债权人对债务人承诺的信赖。从根本上说，有约束力的合同仍然是一种财产交换，而不是承诺。

d. 对于因违反合同而造成的损害是否存在获得赔偿的一般权利

我们还没有解决间接损害赔偿（d）的问题——债权人是否可以要求赔偿因债务人违约而造成的尚未涵盖的实际或自付的经济损失，或者在我们假设的例子中，赔偿因S未能提供可靠部件而对B的机器造成的损害［见上文（iii）］。考虑到“达曼”的三部分模板，这样的赔偿在逻辑上属于由毁坏引起的责任，基于交付有缺陷的部件并知道它将被用于机器的逻辑，即这种赔偿的逻辑是侵权行为，而不是合同。人们不禁要问，如果提供一个有缺陷的部件可以为机器的损害提供赔偿，那么它是否也应该包括购买者的（其他）信赖损害赔偿［在上面假设的例子中，是运输和安装有缺陷部件的成本，见（i）］？更进一步说，如果有可能将违约本身视为一种不法行为，而不需要其他的过错证明，那会怎么样？在古代普通法中，损害赔偿之诉就是这种情况，它为现代违约损害赔偿之诉的发展提供了桥梁。

让我们更详细地考虑这种可能性。在这种损害的情况下，毁坏“达曼”的三个要素中有两个明显得到满足：损害和因果关系。但是过错呢？要回答这个问题，我们需要解决传统“斐格海”的两个基本问题。首先，“斐格海”没有明确说明，是否可以仅通过证明合同条款被违反而不证明任何其他过错，如疏忽或故意（除非合同义务本身提及了这样的标准），就像英美传统一样；或者是否需要证明其他过错，就像欧洲民法传统一样。在此基础上，正如我们在第3.1.2.2节中看到的，拒绝这样做被认为是一种罪恶和犯罪。那么，第一个基本问题是：即使在没有其他不法行为，但是故意或过失的情况下，违约是否构成侵权？如果情况并非如此，那么在不能证明这种不法行为的情况下，伊斯兰法律只依赖于已经讨论过的救济，让每一方承担自己的信赖和间接损害。而至于第二个基本问题，人们注意到毁坏“达曼”理论中没有任何明确的规定阻止因违反合同而造成的损害赔偿的追偿，至少在证明有成为损害原因的过失或故意不法行为时是如此。但是，如果是这样的话，那么为什么在传统来源中没有更明显地发现这种追偿呢？只有在分散的个案中，如前一章所讨论的，通常是由“阿敏”的过错造成的，以及在个别的特定情况下，如在解除合同后赔偿返回销售对象的运输成本，才会遇到间接损害赔偿和信赖损害赔偿。因此，第二个基本问题是：鉴于“斐格海”的决疑性质，是否有可能从这些例子中归纳出一种通用的、抽象定义的诉因，类似于其他法律体系中违约损害赔偿的诉因？从我所看到的有关主题的传统文本来看，这是一项艰巨的任务，它要求对法律许多领域的“斐格海”著作有百科全书式的了解，同时也要求在方法论上敢于从许多案例中归纳出新的一般原则。

这一任务正是20世纪阿拉伯主要比较主义者为自己设定的目标之一。在第3.2.4.1-a节中，我讨论了这一群体中的主要学者，以及他们将传统的“斐格海”与西方法律（主要是法国法律）进行比较的努力，并得出了与西方法律原则相当并适合纳入自己国家立法法典的高度概括性重述。这群学者的主要成就之一是从“沙里亚”法和“斐格海”著作中唤起了一种义务的一般理论，涵盖侵权和合同，该理论将支持起草在“义务”概念下组织的外国法典细分的符合伊斯兰法的对应物。

这些学者在传统“斐格海”是否支持类似“伊特拉夫”违约损失索赔的问题上发现了什么？通过我自己对这些学者的一些作品的研究，似乎他们在保留传统的“斐格海”的细微差别的犹豫和提醒的情况下，确实得出结论——传统的“斐格海”支持债权人赔偿因债务人违反合同条款而造成的损害的一般权利。要采取这一结果，他们必须回答上述两个基本问题。关于第一个问题，法国法律理论上要求有过错，但允许有许多例外，例如在买卖中，适用更严格的责任，这一事实在很大程度上缓解了决定这一问题的压力。学者们似乎采取了类似的策略，允许“达曼”和“阿曼纳”之间的区别以及就每个案例的情况来决定问题。对于第二个问题，如果全心全意地作出肯定的答复，就代表着这样一种主张，即合同违约的一般义务原则不是由于遭遇其他现代法律而对“斐格海”先例的被迫歪曲，而是从传统“斐格海”的零散例子中得出的结论，或者换句话说，它是传统规律中隐含的一般规范。同样，这些学者中的一些人确实迈出了这一步，尽管每个人的说明都不同。

总的来说，这一结果允许这些学者提供一种伊斯兰认可的合同损害赔偿理论，与其他当代法律体系相当，尽管不完全相同。1976年的《约旦民法典》和1985年的《阿联酋民事交易法》都试图从桑胡里法典的模式转向更符合“沙里亚”法的模式，允许以民法方式对违约行为提出损害赔偿要求。

7.3 现代沙特阿拉伯的合同违约责任

事实证明，要了解沙特阿拉伯法院对合同下产生的所有形式的责任的实际做法超出了本研究的能力。上述每种救济的实践（实际履行、违约解除和损害赔偿）尽管始终隐含地保证该实践与“沙里亚”法保持一致，已经并将继续远离上述严格的传统模式。鉴于这种演变的事实，对实际实践及其理由的研究变得非常复杂。此外，如第3.2.7.2节和第5.4.2节所述，要详细了解沙特法院的做法还面临另外两个障碍。一是法院判决，甚至一些学术著作，往往没有明确地提出使新的实践模式成为可能的“斐格海”推理。更确切地说，遵循我们在第5章对供应合同的案例研究中注意到的一个非常突出的模式，这种推理仍然在后台，没有任何一个学者或法院声称是其作者。然而，正如我们在各种案例研究中看到的那样，这并不意味着推理不谨慎和不细致入微。另一个障碍是，法院的判决往往不能列举与争议问题有关的所有事实和情况。考虑到这一切，在接下来的简短总结中，我只想证明这样一个事实，即实践中的救济同上面概述的传统模式相比已经发生了转变。我试图对沙特合同救济进行的唯一的仔细审查是下一章关于补偿利润损失的案例研究。

在本节中，我将讨论沙特在上述三种合同救济方面的做法，但将其顺序颠倒过来：首先是违约损害赔偿，然后是解除，最后是实际履行。

7.3.1 损害赔偿

在所有这三种救济中，从传统模式演变而来的损害赔偿是最清晰和最容易记录的。事实证明，从刚刚提到的20世纪比较学家的初步结论中，沙特学者和法官对“斐格海”在违约损害赔偿问题上的立场得出了一个更加明确的结论。

在这里，这个结论再次构成了一个更广泛的责任理论的一部分，尽管这一次不是三个“达曼”。从20世纪比较法学家的作品进行外推，沙特学者和法院宣布了一种新的由三部分组成的民事责任一般理论，再次涵盖所有侵权行为、合同和财产：也就是说，根据“沙里亚”法的定义，任何不法行为都要求其行为者对由此造成的伤害或损失承担责任。该理论有三个基本要素：第一，不法行为（ta`addī, i`tidā’, khaṭa’）；第二，伤害（ḍarar）；第三，行为和伤害之间的因果关系（tasabbub, sababiyya）。显然，鉴于这些要素与“伊特拉夫”的要素的同一性，这一理论是从间接行为的“伊特拉夫”的理论中概括出来的。

该理论将侵权行为的损害救济和合同中的损害救济纳入单一原则，这超出了我发现的阿拉伯主要比较主义学者所认可的范围。也许最接近这个观点的是瓦赫巴·祖海利的观点，他在20世纪60年代末写道：

> 我们可以按照其在民事和刑事案件中无所不包的责任理论的一般性来定义“达曼”：它是赔偿他人财产的任何破坏或收益权损失的责任。“达曼”只在同时具备两个要素时才是有义务的：侵犯和伤害。

他将违约和侵权行为纳入“达曼”理论。但是，包括祖海利在内的大多数学者，在将“义务”概念发展为伊斯兰法中一个有意义的范畴的同时，继续在侵权行为和合同行为之间，甚至在上述所讨论的侵权行为类型之间，进行了区分，所有这些都是通过保留传统三种“达曼”理论固有的一些区别来实现的。正如我们所看到的，传统上侵权行为和合同中的义务比“伊特拉夫”侵权行为所捕捉到的要多得多，这些学者当然认识到了这一事实，因此避免过于明确地陈述他们的义务理论。

至少作为一个理论原则问题，沙特对侵权和违约民事责任的一般性的三部分理论在实践中被广泛接受。几十年前，申诉委员会采纳了这一一般性理论作为标准判例。在20世纪70年代中期申诉委员会的行政管辖权以及在1987年将商事管辖权移交给申诉委员会之后不久，似乎已经确立了这一点。专门法庭也宣布该理论为沙特法院审判所接受，例如银行纠纷解决委员会（称其“建立在‘沙里亚’法和‘尼扎姆’之上”）。根据我们对已公开案例的回顾，普通法院与这一趋势保持着一定的区别，在为其判决说明理由时，他们不引用一般性理论，而是引用传统的“斐格海”理论。

虽然这个由三部分组成的一般性理论有时被描述为在沙特阿拉伯被普遍接受，但不能因此就说它一直被用于裁决案件。即使在申诉委员会中，人们仍然发现案件是使用传统的“伊特拉夫”理论而不是同样适用的现代变体来裁决的。此外，即使有某个学者或法官援引一般性理论，也需要提出这样一个问题：该学者或法官援引这一理论的程度上，是否打算让所有传统的伊斯兰民事义务法（fiqh al-mu`āmalāt al-māliyya）在一般理论的总体结构下继续存在？该学者或法官的意思是说，该理论仅仅是指具有相同三个要素的间接的“伊特拉夫”的侵权行为，还是说，由于它宣称具有高度的抽象，也延伸到伊斯兰法中与间接的“伊特拉夫”的侵权不同的其他诉讼的因由？换句话说，当结果与该理论充分吻合时，该理论是否仅仅作为对结果的肤浅解释，而在其他方面对解释或预测实际的法律和司法结果几乎没有作用？

人们可以很容易地列出传统民事义务法的一些比较法律特性，而这种一般理论以其简单的口头表述，无法容纳甚至不能暗示这些特性，包括，强夺作为救济的模板，其意义不仅是强夺本身（公开不法地夺取财产），而且，在许多其他完全没有权利的情况下，也可以同其进行类比，包括违约；强夺中关于行为人对无过错造成的损失承担责任的规定；在“伊特拉夫”中直接行为人的严格责任与间接行为人的条件责任的区别；伊斯兰法中缺乏对违约的一般诉讼；对于多种形式的合同违约，传统“斐格海”依赖解除作为救济的高频率；在许多合同和非合同语境中，对“受信托的人占有”模式（yad al-amāna）的依赖，最终规范了许多形式的违约；普遍拒绝赔偿明显由“不法行为”造成的多种形式的“损害”，例如损失的利润和机会，更远的间接损害赔偿和精神损害赔偿；对信赖损害赔偿的普遍性忽视。

根据我在这本书中的研究经验，沙特法官在面对一般理论的大致轮廓和传统法律的更具体的理论原则之间的任何差异时，通常都站在后者一边而非前者，即使他们的判决理由只引用一般理论作为规则。这方面的例子将在下一章中出现。换句话说，一般民事责任理论，就其抽象形式而言，并不能充分指导沙特法律体系的实践，当然也不能指导普通法院的实践。它提供了与其他法律体系的规则间令人欣慰的类比，也许努力靠近其他法律体系的规则，其代价是使许多实际结果看起来无法解释且异常。

然而，毫无疑问，这一一般理论确实鼓励了在“斐格海”先例忽视损害索赔的情况下提出的履行责任，尽管“斐格海”通常不会以纯理论为理由将损害索赔排除在外。2007年行政巡回法庭公布的一个判决就是例子。该案的原告与政府签订了一份土地租赁合同，其所有权后来被证明是有争议的，导致租赁最终失败。然而，与此同时，原告为改善土地和其他需要付出了各种支出。在现代理论下，原告提出了违约损害赔偿诉讼，要求赔偿其支出甚至损失的机会。在传统法律中，这将是原告解除租赁的情形［由于财产被第三方收回（istiḥqāq）或原告可以援引他的缺陷选择权（khiyār al-`ayb）］。在这两种情况下，“斐格海”都没有提及除归还租金以外的任何索赔，尽管（如上文第7.2.3.2-d节所述）在“伊特拉夫”项下就原告的自付损失提出索赔在理论上仍然是可能的。根据一般理论，即追偿过错造成的损失，法院可能认为信赖和间接损害赔偿的索赔是简单易懂的，并确实判处了该赔偿。然而，法院没有判处对失去的机会给予补偿，认为这些只是假设。

就我们当前关注的问题而言，确定沙特法院是否承认因违反合同而造成损失作为一种诉因，我们似乎可以得出结论，行政和商事法院和法庭已经抛弃了传统法律中关于基于合同违约的“伊特拉夫”索赔的矛盾心理，并且经常引用三部分的一般性理论，常规地接受间接或信赖损害赔偿作为诉因。然而，这类诉讼仍必须符合对可能得到赔偿的损害形式的其他限制，例如拒绝对利润损失提出索赔（见下一章），并坚持要求提供所有损害的现实性和数额的有力证据。事实上，阅读公开的判决给人留下的印象是，法院会严格适用这些限制。

7.3.2 违约解除

解除问题在沙特阿拉伯与在其他法律体系中一样，是一个复杂的法律领域，其结果因情况而异，最终由法院酌情决定。仅确定沙特在这一领域的实际做法就需要进行广泛的研究。大量公开的案例揭示了这一问题的法律实践。然而，即使只对这些案件进行粗略的审查，也能清楚地得出，沙特法律与上文第7.2.2节所述的关于解除的传统法律相去甚远。多种判决，不仅是行政判决，还有商事法院和普通法院的判决，都承认传统法律中没有债权人的一般权利，即以债务人违约为理由撤销或终止合同，前提是违约至少是“严重的”或“实质性的”（jasīm, jawharī）。许多判决甚至承认，在不同的情况下，债权人可以自行撤销或终止合同，而无须寻求法院的许可，也无须事先规定这种权利，尽管关于这一点的理论原则似乎尚无定论。其他判决将这些救济与支付债务人违约造成的损害赔偿结合起来。判决根据合同解除前债权人履行的工作的价值（有时甚至是合同价格），判处债务人向债权人作出赔偿。当不可能解除合同时，另一些判决转向损害赔偿这一救济方式。

对这一问题进行仔细的个案研究可能会发现，这又是一个为现代法律范例所推动的领域，这些现代法律范例可能首先通过申诉委员会的行政管辖权进入沙特阿拉伯王国，沙特法律在“沙里亚”法中找到了充分的理由，以适应现代模式。这一努力的核心可能是对罕百里派法律中选择权的扩张性理解。这一发展很可能与前一节中描述的关于判定违约损害赔偿的发展同时发生。毕竟，在许多情况下，就像在其他法律体系中一样，将（全部或部分）合同解除与损害赔偿相结合，可以使法官从公正和当事人偏好的角度出发，比坚持先实际履行，得出更好的结果。

7.3.3 实际履行

沙特法院的判决承认这一“斐格海”原则——如果一方未能在有约束力的合同中履行其约定的义务，则实际履行是优先的救济。然而，阅读若干判决可以明显看出，至少在行政和商业管辖权方面，实际履行没有像伊斯兰法律理论所要求的那样经常地或有力地执行。更确切地说，情况甚至可能是这样的（有待进一步的研究），沙特法院和其他地方的法院一样，很容易为违约寻求除实际履行以外的其他救济。也许在这些救济之间的选择更多地取决于原告的要求而不是理论。当然，对于金钱的支付，除了实际履行外，别无他法；沙特法院如何处理未能及时付款的情况，包括监禁债务人或其代表，已在第3.1.2.2节中简要讨论。

同样，这种明显的理论发展——即使在可能的情况下也愿意放弃实际履行——可能是在与刚才讨论的沙特合同违约救济的其他两个发展，即违约赔偿和解除合同的有效协调中发生的，如果不是有意设计的话。

7.4　保护财产权的两种责任形式

7.4.1　证明占有的权利

伊斯兰法中最明显的所有权主张的例子是在马利克派术语中称为“伊斯提哈卡克”（istiḥqāq）的诉因，即一个人起诉要求收回对财产的占有，这是基于对财产的优先占有的证明，通常是因为所有权（我将把这个人称为所有者）。这种权利要求通常是针对财产的现持有人提出的。只要提供优先所有权的证据，所有者就可以从任何现在持有该财产的人那里收回其财产，而不管后者是如何获得该财产的，即使是通过第三方（而非直接从所有者那里）进行的明显的公平交易。显然，它并不反对相对于所有者合法占有的人，例如所有者破产程序中的托管人或所有者的抵押权人。

有一个在“斐格海”著作中尚不明确的问题，即在这样的权利要求中，除了返还其特定财产之外，所有者是否可以获得部分或全部因“加斯卜”侵权行为而产生的额外救济。特别是，所有者是否可以收回使用价值和增值或利润？有迹象表明并不能收回这些，因为“伊斯提哈卡克”不要求申索人证明某种过失或不法行为，某种形式的侵犯财产权，导致了所有者与其财产的分离。因此，“收益伴随着对损失所负的责任”的训诫在此适用：即由于在收回财产之前，财产的持有人与所有者一样承担了损失的风险，他也有权获得随之而来的利润和使用价值。如果案件是强夺，而申请赔偿人证明了强夺，则该规则将不适用。

这正是在沙特的一个案件中适用的逻辑，在这个案件中，某设备的所有者对从伪造所有权文件的第三人那里购买该设备的人提起诉讼。该财产先前已被追回，本次诉讼是针对损失的合理租金价值。法院以“收益伴随着对损失所负的责任”为理由驳回了这一请求，尽管，在这个案件中，被告是从强夺者处获取财产，本来是可以判给赔偿的。在另一个案件中，一群骆驼的主人在早先的诉讼中收回了骆驼群。后来，被追回骆驼的那个人起诉骆驼的主人，要求赔偿他喂养骆驼的费用。他的诉讼被驳回，理由是被告认为，原告在他饲养骆驼群期间享有骆驼群的利益和产出（intāj，大概是驼奶和后代）。值得注意的是，被告没有就使用价值或畜群的增加提出反诉。在第三个案例中，骆驼的主人从一个声称从第三方购买骆驼的人那里收回了骆驼，双方当事人和法院都没有讨论收回骆驼在被占有过程中的使用价值和利润。在所有这些案件中，法院都没有收到或提及证据，证明最初从所有者手中夺取财产并将其转让给被告的人是通过强夺或类似的手段获得财产的。

“斐格海”文本规定，当在“伊斯提哈卡克”权利要求中，持有人有义务向所有者归还占有物时，持有人可以向将财产转让给他的一方行使追索权，这个人通常被称为“欺骗”他的人（gharrarahu）。沙特法院会告知此类案件的被告该追索权。这种追索权的规则似乎是通过类比上文第7.1.1.4节讨论的从强夺者手中获得赔偿的规定来决定的。

7.4.2 不当得利

伊斯兰法承认所有者有权收回他人在没有合法依据或理由的情况下所取得的财产，包括某人是无辜的、没有过错或违反合同，但没有合法理由取得所有者财产的情况。一个典型的例子是财产被错误地拿走或支付。这种追讨分散在“斐格海”文本的各个章节中，而不是在任何单一的标题下呈现。伊本·拉贾卜提供了一组来自罕百里学派的相关例子。在现代著作中，这类案件被收集为单一的追讨理由的实例，通常称为“al-ithrā’bi-lā sabab”，这是西方法律术语“不当得利”（unjust enrichment）的翻译。

在公开的法院判决中，我们观察到法院支持在其他法律体系中被视为“不当得利”的权利主张，尽管通常没有提到这个术语。最近沙特阿拉伯的一个案例，虽然是在行政法领域，却明确地依赖于这一概念。法院受理了政府对一家私人公司免费使用某些公共广告位长达十五年的索赔，并下令支付这些广告位的租金。它将不当得利的理论原则定义为：以一种清晰直接的方式使一方获利而另一方受损，两者之间存在因果关系。

8 关于利润损失赔偿的案例研究

8.1 沙特阿拉伯的既定规则：不赔偿利润损失

长期以来，民法和普通法的法律制度都规定，因侵权行为或违反合同而受到非法损害的人，不仅可以要求赔偿他目前所遭受的任何损失，也可以要求赔偿他因该行为引起的失去的利润或收益。在合同事务中（这将是我们本章主要关注的问题），这上升到期待标准的水平：在另一方违约时，缔约一方有权获得赔偿，以使他达到交易的期待收益，就好像合同已经得到了妥善履行。这被认为是对债务人承诺的强制执行。（与上一章一样，我采用民法术语“债务人”和“债权人”分别指代违约方和违约受害方。）

正如第7.2.3.2-c节所讨论的，关于合同法理论的著述者有效地定义了另外两种类型的损害赔偿，这将在下面的讨论中发挥作用。第一种是信赖损害赔偿，指的是债权人在履行自己的承诺时所遭受的损失（实际的，而不是假设的），这些损失因为债务人的违约而产生（例如，向债务人运送货物的成本，而债务人又不恰当地拒绝了这些货物）。信赖损害赔偿的目的是使债权人的利益恢复到订立合同前的状态。当期待收益损害赔偿由于某种原因不可能实现时，或者当索赔人倾向于信赖损害赔偿时，这是期待收益损害赔偿的主要替代方案。第二种损害赔偿是间接损害赔偿，即由于债务人的违约行为给债权人造成的其他金钱损失（例如，在债务人拒绝付款后将货物运回的费用）。间接损害赔偿可以与期待收益损害赔偿或信赖损害赔偿同时支付，也可以作为其中的一部分支付，因为为了实现这两种救济形式的目的，可能都需要间接损害赔偿。

在本节中，我们将重点讨论损害赔偿的期待度量的一个组成部分：由于债务人违约，债权人未能获得利润的赔偿。

再次说明，在世界各地的商法中，对因违约造成的利润损失进行赔偿是普遍接受的。沙特法律与国际商法之间最引人注目的，也是在实践上最重要对比的是，沙特法院几乎完全拒绝赔偿利润损失。鉴于这一事实的重要性，以及它给沙特法律在合同和其他地方所带来的另一方面的启示，我将深入探讨其理由。扩展审查的另一个原因是，正如我们在其他背离国际商法规范的案件中看到的那样，沙特学者和法官感到有压力，并想修改这一结果，从而使沙特的做法更接近世界标准，正如他们在许多其他案件中成功做到的那样。这个案例研究再一次表明，如果沙特法律的裁决者被要求改变的规则深深地写进了“斐格海”，他们会对这种压力有多大的抵抗力。因此，在接下来的内容中，我们将超越对沙特法治的记录，来探讨是什么伊斯兰法律使其如此抵制此种改变，以及一些学者提出了什么论点、什么推理来试图进行改变；到目前为止，这些学者取得了多大的成功，这一规则未来改变的前景如何。

8.2　法院陈述导致结果的原因

法院给出了什么理由拒绝赔偿利润损失？我们可以通过引用一些法院判决来回答这个问题。让我们从申诉委员会行政分支的判决开始。1990年的一项判决：

> 对预期利润的补偿要求是针对不确定但仅仅是可能的（muḥtamal）损失。它是一种看不见的（ghaybī）事物，在存在和不存在之间交替。没有人能确切地说出它的现实性。在“沙里亚”

法的“斐格海”中，除非责任的理由是确定的（mu’akkad），并建立在排除可能性（muḥtamal）发生的事物（iḥtimāl），即仅仅是可能和意见（ẓann）的基础上，否则不允许承担任何责任。这是因为裁判不是基于意见和可能性的。

还有2006年的一项判决：

申诉委员会的既定判例是，不对仅仅可能的损害给予赔偿，因为赔偿必须针对已核实发生的（mutaḥaqqiq al-wuqū`）实际损害。利润损失属于可能的损失类型。

2007年的一项判决：

收益损失是一种不确定的意见。裁判是基于无可争议和确定的东西，而不是基于不确定的意见和估计（takhmīn）。

2008年的一项判决表述如下：

原告对利润损失的要求仅仅是基于估计和期望（tawaqqu`）。它没有清晰的界定（munḍabit），其数额不能以精确的方式确定。除此之外，它还涉及“沙里亚”法所禁止的未知（jahāla）和不确定性。当损害仅仅是可能的时，申诉委员会的判例是既定的，即不赔偿损失的利润或“期待的收益”，如果强加这种赔偿，会触及“沙里亚”法禁令。对于未经证实的、仅仅是可能的损害，不得迫使任何人（转让）财产作为赔偿。

2008年的另一项判决几乎一字不差地重复了上面这段话，但接着又说：

“斐格海”原则规定：“没有合法理由，任何人不得夺取他人的财产。”其中是学者们对拖延的债务人的问题上的首选观点的一个类比，因为该观点不允许赔偿债权人因（债务人的）延迟而损失的利润，因为（该利润）并不一定会发生。此外，“斐格海”学者明确指出，强夺者对假定的利润不承担责任。以强夺和盗窃的手段剥夺所有者的财产比以延迟偿付的理由剥夺他的财产更不公正。尽管如此，他们并不要求强夺者或小偷赔偿因延误而造成的伤害和获利机会的损失。在这一点上，申诉委员会上诉机构的决定是既定的。

对案件判决的引用可以无限地增加。现任司法部长瓦利德·萨姆阿尼在其发表的博士论文中对申诉委员会行政分支的做法进行了如下总结：

虽然对机会损失的赔偿在比较法学中是可以接受的，但在王国行政司法机构的大多数法院判决中，这种赔偿是不被接受的，因为机会损失所造成的损害被认为只是一种可能的损害，其（未来的）发生尚未得到确认（或证实）（muḥaqqaq al-wuqū`）。其中包括对利润损失的索赔。有些判决认为，由于行政机构违反租赁合同及其解除而造成的利润损失代表可能的损害，但未经核实是否发生。这同样适用于行政机构未能向建筑物提供必要的服务，结果失去了从中获得商业利益的机会。

从王国的一些行政判决看来……除非“已核实”是以确定和毫无疑问的方式核实，否则损害不被视为已核实。

到目前为止所引用的案例都来自申诉委员会的行政分支，而申诉委员会是最有可能支持赔偿利润损失这一现代理念的法院机构。毫不奇怪，商事分支也采取了同样的立场。一家法院在2009年表示：

原告所要求的事实，用这么多话来说，就是损失的利润和未确认发生的收益（muḥaqqaq al-wuqū`），这是一个非常值得怀疑的问题，因为（损失）可能以他提到的方式发生，也可能不是。不允许对不确定的事物作出裁判，因为最初的状态是被告是无罪的，直到提供证据来否定最初的状态。支持赔偿原告假定的利润的观点与“斐格海”学者的观点不同。这是（伊斯兰会议组织学会）在其（关于惩罚条款的）第109（3/12）号决定中的意见，其中指出：“第五，可以得到赔偿的损害包括实际的金钱损害、被损害的人所遭受的实际损失，以及他所失去的绝对确定的利润。”

一个商事巡回法庭在2012年称：

巡回法庭的结论是拒绝原告要求赔偿利润损失的要求，因为它是未知的，没有清晰的界定。申诉委员会的判例决定不支持该赔偿。

转到普通法院，我们发现，至少在公开的判决中，它们几乎没有提到“利润损失”的概念，或者实际上，它们几乎没有提及民事责任的一般三部分理论——过错、伤害和因果关系（在第7.3.1节中已讨论），而这是沙特法院考虑利润损失的典型基础。在回顾所有公开的普通法庭案件时，我们发现只有两起案件简短地提到了“利润损失”，然后就立即驳回原告的索赔。

8.3　“斐格海”中导致结果的原因

沙特法院的这些判决反映了现代“斐格海”学者对伊斯兰法在利润损失问题上的教导的主流理解。

8.3.1　定义一些术语

在进一步讨论这个问题之前，我首先需要尝试解释法院经常使用的两个术语，它们都已在上文出现。这是一项困难的任务，因为它们的含义有时是模糊和变化的。

首先是“muḥaqqaq al-wuqū`”这个词，“muḥaqqaq”在上面翻译为“确认的”，“wuqū`”翻译为“发生”。这里的关键词，“muḥaqqaq”，源于词根ḥaqq，意思是“真理”，也是现实，它也可以指合法的权利。“muḥaqqaq”的意思是“已经被确立的真实的东西”，因此它在字典里的意思是“当然的”“确定的”“毋庸置疑的”，但也有“被确立的”“被接受的”或“被认可的”的意思。如第7.1.2.2条所述，所有损害，无论是利润损失还是其他损失，在存在和数量上都必须是“muḥaqqaq”。在使用中，“muḥaqqaq”这个术语有些模棱两可，至少有三种可能的含义。

该词的第一种可能含义是“存在的”“真实的”或“实际的”，也就是说，除非损害确实或实际发生，例如对现有财产的损害或因违约而造成的自付费用，否则不接受任何损害索赔。但是，如果学者们在关于利润损失的语境中，真的指的是这个含义，那么他们可以使用其他更清晰的术语，如“haqīqī”“ḥāṣil”或“wāqi`”，并在上下文需要时使用它们。

该词的第二个可能含义是已经（或可以）被证实或确定的，特别是在法庭上。因此，该术语可以指为特定损失或损害（或其他事实）提供的证明的质量：如“经核实的损失”。从这个意义上讲，这个术语甚至可以应用于非物理或不存在的损失，甚至涉及反事实情景的假设的损失，如利润损失。如果是这样，那么，对于损失的利润，我们可以说，必须经验证（muḥaqqaq）的不是利润本身，而是预期或可能性（某种程度来说是概率），即如果没有违约事件，这些利润将会发生。

我们可以把“muḥaqqaq”的这两个含义结合起来。如果我们更进一步，将对未来价值的期望视为当前存在的价值，尽管是无形的，然后询问该期望是否已被验证为真实的、实际的、存在的。这可能是学者们使用“muḥaqqaq”这个词时含糊不清的第三种含义。

但最后一个观点——考虑获得当前存在且本身具有价值的未来价值的概率——似乎是一个相当现代的概念。首先，传统的伊斯兰法往往不承认合同产生的无形金钱利益是财产，甚至不承认它具有可补偿的金钱价值。学者们说，例如哈菲夫，伊斯兰法禁止对除索赔人拥有的相当数量的合法财产损失以外的任何事物进行财产赔偿，并且不得对非财产的任何事物进行赔偿。伊斯兰法对财产本身的定义很狭隘，不包括无形的合同权利，例如竞争权或地役权，尽管这些权利可以强制执行并具有价值。这些无形的合同权利，如地役权，虽不可能单独出售，除非转让其所附的财产。但不管伊斯兰法对财产本身的看法如何，也不管如哈菲夫那样的陈述如何，正如我们所看到的，伊斯兰法是赔偿无形的金钱损失的，例如在违反“阿曼纳”义务的情况下。对财产利益的补偿，有时是无形的，有时甚至是真实的，都可能涉及对未来和其他不确定因素的假设。例如，在“斐格海”著作中发现的一个基本裁决是关于代理货品而承担的以低于其委托人规定的价格出售的责任。代理人要为这一差价负责，但这种返还取决于一个假设，即以这个价格找到了买家，且买家支付了全额货款。其他委托给代理人的无形利益，如诉讼，如果因为代理人的疏忽而败诉，损害赔偿应该如何确定？另一个“斐格海”案例是某人侵权地销毁了承认债务的文件。他不仅要对文件负责，还要对债务负责。但是，即使文件一直存在，债务人是否一定会付款呢？在今天的商业环境中，即使是现有商业财产的估值也可能依赖于对该财产未来收入的估计。这样的估计是不可接受的吗？考虑到这一切，根据纯粹的“沙里亚”法原则，似乎并不容易排除一个充分证明的实际存在和真实的期望如果被破坏，具有的可补偿的金钱价值。

萨姆阿尼（他含蓄地支持把返还扩大到利润损失）采用了“muḥaqqaq”的最后一种含义：

> 法学家们一致认为，损害必须是“muḥaqqaq”，而不是想象的，即它实际上已经发生，或者它肯定会发生（未来的损害）。“muḥaqqaq”损害不仅限于已经发生的损害，而且包括即使其全部或部分后果推迟到未来，其基础仍然存在的损害。

因此，该词最有可能的含义似乎是第三种——当学者们询问损失的利润是否为“muḥaqqaq”时，他们关心的不是预期的收益本身或其破坏是否存在和真实（显然不是，收益仅仅是假设的），而是收益的预期是否真实，或者更准确地说，是否可以被证实是真实的，或者是确定的。

但这又引出了下一个问题：利润预期必须完全确定吗？还是只是可能？这里要定义的第二个术语“muḥtamal”出现了。从字面上看，这个词的意思是“可能的”“潜在的”和“大概的”。正如我们在上面看到的，法官经常宣布可能的或大概的损害是不可赔偿的。值得注意的是，法官选择了“muḥtamal”来描述不可赔偿的损害，而不是像“想象的”（mawhūm, wahmī）或“假设的”（iftirāḍī）这样的术语。这种用法清楚地表明，沙特和伊斯兰法律实践与世界范围内的标准规则有多大的分歧，后者对仅仅是“可预见”或“预期”的利润进行补偿。上面引用的法院陈述强调了这一点，当利润损失仅仅是“预期”或“更有可能”（ẓann，意思是“主导意见”）时，这些法院拒绝对其的索赔。因此，很明显，沙特法院要求损害赔偿符合确认条件的概率水平非常高，仅仅是有概率不符合条件。的确，正如法院在上面的一段引文中所指出的那样，权威的伊斯兰会议组织学会认为，利润损失只有在确定或无可争辩（mu’akkad）的情况下才能得到补偿。

8.3.2　风险和未知

了解了这个术语体系，我们会问为什么现代学者和沙特法院得出的结论，“斐格海”禁止赔偿由于违约而仅仅是可能损失的利润。最基本的原因在于第4.4.3节中介绍的“加莱尔”的基本理论原则。伊斯兰法总是在各方交换财产且其中一方或双方财产都有风险或未知的所有情况下遵守这一理论原则。正如我们在第4.3节中所做的那样，我们可以分离出受风险和未知影响的两种主要情况：不存在和不知道。

显然，现在不存在但将来可能存在的东西会受到该禁令的很大影响。在第4.3节中，我们回顾了禁令：出售“子宫里的东西”，出售“变黑之前的葡萄”，出售“尚未拥有的食物”，以及出售“你所没有的东西”。因此，学者们禁止出售怀孕骆驼的后代，禁止提前购买特定农场的产品，并且，对于大多数学者来说，根据未来事件签订合同（“我买你的房子，条件是我的船在一个月内安全返回”或“我在6月1日以当时的市场价格购买你的货物”），是被禁止的。如果要排除这些或有未来价值的交易，那么学者们就不难得出结论，正如上文所引述的法院所做的那样，仅仅对履行合同所带来的未来利润的预期就强制要求赔偿，这属于风险和未知的范围。伊斯兰法倾向于系统地反对给仅仅可能发生的事件赋予约束性价值，这仅仅是因为禁止赌博和对“加莱尔”的谴责。

风险和未知禁令的第二部分涉及可能存在但仍然未知的事物。再次说明，涉及这种东西的有约束力的交换似乎是一种风险或赌博。学者和法官，包括上文引用的那些人，认为由于利润损失仅仅是假设的，不在可靠的证据和基于当时的物理事实和条件的合理估计方法的范围之内。利润损失固有的存在评价和证明的问题，因此属于被禁止的未知。事实上，如果不能在法庭上充分证明损害赔偿的数额，他们会驳回其他要求赔偿损害的索赔。

当然，有人可能会反对这一结论，并指出，某些损害存在于未来，并不意味着它们比现在的损害更难评估。即使是对目前的损害赔偿，法院也经常被迫使用猜测，且不会以“加莱尔”为由拒绝这样做。例如，法官可能需要确定一项独特财产或用途的公平市场价值，或其部分受损后的减少价值。更能说明这个问题的是，正如上一章所讨论的那样，“斐格海”和沙特法院在确定财产价值时，无论是在交易合同（如买卖）中，还是在赔偿损失或破坏时，都采用纯粹的估计。因此，因为利润损失本质上是不可知的而驳回对其的索赔，可能不像乍一看那样是确凿的论断。

但是，考虑到上述来自经典权威，法官和学者得出结论，认为损失的利润属于启示中对风险和未知禁令的范围，这似乎是很自然的，我们可以回忆起，正如第4章所提到的，学者承认，风险和未知在实践中永远不可能完全消除，因此只能是一个程度问题。例如，虽然一个人不能出售怀孕骆驼的后代，但他可以出售怀孕的骆驼，并且可以比没有怀孕的类似骆驼卖更多钱。一个人可以在不知道房子墙壁内部状况的情况下买房子。正如下面所提到的，特别是在第8.4.5节中所提到的，一些学者确实谈到了与赔偿损失利润的有关的确定性或可能性的程度。

8.3.3 高利贷、不正当获利

尽管对“加莱尔”的禁令是反对追回损失利润的最有力的普遍论点，但对“里巴”的禁令——塑造伊斯兰合同法的两项最重要的启示条款中的第二项——也为某些此类的追回权益设置了障碍。最重要的是，从“里巴”衍生出来的是禁止对延迟支付“戴因”进行任何损害赔偿的裁决，而“戴因”不仅包括金钱债务，还包括合同中通过描述指定而不是作为唯一财产的其他债务。这一原则源于另外两项基本的“斐格海”原则：第一，禁止“贾希利叶的里巴”（ribā al-jāhiliyya），这是一种历史上的有息贷款形式，债务人在贷款期限内找到债权人，并以一笔更大的新贷款为他的贷款再融资，新债务实际上往往是其第一次债务的两倍；第二，禁止以“戴因”换“戴因”，即以一项抽象或者延期的债务换另一项抽象或者延期的债务，也已在第4章讨论。

尽管这一原则具有强大的力量，但一些学术研究和沙特法院的判决考虑了因债务人延迟付款而给予债权人赔偿的可能性，特别是在政府对政府合同延迟付款的情况下。这一立场的支持者试图根据“有偿付能力的人的延迟（mumāṭala）是不公正的（ẓulm）”，以及“有偿付能力的人的延迟会使羞辱和惩罚他变得合法”的说法，将这种救济与金钱利息的奖励（即ribā）区分开来。一般来说，关于这一结果的争论涉及对延迟造成的实际间接损害的赔偿，无论这些实际间接损害被证明是肯定的还是很有可能的。沙特资深法官、活跃于伊斯兰金融领域的学者阿卜杜拉·马尼阿（Abdullah al-Mani`）主张后一种立场——如果法官强烈认为这些损害存在，并且可以量化，就应判处这样的损害赔偿。但是，我还没有发现有哪位学者不仅为间接损害赔偿辩护，而且也为利润损失赔偿辩护；相反，沙特的一些案件立即拒绝了这一要求。在伊斯兰金融行业，一些学者主张在合同中规定，有偿付能力但延迟支付的债务人必须按其债务的比例向银行支付银行在其延迟支付期间可以从其资金中实际实现的利润（例如从存款人的损益账户中获得的利润）。但是，即使在伊斯兰银行业内部，这一提法仍存在争议。伊斯兰金融标准组织（AAOIFI）在2000年宣布，这种说法违反了“沙里亚”法。

8.3.4 没有为未实现利润给予赔偿的“斐格海”先例

值得注意的是，作为补偿利润损失，这一概念如何超出正常的传统概念，事实证明学者们很少能引用甚至考虑过这种救济的传统来源，无论允许还是禁止。而传统学者能够被引用来支持偿还利润损失的陈述也是非常少的，即便能通过可论证的相似情况或类比。在本节中，我将回顾那些似乎以任何方式为补偿利润损失提供支持的“斐格海”裁决或典型案例，并评估这种支持的强度——或者更确切地说，是不足。

我们首先应该注意到，在“斐格海”裁决中，比起找到可能支持这种救济的案例，人们更容易找到这样的例子，即似乎需要对损失的利润进行救济，但裁决中根本没有提及这一点。例如，代理合同，即使是有补偿的合同，也被认为是可以随意撤销的。当然，在许多情况下，代理人的利益可能因权力被突然或不合理地撤销而受到损害，例如，在他即将完成一项他将获得佣金的任务之前，他的合同终止了。然而，代理人对由此造成的损失享有请求赔偿权利的概念在“斐格海”中并不明确，也难以从“斐格海”判例中确立。另一个例子是可以赚取收入的财产的租赁，出租人过早地非法取消了该租赁。根据“斐格海”的规定，承租人最多能被退还全部的租金，以及任何的间接损害赔偿，比如在财产上的投资损失。“斐格海”没有说明他从财产中获得的预期收入。这样的案例非常多。

对于因违约而损失的利润的追回，“斐格海”给出的可能会使今天的这种追回合法化最接近的类比是什么？为了找出这样的类比，让我们研究一下，纯粹从结果的角度来看，在许多情况下，“斐格海”给予债权人的相当于损失的利润的赔偿，甚至是预期损害赔偿。通过对7.2.3.1节中解释的传统的三种“达曼”理论进行分析，我们发现了几种这样的情况。

首先，当然，根据合同的“达曼”，在具有约束力的双务合同的情况下，当法院命令债务人全额履行，即命令实际履行时，债权人获得了交易的全部利益，包括他的利润。另一个例子是罕百里学派的独特应用，当买方因发现交付的货物有缺陷而撤销购买时，就会出现这种情况。买方也可以选择保留有缺陷的货物，并追偿由于缺陷而减少的价值，这也是预期损害赔偿。各个学派的多数意见只允许按原样确认出售或撤销出售。

其次，在毁坏的“达曼”中，我们采用了传统的赔偿理论，该理论在现代发展为沙特的民事责任三部分理论，如上文第7.2.3.2-d和7.3.1节所述。在合同背景下，这种现代理论抓住了违约是过错（khaṭa’）的观点，如果它给债权人造成损失，则要求债务人赔偿该损失。但传统的“斐格海”并没有这样做，而且很少使用“违约”（ikhlāl bi-`aqd）或其同义词。相反，传统上毁坏“达曼”项下的问题，就合同事项而言，主要涉及债务人对其占有或控制的财产或金钱利益的地位，以及他是否因这种地位对该财产或利益的损失负有责任。

即使存在这种概念上的差异，“斐格海”下的一些赔偿也提供了与预期标准平行的“伊特拉夫”救济。特别是在“阿曼纳”合同中，当一方违反了对其托管的另一方财产的“阿曼纳”地位，造成该财产的经济损失时，第7章规定了“阿敏”对这种损失的责任。例如前面提到的典型案例，代理人被委托以特定价格出售其委托人的财产，但他却以较低的价格出售。依据罕百里学派的观点，代理人在差价上对委托人负有责任，这种责任不是因为违反承诺而造成了利润损失，而是因为违反了作为“阿敏”的职责（为了委托人的利益而持有财产），从而对该财产造成损害。（即使在罕百里学派，代理人是否负有责任也存在争议；其他观点认为该代理人的销售无效。）

对于占有的“达曼”，我们发现了与利润损失赔偿更接近的类比，而这些确实被支持改变“斐格海”观点的人所引用，这些人的观点将在下文第8.4.2节中讨论。所有占有的“达曼”的案例都可以与之类比的基本模式是强夺。正如我们在第7.1.1.1节中所看到的，在许多情况下，违反合同的人，例如没有履行“阿曼纳”职责的“阿敏”，可以被类比为强夺者，从而使法官可能判给强夺的救济。强夺以其救济的广度和严厉性而著称，被认为是所有民事救济中影响最深远的。总而言之，占有“达曼”不仅不惜一切代价向所有者返还财产、资源本身，而且尽可能补偿所有者被剥夺的与所有权有关的所有其他价值。

我们可以注意到三种事实模式，在这三种模式中，占有“达曼”可能达到与赔偿利润损失相当的效果。第一种模式是，强夺者不仅必须返回被强夺的物品本身或其价值或等价物，还必须返回该物品的使用价值（如果有的话）。“斐格海”认为这些使用价值也是客观存在的财产，所以这些，通常用财产的公平租赁价值来衡量，是可以从强夺者那里收回的，即使强夺者自己没有享受到这些利益，即便物品所有者原本也无意通过出租或使用这些物品来获得利益。因此，在所有者因出租其财产或者使用财产而损失利润的情况下，可以通过租金来补偿，强夺救济可以等于利润损失的赔偿。但这并不涉及假设的收益，因为可以清楚地看出，当由于任何原因，甚至是由于强夺者自己的过错，财产被毁坏时，强夺者支付租金价值的义务就终止了。布胡提写道：

> 如果被强夺的财产被毁坏，那么篡夺者对租金的价值负责，直到它被毁坏时，因为从该财产被毁坏时起，就没有可以使强夺者对它负责的剩余利益了。

至于占有“达曼”提供类似追回利润损失的第二种事实模式，如果债务人从持有财产中获得具体的实际利润，包括其产生的任何孳息或增长（如后代），甚至是出售该财产仍可辨认的收益，债务人就应因此向债权人承担责任。债务人（在大多数罕百里派学者看来）甚至没有因为他在生产这些收益时付出的劳动价值而得到认可。因此，如果债权人的预期利润恰好与债务人实际获得的收益相对应，结果就好像债权人得到了预期利润的补偿。这一救济不适用于债务人实际未获得的任何收益。

第三种情况是，债权人的预期利润在于他希望以更高的价格出售他的财产，但由于债务人夺走他的财产，他失去了这个机会。在所有学派的大多数人看来，债务人对财产市场价值的任何变化都不承担责任，只要他原原本本地归还（这包括，该财产在可替代的情况下，归还被取走财产的等价物）。但是，罕百里派学者伊本·泰米叶支持少数人的观点，要求债务人赔偿财产价值与被夺走时的价值相比的任何减少的部分。如果财产在债务人持有期间被毁，罕百里派的多数观点是，债务人应赔偿财产在被毁时的价值。沙斐仪派的观点要求债务人支付财产在其持有期间所达到的最高价值。但是，这些适用于毁坏的最后的救济，只有财产在被取走时价值增加的情况下才有用。

当然作为一个原则问题，不管这些特殊情况如何，强夺和占有“达曼”不会补偿无论是所有者还是强夺者的假设的或预期的利润。它们所关心的只是复原财产或其价值。这一点在刚才提到的规则中是明确的，即使用价值和获得的利润只有在它们确实存在的情况下才归债权人所有。但这一点在文本中非常明确，排除了所有者对利润的追偿，即他打算从财产中获得利润，但由于强夺而失去了利润。布胡提写道：“强夺者不承担因将商业财产从其所有者手中夺走一段时间而造成的利润损失的责任，因为该利润不存在。”这可能是所有晚近的罕百里派著作中最明确禁止追回利润损失的文本。值得注意的是，布胡提没有提及风险或未知，而是认为该禁令是不言而喻的，因为所谓的利润从未存在过。在上面引用的一项法院判决中，法官拒绝赔偿损失的利润，并引用了布胡提的这一陈述，认为“通过强夺和盗窃的方式阻止所有者获得他的财产比违反合同更不公正”。学者们也并没有“要求强夺者或小偷赔偿，以弥补延迟和失去获利机会的伤害”。换句话说，如果在强夺这种适用最严厉救济的侵权行为中，“斐格海”否认了利润损失，那么同样的结果也应该适用于仅仅由于违反合同而造成的损失。

8.3.5 “沙里亚”法中合同法的不同结构

补偿利润损失的一个根本障碍是“斐格海”本身固有的和隐含的理论，即“斐格海”规制合同的裁决的结构。这种结构上的分歧——最好被认为是伟大的早期法学家对“里巴”和“加莱尔”戒律的深刻的理论原则回应——是本书反复提出的一个主题。在沙特阿拉伯，这种结构与其他法律体系中违约诉因的结构形成鲜明对比。再次说明，伊斯兰法中双务合同的基本思想不是交换承诺，而是在双方同意的基础上交换财产。在其他法律体系中，对利润损失的赔偿取决于执行债务人承诺的逻辑，而伊斯兰法在很大程度上忽略了对承诺的违反，而是规定了每一方对每种合同类型中涉及的各种财产利益的义务，如果违反这些义务，就会导致对财产损失的责任。沙特学者和法院在采用现代的三部分一般性责任理论（过错、损害及两者间的因果关系）的基础上，首次对违约作为基本过错和合同损害赔偿的正当性的一般概念进行了论证。

8.4 支持赔偿利润损失的沙特学者的观点

现在，人们提出了以下论点，试图使沙特的做法更接近合同损害赔偿的国际标准，包括预期标准。我将这些论点按照野心或大胆程度由小到大的顺序排列，这与减少对传统的“斐格海”裁决和学术观点的字面依赖相对应。

8.4.1　“确定”的损失

如上所述，伊斯兰会议组织学会在2000年采取了一种观点，即损失的利润必须是确定的，才能够得到补偿。这种裁决很容易适用于一种事实情况，即债权人所追讨的利润可以实现，或者可能已经实现，尽管债务人违约，换句话说，所讨论的违约不会对利润的存在和评估形成障碍。一个常被提及的例子是，某地区的独家经销商被供应商不当终止合作，但双方合同规定，即便供应商在该地区直接进行销售（而非通过经销商销售），经销商也可获得销售佣金。如果此类销售额是已知的，那么经销商提起的违约诉讼通常会毫无争议地使其获得这些“损失的”佣金。

下文第8.5.2节列举了若干沙特阿拉伯以这一理由赔偿利润损失的案件。

8.4.2　强夺裁决为利润损失赔偿提供类比

一些学者引用了这样一个“斐格海”的裁决，该裁决要求强夺者补偿所有者对于被夺走财产的所有使用利益，其价值以财产的公平租金来衡量。他们辩称，由于这些利益从未被所有者收到，而且往往对强夺者也没有用处，因此这项裁决支持收回假定的利润的概念，即债权人因债务人违约而被剥夺的利润。但是，鉴于上文第8.3.4节所述的关于限制该收回的各种“斐格海”原则，这些原则明确指出，收回只是为了将现有财产的权利恢复给所有者——现有财产的使用价值也构成现有财产——而不是为了补偿不存在的收益。我认为这些论点没有说服力。而对强夺的裁决也似乎指向了相反的方向。

一些学者从马利克派学者哈尔什（Kharshi，卒于1690年）的著作中提出了一个少数派意见，哈尔什写道：“一个人强夺了属于另一个人的迪拉姆或第纳尔，并将其保留一段时间，他对其利润负有责任，就像所有者用这些钱进行了交易一样。”前提是所有者持有这笔钱是为了进行交易。这种观点不是任何学派的主要观点，也不是被接受的观点，包括在罕百里学派中。

学者们提到的另一个“斐格海”先例是一项法律裁决，即一个自由人的使用价值应以他挣得的钱来衡量，因此，如果他被非法拘禁或监禁，他所损失的工资将得到补偿。如上一章所述，在沙特阿拉伯因非法监禁而起诉政府的案件中，确实适用这种观点。但这一结果显然是对强夺裁决的应用，即对一个自由人来说，使用价值是由他提供的服务的价值来衡量的。

8.4.3 与利润损失赔偿有类似之处的不同“斐格海”典型案例

在早先（2004年）一篇探讨追讨损失利润可能性的有影响力的文章中，纳赛尔·焦凡还提供了其他几个独特的先例。第一，从侵权行为法而非合同法的角度来看，许多学者都提出了一种观点，即销毁证明欠另一方债务的文件的人对该方的债务负有责任。很明显，这是判决收回即使有证明文件也可能永远无法收回的财产——比如，如果被告被证明是资不抵债的，或者找不到。布胡提在他的著作中纳入了这个先例。

焦凡还提到了罕百里学派特别支持的一个理论原则，即允许买方在签订购买合同时提供定金（`arbūn），这样，如果他之后取消，定金属于卖方，而如果他不取消，定金从价格中扣除。当然，它最多是一个双方商定的罚款或违约金条款，与支持法院强制赔偿利益损失相距甚远。然而，这可能与沙特法院是否允许使用惩罚条款来补偿损失的利润这一判定有关，这一点将在下文第8.5.5节讨论。活跃在伊斯兰金融领域的著名沙特学者和法官马尼阿认为，惩罚条款和定金条款都表明，“斐格海”对仅假定存在的损害赔偿持开放态度。他引用该条款来支持他上面提到的论点，即允许赔偿被认为是由于延迟付款而造成的损失。

8.4.4 赔偿“一种虽不存在但其存在的原因是确定的事物”

焦凡的文章主要关注的并不是上述观点，但伊本·泰米叶的一个独特观点，在“斐格海”内部引起了更广泛地探索对该观点的支持，权衡其作为赔偿利润损失的可能依据。正如前面章节所提到的，伊本·泰米叶虽然是一个热切的罕百里派学者，但部分由于其对罕百里派本身的方法论原则的理解，他经常是一个独立的思想家，采取与罕百里派甚至其他学派截然不同的立场。虽然他在许多领域都有创新，尤其以在契约领域的创造力而闻名。他在这方面的一些有特色的观点已在沙特阿拉伯得到广泛采纳。

下面的文段是他在合同方面创新思维的一个典型例子。他关注的是在“斐格海”裁决中被接受并详细说明的租佃种植合同（muzāra`a）。在这种合同中，“工人”得到的补偿是收成的一部分，而土地所有者所贡献的种子、材料等等，则适用于各种各样的规则。伊本·泰米叶讲述了工人在承包了所有者的土地上的庄稼后没有履行职责的情况。

> 如果工人放弃工作直到果实变质，那么他就要对土地所有者的份额负责，并且人们会调查如果他勤奋工作的话会留下什么，就像如果树木枯竭了他要承担责任一样。这是因为他不解除合同而放弃工作是被禁止的，这是一种欺诈行为，也是果实不存在的原因。这就好像果实在某人的逆权侵占（yad `ādiya，即非法夺取占有，等同于或类似于强夺）中变质了，或者好像强夺者夺取了树木并停止灌溉，直到果实被毁坏。逆权侵占的责任类似于造成破坏（itlāf）的责任，特别是当它与非法夺取（al-`ādiya）结合在一起时。
>
> 在没有实施规定的逆权侵占的情况下占有树木是否属于逆权侵占？这是一个有待调查的问题。但它是破坏的原因。这与收益相关（fawā'id），在某种程度上类似于使用价值，因为使用价值从未存在过，强夺者只是阻止了对使用价值的享受（也许他的意思是，就像在这种情况下的作物一样，被强夺的使用价值对所有者来说只是期望，但强夺者必须补偿它们）。其结果是破坏，它有两种类型：使一种存在的东西不存在，以及造成一种虽不存在但其存在的原因是确定的事物（ma`dūm in`aqad sabab wujūdih）的损失，这是“导致某人错过”（tafwīt）。
>
> 因此，如果在租佃种植合同中的工人放弃工作，那么他就占有了土地，并使土地所有者失去了利益（naf`hā）。责任合同或占有合同和毁坏都是适用的。但是，他是对公平地租负责呢，还是对类似土地上通常发生的事情负责呢，比如类似土地上的作物是已知的，并与这片土地类比？
>
> 我们的同道（罕百里派学者）提到，较为适当的做法是令

> 其赔偿公允的租金。但更为正确，也更符合本学派类比原则的看法是，他应赔偿通过证据证明的公允数额（即通过对比那些未遭受歉收的类似收成所证明的数额）。因此，这并不是由占用引起的责任（ḍamān al-yad），而是对欺骗（taghrīr）的责任（ḍamān）。相较于对租赁（ijāra）实例的参照，参照类似的租佃种植（sharecropping）实例更为合法，因为租佃种植本身包含了对利润与损失的共同承担。

似乎完全由于这一段文字，“其存在的原因是确定的”一词进入了沙特阿拉伯的法律词汇。例如在萨姆阿尼的著作中就有较多使用，下文第8.5.4节中提到的四个案例中也会出现。

我们可以把伊本・泰米叶的文本看作是一种独特的关于租佃种植合同的论点，在这种合同中，所有者从转让土地所有权中获得的唯一补偿是从他的土地和工人的努力中获得的收获份额。伊本・泰米叶的观点可能只是，在这样的合同中，如果工人违约，更合适的补偿不是用公平的租金（ujrat al-mithl，字面意思是“类似的租金”），而是用公平的收成，或“类似的收成”，即工人的表现由类似农场在同一时期理想情况下的收益决定。在确定租金时，专家们在调查了类似的财产后确定什么是可比租金，为什么类似的作物产量就不可能做到这一点呢？为什么作物产量，也就是这份特殊合同的回报，不应该被当作租金来对待呢？

但是伊本・泰米叶的文本表明他提出了一个更普遍的观点，即当利益未来存在的充分原因确实存在时，导致最终受益人错过该利益的行为是一种破坏的形式，需要补偿。从本质上讲，这是主张，如果有充分的现有证据支持，预期的收益在被破坏后可以得到补偿，就像有形的现有财产在被破坏后得到补偿一样。焦凡自己的观点是：伊本・泰米叶的论点指的是可以证明肯定会发生的未来的好处。

同样，讨论伊本・泰米叶这段文本的当代著作，其他过去的“斐格海”学者没有一个引用了或提到“其存在的原因是确定的”这个概念。在伊本・泰米叶的6卷本著作中搜索关键词“其存在的原因是确定的”及其变体，只会得到在离婚语境下的另一种用法。在罕百里派学者的作品中，我没有在早期的伊本·古达马的作品《穆格尼》（*al-Mughnī*）、之后的马尔达维（卒于1480年）的作品《公正》（*al-Inṣāf*）、相对较新的布胡提的权威作品《揭开面具》（*Kashshāf*）或沙特学者欧塞明的现代作品《有趣的解释》（*al-Sharḥ al-mumti`*）中找到它。换句话说，至少就这个层面而言，伊本·泰米亚的建议在他之前或之后似乎都不是罕百里派思想的一部分。相反，人们发现，在伊本·泰米叶的建议似乎适用的合同和侵权法的多数情况下，"斐格海"法律一律避免了利润补偿问题（见上文第8.3.4节中的例子）。

8.4.5 所赔偿的不是利润本身，而仅仅是预期收益（"机会"），这是真实可查证的

萨姆阿尼在他出版的关于申诉委员会行政案件中的司法自由裁量权的两卷本博士论文中，大量依据实际的法院判决。他详细地讨论了"比较"行政法学的立场，主要以埃及法为例，即如果失去的机会在未来产生利润的可能性足够大或"严重"，那么失去的机会可得到补偿。这种处理利润损失的方式将注意力从可能或不可能实现的利润本身，转移到有一天能获得利润的当前机会上，即对利润的期望，这种期望确实存在，并且可以证明具有现值。正如他总结的那样，阻止盈利是一种潜在的危害，同时阻止实现盈利的机会是一种已经实现的危害。

萨姆阿尼似乎赞成这种源自比较法的观点，即补偿"严重的"（jiddī）失去的机会。在解释"经核实的"（muḥaqqaq）一词在利润损失的背景下的含义时，他说：

> 对损害的核实并不取决于损害是否存在，因为即使损害发生在与导致损害的交易时间相对的未来，对损害的核查也是可以取信的。对（任何）伤害的核实不能依赖于它是毫无疑问和确定的，因为这会与事件的逻辑相矛盾，它将使更大的可能性不被优先考虑，而较小的可能性反而被优先考虑。如果行政机构关闭了一家商店，而该商店的利润是已通过司法接受的评估方法确认的特定数额，则

> 原始状态（al-aṣl，司法上假定占先的事务状态，除非另有说明）是店铺被关闭期间经核实的利润。在没有任何根据的情况下，那家商店不赚钱的可能性很小。因此，有义务选择原始的和明显的状态（al-aṣl wa al-ẓāhir）并根据它采取行动，以保护个人的权利。且符合这方面公认的原则。但这并不意味着补偿每一个错过的机会。相反，事实根据具体的情况而有所不同。这是一个需要运用行政法官的自由裁量权的问题，根据适合每一个案件的情况来评估它，同时要求机会是“严重的”，赔偿金额应为相对经核实确定损失机会的数额，而不是对每一个预期的利润进行赔偿，因为对有些利润（仅仅）是“可能的”（muḥtamal）损害。

但他不得不承认，到目前为止，沙特阿拉伯的行政法学与这一理论并不一致。事实上，他给出了几个适合应用该理论的事实模式的例子，然后引用了沙特阿拉伯的案例，这些案例具有相同的事实模式，即拒绝赔偿损失的利润。他（在前面已经被引用过的文章中）总结道：

> 从王国的一些行政决定中可以看出，他们将严重的机会与不严重的机会等同起来，将成功机会占优势的情况与其不占优势的情况等同起来。

8.5 允许利润损失赔偿的沙特法院判决

在上文第8.2节中，我提供了许多公开和未公开的法院判决的样本，这些判决原则上拒绝追回损失的利润。但我们也可以找到一些对利润损失进行赔偿的案例。

8.5.1 申诉委员会行政分支的早期案件

考虑到当时埃及法律的影响，申诉委员会早期可能通常会判给利润损失。焦凡引用了1977年的一个案例。

8.5.2 允许赔偿可以确定甚至已经发生的损失的案件

有四个案件，三个发生在1999年，一个发生在2012年，涉及的事实情况是，债权人要求的利润不仅是可能的，而且是确定的和已知的。在焦凡和萨姆阿尼都引用的第一个案例中，从提供的不多的事实来看，公司的创办人似乎被排除在他有权拥有的某些股份之外，法院判给他在被排除期间股票支付的股息。2012年的案件是由一家普通法院判决的，情况类似：一方当事人在一家公司的股份被挪用和出售后，他被剥夺了股份；除了股票的返还，他还收到了本该支付给这些股票的股息。在第三个案件中，即非法提前终止与经销商合同的案件中，法院根据经销商在合同剩余期限内的惯常佣金，判给经销商在合同剩余期限内应得的佣金，作为对他所有索赔的充分补偿。他的佣金是按销售额的一定百分比确定的。第四个案件与此类似，法院判给同被提前终止合同的经销商的赔偿是在合同剩余期限内本应赚取的佣金，法院在这方面接受法院指定的会计师的报告。后面两个案例表明，在以下情况下，法院可能认定利润是确定的：（a）只有极其假设性的突发事件（原告生病、供应商破产、产品市场崩溃等）才会阻止获取利润；（b）在案件提交法院审理时，该等意外情况并未发生；（c）存在令人信服的手段来量化利润。无论如何，正如我们在第8.4.5节所看到的，一些学者认为概率的程度（涉及存在和数量），而不是绝对的确定性，足以证明赔偿利润损失是正当的。

8.5.3 以强夺学说为依据的侵权案件

这些案件的起诉理由实际上不是基于追回损失的利润，它们是根据与强夺侵权行为规则的类比来判决的，即占有“达曼”。这两种赔偿理由之间的差异，如上所述，并没有阻止扩大赔偿利润损失的倡导者严重依赖它们。

我发现了属于这一类的六个案件，我在这里按时间顺序列出。

首先是1995年的一起商业案件，涉及被告在租赁终止后仍继续使用从原告那里租来的公共汽车，这使他处于强夺者的地位，尽管法院不使用这些术语。法院判给了租期结束后的公平租金。公平租金是根据原告使用这些公共汽车所赚的钱来计算的，这比租期租金高得多。这相当于给予了损失的利润，这可能是衡量公平租金的适当方法，与传统上的结果是相同的。

第二起案件（见附录）发生在2009年。原告与经销商签订了购买46辆汽车的合同，但经销商未能交付其中的24辆，而是将它们以更高的价格卖给了第三方。原告有三个要求：第一，赔偿汽车的损失，赔偿金额为卖方转售时获得的差价；第二，退还他购买汽车的定金（他没有支付全部价款）；第三，被告仍然保留的这些汽车的租赁价值，尽管原告很快放弃了这一要求。法院批准了前两项要求。虽然法院是根据现代三要素责任理论将此案定性为一个违约案件，原告请求并得到法院批准的一套复杂的救济却与传统“斐格海”下的判决完全一致，至少合同标的被理解为46辆能具体识别的汽车，而不是一般销售或通过描述销售的汽车。法院首先宣布，根据“斐格海”，原告从合同签订之日起就成为汽车的所有者，虽然法院将原告的赔偿称为对利润损失的赔偿，但它将该赔偿表述为“赔偿……原告有权获得的经核实的利润”。在这一点上，它应用了强夺的逻辑（强夺者通过交易从所有者的财产中获得利润的收回），但没有使用强夺的通常的术语。如果适用正常意义上的利润损失理论，原告得到的将不是卖方的实际利润，而是他自己的损失和错失的收益，后者可能是汽车的公平市场价值与他在合同中支付的价格之间的差额。

第三个至第六个都是行政案件，涉及政府剥夺所有者财产的行为。它们反映了沙特法律的一项原则，即政府剥夺个人财产的行为，即使是合法的，如出于公众目的的征用，都是根据强夺的类比判决的，政府要承担与强夺者相同的责任。这些案件能从众多案件中脱颖而出的是，在每个案件中，法院都使用对未来利润的估计作为对强夺行为所造成的使用价值损失的补偿的适当衡量标准。在这一方面，它们的结果类似于伊本·泰米叶的论点，即对租佃种植合同收益的补偿应该以所有者将获得的利润的公平标准来衡量，而不是固定的“公平租金”。

在1989年的案件中，政府不当扣押了原告的汽车。原告在此期间获得了公平的汽车租金，这是此类案件的正常结果，但法院在一定程度上夸大了对该租金的估计，因为原告承认在其业务中使用了该汽车，因此汽车的损失影响了原告获取利润。（在其他此类案件中，法院会认为原告本可以租用另一辆汽车，并驳回对利润损失的索赔。）

2006年的案件，涉及政府非法下令关闭一家商店。法院虽然参考了衍生自 ḍamān al-itlāf 的一般性三部分责任理论，但在确定救济性质时也明确类比于强夺。它将政府的行为称为“ḥaylūla”，即扣留所有者的财产，这是强夺的一种形式。在裁定损害赔偿时，法院援引了广泛的司法自由裁量权，判给了所有者本应获得的总收入的20%。由于原告自己的记录不充分，为了确定这一数额，法院求助于对类似商店进行调查的商会专家。法院表示，它无权判给超过强夺规则允许的金额，这表明它将判给金额视为公平租金。

2008年的案件涉及两名妇女的诉讼，她们声称自己曾获得政府机构的工作，却因为该机构弄错了她们的地址没有与她们联系而失去了工作。法院判给她们在最初一年的合同期内可以挣到的工资为损害赔偿金，并说任何额外的期限都只是“可能的”，这表明法院可能认为第一年的工资是“确定的”收入。法院将该损害赔偿的依据解释为“造成利益损失”。当然，如第8.4.2节所述，自由人的利益（manfa`a）只能是该人能够赚取的。

在2008年的也是最后一起案件中，政府将一家商店租给了原告，但随后在没有合法理由的情况下终止了租约。虽然法院援引了合同规则——没有合法理由不得取消租赁——但该案本身是根据与上述第四个案件相同的基础作出裁决的。

8.5.4 依赖伊本·泰米叶“一种虽不存在但其存在的原因是确定的事物”原则的案件

我发现，在二十年的时间里，法院在审查预期未来价值的损失是否可以得到补偿的过程中，只有四个判决明确引用了伊本·泰米叶的说法（见他在上文第8.4.4节中对租佃种植合同的讨论）。这样缺乏的结果表明，伊本·泰米叶的提议并没有成为补偿沙特阿拉伯利润损失的开端，也没有成为新的口号。

1993年的第一项判决涉及的是有争议的土地所有权，但最终判决原告胜诉。原告获得了在被拒绝占有期间的损害赔偿金，包括对现场各种材料的破坏的赔偿金。他还因无法建造自己的房屋而得到补偿，判在他本应居住的期间，给他一套类似住宅的公平租金价值。

第二个引用伊本·泰米叶意见的案件发生在1999年，该案件中，公司的创始人不恰当地未支付他的股息，如上所述，在这个案件中，声称损失的利润在存在和数量上似乎都是“确定的”。

2008年的第三项判决提到了伊本·泰米叶的判断标准，但声明，从伊本·泰米叶给出的例子来看，它不适用于法庭面前的事实。

在2013年的最后一项判决中，原告从被告那里购买了货物，并声称在等待货物交付的同时，被告通过描述（fī al-dhimma）将相同的货物转售给另一个买家。当被告未能履行义务时，原告要求赔偿他因不得不以更高的价格购买货物而遭受的损失，或要求赔偿他随后出售货物所遭受的利润损失。法院认为这些是可能的获利，但最终发现原告缺乏证据来支持这些主张。

8.5.5 依赖惩罚条款的案件

第4章对惩罚条款做了概括性论述。在这里，我只讨论它是否能在实践中使有远见的债权人在合同中加入这样一项条款，从而使其损失的利润得到赔偿。这种结果的最初障碍是，沙特阿拉伯的法官通常拒绝适用惩罚条款，除非债权人能够证明他遭受了实际损害。如果这些损害赔偿只是损失的利润，而法官不认为损失的利润是合法的赔偿项目，则不能使用惩罚条款。在所有情况下，如果法官认为惩罚不公平地超过债权人的实际损害赔偿，或超过习惯和合理的数额，他会减少惩罚，这也可能导致惩罚中不包括损失的利润。

上面提到了伊斯兰会议组织学会的“法特瓦”，允许在惩罚条款下赔偿损失的利润，如果损失是可能的且是确定的。惩罚条款的一个重要优点是免除了详细证明个人所受损害的需要，这在沙特阿拉伯常常是一项挑战，因为如果要索赔的损失的利润，无论如何都必须证明，而且要证明该利润是肯定发生的，这种优点几乎没有意义。在我们发现的唯一一个法官表示愿意使用惩罚条款来补偿损失的利润的案例中，法官的依据是伊斯兰会议组织学会的“法特瓦”。但最终，他发现原告未能证明“某些”利润的损失。

因此，根据我们的证据，似乎惩罚条款，并没有显著地为恢复失去的利润打开超出上述讨论范围的大门。

这些观点并不等同适用于政府合同，根据申诉委员会的行政分支自愿适用法规，政府合同有权享有“延迟罚款”。法院似乎在没有证据证明延迟造成的实际损害的情况下，是否可以判处罚款上存在分歧。这项惩罚的理由之一是它弥补了由于工程延误而造成的公众未来的利益损失。

8.5.6 股票交易案件和失去机会

如果撇开本书所依赖的主要法院——普通法院和申诉委员会的两个主要分支——审查诸多专门法庭的做法，人们就会发现这些法庭在补偿利润和机会损失方面更加自由，这并不奇怪，因为这些法庭可以更自由地适应沙特阿拉伯以外常见的法律规范。与沙特资本市场管理局有联系的金融证券纠纷解决委员会（Lajnat al-Faṣl fī al-Munāza`āt al-Awrāq al-Māliyya）及其上诉委员会（Lajnat al-Isti'nāf）提供了例子。

委员会的一项决定认为，一名经纪人在一段时间内阻止其客户获取其股票方面存在过错，这导致了客户的损失。法院称可以根据法规酌情决定适当的救济，认为经纪人应对他阻止客户获取股票期间股票的最高价格减去客户控制股票的较早时期的平均价格之间的差额负责。委员会的其他案例使用指数变化、证券实际价格或平均价格变化的类似组合来构建类似的救济，无论效果是否明确，都是在补偿客户失去的机会。在这些案件中，有些甚至对由于经纪人未能将现金存入客户账户而使客户失去的机会作出赔偿。

这类案件的两位评论者认为，经纪人应该被类比为代理人，代理人一旦违反了对客户财产的“阿曼纳”责任，就可能被视为强夺者。从上面的讨论可以清楚地看出，用强夺来类比可以证明委员会的结论是合理的，特别是考虑到公司的股份通常被认为（但委员会通常不这样认为）是可替代的和可以以实物补偿的（即按非法取得的股份的确切数量返还）。委员会可能从上文提到的沙斐仪派的观点获得了支持，该观点要求强夺者以其非法占有期间达到的最高价格赔偿被毁坏的独特财产的所有权人。

两位评论者中的一位回顾了无数支持和反对为失去的机会提供补偿的论

点，得出结论认为，股票市场的健全运作要求法官补偿失去的机会，不是通过固定的规则，而是根据其自由裁量权来确定其数额，而且支持这种结果的一般性“沙里亚”法价值观可以且应该推翻相反的先例。因此，他同意委员会在其决定中所采取的办法。另一位评论者支持委员会补偿失去的机会的结果，以伊本·泰米叶补偿“其存在的原因是确定的”利润的立场为理由。

8.6 结　论

8.6.1 利润损失赔偿是合同法中不同观点之间的又一个例子——“斐格海”与其他地方的现代违约理论之间的张力

这本书中反复出现的一个主题是，在沙特阿拉伯，两种合同理论并存，一种与其他当代主要法律体系基本相同，另一种则是最早的“斐格海”著作所固有的。对前者来说，补偿损失的利润似乎是自然的，因为前者将合同理解为承诺的交换，后者认为合同是财产的交换，所以与前者不一致。虽然在许多情况下，可能是大多数情况下，两种不同理论的结果是一致的，但在有些情况下，它们的结果是不同的。在两者存在分歧的领域中，对利润损失的补偿是最引人注目的例子。正如我们在第7.3.1节中所看到的，几十年来，许多沙特法院和学者都宣称他们坚持民事责任的三部分一般性理论（赔偿因过错造成的损害），从表面上看，这与其他地方的合同法是一致的，并支持损失利润追回的逻辑，因为这些是由于违反具有约束力的承诺的“过错”而“造成”的“损害”。但本书案例研究的结果证明，沙特法律体系并不像其他法律体系那样诠释这一一般性理论；相反，它是有选择性地诠释这一理论，或者在某种意义上，它与比较法的术语有所区别。我们必须承认，在索赔利润损失的情况下，前文第8.3.2和8.3.3节中讨论的“加莱尔”和“里巴”的基本规则，总是在背景中强有力地存在，并且已经介入，至少阻止了该体系外部人员从理论出发期待的结果。

据我所知，没有人对此事进行过研究，但阅读相关案例总给人留下这样的印象：在沙特阿拉伯，违约债务人被判处承担的责任比其他地方要小—— 一个主要原因是沙特拒绝赔偿损失的利润；另一个主要原因是在涉及间接因果关系时，要有充分证据证明因果关系以及损害的存在和程度。

8.6.2 利润损失赔偿规则未来是否有可能改变?

在这类案例研究的开头，我对沙特阿拉伯反对赔偿利润损失的原则的未来提出了一些问题。学者们提出了什么论点、什么推理来试图改变它？到目前为止，他们取得了多大的成功？这一规则未来改变的前景如何？

把这些问题反过来看，从我们现在所看到的情况来看，申诉委员会和普通法院公布的案件并没有表明正在出现一种趋势，即超越传统做法，对失去的利润或失去的机会进行广泛的赔偿。一名沙特律师是一家大型律师事务所商业诉讼业务的负责人，他在2014年告诉我，在他处理的案件中，他甚至不再要求赔偿损失的利润。萨姆阿尼在2015年写道，即使在申诉委员会的行政分支，反对赔偿利润损失的原则似乎也很坚定。我们甚至没有看到普通法院提及损失的利润，除了在少数案件中立即予以驳回。

显然，支持改革的潜在“斐格海”论点并没有赢得胜利。在传统文本中完全不存在利润损失赔偿，这是主要障碍，尤其是当利润损失赔偿在“斐格海”中的缺失很容易被解释为传统法律对涉及未来和不确定价值的交易的厌恶时，利润损失赔偿被认为是“风险”（gharar）和“未知”（jahāla）被禁止了。足够说明问题的是，学者们最喜欢的论点之一依赖于中世纪学者关于一份合同的单一文本——伊本·泰米叶呼吁让违约佃农对土地所有者在损失农作物中所占的份额承担责任，这一份额是用附近的农作物估计出来的。与伊本·泰米叶关于合同法的其他独特观点不同，这一观点到目前为止还没有在沙特阿拉伯得到广泛接受。

在第5章对供应合同的案例研究中，我们得出了类似的结论——世界上其他地方统一遵循的做法会与基本的“斐格海”原则产生矛盾，而且仅从“斐格海”材料中无法设计出任何机制，足以解决作为纯粹理论原则问题的冲突。但“斐格海”先例也表明，过去的学者都赞同妥协，承认“沙里亚”法的关键基本原则，其中也包括对“加莱尔”的禁止，接受出于必要的例外。这些先例，以及沙特商业对当代例外的迫切需求（实际上，几十年来几乎普遍采用的供应合同），占据了上风。在目前的案例研究中，还没有人基于迫切需要的理由来处理这个问题，至少在资本市场管理局之外，或许还有其他专门法庭之外，人们似乎没有感觉到改革的必要性。

也许利润损失追偿的支持者有一条前进的道路——即使是与供应合同相比，它对既定理论原则的冒犯也更少，对既定“斐格海”原则的彻底妥协也更少。这条道路是在上文第8.4.5节中萨姆阿尼描述的。这似乎需要四个主要步骤。第一，放弃仅仅因为利润不存在而反对利润损失的任何理由。如上文第4.4.3节和8.3.2节所述，“不存在”是传统的“加莱尔”理论原则的两大分支之一，另一个是无知或缺乏知识。正如我们所看到的，“斐格海”学者有时仅仅因为未来不存在就立即拒绝未来价值的主张，但他们也提供了一些无视“未来不存在”给予赔偿的典型案例。第二步，接受对未来事件的期望或机会可能是真实和可知的，足以证明不含有“风险”和“未知”。在这里，支持者可能会援引我们刚刚提到的供应法律所依赖的原则，即“加莱尔”的禁令且必须关于程度问题。这一原则也有助于证明第一步是正确的。第三，同样的道理，也应当把经常提到的“利润是确定的”和“可证实的”的要求，解释为仅仅是指更大的概率。第四，也是最后一点，允许基于概率和预测的证据来证明损失的利润。如果法院常规性地将对利润损失证据的评估交给专家，同时接受专家对未来利润的概率估计，这一步骤将会得到促进。

但是，正如在上面引用的萨姆阿尼博士的一段话中所总结的那样，到目前为止，甚至申诉委员会的行政分支也没有向着刚才所描述的方向走远。

> 从王国的一些行政决定中可以看出，他们将严重的机会与不严重的机会等同起来，将成功机会占优势的情况与其不占优势的情况等同起来。除非“已核实”被理解为以确定和无可置疑的方式核实，否则不认为损害已核实。

9 雇主替代责任的案例研究

9.1 全球普遍适用的雇主替代责任原则

在全世界的大陆法体系包括英美法体系中，雇主对雇员行为承担替代责任，雇主责任原则（respondeat superior），是一个长期被接受的原则。这种责任是“替代性”的，因为它在雇主本人没有犯下任何违法行为的情况下，要求雇主对雇员因侵权行为造成的损害承担责任。虽然还有其他形式的替代责任，例如监护人或父母对子女的替代责任，但我们探讨沙特类似的成文法核心案例是雇主—雇员替代责任。

雇主替代责任原则的核心特征有五个方面：第一，侵权行为必须是由雇员实施的，他的行为仅仅对原告产生不利影响是不够的；第二，在相关时间，雇员必须在雇主的管理下；第三，雇员的侵权行为必须发生在其受雇期间；第四，责任并不取决于雇主在对雇员的监督或对雇员的选择方面存在缺陷的任何证据，雇主也不能通过在监督方面表现出的勤勉来逃避责任；第五，雇主对雇员侵权行为造成的损害负有赔偿责任的事实并不能使雇员免于承担责任——即他们负有连带责任，并且任何一方都可以被侵权受害人起诉，如雇主向受害方支付赔偿，通常他有权向雇员追回这笔款项。这些是与沙特雇主替代责任理论进行比较衡量的核心特征。

世界各地的法律体系，为这一理论提供了许多理由，但学者们得出的结论是，没有一个理由能完全解释这一理论。因此，这个单一的、相对简单的理论原则似乎同时服务于许多不同的目的。最常见的理由之一是，法律假定雇主在允许该行为发生时有过错，但这并不能解释为什么这种假设不能被反驳，或者为什么雇主通常有充分的权利从雇员那里追回他向受害方支付的任何赔偿。不仅在对该理论原则的合理性解释中，而且在其表述中也存在不一致之处。据称该原则适用于雇员“在其雇佣范围内”或“在履行其职责时”的行为，但这两种表述都并不是看上去的意思，因为很少有雇员的“职责”或“雇佣范围”包括侵权行为。这种责任甚至适用于故意侵权、犯罪以及直接和有意识地违反雇主命令的行为。雇主的责任远远超出雇主授权（明示或暗示，实际授权或表见授权）雇员履行的范围。

《美国代理法重述（第三次）》第2.04条对这一原则做了如下表述：

> 雇主对雇员在雇佣范围内的侵权行为负有责任。

《法国民法典》第1242条（原第1384条）规定：

> 一个人不仅要对自己的行为所造成的伤害负责，而且要对他所负责的人的行为或他所保管的事物所造成的伤害负责。主人和雇主对他们的仆人和雇员在其受雇职能范围内造成的损害负有责任。

1948年《埃及民法典》受到同时期欧洲民法的影响，其中第174条规定：

> （1）上级（matbū`）对其下属（tābi`）在履行职责过程中或因履行职责（bi-sababihi）实施的不法行为造成的损害负责。
>
> （2）虽上级无选择下属的自由，但只要对下属有监督和管理权的，隶属关系（taba`iyya）就成立。

《叙利亚民法典》（1949年）第175条谨遵这种表述。《伊拉克民法典》（1951年）第219条允许雇主免除责任，如果雇主表明他为防止该行为发生尽了应有的注意，或者尽管有如此的注意，该行为仍会发生。《约旦民法典》

（1976年）第288条遵循埃及模式，但将原则的适用以法官认定这样做有“正当理由”为条件：

> 没有人需要为他人的行为负责。尽管如此，法院有权根据受害方的请求，并在认为有正当理由的情况下，强制由具有实际监督和管理权力的人履行所判决的责任，只要下属在履行其职责期间或由于其职责而实施伤害行为，即使上级不能自由选择下属，也有权监督和指挥造成伤害的人。

《阿联酋民事交易法》（1985年）第313条与约旦的规定非常相似。

9.2　对接下来讨论的一些限制和定义

9.2.1　讨论范围

如前所述，在与沙特以外的其他法律体系进行比较时，我只关注一种形式的替代责任，即雇主对其雇员的侵权行为承担的责任。我进一步将此限制为私人雇主，而不是政府实体。然而，在沙特阿拉伯方面，我们将提到其他几种形式的替代责任，只要学者们引用这些作为私人雇主替代责任的先例。

在其他当代法律体系中，替代责任的问题只出现在侵权行为中，或者，作为一种狭隘的例外，它可以在合同违约领域发挥作用。但在合同违约领域中，它被合同法的一般假设所淹没，即如果缔约一方由于任何原因未能履行其承诺，除非他能提出合法的借口，否则他本身要承担责任，在某种程度上，什么是借口取决于所讨论的合同和违约的背景，但违约是由雇员的行为造成的这一事实很少能算作借口。然而，在沙特的法律中，可能会这样做。事实上，在沙特法律中，对于理解替代责任而言，合同语境与纯侵权语境同样重要。如第7.1.2节所述，一般的“斐格海”毁损诉因普遍存在于侵权行为和合同中，其结构类似于违反合同的侵权索赔。因此，在合同语境中，当合同双方之一的雇员作出违背其雇主合同义务的行为并导致另一方损失时，替代责任规则可能与雇员完全超出合同范围侵权对第三方造成损害时一样相关。

9.2.2 一些定义（包括“MT”）

阿拉伯民法典和与其法理学都是按照“上级”（matbū`）和“下级”（tābi`）来讨论当前的主题，这导致学者和法官给这个理论冠以如下标题：“上级对下属行为的责任”（mas’ūliyyat al-maṭbū` `an af`āl tābi`ih）。这里使用这个标题太过冗长，我将其缩写为“MT”。我们将根据上面引用的《埃及民法典》第174条对“MT”的定义来理解“MT”——这当然是在沙特阿拉伯最有影响力的“MT”形式。

我们还需要为有关三方制定一个标准命名法。我将使用以下术语：“行为人”指的是由于自己的过错而直接造成损害的人——就我们的目的而言，通常指雇员；“第二方”指因多种可能原因而对行为人的过失负有责任的人，通常是雇主；“受害方”（有时是“第三方”）是指受到伤害的人。我们将不讨论受害方是前两者之一的情况。

9.3 经常被引用的启示来源

就替代责任而言，正如我们选择的其他研究案例一样，我们发现，在沙特阿拉伯，世界上大多数国家的标准做法都与一些根深蒂固的伊斯兰法律原则相抵触，这带来了困难。正如我们在其他案例研究中观察到的那样，这种根深蒂固的反对，通常可以追溯到几个世纪以来学者们对特定文本的解释。迄今为止，在我们的讨论中，影响最大的启示文本是关于风险或不确定性的，以及（在较小程度上）关于财产和高利贷或利息的。在本案例研究中，对结果影响最大的是启示的诫命，如《古兰经》第2章第286节，第6章第164节、第74章第

38节等。这些陈述无疑主要涉及道德责任和对后世行为的可靠判断，但许多评论家认为它们也陈述了法律原则。

一些当代学者断言，这些文本的重复和激烈是必要的，以击败当时盛行的群体责任和报复的部落观念。虽然很明显，启示在某种程度上有这样的目的，但“沙里亚”法确实保留了前伊斯兰阿拉伯的一些部落身份和正义形式。其中之一是第4.3.1节提到的条款，即意外或过失杀人所欠的血钱由部落亲属承担，而不是由过错人承担——有时学者们将其称为替代责任的先例。

有一些重要的圣训也指向了相反的方向，其中有两条特别突出，与全球范围内雇主替代责任的两个主要理论依据相对应。现代斐格海学者、法规和法院都援引这两条圣训来支持个人责任这一伊斯兰法一般原则的例外论点。

9.4　为个人过错责任原则提供明显例外的“斐格海”理论原则

“斐格海”法律的发展反映了对所有不法行为的个人责任原则的普遍接受—— 一切迹象都表明，这是由于上述文本的缘故。在本节中，我们将考虑这一普遍原则的明显例外，事实上，在这种情况下，例外似乎是这一原则的最好证明。所有例外都被赋予了非常狭窄的范围。然而，对于现代伊斯兰法学者和沙特法官来说，它们提供了最好的“斐格海”类比或先例，可以用来论证在沙特法律中采用雇主责任原则，或者至少达到与雇主责任原则相似或相等的结果。

以下判例列表是根据“MT”的两个衡平法中的一般性理由进行组织的，这两个理由在沙特关于“MT”的讨论中最常出现。当然，在世界范围内对雇主责任原则的讨论中，也提出了其他理由，其中一些在下面也会提及。

第一个标题（第9.4.1节）收集的先例似乎受到衡平法论点的启发，即尽管行为人单独实施了损害，但第二方在某种程度上也有过错，通过强迫或指示行为人实施该行为、未能行使适当的监督或有其他一些过错。诚然，这种推理本身就与雇主责任原则的前提相矛盾，即第二方可能完全没有过错，但仍需承担责任。

第二个标题（第9.4.2节）收集了受另一个衡平法依据所启发的先例，即第二方应承担责任，无论他自己的过错如何，因为行为人代替他、代表他或以他的名义行事。同样，这种逻辑与雇主责任原则的逻辑相矛盾，后者承认，尽管行为人的行为完全超出了他的授权，甚至是为了他自己的利益，但第二方可能负有责任。

虽然这两种理由在某种程度上与雇主责任原则不一致，但在沙特阿拉伯和其他法律体系中，它们仍然被用来证明该学说的正当性。当“斐格海”学者和沙特法官开始根据长期坚持的“斐格海”原则来衡量“MT”时，两者都经常被提及。

对于每一个先例，我都用“斐格海”术语讨论其理论，并提到我所知道的有用的沙特法院判决。结果是在第二个标题下，在代表的逻辑上，大量重要的法院判决浮出水面，所以在这个标题下，我首先讨论理论，然后根据理论分别讨论法院的实践。

9.4.1 在第二方也有过错的情况下的替代责任的潜在“斐格海”先例

在这一标题下，我们讨论五个与替代责任问题有关的先例。

前两个先例涉及缺乏道德或法律行为能力的人和对他们有监督或监护权甚至所有权的人的行为。对于这些先例而言，替代责任的逻辑建立在对监护或监督的推定过错上。关键的案例是儿童或精神病患者，这些人的法定监护人是否对其行为负责？根据受民法影响的《埃及民法典》和其他阿拉伯法典，监护人对这种行为负有责任，除非他能证明他履行了监督职责。但是，根据伊斯兰法，监护人对行为人的错误不负责任；行为人独自承担责任，即使他缺乏道德和法律行为能力。如果行为人有财产，责任将由其财产承担，监护人只有在这种情况下才有义务进行支付。如果行为人没有财产，债务将一直负担在他身上，直到他拥有财产为止。如果行为人不是通过直接行为（mubāshir）直接造成伤害，而是间接（mutasabbib）造成伤害，则没有人对此负责（hadar）。另一方面，如果监护人或者第三人命令行为人作出错误的行为，行为人仍然以自己的财产承担责任，但他有权向命令他的人追索。

第二个先例是当行为人是另一方的奴隶时（现在在所有地方都是非法的）。特别的是，奴隶主没有直接责任，但责任与奴隶有关。奴隶要么用自己的财产承担责任（如果有的话），要么，如果做不到这一点，它就成为针对他的价值的留置权。在这一点上，哈乃斐、马利克和罕百里学派都给奴隶主一个选择，要么把奴隶交给被伤害的人（或者对哈乃斐来说，卖掉奴隶并用其收益承担责任），要么通过支付所欠的金额来赎回奴隶。但是，如果奴隶主命令奴隶做违法的事，奴隶主就要负责；如果另一个人命令奴隶去做这件事，那么这个人就有责任，要么直接负责，要么奴隶主可以向其追索。

甚至在动物造成的伤害的案例中使用的也显示出与前几个例子一些相同的趋势。除却植根于习惯的特殊规则，以及在主人或其他人没有任何促成不法行为的情况下，动物的主人只有在动物直接处于他的控制之下时——比如当他骑着、牵着或放着它的时候——才对动物造成的伤害承担代理责任。

在第三和第四种情况下，可以认为第二方才是真正的行为人，而行为人只是他手中的工具。第三个先例是胁迫案件（ikrāh），即第二方迫使或强逼行为人实施不法行为。但是，伊斯兰法又由于其特有的原则，即行为人对自己的行为负责，只有在胁迫严重的情况下才豁免行为人。按照哈乃斐学派的说法，是死亡或断肢的威胁，或者，按照罕百里学派的说法，是有能力实施威胁的人对各种严重后果的可信威胁，包括损失一大笔钱。如果威胁低于这样的标准，那么行为人不能被豁免，而第二方可以。马利克学派认为，即使在严重胁迫下也不完全免除行为人的责任，并给予受害方起诉行为人的权利，之后行为人对强迫他的第二方有追索权。

第四个先例是当行为人被第二方命令执行不法行为时（这种情况经常出现在雇佣环境中，因此与刚才讨论的内容不相关，仅可与之类比）。正如人们所期望的那样，考虑到对胁迫的裁决，如果一个人仅仅服从于命令，而不是被强迫去做一件事，并且他做了这件事，他要独自承担责任。然而，如果行为人无法知道该行为是否违法（而且他在其他方面没有过错，例如没有疏忽），那么他不承担责任，而命令人承担责任。关于这一点，一个常见的“斐格海”案例是，一个行为人被要求在属于另一个人的土地上挖一个坑，而该行为人不知道该土地是属于他人的这一事实。即使命令人是行为人的雇主，上述结果也同样适用。罕百里派学者伊本·古达马说：

> 如果有人雇用一个工人未经许可在别人的土地上挖一个坑，而这个工人知道这一点，那么责任就由他一个人承担。这是因为他是故意挖的，他这样做可能是有报酬的，也可能是没有报酬的。这种责任附在他身上，就好像有人命令他去杀人，他就去了。如果他不知道，那么责任就在雇主身上，因为雇主欺骗了他，责任和罪都归雇主。

显然，这一结果与“MT”或相应的雇主责任理论原则相矛盾，也就是说，工人可能是按照雇主的命令，完全在其雇佣的职能或范围内行事，但是，如果他这样做造成了侵权行为——再次强调，即使是他是被命令进行侵权行为的——他也要独自承担责任，而不是他的雇主承担。在我们的研究中，发现一个支持这一结论的案例。一个送混凝土的工人把混凝土倒在了街道中央，他提供的证据表明，他是受第三方（而非雇主）指示这么做的，但该证据被裁定与本案无关。

最后一个先例，在前面所有先例的背景下运作，是当事双方，即行为人和第二方，都实施了不法行为，给受害方造成损失的情况（另一种在雇佣环境中经常出现的情况）。在这里，第二方的过错不仅仅是隐含的或可能的，而是实际的。典型的“斐格海”例子是，托管人或寄存人疏忽大意，允许别人接触保管物（例如，他的储藏室的门开着），小偷偷走了保管物并逃跑了。在这种情况下，受托人可能会被追究责任，即使有一个行为人，一个“直接侵权行为人”（mubāshir），他更直接地（在这种情况下，更不法地）造成了损失。如第7章所述，“斐格海”采用了“直接行为人优先”（al-mubāshir awlā）的原则。根据该原则，直接行为人承担全部责任，而任何间接行为人都可以免责。（在我看来，这条一般规则只是第4.3.2节中提到的伊斯兰侵权法特有的关注的另一个结果，即确保只有其不法行为真正造成伤害的人才对伤害负责。）但也存在例外情况，其中包括直接行为人不明或无法确定的情况，第二方即使仅仅是间接行为人，也可能对受害方承担全部的初始责任，并可向直接行为人追偿全部或部分损失。因此，这是我们在本标题下讨论的所有情况中唯一的一种情况，即第二方在某种意义上作为担保人，向受害方承担最终由行为人本人承担的付款或履行，并且通常是对全部损失负责——这当然是描述雇主责任原则的真正目的的一种方式。

在总结对他人的不法行为（基于第二方的过失）的第二方责任的可能形式时，我们注意到这些实例如何戏剧性地证明了个人责任的基本原则。即使第二方可能因允许错误行为发生而分担责任，例如未能监督其照顾的人，命令甚至强迫较弱的行为者或其雇员做一些错误的事情，或者错误地促成了行为人更直接造成损失的情况——尽管如此，仍然是行为人承担责任，尽管在某些情况下，行为人对第二方有追索权。我们所看到的由第二方承担损失的例外只有四种：当第二方（a）施加极端胁迫时；（b）命令行为人（可能是雇员）作出该行为人并不知道是错误的行为；（c）命令奴隶实施该行为；（d）在直接实施损害的行为人无法找到的情况下，通过间接手段造成损害，不仅在推定上而且在实际上都有过错（此处的第二方对直接行为人有追索权）。

可能是因为这些先例容易被人当作严格的一般原则的先例而非任何形式的替代责任的先例，所以我们没有看到沙特学者和法官援引它们作为沙特阿拉伯采用雇主责任原则的理论基础。学者和法官确实提到——下文将经常出现——监督的过错，无论是实际的还是推定的，作为采用雇主责任原则的理由，但没有提到“斐格海”权威。著名的现代“斐格海”学者确实引用了其中一些先例来支持这样的论点，即伊斯兰法中对责任的新解释可以接受替代责任。

以下几项涉及雇主实际或推定过错的法院判决，在另一种语境下讨论：三项来自违反合同的情况，其他几项来自专门法庭。

9.4.2 行为人代表或作为第二方代理人的替代责任的潜在“斐格海”先例

在这一标题下，我们发现“斐格海”先例，无论是在其标的还是在沙特法官对其的依赖方面，都最接近全球范围内的“MT”理论原则。这与其他现代法律体系形成鲜明对比。在其他法律体系中，雇主责任原则通常是根据前一个标题“雇主的过错”来证明其正当性的。

在这个标题下，我们审查三个先例。第一个，也是最接近伊斯兰法中严格的“MT”理论的例子，是政府或国家对公务员的不法行为负责的理论原则。第二和第三个先例涉及我们所关注的替代责任的核心案例——雇主对其雇员行为的责任。这两个先例的区分依据是相关行为是否违反了雇主与受害方之间的合同，或者是否在任何合同背景之外造成了损害——根据其他制度所称的违约与它们所称的侵权来区分。对于这三个先例，由于我们确实有许多法院判决对此进行了讨论，我将在对每一个先例的理论讨论之后，回顾与之相关的案件。

9.4.2.1 第一个先例：政府对公务员行为的责任

a. 理论

也许是因为这种形式的替代责任——政府或国家为其雇员的行为承担的责任——得到了许多支持，学者们似乎认为它是独立于“MT”的，不把它作为“MT”的论据。扎尔卡强调了这种替代责任，但只为了表明替代责任的概念在“斐格海”中并不是不为人知的。

对于这种类型的行政或公共责任，“斐格海”规则明确允许对第二方（国家）进行追偿，即使是行为者（公务员）的故意不法行为。例如，第二人哈里发欧麦尔对一个农民给予补偿，因为他的庄稼被欧麦尔的一群士兵拿走了。但是，根据另一起来自欧麦尔的事件，出于个人动机而不是为了国家利益的故意行为可能被排除在外。这种相关的区别通常是用埃及民法术语来表示的，即区分政府的错误（mirfaqī 或 maṣlaḥī）与主动或个人的错误（ikhtiyārī 或shakhṣī）。在前一种情况下，个人甚至对政府支付给受害方的赔偿金额不承担任何责任。传统法律解释了这种形式的替代责任，即公共财政承担统治者或其代表的真诚努力（“伊智提哈德”）的后果，即使结果证明该“伊智提哈德”是错误的。沙特最高法院采用这一结论及其解释作为“司法一般规则”。

b. 案例

鉴于沙特阿拉伯、伊斯兰（和民法）法律体系对其的理解方式，这一主题属于行政法范畴。尽管如此，我还是在这里简要描述它，主要是因为这是沙特法律体系中“MT”理论真正盛行的一个领域，然而即使在这里，“MT”的应用也有些谨慎，揭示了沙特法官的一些关注点。

申诉委员会的行政分支，从早年开始，就欣然接受了“MT”理论，用于公共领域的雇主责任原则案件，大体上采用埃及的形式。但是，在最近的判决中，我们发现了六个已公开的对有关这一问题的诉讼的判决，其中大多数在应用“MT”方面表现出了沉默。然而，我们必须认识到，对“MT”理论的边界提起诉讼的案件将远远少于常规适用该原则的案件。只有当政府选择检测这些界限时，它们才会出现。

这些判决中的大多数都选择了比埃及规则更狭隘地陈述、解释或应用“MT”理论，沙特法院通常将埃及规则视为“MT”的定义。其中一项判决最坚决地接受了“MT”理论，甚至宣布“上级对其下属行为的责任”是“沙里亚”法原则中的一个既定问题，通过排除任何故意行为，它比埃及规则更狭隘。另外两个案例也比正常情况更狭义地解释或适用埃及的规定—— 一个宣布雇员必须仅仅是一个没有自由裁量权的工具，另一个拒绝“因为”（bi-sabab）行为人是公务员，而认定在盗窃中使用的工具是政府机构的卡车，符合“MT”标准。还有两项判决认为，政府责任是基于其在监督上的过错，可能是因为这两个案例涉及的分包商作为非雇员通常超出了“MT”的范围。另一个判决没有提“MT”理论，因为没有人能被认定有过错（一所学校的蓄水池没关），但依据不同的现代理论，该机构必须承担其提供的服务的风险或负担（taḥammul al-tab`a）。

从对沙特法律的理论讨论中，人们可以得出结论，“MT”理论适用于因公务员行为而起诉政府机构的案件。但这六个触及了该理论的边界的诉讼表明，这种做法的确切轮廓仍不清楚，并且可能表现出对传统“斐格海”的赞同，从而导致其与其他阿拉伯国家的做法有所不同。

9.4.2.2　第二个先例：“共享雇工”（Ajīr Mushtarak）——雇员的行为导致雇主无法履行与第三方的合同

接下来的两个“斐格海”先例，在基于委托或代表的雇主责任原则论点的标题下，是与“MT”理论直接相关的，因为它们涉及私人雇员的不法行为。因此，每个问题都需要展开来讨论。此外，我们观察到，沙特法官在裁判雇主责任原则问题或与之类似的问题时，最常提到的就是这些理论。

接下来要讨论的第二个先例是独立立约人（ajīr mushtarak）的案例。这一先例的重点不是雇员伤害第三方的行为（在其他地方的法律体系中，这被视为侵权行为），而是那些导致雇主未能履行与其他人签订的合同的行为（在其他法律体系和当今的沙特阿拉伯，这被称为违约）。在这种情况下，雇主的替代责任在其他法律体系中可以推定，但在伊斯兰法中不能。

在接下来的详细讨论中，由于它们只涉及雇员的行为，我将使用“雇主”和“雇员”这两个术语，而不是“第二方”和“行为人”。与前两章一样，我采用民法术语“债务人”和“债权人”分别指代违反合同的人和因违约而受到损害的人。

a. 理论

如前所述，在其他法律体系中，在合同语境中通常不援引替代责任原则，即通常没有必要用它来回答当雇员的行为导致合同履行失败时，雇主—债务人是否仍应对违约负责。相反，该原则适用于针对任何合同范围之外的当事人的侵权行为。在合同的语境中，法律通常不加评论地推定雇主—债务人负有责任。或者，就合同法的目的而言，雇员的行为等同于债务人的行为。替代责任理论和表见授权理论可以为这一结果提供部分解释；或者，它可能只是对合同中具有约束力的承诺性质的一种隐含假设。债务人可以对他的雇员的不法行为或违反指示提起诉讼，但这是另一回事。

在伊斯兰法中，很难模拟这种结果。特别是在沙特阿拉伯，既没有可靠的表见责任原则（见第6.3节的案例研究），也没有可靠的雇主责任原则——两者在目前的实践中最多是尝试性的，作为法律问题来说亦不突出。在传统“斐格海”中，正如我们将在下面看到的那样，区分由债务人本人的行为造成的合同义务违约和由债务人的雇员或代理人的行为造成的合同义务违约仍然是有意义的，实际上是必要的。雇主经营的企业不使用雇员就无法经营，或者签订了需要使用雇员的合同，这些事实并不会影响结果；相反，雇员的行为仍然是他们的行为，而不是雇主的行为。或者更确切地说，这些行为可以被视为以雇主的名义进行的行为，只要这些行为是根据雇主的进一步指示，在授予雇员的权力范围内，而本身不是不法行为。

此外，在合同法或侵权法中，伊斯兰法并不提倡企业与组成企业的个人分开的观念，也许在合伙领域除外。在合伙领域，合伙被理解为由合伙人为共同目的相互代理提供服务的共同资产池。学者们强烈反对企业作为法律行为者的想法，以至于罕百里派文本认为有必要解释为什么立约人可以在没有履行任何工作时，接受合同工作的全部付款，他们说，他有理由这样做，因为他承担了根据合同对客户承担责任的风险。

现在让我们考虑由于雇员的行为而导致雇主违反与客户的合同时，雇主可能面临的责任。在这里，我们涉及雇佣合同，即雇佣个人来完成特定服务的合同的两个主要子类别之一。第一个子类别，也是更正常的雇佣情况，是“独家雇工”（ajīr khāṣṣ）的雇佣，即签订合同为一个雇主全职工作的工人。虽然这样的合同必须明确服务的一般类型（清洁、驾驶、工厂工作），但其最重要的条款是确定劳动期限。第二类是“共享雇工”（ajīr mushtarak）的雇佣，即为多人提供服务的工人，如裁缝、搬运工或建筑工人。这样的人提供的服务不是由时间长短定义的，而是由要完成的特定任务定义的，这些任务必须在合同中按照“萨拉姆”合同所要求的程度加以描述，例如缝制一件特定尺寸的衣服。就像在“萨拉姆”合同中，货物是“在‘迪马’”下出售的，即被认为是欠债权人的一般性描述的货物，“共享雇工”“在‘迪马’”下出售他的服务。“共享雇工”的合同与第5.2.2节分析的“委托制造”合同不同，因为前者只包括服务，不包括材料，而后者包括两者；因此，“共享雇工”裁缝以客户提供的布料工作。

正如第7.2.3.1节所解释的，为了确定“斐格海”中的责任，即使在合同中，我们也采用了三种“达曼”的方案——合同责任、占有和毁坏。在这里使用这个方案特别有用，因为它揭示了在这个方案的两个分支中，作为立约人的“共享雇工”如何对受害方的伤害负责，无论这种伤害是由他的“独家雇工”、其他事件还是他自己的行为引起的。

这三种“达曼”如何适用于这个特定的合同？每种类型的“达曼”都与哪些违约相关？首先，如果违约导致“共享雇工”承诺的履行（这里是他提供的指定的服务）失败或不充分，则违约涉及他的“合同责任”。这是一种“达曼”类型，最类似于其他法律体系中的违约责任，因为其目的是强制执行或撤销交换对价：在违约的情况下，作为债务人的“共享雇工”有责任实际履行（如果可能的话）或退还他的佣金或费用。因此，如果“共享雇工”承包了一项特定的劳动，比如在他客户的土地上砍伐一棵特定的树，然后他的雇员疏忽或故意砍伐了错误的树，“共享雇工”仍然有义务砍伐正确的树或退还费用。“斐格海”规定，即使他的违约是由天意或第三方的行为造成的，他也要以这些方式之一承担责任，所以他当然也要对他的雇员的不法行为负责。那另一棵树的损失呢？这一问题仍需根据该方案的其他分支（yad 或 itlāf）来决定。正如本例所示，虽然“合同责任”适用于大多数违约情况，但它仅涵盖恢复原状损害赔偿，而不涵盖其他形式的违约损失。

如果立约人因其行为而承担“占有责任”，那么无论损失是如何造成的，通常他也都要承担责任。例如，如果客户将一辆汽车给“共享雇工”维修，而后者允许其雇员使用它来通勤，导致它在交通事故中被毁，“共享雇工”也将赔偿汽车的价值，因为，通过将车辆转作完全违反其保管目的的用途，他将被类比为强夺者，承担汽车的损失，即使这是由不可抗力造成的。即使雇员在事故中完全有过错，“共享雇工”也要为该车向顾客负责。

最后一个是“侵权责任”。如果立约人犯了错误，给客户造成损失，那么立约人就会受到惩罚，因为“共享雇工”是客户委托给他的金钱利益的一个“阿敏”。但如果犯下“塔阿迪”是他的雇员呢？为了充分回答这个问题，我们首先需要了解关于作为“阿敏”的“共享雇工”的责任的学说的两个细微差别。

首先，关于“侵权责任”。我们注意到，虽然法律确实授予“共享雇工”作为其客户财产的“阿敏”的地位，这种地位也排除了他对第三方行为或不可抗力造成的损害的责任，但它确实增加了其他“阿敏”不承担的一种责任。晚近的罕百里学派采用的规则是，“共享雇工”不仅要对自己的疏忽行为（这总是违反“阿敏”的地位）造成的伤害负责，而且还要对“他的任何行为”负责，即使是无可指责的行为。这一标准仍未达到完全的“达曼”，因为“达曼”中甚至包括对第三方或不可抗力造成的损失的责任。这种注意义务，这种

“阿曼纳”的形式，使“共享雇工”处于刚刚讨论的前两种“达曼”（关于`aqd和yad）的严格责任和普通“阿敏”适当注意的轻微责任之间的位置。为什么要这样做？即使在圣训最早的裁决中，这一步骤也被宣布为是简单的政策，是普遍福利所必需的。

但这种结果，这种增加的负债，在“斐格海”中也是有理由让它付诸实践，尽管它很复杂，但在这里详述一下是有必要的。这种理由是从“阿曼纳”与财产关系背后的基本逻辑出发的，即“阿敏”在得到所有权者的许可并为其利益持有财产时，不应承担所有权者的风险，而应承担纯粹托管人的风险。相反，如果某人未经所有者的许可而持有其财产，或者不是为了其利益，那么这个人不被称为“阿敏”，而是“达敏”，并承担与所有者相同的责任。强夺者（参见第7.1.1节），或者根据“伊阿拉”合同免费借东西的人（参见第6.2.2.2节），就属于“达敏”。虽然这种逻辑很容易适用于某些合同，例如存款合同，其中存款人被禁止从财产中受益，因此只是一个“阿敏”，但在其他情况下，例如合伙或租赁，结果就不那么确定了。在这些情况下，持有人持有财产是为了所有权者的许可和利益，但也是为了他自己的利益。例如，“穆达里卜”管理或投资资本合伙人的财产，但他也从他的活动中获得收益的一部分。然而“穆达里卜”和承租人被认为仅仅是“阿敏”。一些学者通过在某些情况下重新分配举证责任，将举证责任转移给“阿敏”以显示其应有的谨慎，从而在一定程度上改变了这些“阿敏”的责任。

那么雇佣合同的情况呢？雇佣合同也被认为是“阿曼纳”合同，这里学者们区分了“共享雇工”和“独家雇工”。在“独家雇工”的情况下，工人不被认为从他拥有的任何财产中受益，因此享有完整的“阿曼纳”地位。布胡提说，这是因为“他是所有权者的代表（nā'ib），在他被告知要做的事情上花费他的服务，所以他不承担责任，就像代理人一样”。但是，学者们宣称，与普通的受雇人、代理人或受托人相比，“共享雇工”的利益与财产的关系要大得多。他们提到了“共享雇工”的雇佣如何取决于他在客户财产上完成特定定义的服务，因此他的收益与该财产的关系更密切，甚至比承租人或“穆达里卜”的利益与财产的关系更密切。他们从理论上将此作为理由，解释为什么他不仅要对“阿敏”所造成通常标准的侵犯行为的后果负责，而且还要对“他的行为”发生的所有伤害负责。

现在让我们继续说第二个关于“共享雇工”的“阿曼纳”职责的细微差别，这个细微差别进一步扩大了“阿曼纳”职责。这种立场认为，“独家雇工”不为单纯的“错误”（单数khaṭa’）负责，但“共享雇工”对此负责。在此上下文之外的“斐格海”中，术语“错误”（khaṭa’）通常意味着无意中完成的行为，可能是也可能不是，道德上无可指责的，它可能是疏忽，但仍然需要承担责任，例如意外致人死亡。然而，在“独家雇工”的上下文中，“错误”（khaṭa’）被用来表示可以免除责任的行为。这个概念隐含在伊本·古达马的著述中，他引述了学派创始人伊本·罕百里的陈述，免除“独家雇工”的责任，例如，在他打碎了他在劳动中使用的工具时。虽然伊本·古达马并没有把这个概念特别附加到“错误”这个词上，但后来该学派的学者们这样做了。例如，哈加维（Ḥajjāwī，卒于1560年）写道：“‘独家雇工’对他的手（或占有）因错误（khaṭa’）而造成的伤害不负责任。”在现代学者中，卡里（卒于1940年）和欧塞明都为“独家雇工”免除了“错误”的责任。在这些著述者的论述中，“错误”以某种方式与“塔夫利特”（tafrīṭ，疏忽、缺点、忽视或过度）区分开来，但它们没有解释如何区分，而“塔夫利特”确实需要雇员承担责任。但是关于“错误”的案例，包括其他教法学派提供的案例，肯定暗示了粗心大意：如搬运工在街上滑倒，动物挣脱了束缚使其负载的东西倾倒，或者裁缝把剪刀掉在地上划破了布料；其他还有“独家雇工”没有遵守指示或合同规定。欧塞明说，被雇用为“独家雇工”的裁缝如果做错了衣服不承担责任，“因为他没有超越规范”。这里的意思是，“错误”是指可能疏忽或粗心的行为，但根据每一种劳动、贸易或手艺的习惯和常规做法，这些行为被认为是可以原谅或不可避免的。在这里，习惯是至关重要的，因为它常常是定义“塔阿迪”本身的关键。

这是关于“独家雇工”的错误，相反，该理论认为“共享雇工”要为他的错误负责。这在某种程度上遵循了他对自己行为造成的一切损害承担责任的规则。正如布胡提所说，“‘共享雇工’对他的行为所造成的破坏负有责任，甚至是为失误损坏的物品负责”，并给出了例子。我们可以注意到，这些例子分为两类：意外破坏，如被剪刀划破的布或从动物身上掉下来摔碎的货物；以及违反合同条款，例如缝制了错误的服装或将服装交付给错误的人。但是，“共享雇工”对他的雇员所犯错误的责任又如何呢？因为他们只是雇员，他们的错误在雇主——“共享雇工”面前是可以原谅的。因此，作为雇主的“代表”，他们被授权的行为（包括他们的错误），被认为是雇主的行为。

在传统理论的这一方面，即雇主对自己的行为和雇员的错误负有责任，我们确实看到了向着我们用来组织讨论的替代责任的两个衡平法中的一般论点迈出了微妙的步伐：要求雇主承担某种过失的责任，因为雇主的雇员以某种方式代表他行使权力故而要求雇主承担责任。这两个逻辑可以用其他更现代的方式重申：首先，企业应该承担工人错误或过失的风险，这是为了敦促企业尽可能地防止这样的错误或过失；其次，雇主应对其与顾客签订的合同中的所有行为承担责任，如果这些行为是由他而不是代表他的人实施的，则雇主应承担责任。

至此，我们完成了对“共享雇工”在三种“达曼”方案下的责任的分析，解释了“共享雇工”在其雇员的行为而不是其自己的行为造成违反合同的经济损失时可以被追究责任的各种方式。我们已经看到，当雇员的行为发生在“共享雇工”的前两种“达曼”的范围内时，无论原因如何（包括他的雇员的不法行为），他都要承担责任。如果这两种“达曼”都不适用，或者都没有涵盖全部索赔，剩下要决定的是导致违约的雇员行为是否违法。如果违法，那么雇员独自承担责任。但是，如果员工的行为只是一个错误，那么对客户造成的损失负责的是“共享雇工”。最终的结果是，“共享雇工”对他雇员的“错误”负有替代责任，而不是对他的违法行为负有替代责任——这与雇主替代原则截然不同。

当然，另一种可能性是上述第9.4.1节提到的第五个先例，即“共享雇工”和他的雇员都违反了他们的“阿曼纳”职责，从而造成了损害。正如我们所看到的，即使在这种情况下，雇员通常也要单独承担责任，除非适用例外情况，例如，如果客户联系不上雇员。

在这一点上，我们再次感受到伊斯兰法所主张的只有真正的不法行为者才能对其行为负责的主张的活力——我们在奴隶主人和奴隶、监护人和被监护人、受胁迫程度较轻的行为者和胁迫人、侵权和犯罪的直接行为者和间接行为者的情况下所观察到的同样的活力。

为了进一步证实"共享雇工"的传统"斐格海"与雇主替代原则或"MT"不一致，让我在这里列举许多现代学者的证词，他们宣称这两种理论仍然相距甚远。在一篇著名的文章中，埃及比较法学家阿里·哈菲夫写道：

> 一些著述者对法学家认为"独家雇工"是一个"阿敏"的立场感到困惑。他们认为，"沙里亚"法以此承认上级对下属的行为负有责任。但事实并非如此……（他作为"阿敏"的义务）只涉及他所占有的财产，因为他是雇主的雇员和代表……根据他的雇佣合同，他的工作只是为雇主工作。因此，如果他在工作中疏忽或有违法行为，使财产受到损害，他就脱离了作为雇主代理人的角色，应承担责任。他自己负责，而不是雇主……
>
> 在这里，上级对下属的行为负有什么责任……如果某人的汽车司机在街上撞毁了财产，根据"沙里亚"法学家的看法，汽车的所有权者不承担责任，但根据（成文法）法学家的观点，他应承担责任。这清楚地表明了两种法律之间的区别。

20世纪的其他主要比较法学家也同意这一观点，比如苏卜希·马赫马萨尼、穆斯塔法·扎尔卡和瓦赫巴·祖海利。祖海利写道：

> 我们可以从上述哈乃斐派学者的论点中总结出，如果上级和下属之间有雇佣合同，如果工人造成的损害在其参与生产的工作范围内，就机制、地点和方式而言，符合广泛流行的风俗习惯，并且他是被主人明确或含蓄地命令去做的，那么上级对下属的行为负有责任。如果不满足这两个条件，那么雇主就没有"达曼"责任。

当代沙特学者穆罕默德·马尔祖齐认同"共享雇工"的责任不包括其雇员的不法行为，两篇关于"MT"理论的沙特论文也是如此。

当我们离开对理论的审查时，最好记住，从实践的角度来看，举证问题连同举证责任的分配可能会导致一种在理论上被否认的责任。如果一个人向与其签订合同的人（如“共享雇工”）索赔，要求立约人赔偿其财产的毁坏，而立约人以是其雇员的不法行为造成损失为理由进行辩护，那么法官可能会将举证责任推给立约人—雇主，以证明其辩护。虽然这不是“阿敏”的一般规则，“阿敏”通常在货物损失时被推定为无罪，但在“共享雇工”的案件中，法官可以以不同的方式分配举证责任，因为他可能默认的立场是立约人对他自己的行为和他的雇员的行为负责。因此，如果雇员的行为或其不法性不能被证明，雇主将继续承担责任。例如，雇主经营一个冷库，并从客户那里接收了易腐货物，同意将其保存在−40℃下。其雇员要么没有被告知−40℃的要求，要么没有满足这一要求（无法证明是哪一个），导致货物变质。在这种情况下，雇主将无法为原告就货物价值对他提起的诉讼进行辩护。下面的一个例子似乎就是这种情况的例证。

我们还应该注意到，不允许合同中的条款将财产的“达曼”从客户转移到“共享雇工”，从而改变一般原则所设定的“达曼”模式；这样的条款被认为是无效的，因为“违背了合同的本质”。

b. **对法官的采访**

关于雇主对其雇员违反与第三方签订的合同的责任这一主题，以及下一个主题——合同外的雇员侵权行为，我确实试图通过采访来确定法官对“MT”理论的态度，向他们提出了各种假设的事实情况。我至少四次向法官小组或个别法官（包括申诉委员会和普通法院的法官）询问了一个假设，也得到了一致的回答。我提出了这样一些情况：一家空调维修公司派员工到一户人家维修空调设备，该员工：（a）在试图维修时因疏忽损坏了设备；（b）在维修该设备时，因疏忽毁坏了屋内的一件家具；（c）在往返服务约定地点的途中，因疏忽驾驶公司车辆撞伤他人。所有法官都同意公司在（a）案例中负有责任，但在（b）和（c）中都不负有责任。在（b）和（c）中，雇员独自对客户负有责任。一名法官宣称，如果该公司的疏忽以任何方式导致了（b）或（c）的发生，他会追究该公司的责任，但仅凭该公司雇用了该雇员这一事实是不够的；这样的过错不能仅凭推定，必须加以证实。

c. 案例

已公布的案例包括十四个属于上述事实模式的案例，即雇员的行为导致其雇主没有履行合同义务。这些案件涉及不同的事实，但是，作为一个出发点，令人吃惊的是，除其中一个，其余案件都要求雇主对其雇员的行为承担责任，即使导致他未能履行合同的这些行为完全是不法行为，甚至是犯罪行为。换句话说，几乎所有的案例都将雇员的行为（即使是犯罪行为），视为雇主的违约，或者，用“斐格海”的术语来说，视为违反了他在合同下承担的“达曼”。正如我们将看到的那样，法官们为这一结果提供了各种各样的理由，其中一些是传统的，包括“共享雇工”理论，但这些理由中的大多数都偏离了传统法律的要求，或者忽视了传统法律的要求。

但是，当我们注意到这十四个决定中有十一个涉及本质上相同的事实模式时，这一结果就不那么令人印象深刻了——债权人委托给债务人航运公司的货物由于债务人的雇员盗窃而丢失。鉴于世界范围内航运合同的模式是由公共承运人或私人承运人对货物的任何灭失或损坏承担责任（通常受限于限制这种责任的条款），沙特法院无疑感到有必要寻找理由，以达到同样的结果。也许在其他法律体系中，航运公司甚至不会在这里提出辩护，也许他们提出这些辩护只是因为他们意识到他们可以从伊斯兰法中得到支持。

让我们先来看看这十一个运输案例。正如刚才所讨论的，寻找决定运输合同及其违约问题的“斐格海”裁决的着眼点是“共享雇工”理论。运输货物合同是用来解释该理论的范例案例之一。但这些运输案件的结果使该理论的规则超出了临界点，因为它们与上述两个结果存在分歧。第一，传统法律不认为“共享雇工”对其雇员疏忽的过失负有责任，即使在合同中也是如此，更不用说故意犯罪了。第二，正如刚才所指出的，由于与“共享雇工”签订的合同是雇佣服务合同，这是一个“阿曼纳”合同，缔约各方不能有效地将正在运输的财产的损失风险，从其所有者转移到“阿敏”，即航运公司，然而，这些法院判决要么没有维持这些条款（没有提及它们），要么转移了损失的风险。

这些案例为我们提供了判决的哪些依据？有趣的是，只有三个案例提到了“MT”理论，而且只是顺便提及，而它们的判决依赖于其他依据；在这三个案件中，法官似乎考虑的是合同授权或代理问题（下文第9.5.1节讨论的主题），而不是侵权责任。

最早的三个案例（1990年、1997年和2008年）简单地假设运输方承担了货物的“达曼”责任，即使是在其雇员（其中一个案例是其分包商）侵权的情况下也是如此。似乎在他们看来，根据世界惯例，作为合同的一部分，运输方根本不是“阿敏”，而总是“达敏”，除非因不可抗力造成财产损毁。（伊斯兰法只在某些合同中规定了这种责任，比如无偿贷款，而不是雇佣。）这些案例并不认为这一点需要在“斐格海”中证明，而是认为这一点是由双方的合同条款确定的（尽管他们没有引用明确的语言来表达这一点）。但所有后来的案例，虽然达到了同样的结果，但确实试图提供一个合理的依据。

其余的案例在时间顺序上没有任何规律，它们提供了两个主要的依据，都是利用“斐格海”而不是现代法律。第一个依据，由三个案例提供，依赖“共享雇工”理论。为此，两个法院引用了罕百里派早期资料中的一段话，其中忽略或隐去了以下观点：如果“独家雇工”因自己的疏忽或故意造成损失，责任由他自己承担。这段话源自马尔达维（卒于1481年）：

> 如果（一个“共享雇工”）雇用了一个“独家雇工”，就像商店里的裁缝雇用了一个“独家雇工”，“共享雇工”接受了缝制一件长袍的工作，然后他把它交给了“独家雇工”，“独家雇工”把它撕了或毁了，“独家雇工”对这件事不负责任，而“共享雇工”确实要赔钱给它的主人。（伊本·罕百里的）同伴们是这样说的。

马尔达维依赖的观点肯定来自伊本·古达马在他的著作《穆格尼》中的观点：

> 如果“共享雇工”雇用了一个“独家雇工”，就像商店里的裁缝雇用了一个工人一段时间，商店老板在这段时间里利用了工人。商店老板接受了缝制一件长袍的工作，然后把它交给了他的工人，该工人撕毁了它，该工人对此不负责任，因为他是“独家雇工”。

这家商店的老板对此负有责任，因为他是“共享雇工”。

这些段落似乎涵盖了“独家雇工”所有可能的过错，但如果我们将这段话放在上下文中阅读，在前面的几行中，他讨论的是“独家雇工”不对纯粹的错误（单数khaṭa’）负责，而“共享雇工”对此负责。他在结束讨论时说：

> “独家雇工”是代表（他的雇主，根据上下文指“共享雇工”），在其服务被雇用期间根据雇主的命令行事，他不承担责任，除非他越界了，就像代理人或“穆达里卜”一样。至于因他的越界而毁坏的东西，他要对此负责，就像面包师把面包烤得太久，以至于面包烧焦，因为这是他越界所造成的毁坏，所以他要像其他的“雇工”一样负责。

也许是因为这些文本留下了误解的空间，布胡提在他的晚期作品中完全遵循了伊本·古达马的语言，但包括一个澄清条款：

> 如果“共享雇工”雇用一个“独家雇工”，就像一家店里的一个裁缝在一段时间内雇佣一名工人，他使用他。如果商店的主人接受了缝制一件长袍的工作，然后交给他的工人，该工人没有越界或过错地撕掉或毁掉了长袍，那么该工人不负责，因为他是一个“独家雇工”，商店的所有者对此负责，因为他是一个“共享雇工”。

再次强调，如上所述，许多受人尊敬的现代“斐格海”学者的一致观点是，“共享雇工”理论中不涵盖“独家雇工”的不法行为的雇主责任原则。

事实上，其中一个案例走得更远，并提供了一种解释，即“共享雇工”的“达曼”涵盖了所有可能发生的情况，不仅包括雇员的不法行为，甚至包括第三方的不法行为。正如法院所述：

> 在“共享雇工”保管期间，无论他是否有疏忽或违法行为，他

> 都对他保管的东西承担“达敏”（ḍāmin）责任，正如（伊本·古达马）在《穆格尼》中所说的那样。

在这里，这个简短的引文有两种可能性。一种情况是，法院只是引用了上述《穆格尼》的引文，但与其他两个案件一样，忽略了上下文。第二种较小的可能性是，法院援引了伊本·古达马提到的罕百里学派的一种更早的观点，即“共享雇工”对从他的保管中丢失的货物负有责任，即使他不存在“违法”“疏忽”的行为，除非原因超出了他的阻止能力。然而，这一观点既不是伊本·古达马或伊本·泰米叶所选择的，也不是晚近学派所采用的，法院也没有表明它采用了更早的和被抛弃的观点。无论如何，仔细阅读《穆格尼》的讨论就会发现，这一意见只是为了弥补由于保管不当而造成的损失，而不是由于“共享雇工”或其雇员的行为造成的损失，无论该行为是错误还是违法。

以数字来衡量，最常见的依据（在五个案例中发现），与刚才讨论的三个案例不同，该依据承认运输公司作为“阿敏”对货物负有责任，只有在它违法或疏忽的情况下才会变成“达敏”。这与晚近的罕百里学派是一致的。但这些判决中最早的两个（2008年和2009年）偏离了传统理论，没有费心去寻找雇主本身的错误，而是满足于雇员的错误。他们的逻辑似乎不是“MT”理论（因为除了使用“下属”这个术语之外，没有讨论该理论的要素），而是一种雇员行为必须与实体本身的行为相同化的理论。其中一项判决明确表明了这一点：

> 运输货物的义务产生于被告和原告之间。这些汽车的司机是（被告）公司的“下属”，并在其赞助下，因此被告和他的司机对财产的占有（或控制）是同一的、一致的。因此，原告只能向被告提出索赔。

在这个案件中，实施盗窃的雇员已被逮捕，运输公司正在普通法院对他们提出民事和刑事索赔。运输公司试图将案件，即他和他的客户之间的诉讼转移到普通法院，在那里原告可以直接从实际违法者那里获得对他的货物的赔偿。

但法院以上述语言特别拒绝了这种做法，理由大概是，根据伊斯兰法，由于被告违反了其作为“共享雇工”的义务（法院对这些义务的理解），根据合同，无论原告是否也对其他当事方提出索赔，原告都有独立的权利向被告追偿。在整个案件中，被告试图坚持关于合同的传统观点，辩称他没有过错，而他的雇员犯了盗窃罪，但无济于事。这五个判决中的剩余三个采取的方法更符合传统法律，这些判决认为运输公司对其雇员的盗窃负责是它们在安排其雇员（在其中一个案例中是分包商）上有过错，因此作为违约的“阿敏”承担责任。（这是为了寻求上文第 9.4.1 节中讨论的雇主责任原则的第一个基本逻辑——第二方过错的支持。）从每个案件中公认的事实中，法院挑选出某些事实作为运输公司的过失——在两个案件中，雇员没有得到雇主的签证担保，在另一个案件中，雇主未经原告事先同意就使用了分包商，并且没有从分包商那里获得担保。这里与传统法律的唯一不同之处在于，法院忽略了在“斐格海”原则下，直接行为人，即雇员，是负有责任的一方，而间接行为人，即雇主，只有在雇员找不到时才负有责任。

在这些运输案例中，除了上述主要论点外，还出现了一些次要论点。其中四个案例——除了这些运输案例之外没有其他案例——提出了这样一种观点，即运输公司的客户（原告）和运输公司的雇员彼此是陌生人，也没有合同关系。的确，在所有这些案件中，对运输公司的唯一索赔源于运输合同，无论运输公司本身是否被认定有过错。但法院的立场似乎表明，客户对雇员没有侵权索赔权利，如果有就与传统法律相悖；事实上，其中一个案件特别如此宣布裁定。正如刚才所指出的，一家法院拒绝将双方的争端移交普通法院，而普通法院正在审理针对雇员的盗窃和损害赔偿诉讼。也许促使法院坚持这一点的部分原因是，由于商事案件的管辖权被分配给申诉委员会，这两项诉讼不能在普通法院合并。

在本节所关注的以委托或代理概念为理由的十四个案件中，运输案件占十一个。其余三起案件不涉及运输合同，不受强大的商业惯例的影响。这种惯例要求运输公司对财产损失负严格责任。所有这些案例似乎都达成了与适用传统法律的法院相同的结果，即使其推理可能不能完全复制传统法律，或者完全没有说明传统法律。

这三起案件中的第一起发生在申诉委员会的商事分支机构，涉及一家公司从客户那里接受黄金来制作或修理。原告声称已向被告的“代表”（mandūb）交付了一定数量的黄金，正如一张收据所示，尽管被告提出异议，法院仍认为该收据有效。被告声称不知道收到该数目的黄金，并证明他的代表在所谓的交易后不久就离开了公司，当时雇主在报纸上刊登了他收回赋予该人的任何权力的声明。虽然被告怀疑他的前代表与原告串谋骗取他的黄金，但没有发现黄金消失的原因（如果有的话），也没有发现该代表有过错或犯罪的事实。至于适用的法律，法院驳回了被告对代表有权以其名义开具收据的异议，认为根据确立授权的普遍商业惯例，被告无权反驳该授权。被告因此受到收据的约束，对黄金负有法律责任。（我们在第6章中讨论了这个案例的这一方面——从习惯中发现授权，当时引用了这个案例。）但是被告的责任有多大呢？是否延伸到他的代表盗用了黄金的行为？在这一点上，法院充分承认“沙里亚”法的基本原则，即个人只对自己的不法行为负责，而不对他人的不法行为负责。但是，它说，一个例外是下属，比如雇员或工人，他们的行为，如果在他的工作“圈子”内，就被认为是雇主的行为——似乎是对“MT”理论的援引。（法院似乎认为这位“代表”实际上是一名雇员。）在此基础上，法院认为被告有责任归还全部的黄金。然而，这一步骤所涉及的权利要求在传统法律下是正确的，因为雇员的行为不仅得到授权，而且在他的工作范围内，而且不是不法行为，不是侵权行为。在本案中，没有证据证明“代表”有任何不当行为。传统法律下的一个关键问题是，如果一个案件是针对“共享雇工”提起的，而他辩护的理由是损失是他的雇员（或其他任何人）的过错而不是他自己的过错造成的，那么谁来承担证明或反驳这一辩护的责任呢？标准的规则是，“阿敏”，这里是“共享雇工”，在履行宣誓后被相信，但也有很多例外。此外，法官在分配举证责任方面拥有相当大的自由裁量权。传统上，法官可以很容易地在案件的事实中找到充分的理由将举证责任完全推给被告——例如，因为他有责任仔细说明他所持有的所有黄金。由于本案的被告没有履行举证责任，传统法律下的结果很可能与现代沙特法官得出的结果一致，尽管该法官在其意见中提出的推理并不反映这一点。

第二和第三个非运输案件尤其重要，因为它们是在普通法院审理的，那里的法官相对不受"MT"理论对申诉委员会法官的长期影响。第二起案件涉及原告的汽车从被告的修理店被盗。被告商店的工程师作为该案的另一名被告，承认在业务的压力下，他在检查完汽车后，把钥匙插在车里没锁（就像他检查其他汽车一样），突然有人进入店铺，偷走了汽车，然后开走了。这辆车最终被警察发现，当时该车已被大火烧毁，但一直没有确认小偷身份或抓住小偷。法院认定工程师在保管汽车方面有过错，尽管工程师作为被告在场，却只要求修理厂的老板对汽车的价值负责。作为作出判决的依据，法院以与上述几项判决大致相同的绝对方式陈述了"共享雇工"的责任规则。它没有提到一个细微的差别，即由于雇员通常可以接受的错误（如掉下剪刀、撕破布或打碎工具）而造成的损失，"共享雇工"要负责，而雇员自己不负责。因此，不确定法院是否采纳了"共享雇工"对其雇员的行为负有绝对责任的观点（在上述案例中甚至将其扩展到雇员偷窃），或者是否将雇员的行为理解为纯粹的错误，这将使决定完全符合传统法律。法院在考虑工程师的过错时，首先，法院拒绝将他包括在判决中；其次，法院在判决结束时宣布，店主有权向任何因其不法行为而导致损失的人追索，但没有指名道姓说是该工程师。

第三起也是最后一个案例，也发生在普通法院和最近（2012年），与上一个案例有一些相似之处。这是本标题下审查的十四个案例中唯一的雇主不承担责任的案例。它的独特之处在于，起诉的对象是工人，而不是雇主或委托人。一位顾客把他的车留给了一名代表店主经营修理店的工人。那个工人接受了那辆车，但因为店里已经满了，就把它停在街上，锁上了，但之后没有检查它。第二天早上它就不见了。法院判决该工人，即店主的"独家雇工"和代理人，对他自己的过失负有责任，法院没有提及或询问店主。这起案件是传统规则的直接应用：有过错的雇员，而不是"共享雇工"，应承担责任。根据传统规则，如果法院认为工人的过错仅仅是一个"错误"，那么店主将独自承担责任。

在对这些案例得出任何结论之前，我们应该首先讨论为什么关于这个问题的案例如此之少，这些是否是重要的样本。案例很少有几个原因。第一，正如上文第9.4.2.2-a节在讨论"共享雇工"责任理论时所指出的，在许多类型的违约中，我们提出的确切问题是没有意义的，因为雇主甚至处于对包括第三人的行为的“达曼”之下。在这种情况下，甚至不必提出替代责任的问题，其结果将与其他地方的法律一致，虽原因不同。第二，除了在ḍamān al-itlāf下提起诉讼的此类违约行为外，在合同语境中，这些通常是雇主享有“阿敏”地位的情况，包括租赁、雇佣、代理、保管等合同。所有的案例都符合这种模式；事实上，它们都是“共享雇工”案例。在这种情况下，只有当雇主认为他可以通过指出雇员明显的不法行为（如犯罪行为或重大疏忽）来为自己辩护时，雇主责任问题才会被提起诉讼。在上述所有案例中，除了两起，雇员都偷了或被指控偷了顾客的物品。第三，可能还有很多其他案例——甚至那些与我们发现的事实相似的案例——雇主没有提出这里所考虑的辩护。这可能有多种原因，包括他不知道辩护理由、被说服接受另一种合同观点、没有证据、出于对雇员或其商业声誉的考虑而选择承担责任、购买了保险。这样的例子，无论多么常见，都逃过了我们的搜索。

因此，将这十四个案例作为重要的样本，现在让我们从在本节中要解决的一般问题的角度来总结它们——与第三方签订合同的雇主是否可能因其雇员（或分包商）的不法行为导致对第三方未能履行合同，而对第三方承担责任？同样，令人惊讶的是，在所有案例中除了一个案例以外，雇主都要为其雇员的不法行为造成的违约负责，这一结果证实了我的受访者在假设情境中如此自信地断言的立场。

关于这些案例，我们还可以提出另外四个主要观点。第一，没有一个案例依赖“MT”理论，尽管有几个案例顺便提及或在判决授权的独特背景下提到了它。第二，其中十一个是运输案件，法院可能觉得有必要遵守国际商业惯例，认为运输方对货物损失负有严格责任。第三，在运输案件中，人们发现了一种趋势，即只有最早的案件才毫无疑问地承认雇主的责任；所有后来的案例都在寻求传统的理由来解释结果——要么是“共享雇工”理论，但由于法院忽视了其中的细微差别，法院对该理论的使用似乎是不合理的；要么是用更容易接受的“斐格海”术语，通过认定运输方本身违反了他的“阿曼纳”，即违反了以惯例的谨慎履行合同的义务（这让我们回到了两个衡平法上的理由中的第一个——第二方的过错）。第四，所有不涉及运输的三起案件的结果都与“共享雇工”理论一致，前两起案件虽然不是字面上的实际反映，但实质上是一致的，第三起案件完全遵循传统法律。

从这些案例中，我们可以得出关于沙特合同法实践中的“MT”理论的什么结论——即如何应用“MT”来追究雇主的责任，不是针对与合同无关的侵权行为，而是针对雇员不法行为导致的违约？显然，法院并没有使用“MT”理论来裁决这些案件，尽管他们知道这个理论，有时也会提到它，尽管大多数情况下该理论与案件要点无关。然而，一般来说，法院，尤其是申诉委员会的法院，最终的结果与沙特阿拉伯以外的法院一样，都是要求雇主承担责任。我们观察到四种立场：第一，在最早的运输案件中，法院根据国际运输合同标准对合同作出裁决，认为除因不可抗力外，运输方有责任赔偿货物的任何损失；第二，在稍晚一些的运输案件中，法院宣布雇员的行为就是雇主的行为，即使雇员偷窃；第三，还有一些运输案件依赖认定雇主自己有过错，尽管这只是间接造成损失；第四，也是最后一点，一些法院声称适用“共享雇工”理论，要么像在运输案件中那样，在推翻其规则的同时声称适用该理论，要么像在非运输案件中那样，忠实地遵循该理论（即便是没有明确说明）。

因此，这一案例样本并没有提供证据表明，完全接受“MT”理论或雇主责任原则作为要求雇主对雇员违约行为负责的理由。如果我的受访者告诉我的观点是正确的——法院通常认为雇主对由雇员引起的合同履行失败负责，那么这种做法似乎不能追溯到“MT”理论，而是上述四种立场中的一种。最有可能的，或者至少在传统法律下最站得住的，是法院认定以下两种理论中的一种适用于案件中的情况：（i）作为“共享雇工”的雇主将对这种违约行为负责，要么因为特定的“达曼”无论原因如何都要使他承担责任，要么因为雇员的失误仅仅是一个“错误”；（ii）在现代条件下，预计由于雇员的不法行为而造成的任何损失也会涉及雇主的某些过失，这些过失助长了雇员的不法行为，例如未能适当地雇用、培训或监督，以及由于某种原因雇员无法联系到。

9.4.2.3 第三个先例：雇主因雇员是其代表而对雇员在合同履行之外的不法行为承担的责任

这个先例——寻求在传统的“斐格海”和沙特实践中雇主对雇员的行为对

第三方（现在不在任何合同关系之外）造成伤害负责的实例，这是基于雇员代表雇主的理由，也是在我们的第二个标题下的第三个雇主责任原则的论点，那些基于雇员在某种意义上代表雇主的观念的先例。

a. **理论**

在上述所有章节中，我们或多或少都有具体的先例，可以指出这些先例在一定程度上支持了现代的雇主责任原则。然而，在本节中，我们没有任何先例来证明可以基于这一特定依据（雇员在其损害第三方的行为中代表雇主），主张雇主承担替代责任。相反，在本节中，我们将回顾以前的先例，看看它们对所讨论的问题有什么影响。

上文的第一个主要标题，第9.4.1节，收集了第二方在某种意义上被认为有过错的先例，我们考虑了第二方命令行为人实施不法行为的情况（在“斐格海”中通常被分析为因果关系问题，而不是代表问题）。我们看到，这样的命令没有给行为人提供任何借口，即使命令的制定显然是错误的。正如我们在这里看到的，这个结果甚至适用于一个雇员，他遵循雇主的命令，实施了侵权行为（比如在别人的土地上挖了一个坑），雇员独自承担责任，这显然与雇主责任原则或“MT”理论相矛盾。然而，如果行为人不知道行为的不法性（例如，他不知道他挖掘的土地不是他的雇主的），那么只有命令他的第二方承担责任。对“斐格海”典型案例的修正表明，这一裁决的动机不仅是因果关系，而且是这里所讨论的推理——不知情的雇员是代表雇主行事，他的行为实际上是雇主的行为。因此，如果澡堂的老板告诉他的雇员把水排入街道，导致有人滑倒，那么雇主要独自承担责任；但是如果雇主要雇员在街上洗澡，导致同样的结果，雇员则要承担责任，因为这种行为是为了他自己的利益，他的行为不能等同于他的雇主的行为。

上面讨论的原则是，“共享雇工”雇用的“独家雇工”不对他的错误负责，而“共享雇工”对此负责。这种逻辑是基于委托的，这在“斐格海”著作中一些更详细的例子中得到了强调。哈乃斐派认为，裁缝的雇员不小心损坏了寄存在店里的布料，而不是在裁缝那寄存的布料，该雇员而不是其雇主应该对这个错误负责。雇员或者“独家雇工”的错误，只能在其根据与雇主的雇佣合同对由其保管的财产履行的“阿曼纳”义务范围内获得免责；在这个范围之外，他只能自己负责。

超越“斐格海”著作本身，进一步探究这些例子，该逻辑显得更加清晰。如上所述，很难理解为什么所有被免责的“独家雇工”的错误实际上都不是过失侵权，例如，一名雇员裁缝的“错误”，他做了一件衬衫，而不是他被告知要做的衬衫。根据要求更直接的侵权人承担全部责任的原则，我们认为雇员应该对许多所谓的“错误”承担责任。同样，把水倒在公共街道上的澡堂员工真的没有意识到他给路人带来的风险吗？在这种情况下，为雇员开脱责任，将责任转移给雇主的，一定是某种代表的观念，即雇主应该为那些代表他行事的人，那些试图执行他的命令的人的一些错误或粗心负责。然而，很明显，在“斐格海”中，这种逻辑并没有走得太远，学者们也没有选择明确地援引它。

考虑到这一切，“斐格海”中没有任何基于雇员作为雇主代表的论点，在合同范围之外为雇主责任原则提供太多支持。

b. 案例

可以说与这一先例相关的判决，最引人注目的是它们的数量极少。在申诉委员会和普通法院的案件中，我们只发现了三起，而且都是在2006年之后发生的。前两个是未公开的，只能通过几篇论文对它们的引用来获得。

事实上，我们发现很难找到任何沙特的判决，无论以何种理由，让雇主对合同范围之外的雇员侵权行为负责。因此，在本节中，我们借此机会报告我们发现的直接涉及“MT”理论问题的所有沙特判决，因为“MT”理论通常在沙特阿拉伯以外也适用于雇员在合同背景之外犯下的侵权行为。

如前所述，我们发现只有三个判决涉及这一背景。第一个是在1992年，虽然由申诉委员会的一个行政小组负责，但只涉及私人当事方。委员会主张直接适用“MT”理论，就好像埃及法典条款适用于沙特阿拉伯一样。这很可能是当时申诉委员会一贯的模式，因为该分支习惯于将“MT”理论适用于政府及其雇员，如上文第9.4.2.1-a节所述。法院要裁定的唯一问题是，所谓的分包商是否充分受到承包商的监督和控制，应当被视为雇员。法院裁定，是雇员，因为合同要求它在一项移沙作业中按小时操作一台挖掘机。因此，承包商对分包商因切断电缆而造成的损害负有责任。在传统法律下，法官能得出同样的结果吗？根据传统法律，“共享雇工”无疑要对他的雇员的“错误”负责，但这种责任是一种特殊的“达曼”，由合同产生，只适用于他的客户的财产。这里的电缆属于一个无关方。唯一剩下的类比是对雇员在雇主的指示下无辜地作出行为的“斐格海”裁决，刚才提到的一个特别有用的“斐格海”裁决是，澡堂老板指示他的雇员往公共街道上排水，他们这样做导致某人滑倒，雇主要负责，而不是雇员和老板一起负责。基于这样的例子，雇主在电缆附近下令移沙是否有过错？这些事实并没有得到进一步探讨。

1994年的第二个案件也是申诉委员会的行政分支作出的判决。出现的问题是，一家公司与一所大学（一个政府实体）签订了空调维修合同，该公司的雇员在工作时间内盗窃与该项目无关的学校设备，该公司是否应对此负责？尽管这些雇员使用他们受雇时获得的钥匙进入了学校，但法院宣布责任在大学，而不在该公司。法院的推理（可能是由记录该判决的论文作者转述的）值得详细引用：

> 在“斐格海”和司法实践（mustaqirr fiqhan wa-qaḍā’an）中都确定，上级对其员工在工作期间发生的错误（单数khaṭa’）负责。这种责任的基础是上级是最初负责执行工作的人，他责成他的下属在他的监督下执行工作。因此，他仍然对因员工而影响工作所有者或其他人的任何错误或伤害（单数 ḍarar）负责。
>
> 由于“对其下属行为”的责任构成了要求个人仅对其自身行为负责的一般原则的例外，因此司法部门对其进行了狭隘的解释。它将其限制在员工在工作期间发生的错误，且因执行工作而发生的错误，不包括任何犯罪或任何违反他们被委派的工作限制和权力的行为，因为这些行为将偏离他们被委派的要求。他们必担当自己所犯的罪，因为“各人将因自己的营谋而作抵押”。

法院随后宣布，尽管工人们“出于履行合同的原因”获得了钥匙，但他们的行为是犯罪，是他们的个人责任。

有人指出，首先，法院全心全意地接受了合同内外的“MT”理论；其次，选择比其他法律体系更狭隘地解释这一理论，通过排除犯罪，甚至“超越他们被指派的工作的限制和授权的行为”。事实上，法院对“MT”理论的解释几乎完全重申了“共享雇工”理论，区别对待雇员的“错误”和雇员的“违法”，并排除了雇员作为雇主代表所履行的工作任务之外的行为。在现代法律用语中，“khaṭa’”也被用作“过错”的意思，所以也许法院在这种模棱两可的背后隐藏了其对传统法律的遵守。

2006年普通法院审理的第三起案件已经公布。法庭发现，该案涉及原告受伤的原因是，被告公司的员工在焊接空调框架时，火花从原告工作的商店天花板上的一个洞里掉了出来。法院认为，这些行为只对造成事故起了50%的作用，另一个原因是原告工作场所的易燃物品，而他的雇主对此负有责任。法院认为被告对原告伤害赔偿的50%负有责任。判决书告知被告，他有权向造成损失的任何不法行为者追索（有趣的是，法院没有提及造成损失的工人，其中两人在审判期间做证）。法官的法律推理完全没有参考“MT”理论：

> “沙里亚”法的原则包括“收益伴随着对损失所负的责任”和“收益伴随着损失”。这些规定要求机构的所有者对其雇员的工作给他人带来的任何后果承担责任，因为他从这项工作中获得了经济利益。因此，他必须组织该工作，并要谨慎行事，以免在其中发生任何禁止的事情……
>
> 社会的公共福利要求雇主承担由其机构在此类事件中所产生的任何后果。“沙里亚”法保护人民身体和财产的目标表明了这一点。如果不追究每一个玩忽职守的人的责任，人民的生活就不会健全。

在这里，法官试图根据“沙里亚”法的原始原则来裁判案件，而不是应用或扩展现有的“斐格海”理论。他援引了现代替代责任的众多理由中的两个：一是风险理论或企业责任理论（通常称为taḥammul al-tab`a），要求企业承担与其活动不可避免的相关的风险，而不是将这些风险转移给他人；二是监督过失的默示论和不可辩驳论。也许该法官没有援引“MT”理论，因为他不相信员工个人有过错。目前尚不清楚法官将对他提出的规则施加何种限制，例如，如果证明事故的原因是员工的疏忽，而不是单纯的事故，他会得出这样的结果吗？在传统法律下，法官能得出同样的结果吗？如果是这样，“斐格海”的解释将与第一个案例大致相同——雇员在雇主的指示下无辜地实施了伤害行为。这里的雇主在现有条件下指令进行该工作是否有过错？法院没有如此宣判。

同样，这些案例的惊人之处在于，首先，它们是如此之少，如此之老旧。虽然其中两项援引了“MT”理论，但只有一项以与传统法律明显冲突的方式做了。第三个案例发展了一种与“MT”不同的理论，即企业承担其经营风险。

我们试图补充这几个案例，在这些案例中，我们所关注的问题是明确提出的，通过寻找其他的案例，在这些案例中，法院在这个问题上的沉默暗示了对“MT”理论的接受或拒绝。我们选取了普通法院的一些案件，普通法院每天都会面对“MT”的问题［由商业公司或机构的雇员的行为造成的“破坏”或“伊特拉夫”（侵权行为）］。这种情况，即使是在商人之间，也不属于申诉委员会的管辖范围。一些公开的案例缺乏重要细节，例如雇员是否在其雇佣范围内行事或履行其职能。审查完许多这样的案例，我们实际上没有发现任何模式，或者，我们所关心的问题的任何讨论文字。有些情况，明显是在其雇佣范围内行事的雇员承担责任，而没有提及或询问其雇主的身份。（当然，“MT”理论中没有任何规定阻止受害方追究雇员而非雇主的责任，审理此类案件的法院也没有义务为雇主辩护。）少数案件是针对雇主提出的，雇主根本没有提出任何辩护，并被裁定对损失负责。其他一些相关案件是交通案件，在普通法院内设有专门的交通分庭。我们还没有发现雇主对交通事故负有责任的案例。在这些交通案件中，我们都没有看到提及或讨论“MT”理论。最高法院批准并公布的一项“司法一般规则”可能会揭示普通法院对交通案件的具体做法的答案。该一般规则规定：“诉讼是针对造成事故的司机提起的，而不是针对他工作的公司，只要该公司没有通过担保他义务的保函（kafālat ghurm wa-adā’）来担保他。”这条一般规则要求驳回因雇员过失造成事故而对雇主提起的诉讼。但同样，我们也找不到能决定这个问题的案例。

9.5 在理论和实践中考虑的三个附加问题

在这一标题下，我们收集了三个与“斐格海”中发现的雇主责任原则先例无关但仍需解释的事项。第一，沙特法官在裁判合同授权问题时经常反常地诉诸“MT”理论；第二，学者们提出的论点（尽管很少有法官提出）认为，“MT”理论提供了一个恰当的机会，可以通过诉诸“沙里亚”法价值观的一般论点来超越传统“斐格海”理论原则的细节；第三，在沙特宪法下，“MT”理论所提出的问题是否可以通过立法来解决。正如我们上面所做的那样，除了解释“斐格海”理论中的每个主题外，我们还提供了关于该理论是否付之于实践的一切迹象。

9.5.1 使用“MT”理论来确定雇员的合同授权

在沙特阿拉伯，“MT”理论在合同语境中最常见的用途是为了一个似乎与我们的主题——雇主责任原则问题无关的目的。出于某种原因，也许是模仿埃及法律，以埃及术语表述的“MT”理论被申诉委员会的商事分支反复引用（但就我们所发现的，普通法院没有这么做），不是为了对雇员侵权行为的替代责任作出裁决，而是为了裁决雇员或代理人是否拥有约束雇主的实际授权，通常是在雇主否认这种授权的情况下。我在第6.3节对沙特的案例研究中提到了这种做法，并指出我无法理解，法院也无法解释“MT”术语为法院的分析增加了什么，因为使用“MT”术语的判决和那些不使用“MT”术语的判决，似乎依赖于相同事实并追求相同推理。

在我们目前的背景下，关于合同授权与“MT”理论的联系，需要研究埃及的用法才能得出一个明确的答案，并且还涉及适用于代理人和委托人的“MT”理论问题，所有这些都超出了本章的范围。

9.5.2 “沙里亚”法中关于“MT”理论的更一般的论点：公共效用、一般原则、“沙里亚”目标

到目前为止，所查到的先例中没有一个能很好地支持采用雇主责任原则作为“斐格海”的规则。伊斯兰法过于谨慎地保留了这样一些原则，即实施不法行为的人应独自承担责任，即使另一个人不法地促成了该行为的损失，也应由最直接造成伤害的不法行为人承担责任。

这里，我们可以确定三种方式，在更高层次的“沙里亚”法论证中，学者们可以（有时确实会），以这些方式来主张采用雇主责任原则。其中之一（我们没有看到任何学者提出）是，根据“沙里亚”法权衡公共效用（maṣāliḥ）和公共害处（mafāsid）的平衡，倾向于采用这一规则。在第5.4节的末尾，也就是第5章的结论部分，我认为这种论点最能解释沙特在实践中接受供应合同的原因。沙特学者和法官观察到，过去的学者是如何在大众需求的压力下采取类似于供应合同的做法的，并受到这种做法的鼓励，允许沙特商人在近乎必要的情况下继续前进。我们在运输合同中观察到的“MT”理论的背后可能存在这种因素——法官们认识到，必须服从国际上一致的做法。

支持“MT”理论的另一种方法是，声称事实上没有任何“斐格海”先例能充分解决问题，人们必须采取一种新的“伊智提哈德”，要考虑旧的“斐格海”学说，但只考虑它们的一般含义，更重要的是，寻求“斐格海”原则的指导。如上所述，扎尔卡支持一种“伊智提哈德”，把“MT”理论作为“斐格海”学说。事实上，在上文所述的由火花引起的火灾的案件中，这样的“伊智提哈德”是由一名普通法院法官执行的，尽管他不是专门为“MT”辩护，而是为一种企业责任形式辩护。

第三种方法是“沙里亚的目标”（maqāṣid al-sharī`a）。在第3.2.2.4-b节中提到，学者们在众多的“斐格海”裁决中辨别出某些目标，这些目标被认为是“沙里亚”法所启示的，在推导新规则和应用旧规则时必须考虑这些目标。在某种程度上，这与第二种方法，即依赖“斐格海”原则相吻合。有学者可能会主张，“沙里亚”法只让不法行为者承担其行为的责任的目标，必须与补偿那些受到不法伤害的人的目标相平衡，或者，要求不法行为者承担责任的目标现

在应该扩展到作为主要行为者的企业本身。这位学者可能会辩称，在变化了的现代条件下，关于雇主和雇员的旧的“斐格海”规则在实际操作中不再能够在这些目标之间实现适当的平衡。因此，“斐格海”必须制定新的规则——不是为了改变任何根本的东西，而是为了实现它以前通过传统规则实现的同样的目标。我没有发现有学者在这个层面上为“MT”理论做过论证。

9.5.3 “MT”理论是否可以通过立法在宪法上确立?

第2.1.2和2.1.3.1节讨论了沙特阿拉伯对立法（nizam）的宪法限制。如上文所述，在民事义务领域，国家立法权通常受到“斐格海”的严格管制，很少行使。当行使这种立法权时，其目的被理解为只是作为“斐格海”规则的有利补充，这些条例主要是行政或程序性质的，不与“沙里亚”法的基本原则或毫无疑问的“斐格海”既定裁决相冲突。

“MT”理论能被宪法立法吗？与这一点直接相关的是沙特阿拉伯最高司法机构和“法特瓦”机构发布的三个“法特瓦”，因此我保留在这里讨论。（总的来说，令人吃惊的是，与“MT”理论问题相关的沙特官方“法特瓦”如此之少——只有三个，而且都很早。从传统“斐格海”的角度来看，这三个案例都解决了“MT”理论中最棘手的问题——雇员对合同关系以外的当事人造成损害的侵权行为。）

在1978年出版的合集中的第一个“法特瓦”中，司法系统当时的负责人谢赫穆罕默德·本·易卜拉欣，讨论了一个工人在他知道不属于他的雇主的土地上挖了一个坑，是他的雇主让他挖这个坑的。谢赫穆罕默德·本·易卜拉欣给出了常规的裁判，即工人独自承担责任，但也提到了罕百里派少数学者的意见，即雇主必须支付一半的赔偿，并认为法官可以这样裁决，如果他愿意的话。

其余两个“法特瓦”最有趣的地方在于，它们从实际的角度来解决雇主责任问题，只是作为一种手段或程序，以确保受害方得到赔偿，而不是作为与基本原则相冲突的法律结果。

在1978年的同一合集里，谢赫穆罕默德·本·易卜拉欣对火车（可能是当时刚刚引进的）与动物和车辆相撞造成的损失发表了一系列观点。在每一个观点中，他都宣称火车司机是造成事故的人，并负有责任，而不考虑雇主责任原则（假设谢赫穆罕默德知道这个原则）。但他也作出了让步，即如果火车司机的身份不明，那么铁路公司本身可以承担责任，因为只有铁路公司才能确定司机是谁，因此它可以从他那里获得赔偿。如果两者都做不到，那么铁路公司必须承担最终责任。该“法特瓦”中没有任何内容表明铁路公司有过错。如果利用这一“法特瓦”，将支持法院在员工身份不明、离开该国或因其他原因无法联系时追究公司责任——所有这些结果可能每天都会发生，但没有出现在公开的案例中，也没有在采访中被提及。

在1989年发布的第三个“法特瓦”中，最高司法委员会，即最高司法当局，向部长会议出具了一项咨询意见，解释并确认了一项法规规定，该规定是关于机动车车主允许没有驾驶执照的人驾驶其车辆并造成事故的。该规定要求车主与司机对受害方承担连带责任。该委员会指出，通过这样一项规定属于国家元首的宪法权力（siyāsa shar`iyya），因为其目的是确保向受害方付款，而不是推翻“沙里亚”法原则，因为车主在付款后，可以向法院上诉，以确定他与司机之间的相对过错。

所有三个“法特瓦”，特别是最后两个，都表明国家很有可能通过法规要求雇主根据“MT”理论的条款，对其违法雇员的任何责任作出赔偿，并把其解释为仅仅是一种确保受害方得到赔偿的方式，同时重申雇主对雇员的追索权。人们可以想象，在有关劳工的法规中纳入一项“MT”理论条款，要求所有私营雇主对其雇员的侵权行为承担“MT”责任。这可以被认为是一种确保补偿的行政机制，一种由公用效益驱动的国家政策，与任何“沙里亚”原则都不冲突。上述“法特瓦”以强大的权威证明，这样的规定不会与沙特宪法相冲突。毕竟，《劳动法》对雇主施加了许多“斐格海”中没有的规则和义务。

迄今为止的讨论表明，尚不存在在其应用范围内实施“MT”理论的“尼扎姆”。虽然我没有对所有“尼扎姆”逐一进行仔细审查，看看它们是否对“MT”进行了立法，但我审查了一些特别可能有这样规定的“尼扎姆”，发现没有一个这样做。相反，有人发现，几个关键的“尼扎姆”回避“MT”理论立法，采取了以下策略——通过假设雇主没有履行监督来追究雇主的责任，除非雇主可以反驳这种假设。

1969年和2005年的《劳动法》规定，雇主对进入工作场所的第三方发生的事故负有责任，但前提是“这种紧急情况和事故是由于疏忽未采取工作性质所要求的技术预防措施而造成的”。

银行纠纷解决委员会在其公布的许多判决中，都认为银行应对其员工的行为负责，但前提是银行本身在监管方面存在疏忽。该委员会采取这一做法表明，在所有适用于银行的法律和条例中，尚未颁布关于“MT”理论的全面规定。

即使是相对最新的《资本市场法》（2003年）也没有做到这一点。该“尼扎姆”只是要求市场参与者的雇员遵守其所有规则，并要求雇主实施严格的监管。在一项关于“市场行为”的条例中，资本市场管理局规定雇主对其雇员的任何违反“尼扎姆”的行为负有责任，但前提是雇主在监管方面有过失，这一推定是可以反驳的。雇主对雇员的违规行为负有责任：除非（1）（雇主）采取了合理的步骤来防止对“尼扎姆”规则及其实施条例的违反；（2）未授权违规主体的交易。

法规中的这种一贯模式表明，沙特阿拉伯的立法当局仍然意识到“斐格海”理论原则对“MT”理论的抵制，并且从未决定在实践中消除这种抵制，即使是在只有专门法庭才能执行的“尼扎姆”中。

9.6 结　　论

如上所述，除了对于代表政府行事的公务员外，传统的“斐格海”从未采用过类似“MT”理论的概念。同样，启示文本要求每个人必须为自己的行为承担后果，这不仅被解释为道德戒律，而且被解释为法律准则，并得到了严格的应用。这一原则确实是伊斯兰义务法的显著特征之一，反映在许多不同的规则中。因此，它在整个责任规则中的影响类似于“里巴”和“加莱尔”的禁令对更普遍的义务法的影响。雇主替代责任的概念（即雇主因他人的不法行为而被追责，即使雇主本人无过失）与这个古老原则直接冲突，并且在现代之前并未出现。在其他伊斯兰国家，这种概念已被采纳，但完全是模仿民法。

在沙特阿拉伯，民法概念也在申诉委员会成立的早期产生了影响，对当时阿拉伯法学的影响很大。如果不是这种影响，沙特法官对“MT”的概念可能并不比惩罚性赔偿或竞业禁止条款等任何其他外国法律概念更熟悉。由于早期的影响，我们发现这个概念在申诉委员会的行政分支中明确地被依赖（即使没有像其他地方那样大力应用）来要求政府对其公务员的侵权行为负责。申诉委员会也经常援引它来宣布对类似于表见授权的确认，但这似乎与雇主责任原则问题无关。

至于我们的主题，即私人雇主对于雇员在与雇主存在或不存在合同关系的情况下对第三方实施的不当行为所承担的责任，出现了令人震惊的沉默。在其他法律体系中已经根深蒂固的理论在此仍然没有得到支持。

如果我们首先考虑侵权行为的语境，即雇员以与雇主的任何合同关系之外的方式影响第三方的行为，那么“MT”理论似乎在沙特阿拉伯几乎没有立足之地。自2006年以来，我们没有任何相关判决的记录。我们确实在普通法院发现了一些公开的案例，在这些案例中，这个问题本来是可以提出的，但没有提出——针对雇员或雇主的诉讼在没有提及对方的情况下得出结论。很难从中推断出很多东西，因为有各种可能的理由让雇主或雇员承担责任，而不涉及另一方。然而，如上所述，我们没有发现公开的案例表明公司对其员工造成的交通事故负有责任。

如果我们接着考虑合同的语境，即雇员的不法行为导致雇主未能履行对第三方的合同义务，那么“MT”理论似乎又没有取得什么进展。这些判决几乎没有提及“MT”理论，只是偶尔或不相关地提及。虽然法院在这些案件中比在侵权案件中更经常将责任强加给雇主，但似乎是出于与“MT”理论无关的原因。当真正提出潜在的“MT”问题时，我们发现法院转向“共享雇工”理论，或者更常见的是，认定雇主本身有过错。

在世界各地的其他法律体系中，雇主责任原则现在已经根深蒂固，很难想象存在一个没有该原则的体系。但沙特阿拉伯似乎就是这样一个体系。对于必然产生的问题（例如雇员司机造成交通事故的日常问题）的实际解决方案可能存在，比如雇主自愿提供保险，或者只是支付判决的赔偿（认为这是对他们的生意和工人的正常支持，因为无论如何，员工中的许多人都是外国人，并且受他们的担保）。我的结论是，这些事情在实践中如何运作，不属于明确法律的范畴，不在本研究的范围之内，而且，无论如何，我没有听到有人把这些问题作为企业面临的严重问题来提及。

这个案例研究至少在四个层面上具有更深刻的意义。

第一，那些在沙特阿拉伯开展业务的人可能希望知道，他们的企业雇员的侵权行为不会自动由他们担责，特别是在与客户签订合同之外发生的侵权行为。在需要为受害方伸张正义的情况下，法官最多会努力找出造成损害的雇主的过错，然后追究雇主的责任，甚至是全部责任，特别是在雇员联系不上或资不抵债的情况下。

第二，本案例研究再次证明，合同法的结构以及侵权与合同之间的相互作用，在伊斯兰法律体系中的形式与民法和普通法体系中的形式截然不同。在这里，法律和法律体系之间的这种差异在雇员的不法行为导致的违约中显现出来。在大多数法律体系中，这种行为显然也是雇主/立约人的违约，但正如我们所看到的，在伊斯兰法中并非如此。“斐格海”和沙特学说中的分析是根据适用于“共享雇工”的三种“达曼”的方案进行的。与此同时，我们注意到沙特法院几乎一致地无视“斐格海”的细微规定，作出不利于雇主的判决，即使损失是由雇员的过错造成的。在第7章中，我们发现沙特法院倾向于立约人对违约造成的损失承担严格责任，即使在伊斯兰法没有规定这种责任的情况下也是如此。在本章中，我们观察到严格合同责任的类似倾向，这一次是通过超越“共享雇工”理论的细节。也许根据这一证据，我们可以推测沙特阿拉伯是否正在向更接近其他地方盛行的合同概念靠拢。

第三，像我们所有的案例研究一样，这项研究显示了“斐格海”裁决、中层的“斐格海”概括和根深蒂固的“沙里亚”法之间复杂的相互作用，因为现代条件迫使沙特阿拉伯的法学家和法官改变沙特法律的各个领域，并将法律推向新的方向。

第四，在某种程度上类似于沙特体制如何通过程序手段加强权力授予，正如第6.3.2节中关于表见授权的案例研究所讨论的那样，在这里，一个长期存在的阻碍采用现代法治前进的“斐格海”障碍，可能只能通过在“斐格海”之外立法规定一个行政或程序机制来补充“斐格海”来解决。但这种做法没有被采纳，无疑是因为政府不愿在“斐格海”集中监管的事项（包括雇主的侵权责任和合同责任）上立法。

10 结　论

在第1章中，我陈述了本书作为对沙特商业相关法律的实际应用的研究，有两个目标：首先，揭示外人最难进入和掌握的法律方面的问题；其次，因为这是一个广泛的主题，而这本书只有一卷，所以只涵盖了这个体系中那些最基本和最普遍的问题。以这些为目标，在适用商法的各个领域中选择哪些领域，人们会发现它们都指向一个结果：沙特法院适用的是关于财产、合同和侵权的“斐格海”法律问题（fiqh al-mu`āmalāt al-māliyya）。这些是与其他地方的民法典或普通法相对应的基本的伊斯兰法，是外人最难掌握的，也是沙特商法适用领域中最基本、最普遍的问题。这也是英语文献研究最少的原因。正如第1章所强调的，这种主题的选择只是战略性的，它绝不否认沙特阿拉伯行政体系的重要性以及他们对商业活动的广泛监督和管理，特别是对于日常业务的运营，其中大部分由专门法庭管理。事实上，这本书中多次展示了沙特商法中这一基于“尼扎姆”的互补部分的影响范围和力量，尤其是在案例研究中。

接下来，我根据本书通过调查选定的沙特商法领域的发现，得出了一些高度概括性的结论。

10.1 关于财产、合同和侵权法的“斐格海”法律的观察结果

如果我们重复刚刚问过的两个问题——什么是最不被理解的？什么是最基本的？不是关于整个沙特商法，而是我们选择本书涵盖的其适用范围内的法律，即法院适用并在其判决中揭示的“斐格海”财产法、侵权法和合同法。事实证明，这两个目标再次集中在一个主题上——构成“斐格海”细节基础的实质和方法的基本原则，这些基本原则在许多嵌套的层次上，将“斐格海”庞大而多样的内容整合为一个整体。我指的是在第3.2.2.4-a节中介绍的一般原则。

首先考虑法律的实质，对我来说，这项研究的主要结论之一，希望也能传达给读者，是隐性体系的这些要素的至高无上的重要性，这些法律推理和想象的微妙产物，它们赋予了“斐格海”以秩序。但困难在于，如果不深入研究法律的细节，就不能直接研究这些问题。在“斐格海”著作中，它们大多是不清晰的，无法简单地用口头表述。当它们被引出并表达出来时，通常采取的又是一种过于笼统的形式，以至于无法把握其意义。它们的数量也非常多，并且在许多层次上彼此嵌套。有时它们把看似不相关的理论原则的细节放在一起，有时它们把看似相关的理论原则的细节分开。

甚至在法律的这些基本特征的基础上，仍然存在着不同性质和权威的其他原则。这些是《古兰经》和逊奈中关于财产、合同和侵权行为的许多文本——通常短小精练，有时晦涩难懂。这些文本在几个世纪积累的学术成果中产生了深远而广泛的影响，但伊斯兰法学者很少提及这一点，因为他们认为这是显而易见的。当我们研究这些理论原则和案例的细节时，天启法律的诫命始终存在，尽管通常是在背景中，这些诫命有助于解释那些似乎不屈服于时代、习惯、期望，甚至常识变化的压力的结果。作为伊斯兰理论原则所有层面的基石，这一启示始终具有重要意义，这在我研究伊斯兰法的过程中持续产生影

响。这本书也可能让读者信服这一点。

也许这本书，即使是由一个伊斯兰法律体系的局外人为那些不使用该体系的人编写的，也能让人一睹伊斯兰法所代表的巨大人类成就。一千五百年来，伊斯兰文明中许多伟大的思想家一直在为它做贡献。人们经常把它比作海洋，这是恰如其分的。但在这个海洋中，无数的智力潮流在各个层面上流涌。而沙特阿拉伯的法律从业者认真对待自己在这一传统中的立场，案例研究充分表明了这一点。整个司法系统的许多人都在持续努力理解和发展适用于法院的“斐格海”法律。这并不意味着每一项法院判决都反映了一般的勤奋、认真和老练，事实上，虽然大多数判决都做到了，但正如我所指出的，有些似乎又做不到。

这是关于法律的实质。至于其方法，我们再次发现，在指导法官日常实践的“斐格海”手册中，似乎隐含着一种更深层次的秩序。这是在一定程度上由刚才讨论的基本原则所灌输的秩序。但在这些手册中，还存在着风格或格式的问题，即法律的呈现方式。从表面上看，手册提供了无数独立的案例，并没有多少逻辑顺序。这部分是由于历史的偶然，对传统的尊重，以及许多作为其他作品的评判作品。但是，这种令人费解的呈现形式的另一个原因是，这些作品的意图是让其使用者依赖于类比，无论是从提供的例子类比，还是从本身的主题类比。此外，还有些明显的差距，整个法律领域没有提及。当这种情况发生时，它一定是有意识地选择。当一个问题没有被提及时，学者们实际上是授权法官在其他地方寻找类比，横向的，在更高或更低的层次上，在嵌套和相互关联的“斐格海”裁决系统中。当然，这些作品的构思给法官留下了很大的自由裁量权。如果他是一个完全合格的高级艺术的实践者，从启示的来源制定“斐格海”裁决，那就是理想。但如今几乎没有人声称自己拥有这样的地位，尤其是在“斐格海”内部已经研究了很长时间的问题上。沙特阿拉伯的理想是依靠这样的精英学者所遵循的相同方法，但只是通过指导在已经存在的“斐格海”观点中进行选择（tarjīḥ）。但是，即使一个法官没有要求这种程度的自由，而是依赖于单一学派的“斐格海”，仍然会面临许多悬而未决的问题，并且非常需要理由充分的类比。这样的法官仍然需要从一般原则中获得指导，要么是众所周知的高度一般的原则，要么是根据他的博学和敏锐的程度，得出的无数更具体的原则，明确的和未明确的，这些原则明显地支配着他的学派的大量典范案例。而且，无论他从哪里接受指导，只有初审法官才掌握案件事实及其利害关系，只有他才能作出决定案件裁判的最终类比。这使他的决定具有独特的权威。

同样，这一制度给法官留下了很大的自由裁量权。但这是一个开放的问题，从经验上讲，很难说这种自由裁量权是否比普通法法官在纯粹的普通法问题上的自由裁量权更大。沙特现行制度在任何一个问题上的总体变化范围明显更大，这可能更多是因为与其他法系的法官相比，沙特法官处理该问题的时间相对较短，也与沙特法官对其他沙特法官所作判决的了解程度有关，而不是与法律本身及其文献的性质有关。

10.2　关于沙特法律体系及沙特如何适用商法的观察结果

正如第1章所提到的，以及与非沙特商人、律师和法官打交道的沙特从业人员所证实的那样，许多沙特体系外部人士（以及一些内部人士）对本书中讨论的沙特“普通”或“民事”商法的不可知性、不可预测性和比较法意义上的怪癖怀有担忧。对他们来说，这似乎是一个神秘的、无法穿透的“黑匣子”。

关于不可知性，我希望沙特体系外部人士在读完本书一个或多个长达一章的案例研究后，会放弃这种看法。也许他们仍然会发现沙特的法律推理过程晦涩难懂或智力难及，而且由于语言和纯粹的不可获得性（尽管后者随着最近的重大改革而迅速减少），难以获得可以辨别的材料，但我希望它的大部分神秘感将被消除。

关于不可预测性，我希望这本书也能改变这种印象。事实上，从业人员，至少是那些在司法系统有足够经验或能够获得有关数据的从业人员，他们的看法是，法律在实践中基本上是可以预测的，法官和学者确实存在分歧并得出截然不同结果同样是可以预测的。在本书中，我们发现并分析了沙特体系实现这种可预测性的多种机制。该体系的外部人士可能会忽略这些，只注意到该体系相对忽视了其他法律体系通常实现统一的手段——包罗万象的法典和具有先例约束力的上诉审查制度。我们观察到的机制非常多样：理论的和实践的，正式的和非正式的，监管的和学术的。理论上，正如刚才提到的，“斐格海”包含强大的思想结构，不断塑造结果。在更世俗或更实际的层面上，我们看到历史上的伊斯兰法律体系，本质上是法学家性质的，通过法学家自己运作的非正式程序和制度，实现了日常的可预测性和稳定性；这当然在今天的沙特阿拉伯继续运作，尽管现在这些过程和制度采取了不同的形式。我在之前一本关于普通法院实践的书中发现，沙特法官和学者倾向于作为一个群体行动，通过非正式合作，集体和匿名地采纳意见。这一点在本书的案例研究中得到了证实，特别是那些关于供应合同和利润损失的案例研究（第5章和第8章）。最后，在行政和监管方法方面，沙特阿拉伯已经尝试了各种程序，以提高法律的可预测性和统一性，包括最近开发的一些程序，我将在下面进行概述。现在，越来越多的“尼扎姆”正在颁布，这些“尼扎姆”侵入了“斐格海”管辖的领域，如破产、金融、知识产权和抵押担保，这是向更大的可预测性迈出的又一步。

关于比较法意义上的怪癖，我在第1章中提到了一个担忧，即我选择的案例研究，都集中在沙特法律与其他地方规则与实践相较不同的领域，这往往会证实这种看法。当然，我们目睹了该体系在维护供应合同的过程中所面临的困难，这是一项商业实践已经依赖了几十年的合同（第5章）。或者，直到今天，该体系仍坚决拒绝对利润损失的赔偿（第8章），即使这是在其他地区纠纷中的日常赔偿项目。在沙特阿拉伯，甚至诉讼当事人也在诉状中不断要求利润损失赔偿，有时明显遭受了损失，但是持久抵制雇主责任原则，而该原则在世界其他地方是如此普遍（第9章）。正如案例研究所表明的那样，这些抵制变革的例子有着根深蒂固的、错综复杂的原因。这是一方面。另一方面，本书的案例研究也证明了沙特的“斐格海”体系在其原则允许的情况下具有很好的适应性，比如它迅速地、基本上毫无争议地接受了委托制造合同，尽管该合同只得到哈乃斐学派少数人的支持，而且就在几十年前，该合同在沙特阿拉伯被视为无效而被拒绝。正如我们看到的，沙特的“斐格海”使该合同不仅成为许多供应合同的支持依据，而且也同样运用在广泛的建筑合同中（两者均在第5章中讨论）。由于篇幅有限，无法对过去几十年来在沙特阿拉伯商法体系中深入吸收的许多来自外部的其他法律思想给予更多的关注，尽管它们最初受到“斐格海”的阻碍，这些法律思想每天都在常规法院而不仅仅是在专门法庭中得到尊重和应用。我只是顺便提到了具有法律人格的商业公司、惩罚条款、作为合法财产的知识产权、无占有动产抵押或质押、商业票据、现代商业破产的规则和制度等等。我们注意到，沙特法律不断受益于“斐格海”历史上适应不断变化的商业需求的最重要手段——对商业习惯的依赖。我们在关于代理人的授权或代表的案例研究中（第6.3节），观察到了习惯作为法律渊源的全部力量。在该案例研究中，我们还注意到沙特体系如何通过行政机制（在该案例中是公证人和商业登记簿），实现难以通过理论实现但符合当前商业期望的结果。

因此，在所有这些方面——不可知性、不可预测性和相对古怪性——我希望这本书能减轻非沙特观察人员和沙特商法体系参与者的一些担忧。然而，在所有这些方面，沙特以及非沙特商人和律师仍然感到需要进一步改善，相应地，沙特政府也一直渴望创造一个更有利于经济发展和外国投资的环境。但至少在沙特国内，似乎没有人呼吁彻底改变，是的，商业法律应该更快地发展，但它应该稳定地、按自己的方式发展。如果基于“沙里亚”法的理由，实行“斐格海”阻碍了某些理想的法律机制，那么该体系应该更快地在“斐格海”内部或与“斐格海”一起发展出其他解决方案（就像第8章中的利润损失，或第9章中的雇主责任原则）；如果在面对一个新问题时，法官们采取了相互矛盾的立场，那么该体系应该更快地就单一观点达成共识（就像第4.4.4节分期付款购买合同）。在沙特商人中，这种相对温和的愿望不仅反映了他们对方便的结果的偏好，反映了他们对当前需求的响应，也反映了他们对可靠结果的偏好。对于商人来说，后者往往比前者更重要。当然，由于这一点和一些其他原因，在宪法上和意识形态上都建立在适用“沙里亚”法的法律体系的背景下，提倡一种与学术传统相一致的适度、渐进的法律演变形式可能是最明智的做法。

我们在第2章和第3章中看到，沙特体系（包括学术机构和监管体系）如何采取创新措施来实现这一结果：更快的适应性和更大的统一性，与体系的稳定性和连续性并存。这方面的一种机制是上诉法院。这种机制在20世纪60年代被采用时引起了争议，它不仅提供了更可靠的司法，而且为法律的更统一和快速发展创造了潜力。自20世纪60年代以来，我们看到上诉法院越来越愿意推翻下级法院的裁决，这些裁决在方法上是有效的“伊智提哈德”，但是他们不同意；这增加了法院的一致意见。我们看到了上诉法院支持单一理论立场的例子，有时使用起源于1975年的法定机制，发布“一般规则”，理论上约束下级法院遵循它。其他长期以来一直在考虑的解决方案现在也在尝试中。到目前为止，最重要的一步是最近公布了来自普通法院和申诉委员会的大约10000份法院判决。（如上所述，司法部现在在其网站上公布了新商事法庭的所有最终判决。）有关法院的大量信息使这项研究成为可能（我只查阅了截至2014年的判决）。成千上万的判决可能很快就会出现，律师们已经在他们的法庭文件中引用了它们，毫无疑问，学者们正在对它们进行研究。法院将在多大程度上依赖这些判决仍不得而知，正如我在第3.2.7.2节中提到的，我预计他们只会把它们“纳入考虑”（al-isti’nās bi-hā）。但是，正如这些法院判决使我能够对过去几十年的法院实践的各个方面得出初步结论一样，这些信息也将使法官能够以更快和更准确的方式得出同样的结论。有关过去司法裁决的大量信息可以帮助法官更容易地就如何调整他们的“斐格海”以适应当代挑战达成共识。法院判决的形式和内容也可能会逐渐发生变化，因为法官们会适应这样一种观念，即他们的判决——尤其是他们持有的依据——现在将接受所有同事、法律专家甚至广大公众的审查。

在公布判决结果的同时，法院系统最近还公布了各种各样的其他材料，这些材料的实用性和权威性各不相同，比如历年来上级法院裁决的“司法原则”、这些法院的“一般规则”，以及法院监察组记录的对司法错误的“观察”。在第1.2.1节中描述的这些出版物在本书中一直被引用。

但是，在推进法律以及法律和司法系统的各种方法和手段中，“房间里的大象”（就像近一个世纪以来一直如此），是对法院适用的伊斯兰法进行编纂的提议。这个想法是无法回避的。沙特阿拉伯四面受法典包围，甚至阿拉伯半岛上的所有兄弟国家也从20世纪60年代开始，效仿所有其他阿拉伯国家的模式，采用了广泛的法典；一些阿拉伯国家早在19世纪中期就开始按照法典运作。所有现代法律都是按照民法模式法律体系的术语，用阿拉伯语写成的，尤其是埃及的法律。

但主要的沙特法律思想家们不仅意识到了法典化的优点，也意识到它的缺点，尤其是对沙特阿拉伯而言。这些缺点在第2.1.4.1-b节中有所提及，主要源于它有破坏能力，甚至会取代我们在本书中观察到的当代沙特“斐格海”的内容和方法，这些内容和方法证明并塑造了沙特学者和法官的功能。这些思想家中的一些人主张不像法典化那么突兀的解决方案，包括上面讨论的那些。第2章和第3章审查了这些努力的全部背景。似乎在法律或基于法典的体系的倡导者中，对这种更零碎和渐进的解决方案的接受程度正在增加。

甚至连法典化计划也可能会走向中间立场。也许法典化，或者现在更常被称为“编纂”，将不是由立法机构颁布，而是由司法系统本身颁布。也许它将被设计成与刚才讨论的依赖于司法系统变革的其他创新相互补充和合作。在第2.1.4.1-b节中，我注意到，即使阿卜杜拉国王2014年下令起草一份“汇编”，在是否将其作为成文法发布，甚至在任何字面意义上对法官具有约束力的问题上，也存在分歧。可能出现的法典化不会扰乱现有体系，而是引导法官遵循司法系统领导人所偏爱的观点，仅通过更高级别的法院和官方学术机构的权力和影响力来对此进行监管。目前，许多法官，特别是年轻的法官，都希望得到这种指导，或发出这种全系统公认观点的信号。

10.3 一些一般性比较法观察结果

我在书中的不同地方提到了双务合同（最典型的是买卖合同）。在伊斯兰法中被概念化的方式与世界上其他地方对这种合同的流行概念有根本区别。表达这种差异的一种方式是，直到今天，伊斯兰法律和沙特法律都将合同视为财产的相互转让，而不是交换未来要履行的承诺。这种做法源于最初的判断，甚至在伊斯兰法出现系统文献之前，就已经作出了这些判断，以回应关于高利贷和不确定性的启示戒律，以及关于“财产权神圣不可侵犯，只有其所有者真正同意才能转让”的禁令。这种外部人士不熟悉的合同概念结构在整个合同法中产生了许多反响。它预先确定了“斐格海”（即便是如今沙特阿拉伯的“斐格海”）与其他地方实行的商法之间的许多反差或紧张关系。这种概念差异最明显的产物是沙特法律拒绝对违约造成的利润损失进行赔偿，这在第8章中作为案例研究进行了介绍。这种差异的更微妙的方面出现在第6、7和9章中，这是为了在基本层面上对比沙特的合同法和其他地方的法律。在不那么基本的层面上，我们观察到其他的反差，几乎都是由于禁止“里巴”和“加莱尔”的戒律引起的，这些戒律贯穿于整个伊斯兰合同法中。在沙特阿拉伯的法院中，事实证明，对“加莱尔”的关注对合同法实践中的影响大于对“里巴”的关注，因为涉及“里巴”的最重要的领域——金融问题，由于银行、资本市场和租赁融资的专门法庭的建立，在很大程度上被排除在外。围绕“加莱尔”的原则的持续力量贯穿全书，特别是体现在第4.4.4节的分期付款购买合同、第5章的供应合同和第8章的利润损失的案例研究中。

在侵权行为和财产问题上，外界的期望与沙特的法律之间的反差不太明显。但在第7章关于责任理论（特别是强夺侵权）的讨论，第8章提及的侵权利润损失赔偿，以及第9章雇主替代责任的案例分析，确实出现了许多反差。从印象上看，侵权和财产方面的各种比较法上的异常源于一种对财产的神圣性和交换中严格公平性的高度关注，这种高度关注同样是源于启示文本。财产只有在得到所有权人的同意，或有确凿和确定的理由，并且以精确的交换方式，才能从其所有权人手中被取走，多于或少于上述法则的规定都不能作为一种平衡权利的理由。

由于这些更深层次的潜在概念差异影响了整个“斐格海”的合同、侵权和财产法，我对使用根本上源于西方的法律概念和理论来重建沙特法律的努力表示怀疑，在阿拉伯的背景下，西方的法律概念和理论通常指法国的法律概念和理论，其次是其他大陆法系国家，最后是英国或美国。沿着这条路线重建沙特法律的主要成就是我所说的民事责任一般理论，涵盖了合同和侵权行为，即在证明错误行为（包括违反合同）、损害以及它们之间的因果关系时应承担赔偿责任。虽然这在许多情况下都有效，但由于它忽略了沙特阿拉伯仍然尊重的伊斯兰法的许多基本规则，因此无法预测一些理论和司法结果。在第7.2.3.1节中，我提出了另一个理论，几个世纪前由伊斯兰学者寻求解释“斐格海”结果的总括性概念产生，它在概念化和预测结果方面对我的帮助要大得多，我把它用在了几个案例研究中。这就是三个基础责任的理论——占有、合同和损坏责任。虽然该理论的思想体系十分独特的，用于比较也很笨拙，但我仍然相信学习和应用它是值得的。

尽管本研究试图解释概念上的差异，这个体系的新来者——无论是商人、律师还是法官——都有希望从这本书中收集到，伊斯兰关于财产、侵权和合同的法律的大部分内容，并能在进一步的接触中证实，符合世界各地的商人和律师（即使是今天的商人和律师）的常识性期望。当人们认为该法律每天都在有意识地借鉴可追溯到一千五百年前的先例时，这是一个惊人的结论。与当时的法律体系相比，伊斯兰法在其早期就在财产、交换和义务等问题上达到了相当的复杂程度，而且这种复杂性至今仍然存在。而且，同样重要的是，正如我相信这项研究会表明的那样，伊斯兰法学在其庞大的知识成果中保留了它可以（作为纯粹的理论）满足当今任何实际商业需要的资源。从这个角度来看，本书前面引用的一句俗语显然是正确的：“‘沙里亚’法适用于任何时间和地点。”至少对沙特阿拉伯来说，挑战不在于找到这样的解决方案，而是找到制度手段，让那些使这些方案具有约束力并为之实施的人接受，让这些解决方案成为权威和合宪的解决方案。正如本书所展示的，沙特阿拉伯在长达数十年的努力中，正在创造性地试验各种立法和法律适用模式，以应对这一挑战。

参考文献

Notes:

Author death dates are provided for Arabic-language authors who are not more or less contemporary. They are given only according to the CE year. Years of publication and the like appear as AH year (CE year).

Nizams (statutes), and less so other orders and regulations issued by the Saudi government, can generally be found online, sometimes with English translations. See especially the website of the Bureau of Experts of the Council of Ministers, www.boe.gov.sa, accessed 1 August 2019, and the website of the issuing ministry or other body.

Abdel Haleem, MA. *The Qur'an* (Oxford: Oxford University Press, 2004).

Abū Sulaymān, `Abd al-Wahhāb, '`Uqūd al-tawrīd: dirāsa fiqhiyya taḥlīliyya' (2000 (1421)) 2(12) *Majallat Majma` al-Fiqh al-Islāmī* 335.

Accounting and Auditing Organisation for Islamic Financial Institutions, 'Shari'a Standard No 9: Ijarah and Ijarah Muntahia Bittamlieek (decided 16 May 2002)' in *Shari'a Standards for Islamic Financial Institutions* (Manama: AAOIFI, 1432 (2010)) 137–59.

Accounting and Auditing Organisation for Islamic Financial Institutions, *Shari'a Standards: The Full Text of Shari'a Standards as at Shawwal 1428 H – November 2007* (Manama: AAOIFI, 2008).

Aḥmadī, `Abd Allāh al-, 'al-Mas'ūliyya al-taqṣīriyya al-nāshi'a `an khaṭa' al-`āmil tujāh al-ghayr' (Masters, High Judicial Institute, Imam Muhammad University, 1429 (2008)).

'Āl al-Shaykh wa-al-Ṣam`ānī yaṭalli`ān `alā al-marāḥil al-nihā'iyya li-murāja`at mudawwanat al-aḥkām' *al-Madīna* 2/25/1438 (25/12/2016).

Āl al-Shaykh, Muḥammad bin Ibrāhīm, *Fatāwā wa-rasā'il Samāḥat al-Shaykh Muḥammad bin Ibrāhīm bin `Abd al-Laṭīf Āl al-Shaykh*, 13 vols (Makka: Maṭba`at al-Ḥukūma, 1399 (1978)).

Āl al-Shaykh, Muḥammad bin Ibrāhīm, 'Taḥkīm al-qawānīn', http://islamway.com/?article_id=2292&iw_a=view&iw_s=Article, accessed 1 August 2019.

Āl Khunayn, `Abd Allāh, *al-Kāshif fī sharḥ niẓām al-murāfa`āt al-shar`iyya al-sa`ūdiyya*, 2nd edn, 2 vols (Riyadh: Maktabat al-`Ubaykān, 2008).

`Ajlān, Ibrāhīm al-, *Majmū`at al-mabādi' allatī qararathā hay'at al-tadqīq al-tijārī fī Dīwān al-Maẓālim min `ām 1407–1423 H* (unpublished, nd).

`Ajlān, Zakariyyā al-, 'al-Ṣu`ūbāt al-māddiyya ghayr al-mutawaqqa`a fī al-`uqūd al-idāriyya' (Masters, High Judicial Institute, Imam Muhammad University, 1431 (2009)).

Āliyat al-`amal al-tanfīdhiyya li-niẓām al-qaḍā' wa-niẓām Dīwān al-Maẓālim, Royal Decree M/78 dated 9/9/1428 (1/10/2007).

`Āmir, `Abd al-`Azīz al-, 'Aḥkām al-ta`wīḍ `an faskh `aqd al-`amal' (Masters, High Judicial Institute, Imam Muhammad University, 1434 (2012)).

`Anazī, Nāyif al-, 'al-Ta`wīḍ `an al-ḍarar al-adabī fī al-fiqh wa-al-niẓām' (Masters, High Judicial Institute, Imam Muhammad University, 1419 (1998)).

Anderson, JND, 'Muslim Procedure and Evidence' (1949) 1(4) *Journal of African Administration* 176.

`Arīfī, Muḥammad al-, 'Iṣābat al-`amal wa-al-ta`wīḍ `anhā' (Doctorate, High Judicial Institute, Imam Muhammad University, 1434 (2012)).

Atawneh, Muhammad K al-, *Wahhabi Islam Facing the Challenges of Modernity: Dār Al-Iftā in the Modern Saudi State* (Leiden: Brill, 2010).

Atiyah, PS, *Vicarious Liability in the Law of Torts* (London: Butterworths, 1967).

Aṭram, `Abd al-Raḥmān al-. *al-Wisāṭa al-tijāriyya fī al-mu`āmalāt al-māliyya* (Riyadh: Dār Ishbīliyā, 1416 (1995)).

`Awda, `Abd al-Qādir (d 1954), *al-Tashrī` al-jinā'ī al-islāmī: muqārinan bi-al-qānūn al-waḍ`ī*, 2 vols (Cairo: Dār al-Turāth al-`Arabī, nd).

`Āyid, `Abd al-Raḥmān al-, *Asbāb inḥilāl al-`uqūd al-māliyya*. Silsilat mashrū` wizārat al-ta`līm al-`ālī li-nashr alf risāla `ilmiyya 43 (Riyadh: Imam Muhammad University, 1423 (2002)).

`Āzmī, Turkī al-, 'al-Ithrā' `alā ḥisāb al-ghayr wa-taṭbīqātuh al-qaḍā'iyya: dirāsa muqārina' (Masters, High Judicial Institute, Imam Muhammad University, 1421 (2000)).
Bābartī, Muḥammad bin Maḥmūd al- (d 1384), *al-`Ināya sharḥ al-Hidāya* (Beirut: Dār al-Fikr, nd).
Badrānī, Aḥmad al-, 'Sulṭat al-qāḍī al-taqdīriyya fī faskh al-`uqūd al-māliyya' (Masters, High Judicial Institute, Imam Muhammad University, 1435 (2013)).
Baghdādī, Abū Muḥammad Ghānim al- (d 1620), *Majma` al-ḍamānāt fī madhhab al-imām al-`aẓm Abī Ḥanīfa al-Nu`mān*, 2 vols (Cairo: Dār al-Salām, 1420 (1999)).
Bahdal, Sālim al-, 'Ḥukm al-ta`wīḍ `an ḍarar al-mumāṭala fī al-amwāl' (Masters, High Judicial Institute, Imam Muhammad University, 1427 (2006)).
Baker, John H, *An Introduction to English Legal History*, 3rd edn (London: Butterworths, 1990).
Bāz, Salīm Rustum, *Sharḥ al-Majalla* (Beirut: Dār Iḥyā' al-Turāth al-`Arabī, 1986).
Bearman, Peri, Peters, Rudolph and Vogel, Frank E, *The Islamic School of Law: Evolution, Devolution, and Progress* (Cambridge, MA: Islamic Legal Studies Program, Harvard Law School, 2005).
Bechor, Guy, *God in the Courtroom: The Transformation of Courtroom Oath and Perjury between Islamic and Franco-Egyptian Law* (Leiden: Brill, 2012).
Bechor, Guy, *The Sanhuri Code, and the Emergence of Modern Arab Civil Law (1932 to 1949)* (Leiden: Brill, 2007).
Bin Ghurāb, Aḥmad, 'Aḥkām gharāmāt al-ta'khīr fī da`āwā al-tanfīdh al-jabrī bi-ṭarīq al-ta`wīḍ' (Masters, High Judicial Institute, Imam Muhammad University, 1435 (2013)).
Bin Shāhīn, `Ādil, *`Aqd al-tawrīd: ḥaqīqatuh wa-aḥkāmuh fī al-fiqh al-islāmī*, 2 vols. al-Ṣundūq al-khayrī li-nashr al-buḥūth wa-al-rasā'il al-`ilmiyya 53 (Riyadh: Dār Kunūz Ishbīliyā, 2011).
Board of Grievances – see Dīwān al-Maẓālim.
Bowstead, William, *Bowstead and Reynolds on Agency*, 18th edn by FMB Reynolds, with the assistance of Michele Graziadei (London: Sweet & Maxwell, 2006).
Brunschvig, Robert, 'Le système de la preuve en droit musulman' in *Études d'islamologie* (Paris: G-P Maisonneuve et Larose, 1976) 2: 201–17.
Buhūtī, Manṣūr al- (d 1641), *Kashshāf al-qinā` `an matn al-Iqnā`*, 6 vols (Beirut: Dār al-Kutub al-`Ilmiyya, nd).
Buhūtī, Manṣūr al-, *Sharḥ Muntahā al-irādāt al-musammā Daqā'iq ūlī al-nuhā li-sharḥ al-Muntahā*, 3 vols (Beirut: `Ālam al-Kutub, 1993).
Buhūtī, Manṣūr al-, and al-Ḥajjāwī, Mūsā bin Aḥmad (d 1560), *al-Rawḍ al-murbi` sharḥ Zād al-mustaqni`* (Beirut: Dār al-Mu'ayyid Mu'assasat al-Risāla, nd).
Busch, Danny and Macgregor, Laura (eds), *The Unauthorised Agent: Perspectives from European and Comparative Law* (Cambridge: Cambridge University Press, 2009).
Chehata, Chafik, *Études de droit musulman*, vol 2: *La notion de responsabilité contractuelle, le concept de propriété*, 2 vols (Paris: Presses Universitaires de France, 1971).
Commins, David, 'From Wahhabi to Salafi' in Bernard Haykel, Thomas Hegghammer, and Stéphane Lacroix (eds), *Saudi Arabia in Transition: Insights on Social, Political, Economic and Religious Change* (New York: Cambridge University Press, 2015) 151–66.
Coulson, NJ, *A History of Islamic Law* (Edinburgh: Edinburgh University Press, 1964).
Coulson, NJ, *Commercial Law in the Gulf States: The Islamic Legal Tradition* (London: Graham & Trotman, 1984).
Crone, Patricia, *God's Rule: Government and Islam* (New York: Columbia University Press, 2004).
Dāmigh, Sulaymān al-, 'al-Ijrā'āt wa-al-mufāwaḍāt al-sābiqa li-ibrām al-`aqd' (Masters, High Judicial Institute, Imam Muhammad University, 1435 (2013)).
Dasūqī, Muḥammad bin Aḥmad al- (d 1815), *Ḥāshiyat al-Dasūqī `alā al-Sharḥ al-kabīr*, vol. 4 (Beirut: Dār al-Fikr, nd).
Dawsarī, Muḥammad al-, 'al-Qaḍā' al-tijārī bayn al-māḍī wa-al-ḥādir wa-al-mustaqbal', 25 October 2014.
Dhuyābī, Ḥijāb al-, 'Sulṭāt al-idāra tujāh al-muta`āqid: dirāsa ta'ṣīliyya muqārina' (Doctorate, High Judicial Institute, Imam Muhammad University, 1428 (2007)).
Dīwān al-Maẓālim, *Majmū`at al-mabādi' al-shar`iyya wa-al-niẓāmiyya allatī qarrarathā lajnat tadqīq al-qaḍāyā fī al-fatra min `ām 1397 H ḥatā nihāyat `ām 1399 H* (1403 (1982)).
Dīwān al-Maẓālim, *Majmū`āt al-mabādi' al-niẓāmiyya allatī qarrarathā hay'at al-tadqīq bi-dīwān al-maẓālim fī aḥkām al-jazā'iyya wa-al-ta'dībiyya `an al-fatra min 6/1/1410 H wa-ḥattā 30/12/1420 H al-ṣādira `an hay'at al-riqāba wa-al-tadqīq* (Riyadh, 1422 (2001)).
Dīwān al-Maẓālim, *Qarārāt hay'at al-tadqīq mujtami`a* (Riyadh: Maktab al-Shu'ūn al-Fanniyya, 1435 (2013)).
Dubyān, Dubyān al-, *al-Mu`āmalāt al-māliyya: aṣāla wa-mu`āṣira*, 2nd edn, 20 vols (Riyadh: Maktabat al-Malik Fahd al-Waṭaniyya, 1432 (2010)).

El-Awa, Mohamed Selim, 'Confession and Other Means of Evidence' in MA Abdel Haleem (ed), *Criminal Justice in Islam: Judicial Procedure in the Sharī`a* (London: IB Tauris, 2003) 111–29.
Ende, W, 'Salafiyya' in *Encyclopaedia of Islam [New Edition]* (Leiden: Brill, 2004 [1960]).
Ergene, Boğaç A, 'Evidence in Ottoman Courts: Oral and Written Documentation in Early-Modern Courts of Islamic Law' (2004) 124(3) *Journal of the American Oriental Society* 471–91.
'Explanatory Memorandum (*al-Mudhakkira al-Īḍāḥiyya*)' in *Niẓām al-sharikāt*, 4th printing (Riyadh, 1394 (1973)).
Fadel, Mohammad, '"Istafti qalbaka wa in aftāka al-nāsu wa aftūka": The Ethical Obligations of the Muqallid between Autonomy and Trust' in Robert Gleave and A Kevin Reinhart (eds), *Islamic Law in Theory* (Leiden: Brill, 2014) 105–26.
Fadel, Mohammad, 'Proof and Procedure in Islamic Law' in *Oxford International Encyclopedia of Legal History* (Oxford: Oxford University Press, 2009).
Fiqī, Ḥāmid al-, *Aḥkām al-ghaṣb fī al-fiqh al-islāmī* (Alexandria: Dār al-Fikr al-Jāmi`ī, 2003).
Fuller, LL and Perdue, William R, 'The Reliance Interest in Contract Damages: 1' (1936) 46(1) *Yale Law Journal* 52–96.
Fuller, LL and Perdue, William R, 'The Reliance Interest in Contract Damages: 2' (1937) 46(3) *Yale Law Journal* 373–420.
Gerber, Haim, *State, Society, and Law in Islam: Ottoman Law in Comparative Perspective* (Albany: State University of New York Press, 1994).
Ghayhab, Ghayhab al-, 'Muqaddimat Faḍīlat Ra'īs al-Maḥkama al-`Ulyā' in *al-Mabādi' wa-al-qarārāt al-ṣādira min al-hay'at al-qaḍā'iyya al-`ulyā wa-al-hay'a al-dā'ima wa-al-`āmma bi-majlis al-qaḍā' al-a`lā wa-al-maḥkama al-`ulyā min `ām 1391 H ilā `ām 1437 H* (Riyadh: Ministry of Justice, 1438 (2016)) 9–12.
Ginena, Karim and Truby, Jon, 'Deutsche Bank and the Use of Promises in Islamic Finance Contracts' (2013) 7(4) *Virginia Law & Business Review* 619–49.
Gleave, Robert, 'Deriving Rules of Law' in Rudolph Peters and Peri Bearman (eds), *The Ashgate Research Companion to Islamic Law* (Farnham: Ashgate Publishing, 2014) 57–71
Gordley, James, *The Enforceability of Promises in European Contract Law* (Cambridge: Cambridge University Press, 2001).
Government Tenders and Procurement Law (Niẓām al-munāfisāt wa-al-mushtariyāt al-ḥukūmiyya), Royal Decree No M/58 dated 4/9/1427 (27/9/2006).
Gradeva, Rossitsa, 'On Judicial Hierarchy in the Ottoman Empire: The Case of Sofia from the Seventeenth to the Beginning of the Eighteenth Century' in Muhammad Khalid Masud, Rudolph Peters and David S Powers (eds), *Dispensing Justice in Islam* (Leiden: Brill, 2006) 271–98.
Ḥajjāwī, Mūsā al- (d 1560), *al-Iqnā` fī fiqh al-imām Aḥmad bin Ḥanbal*, ed `Abd al-Laṭīf al-Subkī, 4 vols (Beirut: Dār al-Ma`rifa, nd).
Hallaq, Wael B, *A History of Islamic Legal Theories: An Introduction to Sunnī* uṣūl al-fiqh. (Cambridge: Cambridge University Press, 1997).
Hallaq, Wael B, *Sharī`a: Theory, Practice, Transformations* (Cambridge: Cambridge University Press, 2009).
Ḥamad, `Umar al-, 'al-Khuṣūma fī tamalluk al-`aqār' (Doctorate, High Judicial Institute, Imam Muhammad University, 1433 (2011)).
Hamid, ME, 'Islamic Law of Contract or Contracts' (1971) 3 *Journal of Islamic and Comparative Law* 1–11.
Hamid, ME, 'Does the Islamic Law of Contract Recognize a Doctrine of Mistake?' (1972) 4 *Journal of Islamic and Comparative Law* 1–16.
Ḥammād, Nazīh, *`Aqd al-salam fī al-sharī`a al-islāmiyya* (Beirut: al-Dār al-Shāmiyya, 1993).
Ḥammād, Nazīh, *Bay` al-kāli' bi-al-kāli' (bay` al-dayn bi-al-dayn) fī al-fiqh al-islāmī* (Jidda: King Abd al-Aziz University, 1994).
Harrūs, Jawād, *al-Ḥiyāza wa-al-istiḥqāq fī al-fiqh al-mālikī wa-al-tashrī` al-maghribī* (Rabat: Maktabat Dār al-Salām, 2009).
Hay'at Kibār al-`Ulamā', 'Ḥukm al-sharṭ al-jazā'ī.' *Majallat al-`Adl*, No 6 (Riyadh: Wizārat al-`Adl, 1421 (2000)).
Hay'at Kibār al-`Ulamā', 'al-Ījār al-muntahī bi-al-tamlīk (Decision No 198)', 1999.
Ḥaydar, `Ali (d 1918), *Durar al-ḥukkām sharḥ majallat al-aḥkām*, trans Fahmī Ḥusaynī (Beirut: Dār al-Jīl, 1991).
Ḥaydar, Ibrāhīm al-, 'al-Ta`wīḍ `an aḍrār sijn al-khaṭa" (Masters, Imam Muhammad University, 1424 (2003)).
Ḥaydarī, Manṣūr al-, 'Jarā'im al-sharikāt wa-`uqūbatuhā' (Masters, High Judicial Institute, Imam Muhammad University, 1424 (2003)).
Ḥaydarī, Manṣūr al-, 'Muqaddimat Markaz al-Buḥūth' in *al-Mabādi' wa-al-qarārāt al-ṣādira min al-hay'at al-qaḍā'iyya al-`ulyā wa-al-hay'ah al-dā'ima wa-al-`āmma bi-majlis al-qaḍā' al-a`lā wa-al-maḥkama al-`ulyā min `ām 1391 H ilā `ām 1437 H* (Riyadh: Ministry of Justice, 1438) 13–27.

Haykel, Bernard, 'On the Nature of Salafi Thought and Action' in Roel Meijer (ed), *Global Salafism: Islam's New Religious Movement* (New York: Columbia University Press, 2009) 33–57.

Heinrichs, Wolfhart, 'Qawa'id as a Genre of Legal Literature' in Bernard Weiss (ed), *Studies in Islamic Legal Theory* (Leiden: Brill, 2002) 365–384.

Heinrichs, Wolfhart, 'Structuring the Law: Remarks on the *Furūq* Literature' in Ian Richard Netton (ed), *Studies in Honour of Clifford Edmund Bosworth* (Leiden: Brill, 2000) 1:334–44.

Heyd, Uriel, *Kānūn and Sharī`a in Old Ottoman Criminal Justice* (Jerusalem: Israel Academy of Sciences and Humanities, 1967).

Hill, Enid, 'Al-Sanhuri and Islamic Law: The Place and Significance of Islamic Law in the Life and Work of 'Abd al-Razzaq Ahmad al-Sanhuri, Egyptian Jurist and Scholar, 1895–1971' (1988) 3(1) *Arab Law Quarterly* 33–64.

Hill, Enid, 'Al-Sanhuri and Islamic Law: The Place and Significance of Islamic Law in the Life and Work of 'Abd al-Razzaq Ahmad al-Sanhuri, Egyptian Jurist and Scholar, 1895–1971 [Part II]' (1988) 3(2) *Arab Law Quarterly* 182–218.

Hindī, `Alī al-, 'Yamīn al-istiẓhār: dirāsa taṭbīqiyya' (Masters, High Judicial Institute, Imam Muhammad University, 1434 (2012)).

Hooper, CA (trans), *The Civil Law of Palestine and Trans-Jordan* (Jerusalem: Azriel Printing Works, 1933) (= English translation of **Ottoman-Majalla**).

Ḥujaylān, `Abd al-`Azīz al-, 'al-Bay` bi-sharṭ al-barā'a min al-`ayb'(1418) no 52 *Majallat al-Buḥūth al-Islāmiyya* 279–336.

Ḥumayyin, `Abd al-Raḥmān bin Fahd al-, 'Athar al-tasabbub fī al-ḍamān' (Doctorate, Imam Muhammad University, College of Shari`a, Fiqh Division, 1419 (1998)).

Ḥumūd, Sāmī, *al-Adawāt al tamwīliyya al-islāmiyya li-sharikāt al-musāhama* (Jedda: Islamic Research and Training Institute, 1996).

Ḥuṣayyin, Aḥmad al-, 'Mas'ūliyyat al-matbū``an al-tābi` fī al-fiqh al-islāmī wa-al-qānūn' (Masters, High Judicial Institute, Imam Muhammad University, 1412 (1991)).

Ibn `Ābidīn, Muḥammad Amīn (d 1836), *Radd al-muḥtār `alā al-Durr al-mukhtār*, 2nd edn (Beirut: Dār al-Fikr, 1412).

Ibn al-Qayyim – see Ibn Qayyim al-Jawziyya

Ibn Ḍūyān, Ibrāhīm (d 1935), *Manār al-sabīl fī sharḥ al-Dalīl*, ed Zuhayr al-Shāwīsh, 2 vols (Beirut: al-Maktab al-Islāmī, 1399 (1978)).

Ibn Juzayy, Muḥammad (d 1340), *Qawānīn al-aḥkām al-shar`iyya wa-masā'il al-furū` al-fiqhiyya* (Beirut: Dār al-`Ilm li-al-Malāyīn, 1979).

Ibn Mufliḥ, Ibrāhīm ibn Muḥammad (d 1362), *al-Nukat wa-al-fawā'id al-sanniyya `alā al-Muḥarrar li-Majd al-Dīn Ibn Taymiyya*, 2 vols (Riyadh: Maktabat al-Ma`ārif, 1404 (1983)).

Ibn Mufliḥ, Ibrāhīm ibn Muḥammad, *al-Mubdi` sharḥ al-Muqni`*, 8 vols (Beirut: Dār al-Kutab al-`Ilmiyya, 1997).

Ibn Qayyim al-Jawziyya, Muḥammad (d 1350), *Bidā'i` al-fawā'id*, 4 vols (Beirut: Dār al-Kitāb al-`Arabī, nd).

Ibn Qayyim al-Jawziyya, Muḥammad, *I`lām al-muwaqqi`īn `an rabb al-`ālamīn*, 4 vols (Beirut: Dār al-Jīl, 1973).

Ibn Qayyim al-Jawziyya, Muḥammad, *I`lām al-muwaqqi`īn `an rabb al-`ālamīn*, 4 vols (Beirut: Dār al-Kutub al-`Ilmiyya, 1411 (1990)).

Ibn Qayyim al-Jawziyya, Muḥammad, *al-Ṭuruq al-ḥukmiyya fī al-siyāsa al-shar`iyya*, ed Muḥammad al-Fiqī (Cairo: Maṭba`at al-Sunna al-Muḥammadiyya, 1373 (1953)).

Ibn Qayyim al-Jawziyya, Muḥammad, *al-Ṭuruq al-ḥukmiyya fī al-siyāsa al-shar`iyya*, ed Nāyif Ḥamad (Makka: Dār al-`Ālam al-Fawā'id, 1428 (2007)).

Ibn Qayyim al-Jawziyya, Muḥammad, *al-Ṭuruq al-ḥukmiyya fī al-siyāsa al-shar`iyya* (Damascus: Dār al-Bayān, nd).

Ibn Qudāma, Muwaffaq al-Dīn `Abd Allāh (d 1223), *al-Mughnī* (Cairo: Maktabat al-Qāhira, 1388 (1967)).

Ibn Qudāma, Muwaffaq al-Dīn `Abd Allāh, *al-Mughnī*, ed `Abd Allāh bin `Abd al-Muḥsin al-Turkī, 15 vols (Riyadh: Dār `Ālam al-Kitāb, 2010).

Ibn Qudāma, Muwaffaq al-Dīn `Abd Allāh, *Rawḍat al-nāẓir*, ed `Abd al-Qādir bin Badrān (d 1927), 2 vols (Riyadh: Maktabat al-Ma`ārif, 1404 (1983)).

Ibn Qudāma, Muwaffaq al-Dīn `Abd Allāh, and Ibn Qudāma, Shams al-Dīn `Abd al-Raḥmān (d 1283), *al-Mughnī wa-yalīh al-Sharḥ al-kabīr*, 15 vols (Beirut: Dār al-Kitāb al-`Arabī, 1972).

Ibn Qudāma, Shams al-Dīn `Abd al-Raḥmān (d 1283), *al-Sharḥ al-kabīr `alā matn al-Muqni`* (Beirut: Dār al-Kitāb al-`Arabī, nd).

Ibn Rajab, `Abd al-Raḥmān (d 1393), *al-Qawā`id fī al-fiqh al-islāmī* (Cairo: Maktabat al-Kulliyāt al-Azhāriyya, 1971).

Ibn Rushd, Muḥammad bin Aḥmad (d 1198), *Bidāyat al mujtahid wa-nihāyat al-muqtaṣid* (Cairo: Muṣṭafā al-Bābī al-Ḥalabī, 1981).

Ibn Taymiyya, Aḥmad (d 1328), *al-Fatāwā al-kubrā*, 6 vols (Beirut: Dār al-Kutub al-`Ilmiyya, 1408 (1987)).

Ibn Taymiyya, Aḥmad, *al-Fatāwā al-kubrā*, 5 vols (Beirut: Dār al-Ma`rifa, nd).

Ibn Taymiyya, Aḥmad, *Majmū` al-fatāwā*, ed `Abd al-Raḥmān bin Qāsim, 37 vols (Madina: Majma` al-Malik Fahd li-Ṭibā`at al-Maṣḥaf al-Sharīf, 1416 (1995)).

Ibn Taymiyya, Aḥmad, *Naẓariyyat al-`aqd* (Beirut: Dār al-Ma`rifa, nd).

Ibn Taymiyya, Aḥmad, *al-Qawā`id al-nūrāniyya*, ed M al-Fiqhī (Cairo: al-Sunna al-Muḥammadiyya, 1951).

Ibn Taymiyya, Aḥmad, *al-Qawā`id al-nūrāniyya* (Dammam: Dār Ibn al-Jawzī, 1422 (2001)).

`Illaysh, Muḥammad ibn Aḥmad (d 1882), *Minaḥ al-jalīl sharḥ `alā Mukhtaṣar al-`allāma Khalīl* (Beirut: Dār al-Fikr, 1989).

`Īsā, Muḥammad al-, 'Taqdīm' in *Majmū`at al-aḥkām al-qaḍā'iyya (li-`ām 1434)*, 1:11–19 (Riyadh: Ministry of Justice, 1436 (2014)).

Jadaan Law Firm, al-, 'SAMA Committee Restructuring' (July 2012) www.aljadaan.com/files/file/SAMA%20Committee%20Restructuring%20Briefing%20Note.pdf, accessed 1 August 2019.

Jawfān, Nāṣir al-, 'al-Ta`wīd `an tafwīt manfa`a in`aqad sabab wujūdihā' (1425) Year 17, no 65 *Majallat al-Buhūth al-Fiqhiyya al-Mu`āṣira* 95–139.

Jennings, Ronald C, 'Limitations of the Judicial Powers of the Kadi in 17th C Ottoman Kayseri' (1979) no 50 *Studia Islamica* 151–84.

Jennings, Ronald C, 'The Use of Oaths of Denial at an Ottoman Sharia Court Lefkosa (Nicosia), 1580–1640' (1996) 20 *Journal of Turkish Studies* 13–23.

Johansen, Baber, 'Signs as Evidence: The Doctrine of Ibn Taymiyya (1263–1328) and Ibn Qayyim Al-Jawziyya (d 1351) on Proof' (2002) 9(2) *Islamic Law and Society* 168–93.

Johansen, Baber, *The Islamic Law on Land Tax and Rent: The Peasants' Loss of Property Rights as Interpreted in the Hanafite Legal Literature of the Mamluk and Ottoman Periods* (London: Croom Helm, 1988).

Jurayyid, Khālid al-, 'al-Ta`wīḍ `an al-ḍarar al-mālī wa-al-ma`nawī wa-taṭbīqātuh al-qaḍā'iyya' (Doctorate, Imam Muhammad University, College of Shari`a, Fiqh Division, 1432 (2010)).

Kamali, Mohammad Hashim, 'Legal Maxims and Other Genres of Literature in Islamic Jurisprudence' (2006) 20(1) *Arab Law Quarterly* 77–101.

Kamali, Mohammad Hashim, '"Maqāṣid al-Sharī`a": The Objectives of Islamic Law' (1999) 38(2) *Islamic Studies* 193–208.

Kamali, Mohammad Hashim, *Shari`ah Law: An Introduction* (Oxford: Oneworld, 2008).

Kāsānī, Abū Bakr al- (d 1191), *Badā'i` al-ṣanā'i` fī tartīb al-sharā'i`*, 7 vols (Beirut: Dār al-Kitāb al-`Arabī, 1982).

Khafīf, `Alī al-, *al-Ḍamān fī al-fiqh al-islāmī* (Cairo: Dār al-Fikr al-`Arabī, 2000).

Khafīf, `Alī al-, *Aḥkām al-mu`āmalāt al-shar`iyya*, 3rd edn (Cairo: Dār al-Fikr al-`Arabī, 2008).

Khafīf, `Alī al-, *Mukhtaṣar aḥkām al-mu`āmalāt al-shar`iyya*, 3rd edn (Cairo: Maṭba`at al-Sunna al-Muḥammadiyya, 1950).

Khālidī, Muḥammad al-, 'al-`Udūl `an al-mabādi' al-qaḍā'iyya: dirāsa muqārina' (Masters, High Judicial Institute, Imam Muhammad University, 1421 (2000)).

Khallāf, `Abd al-Wahhāb (d 1956), *al-Siyāsa al-shar`iyya fī al-shu'ūn al-dustūriyya wa-al-khārijiyya wa-al-māliyya* (Kuwait: Dār al-Qalam, 1988).

Khamīs, Aḥmad al-, *Munāza`āt al-wasīṭ wa-al-mustathmir fī tadāwul al-awrāq al-māliyya* (Riyadh: Maktabat al-Qānūn wa-al-Iqtiṣād, 1434 (2012)).

Kharshī, Abū `Abd Allāh Muḥammad (d 1690), *Sharḥ Mukhtaṣir Khalīl*, 8 vols (Beirut: Dār al-Fikr, nd).

Khuḍayrī, Ḥamad al-, *al-Ijrā'āt al-qaḍā`iyya: dirāsa naẓariyya taṭbīqiyya* (unpublished, nd).

Lāḥim, `Abd al-Karīm al-, 'al-Ta`wīḍ `an al-sijn' (1422) no 12 *Majallat al-`Adl* 72–101.

Lāḥim, Usāma al-, *Bay` al-dayn wa-taṭbīqātuh al-mu`āṣirah fī al-fiqh al-islāmī* (Riyadh: Mayman, 1433 (2011)).

al-Lā'iḥa al-tanfīdhiyya li-Niẓām al-ījār al-tamwīlī, Saudi Arabian Monetary Authority Decision No 1/M Sh T dated 14/4/1434 (24/2/2013).

al-Lā'iḥa al-tanfīdhiyya li-Niẓām al-murāfa`āt al-shar`iyya, Minister of Justice Decision No 39933 dated 19/5/1435 (20/3/2014).

al-Lajna al-Dā'ima li-al-Buḥūth al-`Ilmiyya wa-al-Iftā', *Fatāwā al-Lajna al-Dā'ima, al-majmū`a al-ūlā*, 26 vols (Riyadh: al-Ri'āsa al-`Āmma li-al-Buḥūth al-`Ilmiyya wa-al-Iftā', 1411 (1990)) (= **Senior-Scholars-Standing-Committee, Fatāwā-Collection-1**).

al-Lajna al-Dā'ima li-al-Buḥūth al-`Ilmiyya wa-al-Iftā', *Fatāwā al-Lajna al-Dā'ima, al-majmū`a al-thāniya*, 11 vols (Riyadh: al-Ri'āsa al-`Āmma li-al-Buḥūth al-`Ilmiyya wa-al-Iftā', 1428 (2007)) (= **Senior-Scholars-Standing-Committee, Fatāwā-Collection-2**).

al-Lajna al-Dā'ima li-al-Buḥūth al-`Ilmiyya wa-al-Iftā', *Fatāwā al-Lajna al-Dā'ima, al-majmū`a al-thālitha*, 18 vols (Riyadh: al-Ri'āsa al-`Āmma li-al-Buḥūth al-`Ilmiyya wa-al-Iftā', nd) (= **Senior-Scholars-Standing-Committee, Fatāwā-Collection-3**).

Lane, Edward William, *An Arabic-English Lexicon*, ed Stanley Lane-Poole (London, 1863) vol 8.

Laṭīf, Ibrāhīm al-`Abd al-, 'Naẓariyyat al-ẓurūf al-ṭāri'a wa-atharuhā fī al-`uqūd al-zamaniyya fī al-fiqh wa-al-niẓām' (Masters, High Judicial Institute, Imam Muhammad University, 1418 (1997)).

Lauzière, Henri, 'The Construction of Salafiyya: Reconsidering Salafism from the Perspective of Conceptual History' (2010) 42(3) *International Journal of Middle East Studies* 369–89.

Libson, Gideon, 'On the Development of Custom as a Source of Law in Islamic Law' (1997) 4(2) *Islamic Law and Society* 131–55.

Linant de Bellefonds, Yvon, *Traité de droit musulman comparé*, vol 1, *Théorie générale de l'acte juridique* (Paris, The Hague: Mouton et Cie, 1965).

Linant de Bellefonds, Yvon, 'Volonté interne et volonté déclaré en droit musulman' (1958) 10 *Revue internationale de droit comparé* 510–21.

Llewellyn, Karl, 'Remarks on the Theory of Appellate Decision and the Rules or Canons About How Statutes Are to Be Construed' (1949) 3 *Vanderbilt Law Review* 395.

al-Mabādi' wa-al-qarārāt al-ṣādira min al-hay'at al-qaḍā'iyya al-`ulyā wa-al-hay'a al-dā'ima wa-al-`āmma bi-majlis al-qaḍā' al-a`lā wa-al-maḥkama al-`ulyā min `ām 1391 H ilā `ām 1437 H (Riyadh: Ministry of Justice, 1438 (2016)) www.moj.gov.sa/ar/Ministry/Departments/ResearchCenter/Pages/press.aspx, accessed 1 August 2019 (= **Ministry of Justice-Principles of Highest Courts-2016**).

Maḥmaṣānī, Ṣubhī, *al-Naẓariyya al-`āmma li-al-mūjibāt wa-al-`uqūd fī al-sharī`a al-islāmiyya*, 2 vols in 1 (Beirut: Dār al-`Ilm li-al-Malāyīn, 1972).

al-Majlis al-A`lā li-al-Qaḍā', *Mudawwanat al-taftīsh al-qaḍā'ī (1431–1434)* (Riyadh: al-Majlis al-A`lā li-al-Qaḍā', 1436 (2014)) (= **Supreme Court-Inspectors' Observations-1436**).

Majlis Hay'at al-Sūq al-Māliyya, 'Lā'iḥa sulūkiyyāt al-sūq', Decision No 1-11-2004 (10/4/2004).

Majma` al-Fiqh al-Islāmī al-Duwalī, '`Aqd al-istiṣnā`', Decision No 65 (Decision No 3 of Session No 7, Year 1992) www.iifa-aifi.org/1852.html, accessed 1 August 2019.

Majma` al-Fiqh al-Islāmī al-Duwalī, '`Aqd al-muqāwala wa-al-ta`mīr: ḥaqīqatuh, takyīfuh, ṣuwaruh', Decision No. 129 (Decision No 3 of Session No 14, Year 2003) www.iifa-aifi.org/2118.html, accessed 1 August 2019.

Majma` al-Fiqh al-Islāmī al-Duwalī, '`Uqūd al-tawrīd wa-al-munāqaṣāt', Decision No 107 (Decision No 1 of Session No 12, Year 2000) www.iifa-aifi.org/2053.html, accessed 1 August 2019.

Majma` al-Fiqh al-Islāmī al-Duwalī, 'al-Muwā`ada wa-al-muwāṭa'a fī al-`uqūd', Decision No 157 (Decision No 6 of Session No 17, Year 2006) www.iifa-aifi.org/2214.html, accessed 1 August 2019.

Majma` al-Fiqh al-Islāmī al-Duwalī, 'al-Salam wa-taṭbīqātuh al-mu`āṣira', Decision No 85 (Decision No 2 of Session No 9, Year 1995) www.iifa-aifi.org/1990.html, accessed 1 August 2019.

Majma` al-Fiqh al-Islāmī al-Duwalī, 'al-Sharṭ al-jazā'ī', Decision No 109 (Decision No 3 of Session No 12, Year 2000) www.iifa-aifi.org/2059.html, accessed 1 August 2019.

Majma` al-Fiqh al-Islāmī al-Duwalī, 'al-Wafā' bi-al-wa`d, wa-al-murābaḥa li-al-āmir bi-al-shirā'', Decision No 40–41 (Decision No 2–3 of Session No 5, Year 1988) www.iifa-aifi.org/1751.html, accessed 1 August 2019.

Majma` al-Fiqh al-Islāmī al-Duwalī, 'al-Bay` bi-al-taqsīṭ', Decision No 51 (Decision No 2 of Session No 6, Year 1990) www.iifa-aifi.org/1785.html, accessed 1 August 2019.

Majma` al-Fiqh al-Islāmī al-Duwalī, 'al-Ījār al-muntahī bi-al-tamlīk', Decision No 44 (Decision No 6 of Session No 5, Year 1988) www.iifa-aifi.org/1760.html, accessed 1 August 2019.

Majma` al-Fiqh al-Islāmī al-Duwalī, 'al-Sharṭ al-jazā'ī', Decision No 109 (Decision No 3 of Session No 12, Year 2000) www.iifa-aifi.org/2059.html, accessed 1 August 2019.

Majma` al-Fiqh al-Islāmī al-Duwalī, 'al-Tawarruq: ḥaqīqatuh, anwā`uh (al-fiqhī al-ma`rūf wa-al-maṣrafī al-munaẓẓam)', Decision No 179 (Decision No 5 of Session No 19, Year 2009) www.iifa-aifi.org/2302.html, accessed 1 August 2019.

Majma` al-Fiqh al-Islāmī al-Duwalī, 'al-Ithbāt bi-al-qarā'in wa-al-amārāt (al-mustajiddāt)', Decision No 194 (Decision No 9 of Session No 20, Year 2012) www.iifa-aifi.org/2364.html, accessed 1 August 2019.

Majma` al-Fiqh al-Islāmī al-Duwalī, 'al-Sharṭ al-jazā'ī', Decision No 109 (Decision No 3 of Session No 12, Year 2000) www.iifa-aifi.org/2059.html, accessed 1 August 2019.

Majma` al-Fiqh al-Islāmī al-Duwalī, 'Khiṭāb al-ḍamān', Decision No 12 (Decision No 12 of Session No 2, Year 1985) www.iifa-aifi.org/1604.html, accessed 1 August 2019.

al-Majma` al-Fiqhī al-Islāmī, 'al-Tawarruq kamā tujrīh ba`ḍ al-maṣārif fī al-waqt al-ḥāḍir' (2004) *Majallat al-Majma` al-Fiqhī al-Islāmī*, Session No 17, Decision No 2, Year 2003, 287–88.

Māmā, Muḥammad al-, 'Mufawwitāt faskh al-`aqd' (Doctorate, Imam Muhammad University, College of Shari`a, Fiqh Division, 1422 (2001)).

Manī`, `Abd Allāh al-, 'al-Wa`d wa-ḥukm al-ilzām bi-al-wafā' bih diyānatan wa-qaḍā'an' (1413 (1992)) no 36 *Majallat al-Buḥūth al-Islāmiyya* 129–61.

Manī`, `Abd Allāh al-, 'Maṭl al-ghanī ẓulm yuḥill `irḍuh wa-`uqūbatuh' (1989 (1409)) no 2 *Majallat al-Majma` al-Fiqhī al-Islāmī* 93–107.

Mardāwī, `Alī bin Sulaymān al- (d 1480), *al-Inṣāf ma`a al-Sharḥ al-kabīr `alā matn al-Muqni`*, ed `Abd Allāh al-Turkī, 30 vols (Cairo: Hajar, 1415 (1994)).

Mardāwī, `Alī bin Sulaymān al- (d 1480), *al-Inṣāf fī ma`rifat al-rājiḥ min al-khilāf `alā madhhab al-imām Aḥmad bin Ḥanbal*, 2nd edn, 12 vols (Beirut: Dār Iḥyā' al-Turāth al-`Arabī, nd).

Marghīnānī, `Alī ibn Abī Bakr al- (d 1196), *al-Hidāya sharḥ Bidāyat al-mubtadī*, ed Muḥammad `Adnān Yūsuf (Beirut: Dār Iḥyā' al-Turāth al-`Arabī, nd).

Marghīnānī, `Alī al-, *al-Hidāya: sharḥ Bidāyat al-mubtadī*, 4 in 2 vols (Cairo: Muṣṭafā al-Bābī al-Ḥalabī, 1975).

Marghīnānī, Maḥmūd ibn Aḥmad al- (d 1219), *al-Muḥīṭ al-burhānī fī al-fiqh al-Nu`mānī*, ed `Abd al-Karīm Sāmī, 9 vols (Beirut, 2004).

Marzūqī, Muḥammad al-, *Mas'ūliyyat al-mar' `an al-ḍarr al-nātij min taqṣīrih* (Beirut: al-Shabaka al-`Arabiyya li-al-Abḥāth wa-al-Nashr, 2009).

Masud, Muhammad Khalid, Messick, Brinkley and Powers, David S (eds), *Islamic Legal Interpretation: Muftis and Their Fatwas* (Cambridge, MA: Harvard University Press, 1996).

Māwardī, `Alī ibn Muḥammad al-, *Ordinances of Government:* al-Aḥkām al-Sulṭāniyya wa'l-Wilāyat al-Dīniyya, trans Wafaa H Wahba (Reading: Garnet Publishing, 1996).

Melchert, Christopher, *The Formation of the Sunni Schools of Law, 9th–10th Centuries CE* (Leiden: Brill, 1997).

Messick, Brinkley, 'Commercial Litigation in a Shari'a Court' in Muhammad Khalid Masud, Rudolph Peters and David S Powers (eds), *Dispensing Justice in Islam: Qadis and Their Judgments* (Leiden: Brill, 2006) 195–218.

Ministry of Commerce, *Majmū`at al-mabādi' al-niẓāmiyya fī mawādd al-awrāq al-tijāriyya: 1403–1405* (Riyadh: Ministry of Commerce, 1405 (1984)).

Mohammed, Khaleel, 'The Islamic Law Maxims' (2005) 44(2) *Islamic Studies* 191–207.

Moursi Badr, Gamal, 'Islamic Law: Its Relation to Other Legal Systems' (1978) 26(2) *American Journal of Comparative Law* 187.

Mu`dānī, al-Ḥasan ibn Raḥḥāl al- (d 1727), *al-Irtifāq fī masā'il min al-istiḥqāq*, ed Muḥammad Manī`ī (Riyadh: Maktabat al-Rushd, 2000).

Mūsā, `Abd Allāh al-, 'al-Ajīr al-khāṣṣ: ḍawābiṭuh wa-aḥkāmuh' (1429 (2008)) no 3 *Majallat al-Jam`iyya al-Fiqhiyya al-Sa`ūdiyya* 133–210.

Mutayhī, `Abd Allāh al-, 'Da`āwā al-ta`wīḍ al-nāshi'a `an al-mas'ūliyyatayn al-taqṣīriyya wa-al-`aqdiyya wa-taṭbīqātuhā fī al-fiqh wa-al-qaḍā' al-idārī' (Doctorate, Imam Muhammad University, High Judicial Institute, 1434 (2012)).

Muṭayrī, Fahad al-, '`Aqd al-ijāra min al-bāṭin: dirāsa muqārina' (Masters, High Judicial Institute, Imam Muhammad University, 1422 (2001)).

Muṭlaq, `Abd Allāh al-, 'Mas'ūliyyat al-jānī `an `ilāj al-majnī `alayh wa-ḍamān ta`aṭṭulih `an al-`amal' (1424) no 70 *Majallat al-Buḥūth al-Islāmiyya* 287–327.

MWL-Academy – see al-Majma` al-Fiqhī al-Islāmī.

Najjār, `Abd Allāh, *al-Ḍarar al-adabī: dirāsa muqārana fī al-fiqh al-islāmī wa-al-qānūn* (Riyadh: Dār al-Murīḥ, 1995).

Najjār, `Imād al-, *al-Iddi`ā' al-`āmm wa-al-muḥākama al-jinā'iyya wa-tatbīquhumā fī al-Mamlaka al-`Arabiyya al-Sa`ūdiyya* (Riyadh, 1997).

Nāṣir, Muḥammad, *Khiyānat al-amāna wa-atharuh fī al-`uqūd al-māliyya fī al-sharī`a al-islāmiyya* (Amman: Dār al-`Ilmiyya al-Duwaliyya, 2001).

Neuner, Robert, 'Respondeat Superior in the Light of Comparative Law' (1941) 4(1) *Louisiana Law Review* 1–41.
Neyers, JW, 'A Theory of Vicarious Liability' (2005) 43(2) *Alberta Law Review* 1–41.
Niqābat al-muḥāmīn, *al-Mudhakkirāt al-īḍāḥiyya li-al-qānūn al-madanī al-urdunī*, 3 vols (Amman: al-Maktab al-Fannī, 1985).
Niẓām al-`amal wa-al-`ummāl, Royal Decree No M/21 dated 6/9/1389 (17/9/1969).
Niẓām al-`amal, Royal Decree No M/51 dated 23/8/1426 (27/9/2005).
al-Niẓām al-asāsī li-al-ḥukm, Royal Decree No A/90 dated 27/8/1412 (1/3/1992) www.saudiembassy.net/basic-law-governance, accessed 1 August 2019 (= **Basic Nizam-1992**).
Niẓām al-bay` bi-al-taqsīṭ, Royal Decree No M/13 dated 4/3/1426 (13/10/2005) (= **Instalment Sale Nizam-2005**).
Niẓām al-ījār al-tamwīlī, Royal Decree No M/48 dated 13/8/1433 (3/7/2012) (= **Finance Leasing Nizam-2012**).
Niẓām al-ijrā'āt al-jazā'iyya, Royal Decree No M/39 dated 28/7/1422 (16/10/2001) (= **Nizam of Criminal Procedures-2001**).
Niẓām al-ijrā'āt al-jazā'iyya, Royal Decree No M/2 dated 22/1/1435 (25/11/2013) (= **Nizam of Criminal Procedures-2013**).
Niẓām al-munāfisāt wa-al-mushtariyāt al-ḥukūmiyya, Royal Decree No M/58 dated 4/9/1427 (27/9/2006).
Niẓām al-murāfa`āt al-shar`iyya, Royal Decree No M/21 dated 20/5/1421 (19/8/2000) (= **Nizam of Sharia Procedures-2000**).
Niẓām al-murāfa`āt al-shar`iyya, Royal Decree No M/1 dated 22/11/1435 (25/11/2013) (= **Nizam of Sharia Procedures-2013**).
Niẓām al-murāfa`āt amām Dīwān al-Maẓālim, Royal Decree No M/3 dated 22/1/1435 (25/11/2013) (= **Nizam of Board of Grievances Procedures-2013**).
Niẓām al-qaḍā', Royal Decree No M/64 dated 14/7/1395 (23/7/1975) (= **Nizam of the Judiciary-1975**).
Niẓām al-qaḍā', Royal Decree No M/78 dated 19/9/1428 (1/10/2007) (= **Nizam of the Judiciary-2007**).
Niẓām al-rahn al-tijārī, Royal Decree No M/75 dated 21/11/1424 (14/1/2004).
Niẓām al-rahn al-tijārī, Royal Decree No M/86 on 8/8/1439 (27/4/2018).
Niẓām al-sharikāt, Royal Decree No M/6 dated 22/3/1385 (22/7/1965) (= **Companies Nizam-1965**).
Niẓām al-sharikāt, Royal Decree No M/3 dated 28/1/1437 (10/11/2015) (= **Companies Nizam-2015**).
Niẓām al-sijill al-tijārī, Royal Decree No M/1 dated 21/2/1416 (20/7/1995).
Niẓām al-sūq al-māliyya, Royal Decree No M/30 dated 2/6/1424 (31/7/2003).
Niẓām al-tanfīdh, Royal Decree No M/53 dated 13/8/1433 (3/7/2012) (= **Enforcement Nizam-2012**).
Niẓām al-tasjīl al-`aynī li-al-a`qār, Royal Decree No M/6 dated 11/2/1423 (24/4/2002).
Niẓām Dīwān al-Maẓālim, Royal Decree No M/51 dated 17/7/1402 (10/5/1982) (= **Board of Grievances Nizam-1982**).
Niẓām Dīwān al-Maẓālim, Royal Decree No M/78 dated 19/9/1428 (1/10/2007) (= **Board of Grievances Nizam-2007**).
Niẓām Hay'at al-Taḥqīq wa-al-Iddi`ā' al-`Āmm, Royal Decree No M/56 dated 24/10/1409 (29/5/1989).
Nyazee, Imran Ahsan Khan, *Islamic Law of Business Organization: Partnerships* (Islamabad: Islamic Research Institute, 1999).
OIC-Academy – see Majma` al-Fiqh al-Islāmī al-Duwalī
Opwis, Felicitas, 'Siyāsa Shar`īya' in *The Oxford Encyclopedia of Islam and Politics* (Oxford: Oxford University Press, 2014).
Opwis, Felicitas, Maṣlaḥah *and the Purpose of the Law: Islamic Discourse on Legal Change from the 4th/10th to 8th/14th Century* (Leiden: Brill, 2010).
Opwis, Felicitas, 'New Trends in Islamic Legal Theory: *Maqāṣid al-Sharī`a* as a New Source of Law?' (2017) 57(1) *Die Welt des Islams* 7–32.
Order [of King Abdullah on compilation (*tadwīn*) of judicial rulings], Royal Order A/20 dated 7/2/1436 (11/29/2014).
Parolin, Gianluca P, 'Introduction: Comment parle-t-on du "droit" en Égypte?' (2015) 112 *Études Arabes* 1–22.
Peters, Rudolph, *Crime and Punishment in Islamic Law: Theory and Practice from the Sixteenth to the Twenty-First Century* (Cambridge: Cambridge University Press, 2005).
Posner, Richard A, *Economic Analysis of Law*, 4th edn (Boston, MA: Little Brown, 1992).
Powers, David S, 'On Judicial Review in Islamic Law' 26(2) (1992) *Law & Society Review* 315–41.
Qarāfī, Aḥmad ibn Idrīs al- (d 1285), *al-Furūq aw Anwār al-burūq fī anwā' al-furūq*, 4 vols (Beirut: Dār al-Ma`rifa, nd).

Qārī, Aḥmad al- (d 1940), *Majallat al-aḥkām al-shar`iyya*, ed `Abd al-Wahhāb Abū Sulaymān and Muḥammad Ibrāhīm `Ali (Jidda: Tihāma, 1981) (= **Qari-Majalla**).
Qarnī, `Abd al-Laṭīf al-, 'al-Naẓariyya al-sababiyya bayn al-fiqh wa-al-qānūn: dirāsa ta'ṣīliyya wa-taṭbīqiyya muqārina' (Doctorate, High Judicial Institute, Imam Muhammad University, 1433 (2011)).
Qāsim, `Abd al-`Azīz al-, 'al-Ḍarar al-ma`nawī wa-ḍamānuh bi-al-māl fī al-fiqh al-islāmī muqāranan bi-al-niẓām' (Masters, High Judicial Institute, Imam Muhammad University, 1419 (1998)).
Qāsim, Muḥammad bin (ed), *al-Mustadrak `alā majmū` fatāwā shaykh al-islām*, 5 vols (Riyadh: Muḥammad bin Qāsim, 1418 (1997)).
Qawā`id al-murāfa`āt wa-al-ijrā'āt amām Dīwān al-Maẓālim, Council of Ministers Resolution 190 dated 16/11/1409 (20/6/1989) (= **Principles of Board of Grievances Procedures-1989**).
Qurrat Dāghī, Muḥyī al-Dīn `Alī al-, *Buḥūth fī al-iqtiṣād al-islāmī* (Beirut: Dār al-Bashā'ir al-Islāmiyya, 2009).
Qurṭubī, Abū Walīd Ibn Rushd al- (d 1126), *al-Bayān wa-al-taḥṣīl wa-al-sharḥ wa-al-tawjīh wa-al-ta`līl li-al-masā'il al-mustakhraja*, 2nd edn (Beirut: Dār al-Gharb al-Islāmī, 1408 (1987)).
Rabb, Intisar A, *Doubt in Islamic Law: A History of Legal Maxims, Interpretation, and Islamic Criminal Law* (New York: Cambridge University Press, 2015).
Ramlī, Shams al-Dīn Muḥammad al- (d 1596), *Nihāyat al-muḥtāj ilā sharḥ al-Minhāj fī al-fiqh `alā madhhab al-Imām al-Shāfi`ī*, 8 vols (Cairo: Muṣṭafā al-Bābī al-Ḥalabī, 1967).
Rasheed, Muhammad Sa`ad al-, 'Criminal Procedure in Saudi Arabian Judicial Institutions' (University of Durham, 1973).
Sa`dī, `Abd al-Raḥman bin Nāsir al- (d 1956), *al-Qawā`id wa-al-uṣūl al-jāmi`a wa-al-furūq wa-taqāsīm al-badī`a al-nāfi`a* (Riyadh: Maktabat al-Ma`ārif, 1985).
Ṣadr al-Shahīd, `Umar al- (d 1141), *Sharḥ Adab al-qāḍī li-al-Khaṣṣāf*, 4 vols (Baghdad: Wizārat al-Awqāf, 1977).
Salāma, `Abd al-`Azīz al-, 'al-Ta`wīḍ `an al-ḍarar al-ma`nawī' (1431) no 48 *Majallat al-`Adl* 192–200.
Ṣam`ānī, Walīd al-, 'Taqdīm ma`ālī wazīr al-`adl' in *al-Mabādi' wa-al-qarārāt al-ṣādira min al-hay'at al-qaḍā'iyya al-`ulyā wa-al-hay'a al-dā'ima wa-al-`āmma bi-majlis al-qaḍā' al-a`lā wa-al-maḥkama al-`ulyā min `ām 1391 H ilā `ām 1437 H* (Riyadh: Ministry of Justice, 1438 (2016)) 5–7.
Ṣam`ānī, Walīd al-, *al-Sulṭa al-taqdīriyya li-al-qāḍī al-idārī: dirāsa ta'ṣīliyya taṭbīqiyya*, 2 vols (Riyadh: Dār al-Mayman, 1436 (2014)).
Sanhūrī, `Abd al-Razzāq al-, *Maṣādir al-ḥaqq fī al-fiqh al-islāmī: dirāsa muqārana fī al-fiqh al-gharbī*, 6 vols (Cairo: Dar Iḥyā al-Turāth al-`Arabī, 1967).
Saudi Arabian Monetary Authority, *al-Munāza`āt al-maṣrafiyya: Ijrā'āt al-taqāḍī amāma lajnat taswiyya al-munāza`āt al-maṣrafiyya wa-al-mabādi' allatī qarrarathā* (Riyadh: Saudi Arabian Monetary Authority, 2006).
Sayf, `Abd Allāh al-, 'al-Wisāṭa al-`aqāriyya wa-taṭbīqātuhā al-qaḍā'iyya' (Doctorate, High Judicial Institute, Imam Muhammad University, 1433 (2011)).
Senior-Scholars-Standing-Committee – see al-Lajna al-Dā'ima li-al-Buḥūth al-`Ilmiyya wa-al-Iftā'
'[Session in which Scholars Exchange Views on *Tawrīd* Contract]' (2000 (1421)) 2(12) *Majallat Majma` al-Fiqh al-Islāmī* 515–68.
Shabīb, `Abd al-`Azīz al-, 'Bay` al-istijrār wa-taṭbīqātuh al-mu`āṣira' (Masters, High Judicial Institute, Imam Muhammad University, 1431 (2009)).
Shādhilī, Ḥasan `Alī al-, *Naẓariyyat al-sharṭ fī al-fiqh al-islāmī* (Cairo: Dār al-Kutub al-Jāmi`ī, 1981).
Shādhilī, Ḥasan al-, 'al-Istiṣnā` wa-mawqif al-fiqh al-islāmī minh fī ṣūrat `aqd istiṣnā` aw `aqd al-salam' (1992 (1412)) 2(7) *Majallat Majma` al-Fiqh al-Islāmī* 425.
Shāfi`ī, Muḥammad, *Khiyānat al-amāna fī al-fiqh al-jinā'ī al-islāmī al-muqārin* (Cairo: Dār al-Salām, 2011).
Shaham, Ron, *The Expert Witness in Islamic Courts: Medicine and Crafts in the Service of Law* (Chicago: University of Chicago Press, 2010).
Sharāra, `Abd al-Jabbār, *Aḥkām al-ghaṣb fī al-fiqh al-islāmī*, np (Maktabat al-I`lām al-Islāmī, 1414).
Shawkānī, Muḥammad al- (d 1839), *Nayl al-awṭār: Sharḥ muntaqā al-akhbār min aḥādīth Sayyid al-Akhyār*, 9 vols (Cairo: Muṣṭafā al-Bābī al-Ḥalabī, 1952).
Shithrī, Su`ūd al-, 'al-Sharika dhāt al-mas'ūliyya al-maḥdūda' (Masters, High Judicial Institute, Imam Muhammad University, 1420 (1999)).
Shubrumī, Sa`ad al-, 'Aḥkām al-ḍamān fī al-sharikāt' (Masters, High Judicial Institute, Imam Muhammad University, 1423 (2002)).
Shuqfa, `Ubayda al-, 'al-Ta`wīḍ `an akhṭā' wasīṭ al-ashum' (Masters, High Judicial Institute, Imam Muhammad University, 1435 (2013)).

Shuwayhī, `Abd al-Majīd al-, 'al-Shurūṭ al-ja`liyya fī `aqd al-ji`āla wa-taṭbīqātuhā al-mu`āṣira' (Masters, High Judicial Institute, Imam Muhammad University, 1430 (2008)).
Simpson, AW Brian, *A History of the Common Law of Contract. Rise of the Action of Assumpsit* (Oxford: Clarendon Press, 1975).
Sirāj, Muḥammad Aḥmad, *Ḍamān al-`udwān fī al-fiqh al-islāmī* (Beirut: al-Mu'assasa al-Jāmi`iyya, 1414 (1993)).
Skovgaard-Petersen, Jakob, *Defining Islam for the Egyptian State: Muftis and Fatwas of the Dār al-Iftā* (Leiden: Brill, 1997).
Suhaylī, Ibrāhīm al-, 'Taḥawwul al-`aqd al-mālī wa-atharuh' (Masters, High Judicial Institute, Imam Muhammad University, 1424 (2003)).
Sulamī, `Izz al-Dīn Ibn `Abd al-Salām al- (d 1262), *Qawā`id al-aḥkām fī maṣāliḥ al-anām*, ed Ṭāhā `Abd al-Ra'ūf Sa`d, rev, 2 vols (Cairo: Maktabat al-Kulliyyāt al-Azhariyya, 1968).
Suyūṭī, `Abd al-Raḥmān al- (d 1505), *al-Ashbāh wa-al-naẓā'ir* (Beirut: Dār al-Kutub al-`Ilmiyya, 1990).
Ṭāhā, Muṣṭafā Kamāl, *al-Wajīz fī al-qānūn al-tijārī* (Alexandria: Munsha'at al-Ma`ārif, 1964).
Ṭāhā, Muṣṭafā Kamāl, *Asāsiyyāt al-qānūn al-tijārī: dirāsa muqārana* (Beirut: Manshūrāt al-Ḥalabī al-Ḥuqūqīya, 2006).
Tahānawī, Muḥammad, *A Dictionary of the Technical Terms Used in the Sciences of the Musalmans*, 2 vols (Calcutta: WN Lees Press, 1862).
Tanam, Ibrāhīm al-, *al-Imtiyāz fī al-mu`āmalāt al-māliyya wa-aḥkāmuh fī al-fiqh al-islāmī* (Riyadh: Dār Ibn al-Jawzī, 1430 (2008)).
Tillier, Mathieu, 'The Mazalim in Historiography' in *Oxford Handbook of Islamic Law* (Oxford: Oxford University Press, 2018) ch 10.
Tyan, E, '`Adl' in *Encyclopaedia of Islam [New Edition]*, vol 1 (Leiden: Brill, 2004 [1960]).
Tyser, CR, Demtriades, DG, and Effendi, Ismail Haqqi (trans), *The Mejelle*, reprint of 1901 edn (Lahore: All Pakistan Legal Decisions, 1967) (= English translation of **Ottoman-Majalla**).
`Ubūdī, Aḥmad al-, 'Ṭuruq al-ithbāt fī al-qaḍā' al-tijārī wa-taṭbīqātuhā fī al-Mamlaka al-`Arabiyya al-Sa`ūdiyya' (Doctorate, High Judicial Institute, Imam Muhammad University, 1433 (2011)).
`Umarī, Ma`mar bin `Abd al-Raḥmān al-, '`Aqd al-ashghāl al-`āmma' (Doctorate, High Judicial Institute, Imam Muhammad University, 1434 (2012)).
`Uthaymīn, Muḥammad bin Ṣāliḥ al-, and al-Ḥajjāwī, Mūsā bin Aḥmad (d 1560), *al-Sharḥ al-mumti` `alā Zād al-mustaqni`*, 15 vols (Dammam: Dār Ibn al-Jawzī, 1422 (2001)).
`Uthmānī, Muḥammad Taqī al-, '`Uqūd al-tawrīd wa-al-munāqaṣa' (2000 (1421)) 2(12) *Majallat Majma` al-Fiqh al-Islāmī* 311.
`Uthmānī, Muḥammad Taqī al-, 'Aḥkām al-bay` bi-al-taqsīṭ: wasā'iluh al-mu`āṣira fī ḍaw' al-fiqh al-islāmī' (1992 (1412)) 2(7) *Majallat Majma` al-Fiqh al-Islāmī* 29.
`Uyaydī, Fahad al-, 'Faskh al-`aqd al-tijārī' (Masters, High Judicial Institute, Imam Muhammad University, 1424 (2003)).
Udovitch, Abraham L, *Partnership and Profit in Medieval Islam* (Princeton, NJ: Princeton University Press, 1970).
Vogel, Frank E, 'Banking Disputes in Saudi Arabia: An Analysis of Decision 822' (1986) 9(4) *Middle East Executive Reports* 21–24.
Vogel, Frank E, *Islamic Law and Legal System: Studies of Saudi Arabia* (Leiden: Brill, 2000).
Vogel, Frank E, 'Siyāsa Shar`iyya' in *Encyclopaedia of Islam [New Edition]* (Leiden: Brill, 2004 [1960]) 9: 694–96.
Vogel, Frank E, 'Tracing Nuance in Mawardi's *al-Ahkam al-Sultaniyya*: Implicit Framing of Constitutional Authority' in A Kevin Reinhart and Robert Gleave (eds), *Islamic Law in Theory: Studies on Jurisprudence in Honor of Bernard Weiss* (Leiden: Brill, 2014) 331–59.
Vogel, Frank E, 'The Contract Law of Islam and of the Arab Middle East' in *International Encyclopedia of Comparative Law* (2006) vol VII, ch 7, 1–162.
Vogel, Frank E, and Hayes, Samuel L, III, *Islamic Law and Finance: Religion, Risk, and Return* (Boston, MA: Kluwer Law International, 1998).
Wakin, Jeanette and Zysow, Aron, 'Ra'y' in *Encyclopaedia of Islam [New Edition]* (Leiden: Brill, 2004 [1960]).
Wakin, Jeannette A, 'Introduction' in *The Function of Documents in Islamic Law: The Chapters on Sales from Ṭaḥāwī's* Kitāb al-Shurūṭ al-Kabīr (Albany: State University of New York Press, 1972) 1–72.
'Walīd al-Sam`ānī: muhandis tahawwul al-qaḍā'' *al-Balad* 8 April 1439 (2017).
Wehr, Hans and Cowan, J Milton, *A Dictionary of Modern Written Arabic*, 4th edn (Weisbaden: Otto Harrassowitz, 1974).

Weiss, Bernard, 'Interpretation in Islamic Law: The Theory of Ijtihad' (1978) 26 *American Journal of Comparative Law* 199–210.
Weiss, Bernard G, *The Spirit of Islamic Law* (Athens: University of Georgia Press, 1998).
Wizārat al-Awqāf, *al-Mawsū'a al-fiqhiyya* (Kuwait: Wizārat al-Awqāf, 1404–1427 (1983–2006)).
Wood, Leonard, *Islamic Legal Revival: Reception of European Law and Transformations in Islamic Legal Thought in Egypt, 1875–1952* (Oxford: Oxford University Press, 2016).
Zāḥim, 'Abd al-Majīd al-, ''Aqd al-tawrīd al-idārī' (Masters, High Judicial Institute, Imam Muhammad University, 1427 (2006)).
Zakariyah, Luqman, *Legal Maxims in Islamic Criminal Law: Theory and Applications* (Leiden: Brill, 2015).
Zarkashī, Muḥammad bin 'Abd Allāh al- (d 1370), *al-Manthūr fī al-qawā'id al-fiqhiyya*, 3 vols (Wizārat al-Awqāf al-Kuwaytiyya, 1405 (1984)).
Zarqā, Muṣṭafā al-, 'Dirāsa mabda'iyya fī al-'uqūd wa-faskhihā bayn al-sharī'a wa-al-qānūn' (nd) 5(7) *Majallat al-Majma' al-Fiqhī al-Islāmī* 121–35.
Zarqā, Muṣṭafā al-, *al-Fi'l al-ḍarr* (Damascus: Dār al-Qalam, 1988).
Zarqā, Muṣṭafā al-, 'Mas'ūliyyat al-matbū' 'an fi'l tābi'ih' (1426 (2005)) no 10 *Majallat al-Majma' al-Fiqhī al-Islāmī* 145–72.
Zarqā, Muṣṭafā al-, *al-Madkhal al-fiqhī al-'āmm*, 9th edn, 3 vols (Beirut: Dar al-Fikr, 1967).
Zuḥaylī, Muḥammad al-, *Wasā'il al-ithbāt fī al-sharī'a al-islāmiyya*, 2 vols (Damascus: Dār al-Bayān, 2007).
Zuḥaylī, Wahba al-, 'al-Mas'ūliyya al-nāshi'a 'an al-ashyā'' (1425 (2004)) no 8 *Majallat al-Majma' al-Fiqhī al-Islāmī* 93–134.
Zuḥaylī, Wahba al-, *Naẓariyyat al-ḍamān* (Damascus: Dār al-Fikr, 1998).
Zuḥaylī, Wahba al-, *Naẓariyyat al-ḍamān* (Damascus: Dār al-Fikr, 2012).
Zuḥaylī, Wahba al-, 'Bay' al-taqsīṭ' (1419 (1998)) 9(11) *Majallat al-Majma' al-Fiqhī al-Islāmī* 26–71.
Zuḥaylī, Wahba al-, 'Khiṭābāt al-ḍamān' (1995 (1415)) no 8 *Majallat al-Majma' al-Fiqhī al-Islāmī* 68–92.
Zukarī, 'Abd al-Muḥsin al-, 'Mas'ūliyyat al-shurakā' fī al-sharika al-musāhima wa-al-sharika dhāt al-mas'ūliyya al-maḥdūda fī al-niẓām wa-al-fiqh al-islāmī' (Masters, High Judicial Institute, Imam Muhammad University, 1414 (1993)).
Zweigert, Konrad and Kötz, Hein, *Introduction to Comparative Law*, trans Tony Weir, 2nd rev edn (Oxford : New York: Clarendon Press, 1987).
Zysow, Aron, 'The Problem of Offer and Acceptance: A Study of Implied-in-Fact Contracts in Islamic Law and the Common Law' (1985) 34(1) *Cleveland State Law Review* 69–77.
Zysow, Aron, *The Economy of Certainty: An Introduction to the Typology of Islamic Legal Theory* (Atlanta, GA: Lockwood Press, 2013).

附　　录

附录一：两个案例的译文

案例1：申诉委员会第27商业巡回法院，第368号判决，利雅得（2008年）

案件编号：伊历1429年（公历2008）6642/1/Q

初审判决编号：伊历1429年（公历2008）368/D/TJ/27

上诉判决编号：伊历1430年（公历2009）233/IS/3

开庭日期：伊历1430年6月28日（公历2009年6月22日）

主题

买卖合同—定金—经核实的利润

原告要求被告支付他从被告那里购买汽车的差价（被告没有把汽车交付给他，而是以更高的价格卖给了另一方），还要求返还他的定金（他向被告支付了押金，直至被告将最后一辆车交付给他）。原告的购买事实已被其出示的一份文件确认，该文件是由被告出具的收据，收据上注明了这是购买49辆Aveo汽车的定金。被告承认，他将未交付给原告的剩下的24辆汽车以更高的价格卖给了另一个买主。结果：被告违反销售合同，其必要后果是将所售货物的所有权转让给原告并将货物交付给他。原告将其索赔金额限定为两次销售之间的差额。他有权获得这笔差价的理由是，他有权获得经核实的利润，这些利润是他从被告那里购买的汽车的销售合同所产生的结果，而这些汽车的全部并未交付给他，此外还有他追回支付给被告的定金的权利。因此，命令被告人支付作为诉讼标的款项。

事实

本案的事实在原告_____对被告机构（Mu’assasa）_____提出的诉状中得到了总结，原告在诉状中表示，在伊历1429年8月18日（2008年8月17日），他与被告机构（Mu’assasa）_____签订了一份合同，购买46辆Aveo 2008型汽车，如他们签发的文件所示，他附上了一份复印件，条件是每辆车的价格为20,500里亚尔。原告说，他支付了25,000里亚尔作为定金，由该机构保留，直到最后一辆车交付给他。原告说他们交付自己了其中21辆车，原告付了已交付车的全部价款。当市场上汽车价格上涨时，被告拒绝向他交付约定的汽车。原告说被告把文件中提到的一些汽车卖给了其他人。原告在诉状的最后请求迅速作出判决，以阻止该机构出售剩余的汽车并将其出口到国外。此外，原告要求强令被告向他交付根据他所附文件约定将出售给他的汽车。原告还要求赔偿因被告违反双方签订的合同而遭受的利润损失和损失。此外，原告还要求被告支付到目前为止尚未交付给他的汽车的租金。

在将案件移交给巡回法庭后，巡回法庭按照法庭记录进行了调查。在今天的庭审中，原告声明他的要求与诉状中所述一致。当这些被呈给被告时，被告回答说：原告关于上述汽车销售的陈述是正确的，然而，他已经向原告明确表示，汽车的价格出现了过大的差异（ghubn）（损害），因此他没有交付剩余的汽车，也就是总共46辆汽车中的24辆。他交付了21辆汽车。然后，被告表示，他以22,700里亚尔的价格和500里亚尔的佣金出售上述汽车。巡回法庭询问原告的索赔要求是什么。原告回答说，他要求被告除了返还预付的25,000里亚尔定金外，还要支付他购买汽车的价格与出售汽车的价格之间的差额（1,700里亚尔 × 24辆汽车= 40,800里亚尔）。在向被告提出这一点时，被告表示，原告所说的是正确的，除了他同意将汽车的价格每辆提高1,000里亚尔。

这是在他给原告交付了18辆车之后说明的。在向原告出示这一证词后，原告回答说，他付了最后3辆车的钱，而那是在被告拒绝交付之后。双方结束了各自的陈述。

理由

原告把他向被告的索赔限定为40,800里亚尔，他说这是他从被告那里购买的剩余汽车的价格与出售给另一购买者的价格之间的差额，他说被告没有交付给他的车共有24辆。他还要求被告返还他为购买汽车而支付的25,000里亚尔定金。这是因为被告没有交付他从被告那里购买的剩余汽车，总共24辆，被告把这些汽车卖给了另一个人。

鉴于可以证明，原告购买了他提交的文件中提到的汽车，被告承认这一点，并通过附在案件文件上的收据证实了这一点，该收据由被告签发，金额为25,000里亚尔，其中提到这是出售49辆Aveo汽车的押金。鉴于事情是这样，鉴于销售合同的必然结果是已售出货物的所有权转移给买方并将货物交付给他。鉴于被告承认他将剩余的汽车，共24辆，卖给了另一个购买者，这被认为违反了双方就出售汽车和将其交付给原告所达成的必然结果。鉴于原告已将其索赔范围缩小到除了他支付的定金外，他购买这些物品时的价格与被告出售给另一个购买者时的价格之间的差额；鉴于原告和被告之间买卖这些汽车的单价为20,500里亚尔；这是由于双方当事人的承认而成立的，被告没有提交任何证据证明他所声称的有关该价格的任何变化；至于被告将汽车卖给另一个购买者的单价，根据被告所承认的，是22,700里亚尔减去作为支付给被告的佣金的500里亚尔，原告接受了这一点，并要求作出相应的判决；鉴于原告将他的索赔限制在两笔交易的差额上：因此，巡回法庭的结论是，原告有权获得这笔款项，认为它代表了原告有权获得的经核实的利润，这是原告根据原告和被告的协议买卖所购买的汽车的结果。关于原告根据上述收据支付的定金，这也是原告的一项权利，因为他为这些从未全部交付的汽车支付了定金，并且从未从实际交付的汽车价值中扣除，这使得原告有权要求偿还。综上所述，巡回法院判决被告败诉，赔偿金额为40,800里亚尔，这是被告购买汽车的价格与被告将汽车卖给另一个购买者的价格之间的差额，此外还有25,000里亚尔，这是原告支付的定金。

因此，巡回法庭命令被告_____，即机构_____的所有人向原告_____支付65,800里亚尔，理由如上。愿真主赐予成功，愿真主保佑我们的先知穆罕默德和他所有的家人和同伴。

上诉法院

上诉法院作出裁判，确认判决为最终判决。

案例2：普通法院第34240533号判决，霍巴尔（2012年）

契据编号：伊历1434年6月12日（公历2013年4月23日）34240533

诉讼编号：33681073

上诉法院维持原判决定编号：伊历1430年12月3日（公历2013年10月8日）34377281/Q2/A

主题

合同——承诺转让所有权的租赁——汽车——事故——被告将汽车出售给他人——事故发生后汽车分期付款的账户——未付款的原因可归咎于被告公司——要求解除合同并将名字从黑名单中删除——承租人获准享受用益权时应支付租金——支持解除合同和判决将被告人[①]从黑名单中删除。

“沙里亚”法和制定法的基础

1. 罕百里派学者西拉齐（卒于945年）的表述：“如果发生不可抗拒的事件，使承租人无法获得合同中的用益权，他有义务支付其使用期间的租金。”

2. 罕百里派学者伊本·古达马在《穆格尼》中的表述，如果“租用的物品被强夺，那么承租人有权解除合同，因为这涉及其权利的延迟。如果合同被解除，则对合同的裁决与合同在财产被毁时被解除相同。如果在租约届满前没有解除合同，那么他有权选择撤销合同并退还合同租金，或者继续履行合同并要

① 此处似乎应为原告。——译者注

求强夺者支付公平的租金”。

3. 没有伤害，也不造成伤害。

4.《沙里亚程序法》第55条。

案情摘要

原告向被告公司提出索赔，称她根据分期付款购买制度（即租购，al-ta'jīr al-muntahī bi-al-tamlīk）从被告公司租用了一辆汽车。她付了一部分租金，然后发生了一场交通事故，对方负全部责任。交警不允许她跟进，所以她将记录提交给被告公司。客户（原告）对自己的名字出现在_____的黑名单上，以及汽车被出售给另一个人感到惊讶。因此，原告试图迫使被告公司将她的名字从名单上删除，并向她交付一辆新车，作为对灭失汽车的赔偿。该公司的代表确认了合同的有效性、分期付款的支付、事故的发生、他收到的事故报告、他的客户被列入黑名单，以及该公司出售了作为权利要求主体的汽车。当他从警察局局长那里得知这起事故后，他去找了交警，交警证实了这起事故有一个编号，但记录丢失了。交警答应去查找记录，他回去找了交警几次，但他们没有找到事故的记录。由于原告的分期付款义务仍在继续，她的账户反映了拖欠款项，这辆车被卖掉了，因为她没有回到被告公司，并在被告公司规定的时间要求内买车。有人问被告：为什么在合同仍然有效的情况下，汽车被卖掉了，原告被告知这一点了吗？他说：“我们把车保留了一段时间，承租人没有来提车，它就被卖掉了。”原告的律师否认她没有要求公司归还汽车，并宣称原告不断地与他们核对，直到得知汽车已售出。他要求解除合同。原告的律师表示，他要求法院就将其当事人的名字从黑名单中删除一事作出裁决，并希望从该诉讼提出对一辆新车的请求。鉴于原告主张，被告公司将其客户的名字列入黑名单，原因是被告公司没有与交警跟进事故发生后的事情，因此她延迟支付从被告公司租赁的汽车的部分分期付款款项。被告的代表证实，分期付款的延迟是在事故发生后，不是由于原告本人造成的。而事故记录的跟踪延迟是由于交警丢失了事故记录，他无法对事故记录进行跟踪。承租人自能够使用租赁物之日起就负有支付租金的义务，若由于出租人或者第三人的原因致使其不能使用租赁物的，出租人在不能使用期间无权收取租金。“如果租用的物品被强夺，那么承租人有权解除合同，因为这涉及其权利的延误。如果合同被解除，则对合同的裁决与合同在财产被毁时被解除相同。如果在租约届满前没有解除合同，那么承租人有权选择撤销合同并退还合同租金，或者继续履行合同并要求强夺者支付公平的租金。”承租人要求解除合同。被告滥用其将原告列入黑名单的权利，而原告之前没有出现任何不按时支付分期付款的情况。“沙里亚”法为那些受到伤害的人提供了救济，其中最重要的“斐格海”原则是“没有伤害，也不造成伤害”。鉴于上述情况，判决被告从_____公司的黑名单中删除原告的名字。在法庭上确认的是，原告律师推迟了以一辆新车替换被被告公司出售的汽车的请求，并请求将其从诉状中删除。上诉法院维持了原判。

判决书文本，判决公告

在我面前，我______，霍巴尔普通法院法官，根据霍巴尔普通法院助理院长阁下转交给我们的案件，该案件的日期为伊历1433年11月28日，编号为33681073，记录在法院编号为332138646，日期为伊历1433年11月28日，于1434年2月星期一上午9时开庭。______在场，一位民事登记号码为______的沙特公民______作为原告律师，一位民事登记号码为______的沙特公民根据霍巴尔第二公证处签发的日期为伊历1433年11月28日的授权书______，授予他起诉、辩护、听取和回应权利主张的权利，供认、否认、和解、自首和宽恕，请求、拒绝和否认在这些案件中宣誓的权利，提供证据，接受或反对判决，接受金钱和行为的权利。被告______公司没有出席，也没有任何合法代表。我们没有接到通知，他们是否已被通知。根据《沙里亚程序法》第55条，法院宣布休庭，以便通知被告。在另一次开庭中，原告通过她的律师_____出庭，其律师证明了他的身份，并持有上述授权书。被告_____公司没有出庭，也没有任何人代表其参加。已经写了一封通知函，编号34318839，日期为伊历1434年2月9日。当事人的传唤人确认他已通知被告，并由_____公司的法定代理人签字。根据《沙里亚程序法》第55条，决定在缺席的情况下审理此案。原告律师提出了他的权利要求，他在诉状中说，他的客户从被告公司租用了一辆汽车______2008，车牌号为_____，于伊历1428年11月8日根据分期购买制度，以93,960里亚尔分六十个月分期付款，从2008年1月1日开始，每一期的金额为1,566里亚尔，还规定预付6,500里亚尔。预付了这笔款项和一些分期付款，支付的总金额达到14,000里亚尔。随后，在伊历1429年2月在朱拜勒工业城发生了一起涉及该汽车的交通事故。开这辆车的是______，我客户的兄弟。对方是这起事故百分之百的过错方。朱拜勒交警处理了这起事故。我跟他们跟进了很多次，他们告诉我这辆车是以公司的名义注册的，必须由公司来追究此事。我停止了跟踪，把所有的记录都交给了被告公司，因为我知道他们从事故发生的那一刻起就被告知了事故。在此之后，我的客户对在她不知情的情况下将汽车卖给第三方感到惊讶，并对她的名字进入黑名单感到惊讶。我去被告公司，他们告诉我，我必须支付汽车的全部价款，他们已经卖掉了汽车。我告诉他们那辆车出了事故，公司在我的客户不知情的情况下卖掉了它。他们说，那就付一半价款，但我拒绝了。每个员工都在逃避责任。因此，我请求他们：第一，将我当事人的名字从黑名单中删除；第二，为我的客户提供一辆新的汽车作为替代，以补偿他们在她不知情的情况下出售的汽车。这是我的诉求。法庭要求他证明他的主张。他呈上了他的客户和被告公司之间的合同，与他上面所说的相符。他还被问道：你有证据证明事故的发生，以及责任的比例吗？他说："我没有这样的东西，因为所有的记录都在朱拜勒的交通警察那里。"他回答说。考虑到此事需要证据，决定与朱拜勒的交通警察联系，要求提供关于上述事故的资料。在另一次开庭中，原告通过她的律师出庭，其律师像之前一样证明了他的身份和授权，被告______也出庭了，一位民事登记号码为______的沙特公民作为商业登记日期伊历1417年7月6日号码______的______公司的合伙人，根据霍巴尔公证处于伊历1432年11月20日签发的第37631号授权书，授予他起诉、应诉、辩护、接受、反对、上诉以及免除义务的权利。上次庭审休庭是为了联系朱拜勒的警察，以获得有关这次事故的资料。没能取得联系，因为负责的员工忘记了。原告律师在诉状中所说的合同的存在、分期付款、事故的发生、事故发生时我们被告知、他的委托人的名字被列入黑名单，以及作为诉讼标的的汽车被公司出售——这些都是真实的。然而，当我从警察局长那里得知这起事故后，我亲自去了朱拜勒的交通警察那里，他们向我证实了这起事故的编号是存在的，但是记录丢失了。他答应去找这些记录，我又回去了几次，但他们没有找到事故记录。由于分期付款继续作为原告的义务，未付的款项已记入她的账上。后来，由于原告没有在公司规定的期限内到公司来提车，所以汽车被出售了。被告代表人如是回答。于是有人问被告代表人，为什么原告的名字被列入黑名单，即使公司知道，延迟支付分期付款的原因并非她的意愿？被告代表人说如果我们保留她的名字，会给我们带来损失。于是有人问他，为什么在合同仍然有效的情况下，汽车被卖掉了，原告被告知了吗？他说，我们把车保留了一段时间，承租人没有来提车，它就被卖掉了。当把这些呈给原告的律师时，原告律师回答说，但我确实不时地与这家公司联系，询问事故的情况，直到他们最后告诉我，那辆车已经卖掉了。我的委托人的名字被列入了黑名单。我请求解除他们之间的合同，并将我的客户的名字从黑名单中删除。在向被告的代表提出这一点时，他回答说，他的客户拒绝这样做，除非剩余的债务得到支付，其金额约为45,000里亚尔。被告代表人被问道：原告在事故发生前支付分期付款是否有欠款？他说我不知道，我需要查一下公司的账目。原告律师表示：我请求法院就将我当事人的名字从黑名单中移除一事作出裁决，我确认我想从诉讼中去掉对一辆新车的请求。如果可以，我将把它作为一个单独的主张。基于上述情况，并在听取起诉理由和答复后，鉴于原告声称，该公司因其客户在上一次庭审上的文件中所述的从他们那里租赁的汽车的部分分期付款延迟而将其列入黑名单，这起事故发生后，原告无法使用该车，其原因可追溯到该公司未能与交警跟进事故。被告的代表承认，延迟付款是在事故发生后，并不是原告个人的责任，但延迟跟进事故记录是交警的过错，因为事故记录在警局和有权跟进的交警那都丢失了。承租人自能够享受利益时开始承担租金责任，由于出租人或者第三人的原因不能享受利益的，出租人在不能享受利益期间无权获得租金。西拉齐说：“如果发生不可抗拒的事件，使承租人无法获得合同中的用益权，他有义务支付其使用期间的租金。”伊本·古达马在《穆格尼》中谈了更多关于这个问题的细节，如果这种履行不是因租赁的财产被强夺而导致的，那么就会与这个案例相对应。但是，事故记录的丢失以及由于没有这些记录而无法从中得到有效信息的情况，可能被认为属于被陌生人强夺财产的裁定范围。伊本·古达马在《穆格尼》中说：“如果租用的物品被强夺，那么承租人有权解除合同，因为这涉及其权利的延误。如果合同被解除，则对合同的裁决与合同在财产被毁时被解除相同。如果在租约届满前没有解除合同，那么承租人有权选择撤销合同并退还合同租金，或者继续履行合同并要求强夺者支付公平的租金。”承租人在不能享受租赁利益期间内未支付租金，要求解除租赁。被告滥用其将原告列入黑名单的权利，而原告在按时支付分期付款方面没有出现违约行为。“沙里亚”法带来好处并完善它，抵御邪恶并减轻它。它是为了消除那些受伤害的人的伤害。伊斯兰教法的伟大原则（qawā`id）之一是“没有伤害，也不造成伤害”。由于上述所有原因，被告______公司有义务将原告______从______公司的黑名单中删除。在我面前已经确定，原告律师推迟了要求被告公司购买一辆新车来替换已售出的汽车的要求，并且他要求从本案中删除这一点。我于是作出了这样的判决。在向双方当事人出示判决书时，原告律师对判决表示满意。被告对判决表示不满，并要求将此事提交上诉法院并附上反对备忘录。我告诉他们上诉的要求。记录于伊历1434年6月13日。

该案由上诉法院发回，并附有其院长的信，编号342186558，日期为伊历1434年12月16日。在上诉法院第二民事巡回法庭的契据上出现如下内容：“我们已经审阅了尊贵法官_____签发的编号为34240533、日期伊历1434年6月13日的契据。我们已于伊历1434年12月3日发出第34377281/Q2/A号判决书，维持原判。上诉法官______上诉法官______巡回法院院长______。他们的印章。他们的签名。”记录于伊历1434年12月25日。

我们东部地区上诉法院第二民事巡回法庭的法官们审查了1434年9月15日在法院登记的案件，编号342186558，该案由霍巴尔普通法院助理院长阁下于伊历1434年9月7日审理，编号332138646。随函附上法院法官阁下谢赫______签发的契据，编号34240533，日期伊历1434年6月13日，该契据涉及______对______的民事诉讼。这份契据包括了法官判决的记录和细节。经研究契据、法庭记录副本、反对备忘录及交易记录后，我们决定维持原判。记录于伊历1434年12月3日。

附录二：阿拉伯语字母转录指南

辅　音

ء	’	ط	ṭ
ب	b	ظ	ẓ
ت	t	ع	‘
ث	th	غ	gh
ج	j	ف	f
ح	ḥ	ق	q
خ	kh	ك	k
د	d	ل	l
ذ	dh	م	m
ر	r	ن	n
ز	z	ه	h
س	s	و	w
ش	sh	ي	y
ص	ṣ	ة	-a, -at
ض	ḍ		

元　音

ـَ	a
ـِ	i
ـُ	u
ا	ā
ي	ī
و	ū
ـِيّ	-iyy
ـُوّ	-uww

附录三：阿拉伯语术语表

	音译	意译
abdān	阿卜丹	字面意思是，身体、部分；一种伙伴关系，合作伙伴只为之贡献自己的劳动
`āda		习惯、惯例、实践；在“斐格海”中，指习惯法；见`urf
`adl		正义；就证人而言，指品行良好的证人
`ahd	阿赫德	禁令、保证、誓言、契约、合同、义务、承诺
aḥkām		ḥukm的复数
ajīr khāṣṣ		专门为一名雇用者投入时间的受雇人；员工
ajīr mushtarak		受雇执行特定服务或任务的受雇人，可能同时受雇于多个雇用者；承包商
akl māl bi-al-bāṭil		不公正或不正当地拿走（字面意思是吃或消费）财产；见《古兰经》，例如4：29
`ālim, pl `ulamā'		学者；在伊斯兰教中，宗教学者
amāna	阿曼纳	受信任人（amīn）的地位或职责；对自己拥有的财产属于他人的两种基本关系之一，即在不违反义务的情况下对其损失不承担责任；与ḍamān相对
`āmil		工人、雇员；muḍāraba合伙关系中的非资本的参与管理的合伙人
amīn	阿敏	值得信赖的人、受托人；一个人持有另一个人的财产作为amāna
amr		命令、指令

续表

	音译	意译
\`aqd, pl \`uqud		字面意思是，打结、打领带；义务、契约；缔结或批准契约或誓言；在“斐格海”中，指法律行为、合同
\`arbūn	阿尔本	定金；买方支付的不可退还的定金，保留确认或取消买卖的权利
\`āriya	伊阿拉	无偿借出非消耗性财产；赠送用益物权或manfa\`a，与i\`āra同义
arsh	阿尔什	用于身体伤害而不是死亡的血钱；见diya
aṣl		根源、基础、原始条件；在证据中，指推定事实，除非有相反的证据
awrāq māliyya		资本工具，如股票和债券
awrāq tijāriyya		商业票据、银行支票和本票等票据
\`ayb		缺陷；货物的潜在缺陷使买方有权取消买卖
\`ayn	艾因	存在的、有形的事物，被认为是独特的和个体的；物体（拉丁语，res），与其用益物权相对；因此，其反义词包括种属物（dayn）、可替代物（mithlī）、被描述之物（mawṣūf）、“迪马”中的物体和用益物权；特定硬币
bāṭil		无用的、无效的、虚假的、不法的
bay\`		销售、销售合同
bay\` al-wafā'		可赎回的销售，即卖方有权在退还购买价款后追回财产的销售
bay\` mu'ajjal		赊销，以后支付价款的销售
bay\`atān (or bay\` atayn) fī bay\`a		字面意思是，一次销售中的两次销售，被圣训禁止
bayyina		字面意思是，显而易见的东西；在“斐格海”中，指证据，有时意味着两个合格的男性证人的证词
bi-taba\`iyya		从属的、相关的、附带的
bi-ghayr ḥaqq		没有合法权利

续表

	音译	意译
ḍābiṭ, pl ḍawābiṭ		字面意思是，控制者；在“斐格海”中，指适用于某个法律领域的一般规则、格言或原则（见qā`ida）
ḍamān	达曼	担保合同（也称为kafāla）；对自己拥有的财产属于他人的两种基本关系之一，对其损失或损害承担严格责任；与amāna相对
ḍamān al-`aqd		字面意思是，合同的责任（权力）；一方当事人对合同项下义务履行的责任；qawā`id文献中用于解释一般责任的架构中的三个ḍamāns之一
ḍamān al-itlāf		字面意思是，毁坏的责任；对造成他人金钱利益损害的不法行为的责任；qawā`id文献中用于解释一般责任的架构中的三个ḍamāns之一
ḍamān al-yad		字面意思是，占有的责任；不当夺取他人财产或财产权益的责任；qawā`id文献中用于解释一般责任的架构中的三个ḍamāns之一
ḍāmin	达敏	承担ḍamān的人
ḍarar		损坏、伤害、损失
ḍarūra		必要性；在“斐格海”中，指一种为违反法律行为开脱的地位
dayn	戴因	字面意思是，债务；在“斐格海”中，指一般定义的财产或履行，即仅由其属、种或其他特征或描述定义或签约的财产或履行（通常是可替代物）；债务人现在或将来欠下的任何非`ayn对价；将来到期时的对价；与`ayn相对
dhimma	迪马	字面意思是，契约、纽带、义务、责任、保护、安全；在“斐格海”中，指个人接受责任和义务的能力
Dīwān al-Maẓālim		从历史上看，它指的是哈里发的办公室或局，用于接收对其政府行为的投诉；在沙特阿拉伯，指申诉委员会/行政法院

续表

	音译	意译
diya		死亡或人身伤害的血钱
fāḥish		令人厌恶的，可怕的；极端的，过度的
faqīh, pl fuqahā'		“斐格海”学者
fāsid		字面意思是，腐败的、腐朽的；在“斐格海”中，指不健全的、无效的、可撤销的
faskh		在“斐格海”中，指撤销、终止、取消
fatwā (pl fatāwā)	法特瓦	“斐格海”学者出具的权威法律意见书
fi`l		行为、效果
fiqh	斐格海	从字面上理解，是指伊斯兰教的法律科学；积累的伊斯兰法律知识；还有，法理学，现代法律体系中的理论学说
fuḍūlī	弗杜利	字面意思是，干涉者；在“斐格海”中，指一个人未经所有权人授权而为其财产或利益行事
furū` (sing far`)		字面意思是，树枝；“斐格海”中指衍生规则
ghabn		见ghubn
gharāmat ta'khīr		延迟的处罚；在沙特阿拉伯，指政府合同中对承包商延迟履约的处罚
gharar	加莱尔	字面意思是，危险、风险、危害；在“斐格海”中，指风险、不确定性、缺乏了解、不存在的风险
ghaṣb	加斯卜	强夺、非法夺取；在罕百里学派中，指无权（bi-ghayr ḥaqq）和以强迫手段（qahran）夺取（istīlā'）他人的财产权
ghāṣib		犯了ghaṣb的人
ghishsh		欺诈、欺骗、作弊、掺假
ghubn or ghabn		欺诈；在“斐格海”中，指损害、价格差异（拉丁语，laesio）
al-ghunm bi-al-ghurm		“斐格海”格言，字面意思是“收益伴随着损失”
ḥadd, pl ḥudūd		《古兰经》和逊奈中明确规定了构成要件和刑罚的少数几种罪行之一

续表

	音译	意译
ḥadīth		从字面上说，是关于先知的言论、作为或不作为的历史记载，或者是对圣门弟子和早期穆斯林世代中受人尊敬的人物的言论、作为或不作为的历史记载
ḥāja		字面意思是需要；在“斐格海”中，指一种程度小于ḍarūra的必要程度，在某些情况下，可以原谅被禁止的行为的理由
ḥalāl		合法的、正当的
Ḥanafī	哈乃斐	逊尼派四大教法学派之一，遵循艾布·哈尼法的学说
Ḥanbalī	罕百里	逊尼派四大教法学派之一，遵循艾哈迈德·本·罕百里的学说
ḥaqq, pl ḥuqūq		真理、权利、权利要求
ḥaqq `āmm		在“斐格海”中，指公共权利、国家或社区权利
ḥaqq khāṣṣ		在“斐格海”中，指私人权利、个人权利
ḥarām		禁止的、非法的
ḥawāla	哈瓦莱	债务转让合同
hay'a, pl hay'āt		字面意思是，形状、躯体；董事会、理事会、委员会、机构
Hay'at Kibār al-`Ulamā'		在沙特阿拉伯，指高级乌莱玛委员会
ḥaylūla		禁止；在“斐格海”中，通过禁止财产所有者使用或占有财产而取得财产的一种形式
hiba		赠予合同
ḥīla, pl ḥiyal		诡计；在“斐格海”中，指法律技巧或策略
ḥukm		在“斐格海”中，指法院判决；“斐格海”分配给行为的价值、裁定
i`āra	伊阿拉	见`āriya
`ibādāt		拜主行为；与mu`āmalāt相对

续表

	音译	意译
ibāḥa		允许性；道德价值的中立性；在“斐格海”中推定，行为是允许的，除非启示中有相反的证据证明它不被允许
iḍāfa		将合同履行的开始时间推迟到将来的时间
idārī		行政的
iḥtimāl		可能性、概率
ījāb		提供；见qabūl
ijāra muntahiya bi-al-tamlīk		字面意思是，租赁终止于所有权，租购（分期付款购买）
ījār		租赁
ijāra	伊加拉	租赁或雇佣合同；出售财产或人类服务的用益权
ijmā`		在“斐格海”中，一个时代所有合格的“斐格海”学者在某个法律问题上的一致意见；“斐格海”的四个根源（uṣūl）之一
ijtihād	伊智提哈德	字面意思是，个人的努力；在“斐格海”中，指一个合格的“斐格海”学者在启示不明确或不确定的事情上，确定神圣律法的真正裁决所付出的努力
ikhlāl bi-`aqd		违反合同
ikhtilās	伊赫提拉斯	从不专心的人手中抢走并逃跑；盗用
ikrāh		强制、胁迫；在“斐格海”中，指强迫
`illa		字面意思是，原因；在“斐格海”中，指神圣律法裁决已知的案件与裁决未知的案件之间的类比的基础；当发现一个案件的特征存在于其他案件中时，证明有理由对这些案件适用相同的伊斯兰教法裁决；一个案件的特征，当它被发现存在于其他案件中时，有理由对这些案件适用相同的“斐格海”裁决
`inān	伊南	合伙形式，其中每个合伙人都贡献资本和劳务（使用罕百里派的定义）

续表

	音译	意译
iqrār		承认、供认
isti'nāf		上诉复核
isti'nās		考虑某事
istiḥqāq	伊斯提哈卡克	权利，权利的主张；在马利克学派中，有时也在其他学派中，指主张优先占有财产的权利
istiḥsān		当考虑到人类福祉的需要时，允许严格的法律推理的例外，或指导在可能的法律结果中进行选择的学说，这是哈乃斐学派的特征
istijrār	伊斯提吉拉尔	马利克学派批准的合同，用于预购货物并赊账付款
istīlā'		夺走
istiṣnā`	伊斯提斯纳阿	为购买一种待制造的特定产品而订立的合同；制造佣金
istīthāq		一种宣誓形式（yamīn）
istiẓhār		一种宣誓形式（yamīn）
ithrā' bi-lā sabab		没有对价的敛财，不当得利
itlāf	伊特拉夫	造成破坏或伤害；在“斐格海”中，指造成金钱利益损失或他人人身伤害的不法行为
jā'iz	贾伊兹	允许的、合法的、正当的、有效的；合同一方或双方有权终止具有预期效力的合同
jahāla		无知、缺乏知识；在“斐格海”中，指法律行为的不确定性，通常会导致出现gharar
jazā'ī		刑事的，如刑事的法律、程序、管辖权等
ji`āla		在“斐格海”中，指报酬合同；承诺对特定行为或成就进行奖励的单务合同
juḥūd		拒绝、否定、否认
jumruk		进口税意义上的海关
juzāfan		有风险、随机、投机
kafāla		在“斐格海”中，担保合同（也称为ḍamān）

续表

	音译	意译
al-kāli' bi-al-kāli'		来自圣训和“斐格海”的格言，禁止“以延迟换延迟”，即以一个延迟支付的对价换取另一个延迟支付的对价
kāli'	卡里伊	被延迟的东西；见al-kāli' bi-al-kāli'
kātib `adl		公证人
khabīr, pl khubarā'		专家
kharāj		收益率、利润、收益
al-kharāj bi-al-ḍamān		法律格言和原则，字面意思是“收益伴随着对损失所负的责任”
khaṭa'		差错、错误
khiyānat amāna		背叛或违反应负责任的职责
khiyār		选择；在“斐格海”中，指宣告合同无效或取消合同的权力，选择权
khiyār al-`ayb		在发现另一方履行合同存在潜在缺陷时宣告双务合同无效的权力
khiyār al-ru'ya		在检查对价时宣告双务合同无效的权力
khiyār al-sharṭ		合同一方或双方规定的在固定期限内以任何理由宣告合同无效的权力
khiyār al-waṣf		因收到的对价不符合合同中的描述（waṣf或ṣifa）而宣告合同无效的权力
kirā', iktirā'		租赁和雇佣，见ijāra
lā'iḥa, pl lawā'iḥ		附则、法规；在沙特阿拉伯，由一个部委颁布的法规，而不是由国王或部长会议发布的法规
lajna dā'ima		常务委员会
lajna, pl lijān		委员会、董事会、理事会
lāzim	拉兹姆	在“斐格海”中，具有约束力，必须的、强制性的；适用于不可撤销的合同，对其当事人的特定履行具有约束力的合同
mabādi', sing mabda'		依据、基础、基本概念、原则、一般规则

续表

	音译	意译
mabādi' `āmma		一般规则
madhhab, pl madhāhib		字面意思是，走的方式、观点、思想流派；在"斐格海"中，指伊斯兰教法学派，如罕百里学派
mafsada		腐败、邪恶或伤害的原因或条件；与maṣlaḥa相反
muftī	穆夫提	发布"法特瓦"的"斐格海"学者
maḥkama, pl maḥākim		法院
māl		财产；在"斐格海"中，指人类本性所倾向的有形事物；金钱利益
Mālikī	马利克	逊尼派四大教法学派之一，遵循马利克·本·阿纳斯的学说
ma`nawī		在法律上，指精神上而不是身体上，如精神损害（ḍarar ma`nawī）
manfa`a, pl manāfi`		效益；在"斐格海"中，指使用、用益物权、使用价值
maqāṣid al-sharī`a		"沙里亚"法的目标
marsūm		法令
maṣlaḥa, pl maṣāliḥ		利益、效用、公共利益
mas'ūliyyat al-matbū` `an af`āl tābi`ih		字面意思是，上级对下级的行为负责，雇主责任原则
matbū`		字面意思是，被跟从者；上级，如雇主
mawṣūf fī dhimma		字面意思是，用dhimma描述；一个人的义务，仅通过其描述来定义
maysir		博弈游戏；见《古兰经》5：90
maẓālim		不法行为；统治者调查冤情或过错的管辖权
mithlī		可替代的
mu'akkad		确定的
mu`āmalāt		人与人之间的交易；与`ibādāt相对
mu`āmalāt māliyya		字面意思是，财产互动；金钱性质的人际互动的各个方面；在"斐格海"中，指关于财产、合同、侵权行为、义务等的裁决

续表

	音译	意译
mu'assasa		机构；在沙特阿拉伯，指非法人商业实体
mu`ayyan		经确定的、被指定的、具体化的
mubāshir		直接的，即时的；在“斐格海”中，指立即或直接采取行动或造成结果的人；与mutasabbib相对
muḍāraba	穆达拉巴	一种合伙形式，其中一部分合伙人只出资，另一部分合伙人只出劳务（有些学派不将其视为合伙企业，而是将其视为特殊合同）；也称为qirāḍ
muḍārib	穆达里卜	在muḍāraba中只贡献劳务的合伙人
mudīr		董事、经理
muḥaqqaq		真实的、存在的、实际的、经过验证的、确立的
muḥtamal		可能的
mujtahid		有资格实践ijtihād的“斐格海”学者
mukammila		一种宣誓形式（yamīn）
mumāṭala		延迟或拖延偿还债务
munāza`āt		争议、诉讼
muqāwala		在现代法律中，指建筑合同
muqtaḍā		要求，必要性；在“斐格海”中，指必不可少的合同条款，由合同的性质所决定
murābaḥa	穆拉巴哈	以百分比加价销售；一种以出售物对卖方的成本表示价格的销售方式（bay`），其他销售方式为成本价销售（tawliya）和折价销售（waḍī`a）
murābaḥa li-āmir bi-al-shirā'		字面意思是，加价出售给委托购买的人；涉及两次销售的交易：B向S承诺，如果S获得某种指定商品，B将以murābaḥa的价格（即以指定的加价）从S处回购
musāhama		发行可转让股票的商业公司形式
mushāraka		合伙企业或非法人公司；在现代“斐格海”中，用于inān和相关形式的合伙企业
mu`sir		无偿付能力的

续表

	音译	意译
mūsir		有偿付能力的
musta'jir		ijāra合同中的租用人或承租人
mutammima		一种宣誓形式（yamīn）
mutaqawwim	穆塔卡维姆	根据“沙里亚”法，允许使用的物品；符合“沙里亚”法规定成为合法交易主体的财产
mutasabbib		起因者；在“斐格海”中，指通过间接方式或一连串事件造成结果的人；与mubāshir相对
muwā`ada		相互交换承诺（wa`d）
muzāra`a		租佃种植合同
nahb	纳赫卜	抢
naqḍ		取消；在法律上，上诉时撤销原判或推翻原判
nasī'a		在“斐格海”中，指延迟转让财产的义务
naṣṣ		文本；在“斐格海”中，指启示的文本，《古兰经》或逊奈或ijmā'的确定文本，确定的“斐格海”裁决
niyya, pl niyyāt		意图
niẓām, pl anẓima		字面意思是，体系；穆斯林统治者的法规、法令；在沙特阿拉伯，指由国家立法机构（国王和部长会议和协商委员会）颁布的法规
qabḍ amāna		占有财产而不对其损失承担责任；见amāna
qabḍ ḍamān		占有财产，并对其损失负有严格责任；见ḍamān
qabūl		接受；见ījāb
qaḍā'		在“斐格海”中，指法官的职能、裁决
qāḍī		法官
qahran	卡赫兰	通过强迫或霸道的手段
qānūn, pl qawāwīn		规范、法典、法规、法律、标准、原则
qarār, pl qarārāt		决定、决议
qarār al-ḍamān		最终责任，无追索权的责任
qarḍ		可替代贷款，以同类的物品偿还

续表

	音译	意译
qarḍ ḥasan		字面意思是，良好的贷款；无息贷款
qarīna, pl qarā'in		联系、连词、上下文、环境；在“斐格海”中，指间接证据
qawā`id	卡瓦伊德	原则、一般规则、格言
qīmī		以其自身特点而有价值的独特财产；不可替代的；与mithlī相对
qiṣāṣ	基亚斯	报复（如以眼还眼、以命还命），国家对故意杀人或身体伤害实施的报复
qiyās		类比；“斐格海”的四个根源（uṣūl）之一
rabb al-māl		字面意思是，是财产的所有者；出资的合伙人
rahn	拉罕	质押、抵押；质押或抵押合同
ribā	里巴	《古兰经》所禁止的高利贷；在“斐格海”中，利息和各种其他形式的合同非法收益，特别是qarḍ的非法收益
ribā al-fadl		过剩的ribā；单一种属内ribāwi商品交换中的过剩
ribā al-jāhiliyya		字面意思是，前伊斯兰时期的ribā；ribā意为“支付或增加”，是指债权人获得延长债务期限以换取所欠本金增加的交易
ribā al-nasī'a		延迟的ribā；交换两个ribāwī的对价，其中一个不是现在应付，而是在以后应付
ribawī		受“斐格海”关于买卖中ribā规则约束的商品；各个学派对其的定义各不相同：包括货币，按重量和尺寸出售的物品，食品，等等
sa`y		在“斐格海”中，指佣金（例如经纪人或代理人的佣金）
sabab	萨巴卜	原因；在合同中，指原因或对价
sābiqa, pl sawābiq		先例、司法判例
salaf	萨拉夫	伊斯兰教中的先辈，最早的几代人；预付款或贷款；salam的合同

续表

	音译	意译
Salafī		伊斯兰法律和宗教学的趋势，以salaf或最早几代的穆斯林为榜样
salam (also called salaf)	萨拉姆	字面意思是，预付款，贷款；在“斐格海”中，指购买规格或描述已知的物品，在以后的指定时间交付，并在合同签订时全额支付价款
samsara		佣金
ṣarf		外币兑换
sariqa	萨利卡	盗窃
Shāfi`ī	沙斐仪	逊尼派四大教法学派之一，遵循沙斐仪的学说
shar`ī		根据“沙里亚”法，与“沙里亚”法有关
sharī`a	沙里亚	伊斯兰教法，从《古兰经》和逊奈中得知的神圣律法
sharika, pl sharikāt		合伙企业；现代公司；共同所有权；还有shirka
sharṭ, pl shurūṭ		条件、规定
sharṭ jazā`ī		合同中的惩罚条款
shubha	舒伯哈	不确定性、怀疑、权利的色彩
shurūṭ	舒鲁特	sharṭ的复数形式
siyāsa	西亚赛	政策、治理、行政
siyāsa shar`iyya	西亚赛沙里亚	在“沙里亚”法规定的范围内的siyāsa；“斐格海”宪法理论原则；在沙特阿拉伯，指统治的宪法基础
ṣulḥ		和解；争端的构成或解决；结算合同
Sunna	逊奈	先知穆罕默德的规范榜样，从ḥadīths中得知，“斐格海”的四个根源（uṣūl）之一
sūq māliyya		资本市场、证券交易所
ta`addī	塔阿迪	字面意思是，逾越；越界；在“斐格海”中，指不法行为，违反“沙里亚”法的行为，侵权行为
tābi`		字面意思是，追随者；下属，如员工
ta`līq		字面意思是，悬挂；以未知或未来事件或事实为准的合同

续表

	音译	意译
tadwīn		字面意思是，写下来，记录下来；汇编
tafrīṭ	塔夫利特	疏忽
taghrīr		欺诈
taḥammul al-tab`a		字面意思是，承担后果；在现代法律中，指风险理论
tājir		商人
takhrīj	泰赫里吉	提取、演绎、推理；在“斐格海”中，指学者通过从某个教法学派早期学者的裁决中进行外推来扩展该学派裁决的过程
talaf		销毁、消费
tamwīl		金融、融资
tanfīdh		执行、履行
tanfīdh `aynī		在现代法律中，指具体履行
taqnīn		在现代法律中，指编纂、制定法典（qānūn）
taqlīd		字面意思是，授予他人权力；在“斐格海”中，指法律上的墨守成规，在不知道其理由的情况下遵循另一位学者的意见；与ijtihād相对
tarāḍin or tarāḍī		相互同意；见《古兰经》4：29-30
tarjīḥ		在“斐格海”中，指选择更可取、更好或占主导地位的意见
tasabbub	塔萨布卜	因果关系；在“斐格海”中，通过启动一系列事件导致另一个事件的因果关系
tawaqqu`		期望
tawarruq	塔瓦鲁克	给有需要的人赊购某物，并在第二笔单独的交易中立即将其出售以换取现金的做法
tawrīd		提供、供应、进口；货物供应合同
ta`zīr	塔齐尔	惩戒，道德矫正；在“斐格海”中，一类对罪恶的刑事处罚，由统治者或法官酌情处罚；与ḥadd相对

续表

	音译	意译
thaman al-mithl		公平或平均价格；市场价格
tijārī		商业的
ujrat al-mithl		公平或平均租金；市场租金
\`ulamā'		\`ālim的复数形式
\`urf		习俗，惯例，传统；在“斐格海”中，习惯法；见\`āda
uṣūl al-fiqh		字面意思是，“斐格海”的根源；法律的来源；“斐格海”法律哲学和诠释学
wa\`d		承诺
wadī\`		托管人、受托人
waḍ\`ī		实际的、真实的
wakāla		代理或代表合同
wakāla tijāriyya		在现代法律中，指商业代理，例如分销权代理
wakīl		代理人、代表（如在wakāla合同中）
waqf	瓦格夫	慈善基金会或信托
wizāra		部
wujūh	乌朱赫	合伙企业的一种形式，合伙人仅贡献其信誉，共同借贷资本并用其进行交易
yad		字面意思是手；占有、控制、权力
yamīn		誓言
yasīr		简单、小、微不足道
ẓāhir		表观的、外在的、外在的状态；字面意思（例如《古兰经》或ḥadīths的字面意思）
ẓann		推测、猜测、意见；更可能的意见